从君士坦丁的帝国到西罗马的衰亡

帝国的悲剧

[美] 迈克尔·库利科夫斯基 著

王晨 译

九州出版社

JIUZHOUPRESS

以此书缅怀

维克多·亚历山大·库利科夫斯基（1905—1991 年）

托马斯·维尔克（1911—2000 年）

伊莎贝尔·谢拉·库利科夫斯基（1923—2018 年，娘家姓塔科特）

安娜·维尔克（1924—2011 年，娘家姓萨科维茨）

目　录

君士坦丁治下的罗马帝国

大西洋

北海

波罗的海

第二不列颠

恺撒弗拉维乌斯

恺撒马克西姆斯

不列颠

第一不列颠

上日耳曼尼亚

第二

第一

贝尔加

第二

卢格杜努姆

高卢

潘诺尼亚

维埃纳

第二

阿基坦

第一

上日耳曼尼亚

第一莱提亚

第二莱提亚

河畔诺里库姆

内陆诺里库姆

默西亚

第一

诺维姆波普拉纳

第二纳尔波

格莱乌斯阿尔卑斯

利古里亚

维派尼山

威尼托与伊斯特里亚

萨维亚

第一潘诺尼亚

第二潘诺尼亚

达尔马提亚

第一纳尔波

第二纳尔波

维也纳弗行省

埃米利亚

弗拉米尼亚和皮克努姆

第一默西亚

加利西亚

卢西塔尼亚

西班牙

塔拉科

科西嘉岛

托斯卡纳与翁布里亚

撒丁岛

罗马

萨莫奈

瓦帕尼亚

阿普利亚和卡拉布里亚

普莱瓦里塔纳

新伊庇鲁斯

老伊庇鲁斯

巴埃提卡

迦太基西班牙

意大利

卢卡尼亚和布鲁提依

西西里岛

马其顿

廷吉塔尼亚毛里塔尼亚

恺撒利亚毛里塔尼亚

阿穆里亚毛里塔尼亚

基尔塔努米底亚

迦太基

阿非利加代执政官省

军事区务米底亚

拜扎凯纳

地中海

的黎波里塔尼亚

上利

阿非利加

北

亚细亚 君士坦丁时代的大区

0   1000   2000千米

0   500   1000英里

色雷斯

黑海

哈依莫斯山

君士坦丁堡

弗里吉亚与本都

比提尼亚与本都

帕弗拉格尼亚

波列蒙本都

狄俄斯本都

小亚美尼亚

亚美尼亚

本都

威海

卡帕多西亚

加拉提亚

美索不达米亚

第二弗里吉亚

奥斯罗埃内

赫勒斯滂

亚细亚

吕底亚

皮西迪亚

奇里乞亚

空叙利亚

吕西亚和
潘菲利亚

伊索里亚

卡利亚

塞浦路斯岛

里海

叙利亚

克里特岛

亚历山大里亚

下利比亚

朱庇特埃及

东方

埃及

赫拉克勒斯埃及

底比斯

红海

公元 400 年前后的罗马帝国

大西洋

北海

波罗的海

不列颠
第二不列颠
瓦伦提亚
恺撒弗拉维乌斯
恺撒马克西姆斯
第一不列颠

高卢
第二卢格杜努姆
第二贝尔加
第一贝尔加
大塞夸尼亚
贝尔古卢格杜努姆
第三卢格杜努姆
第二维恩奈西斯
第一
阿基坦

意大利
第二莱提亚
诺里库姆
阿畔诺里库姆
第一莱提亚
威尼托与伊斯特里亚
利古里亚
弗拉米尼亚和皮克努姆
托斯卡纳与翁布里亚
近畿皮克努姆

伊利里亚
达契亚
萨维亚
第二潘诺尼亚
第一潘诺尼亚
达尔马提亚
第一默西亚

七行省
第二
诺维姆波普拉纳
第一纳尔波
第二纳尔波

西班牙
加利西亚
塔拉科
迪太基西班牙
卢西塔尼亚
巴埃提卡
巴利阿里群岛
科西嘉岛
撒丁岛

罗马
近畿
阿普利亚和卡拉布里亚
卢卡尼亚和布鲁提依
西西里岛

普莱瓦里塔纳
新伊庇鲁斯
老伊庇鲁斯
马其顿

廷吉塔尼亚
恺撒利亚毛里塔尼亚
西提菲斯毛里塔尼亚
努米底亚
拜扎凯纳
迦太基
阿非利加

地中海

阿非利加
的黎波里塔尼亚
上利

北

亚细亚 《百官志》所录大区

0   1000   2000 千米
0   500   1000 英里

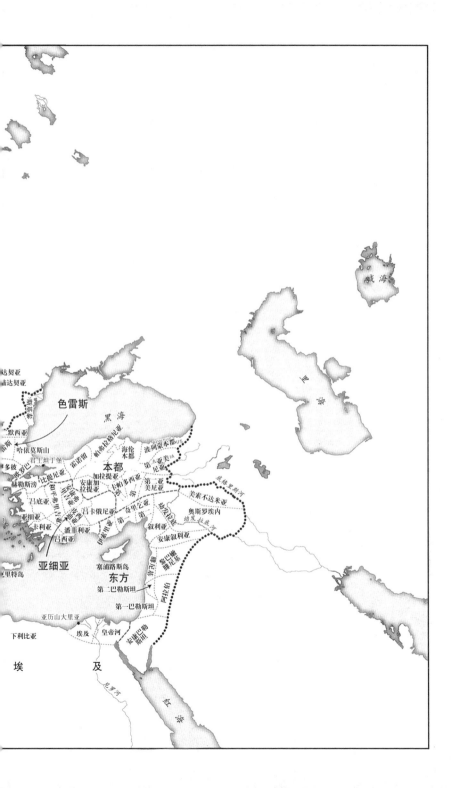

公元 550 年左右的罗马帝国

大西洋

北海

波罗的海

莱茵河

多瑙河

法兰克王国

苏伟维王国

西哥特王国

埃米利亚

威尼托与伊斯特里亚

利古里亚

弗拉米尼亚

托斯卡纳与翁布里亚

皮克努姆

萨莫奈

坎帕尼亚

罗马

潘诺尼亚

达尔马提亚

第一默西亚

达尔达

普莱瓦里塔纳

阿普利亚和卡拉布里亚

新伊庇鲁斯

老伊庇鲁斯

卢卡尼亚和布鲁提依

科西嘉

撒丁岛

西班牙

巴利阿里群岛

西西里

恺撒利亚亚毛里塔尼亚

西提菲斯毛里塔尼亚

努米底亚

拜扎凯纳

迦太基

泽乌吉塔纳

地中海

的黎波里塔尼亚

五城利

北

0   1000   2000 千米

0   500   1000 英里

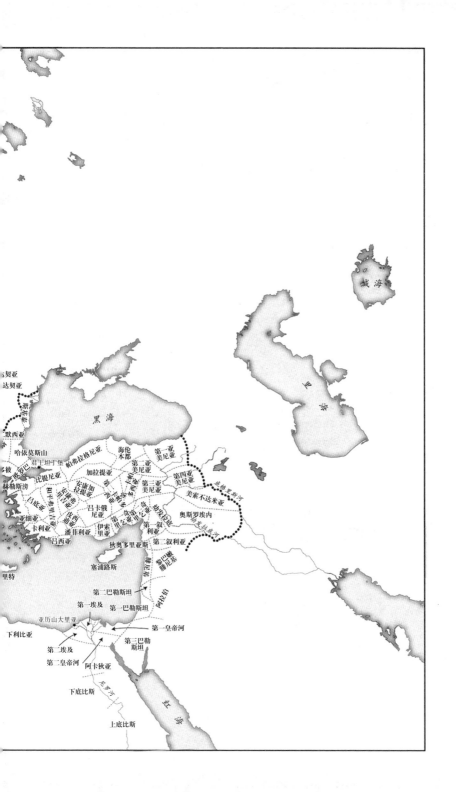

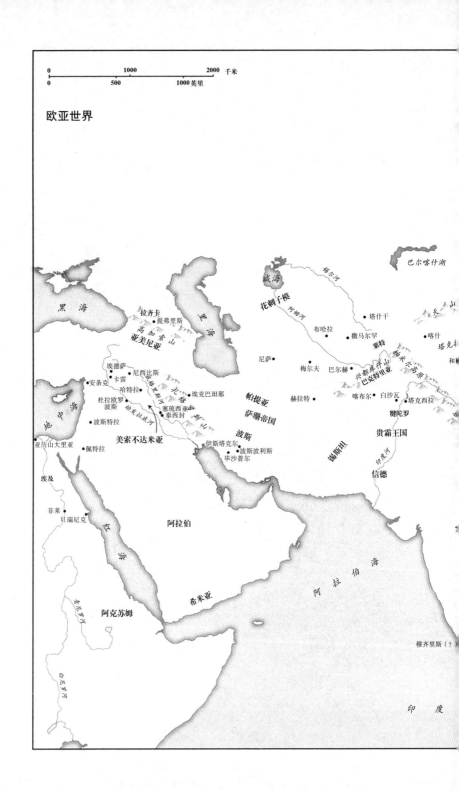

欧亚世界

0　　　　　1000　　　　　2000　千米
0　　　500　　　1000 英里

巴尔喀什湖

咸海

花剌子模

黑海

拉齐卡
提弗里斯
高加索山
亚美尼亚

里海

穆尔河

阿姆河

塔什干

布哈拉

撒马尔罕

栗特

喀什

塔克拉玛干

和

天山

尼萨

梅尔夫
巴尔赫
兴都库什山
巴克特里亚

喀布尔
白沙瓦
塔克西拉

埃德萨
尼西比斯
卡雷
安条克
哈特拉
杜拉欧罗
波斯
波斯特拉

底格里斯河

幼发拉底河

扎各罗斯山

埃克巴坦那

帕提亚

萨珊帝国

波斯

锡斯坦

赫拉特

犍陀罗

贵霜王国

信德

亚历山大里亚

佩特拉

美索不达米亚

塞琉西亚
泰西封

伊斯塔克尔
波斯波利斯
毕沙普尔

印度河

地中海

埃及

菲莱
贝瑞尼克

红海

阿拉伯

阿克苏姆

希米亚

阿拉伯海

穆齐里斯（？）

尼罗河

白尼罗河

印度

萨珊帝国

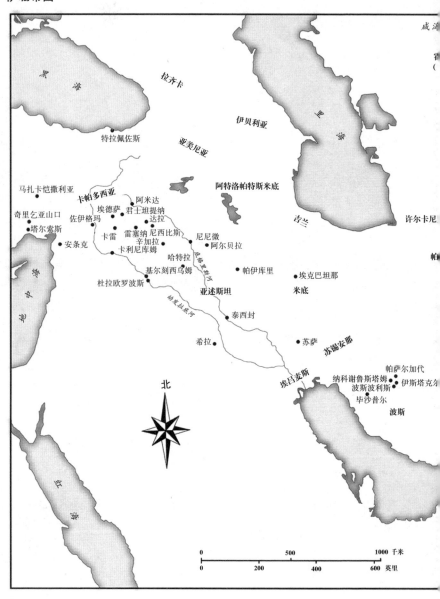

咸海

黑海

拉齐卡

里海

伊贝利亚

亚美尼亚

特拉佩佐斯

阿特洛帕特斯米底

吉兰

许尔卡尼

马扎卡恺撒利亚
卡帕多西亚
阿米达
奇里乞亚山口
埃德萨　君士坦提纳
塔尔索斯
佐伊格玛　达拉
安条克
卡雷　雷塞纳　尼西比斯　尼尼微
辛加拉　阿尔贝拉
卡利尼库姆
哈特拉
帕伊库里　埃克巴坦那
基尔刻西乌姆
米底
杜拉欧罗波斯
亚述斯坦
泰西封
希拉
苏萨　苏锡安那
帕萨尔加代
纳科谢鲁斯塔姆
伊斯塔克尔
波斯波利斯
毕沙普尔
波斯
埃吕麦斯

地中海

底格里斯河

幼发拉底河

北

红海

0　　　　　500　　　　　1000 千米
0　　　200　　　400　　　600 英里

高卢与西班牙

北海

伦迪尼乌姆　博诺尼亚

维特拉
阿格里皮娜殖民市
波纳　莫古恩提亚库姆
特雷维里奥古斯都市

苏维索奥古斯都市
罗托马古斯
卢特提亚

阿尔根托拉图姆
杜洛科尔托鲁姆

温多尼萨

阿文提库姆

奥古斯都杜努姆
恺撒杜努姆
阿瓦里库姆
卢格杜努姆

奥古斯都近
卫军殖民市
陶里尼奥古斯都市
苏萨
维埃纳
瓦伦提亚

尤里奥马古斯

阿尔维尼城

尼西亚
安提波利斯

马西利亚

塞戈杜努姆
布尔迪加拉
内毛苏斯
阿雷拉特
托洛萨　纳尔波
恩波里翁　格伦达
伊鲁洛
巴尔基诺

双子第七军团
阿斯图里卡
奥古斯都市

卡拉古里斯
帕兰提亚
克吕尼亚
乌克萨马
伊莱尔达
恺撒奥古斯都市
塔拉科
德尔托萨

比尔比利斯

弗拉维乌斯泉
布拉卡拉奥古斯都市
瓦伦提亚
塞戈布里加

科尼姆布里加
托莱图姆
埃梅里塔
新迦太基
奥里西波
科尔杜巴
伊利贝里斯
西斯帕里斯
马拉卡
加迪斯
尤里乌斯移民市

卖古利海峡

比斯开湾

地中海

北

| 0 | 100 | 200 千米 |
| 0 | | 100 英里 |

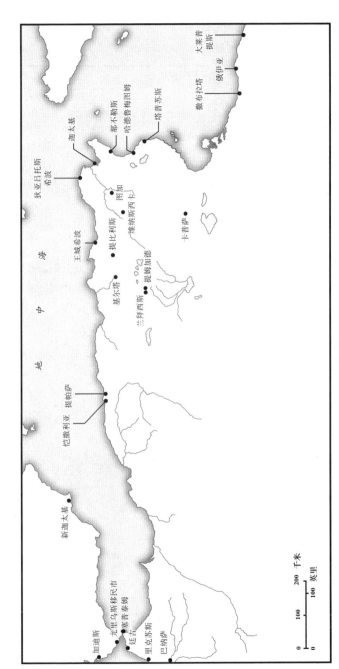

北非

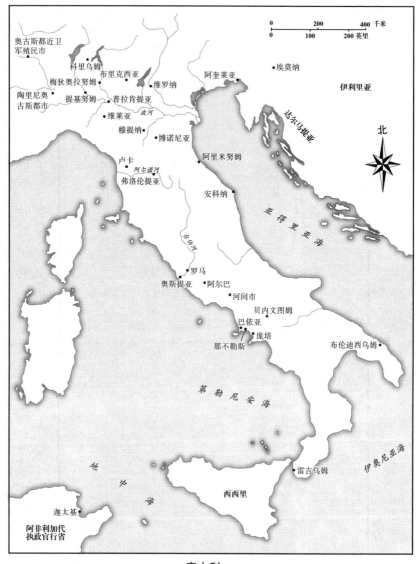

奥古斯都近卫
军殖民市

科里乌姆

梅狄奥拉努姆
布里克西亚
维罗纳
阿奎莱亚
埃莫纳
伊利里亚

陶里尼奥
古斯都市
提基努姆
普拉肯提亚
波河

维莱亚

穆提纳
博诺尼亚

卢卡
阿尔诺河
阿里米努姆

弗洛伦提亚

达尔马提亚

安科纳

亚得里亚海

罗马

奥斯提亚
阿尔巴

台伯河

河间市

贝内文图姆

巴依亚
庞培

那不勒斯
布伦迪西乌姆

第勒尼安海

雷吉乌姆
伊奥尼亚海

西西里

地中海

迦太基

阿非利加代
执政官行省

0   200   400 千米
0   100   200 英里

北

意大利

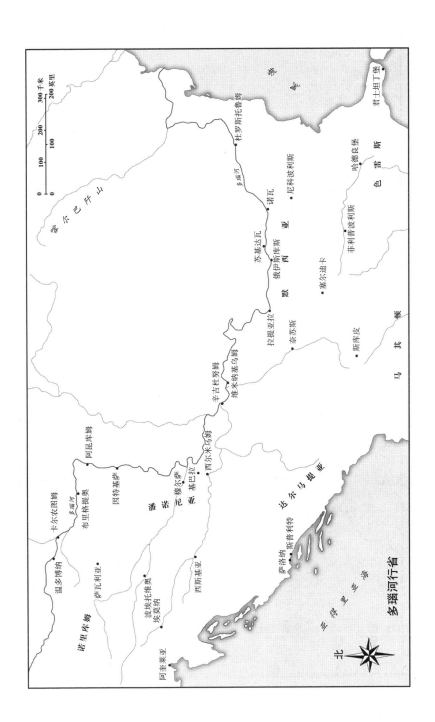

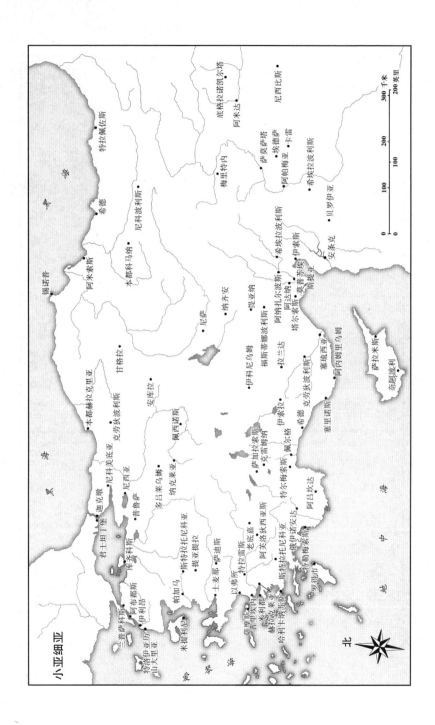

小亚细亚

叙利亚

底格里斯河

萨莫萨塔

埃德萨

贝扎布德

尼西比斯

佐伊格玛
阿帕梅亚
巴特奈
卡雷

雷塞纳

库鲁斯

辛加拉

安条基亚
贝罗伊亚

皮埃里亚塞琉西亚

尼科弗里乌姆

老底嘉
阿帕梅亚
巴尔巴里索斯

雷萨法

伊庇法尼亚

基尔刻西乌姆

拉法尼亚
埃梅萨

杜拉欧罗波斯

的黎波里斯

帕尔米拉

幼发拉底河

比布鲁斯
贝吕托斯

赫利奥波利斯

西顿

大马士革

提尔

托勒密

太巴列湖

斯基泰波利斯
加达拉

海滨恺撒利亚
佩拉
波斯特拉

杰拉萨

耶路撒冷
斐拉德尔菲亚

加沙
马达巴

拉菲亚
死海

埃鲁萨

地中海

佩特拉

北

阿伊拉

0   100   200 千米

0   100 英里

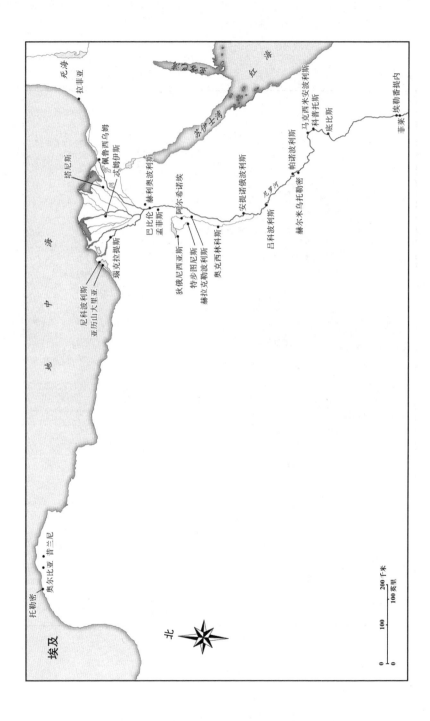

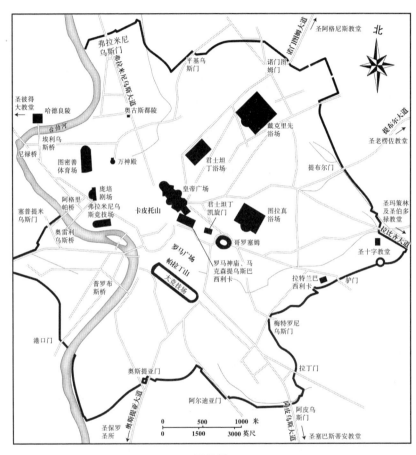

弗拉米尼乌斯门
弗拉米尼乌斯大道

平基乌斯门

诺门图姆门

挖门图姆大道
圣阿格尼斯教堂

北

圣彼得大教堂

哈德良陵

奥古斯都陵

台伯河

埃利乌斯桥

尼禄桥

图密善体育场

万神殿

戴克里先浴场

君士坦丁浴场

提布尔大道
圣老楞佐教堂

提布尔门

塞普提米乌斯门

阿格里帕桥

奥雷利乌斯桥

庞培剧场

卡皮托山

弗拉米尼乌斯竞技场

皇帝广场

君士坦丁凯旋门

图拉真浴场

圣玛策林及圣伯多禄教堂

拉比齐大道

圣十字教堂

哥罗塞姆

罗马广场

帕拉丁山

罗马神庙、马克森提乌斯巴西利卡

拉特兰巴西利卡

驴门

普罗布斯桥

大竞技场

梅特罗尼乌斯门

港口门

奥斯提亚门

拉丁门

奥斯提亚大道

阿尔迪亚门

阿皮乌斯门

圣保罗圣所

| 0 | 500 | 1000 米 |
| 0 | 1500 | 3000 英尺 |

阿皮乌斯大道
圣塞巴斯蒂安教堂

罗马城

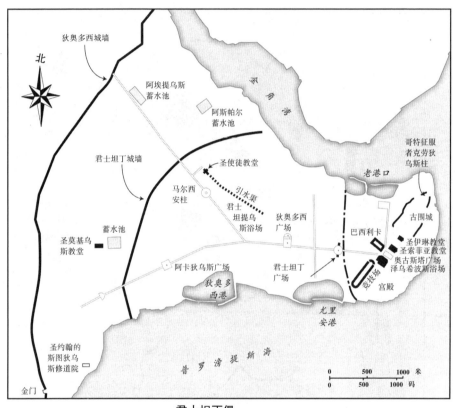

北

狄奥多西城墙

阿埃提乌斯
蓄水池

阿斯帕尔
蓄水池

金角湾

哥特征服
者克劳狄
乌斯柱

君士坦丁城墙

圣使徒教堂

老港口

马尔西
安柱

引水渠

古围城

君士
坦提乌
斯浴场

狄奥多西
广场

巴西利卡

圣伊琳教堂
圣索菲亚教堂
奥古斯塔广场
泽乌希波斯浴场

圣莫基乌
斯教堂

蓄水池

阿卡狄乌斯广场

君士坦丁
广场

竞技场

宫殿

狄奥多
西港

尤里
安港

圣约翰的
斯图狄乌
斯修道院

普罗滂提斯海

| 0 | 500 | 1000 米 |
| 500 | 1000 | 码 |

金门

君士坦丁堡

致　谢

　　在我写作本书时，认为当下的世界秩序正处于危机似乎已经成了一种信条。每逢这样的时刻，援引罗马的衰亡史就成为时尚，其热切与其眼力成反比例。可以原谅专业历史学家想做出贡献的冲动：但这是一个错误。按照定义，历史类比所需要的简化同历史理解格格不入。历史既不重复也没有韵律，而它唯一应该教给我们的东西是，由于受到习惯、心理和我们总是有缺陷的记忆的制约，受到尤其是并非由我们个人造成的情况的制约，人类在构建自己的命运时往往会把它弄得一团糟。我希望能公平地评价这种混乱和茫然。

　　本书的姊妹篇和前篇《帝国的胜利》的致谢很长。我仍然对自己在该书中感谢过的许多人深表谢意，尤其是 David 和 Ellen（还有 Melvin，尽管它并非人类）。

　　我要特别感谢 Susan Welch，她在担任本学院的院长将近三十年后卸任：通过观察她，我认识到复杂机构的运作和领导力的意义，超过任何正规指导能够达到的。得益于她的支持和教导，我可以在担任系主任的同时继续研究和写作。我要老生常谈地承认，这让我很享受。

　　Profile 和哈佛的出版团队一如既往地是技巧和效率的典范，特别是我的编辑 Louisa Dunnigan 和 Penny Daniel，校对

Sally Holloway，以及哈佛大学出版社的 Sharmila Sen 和 Heather Hughes。我深感遗憾的是，委托我写作此书，并以锐利但宽宏的眼光支持着 Profile 古代世界史系列的 John Davey 没能活着看到它完成。过去三年间，死亡和疾病让太多师友沉寂，但他们在每一页上都留下了自己的印记。

　　就在本书完成之前不久，我祖辈中的最后一人去世了。从苏波战争到"闪电战"，从西伯利亚到安德斯军团和卡西诺山，从布罗克斯本到庇隆政府的布宜诺斯艾利斯，他们在 20 世纪的一场场巨大的帝国悲剧中幸存下来。从他们"无意中透露"或"觉得可以分享的不多的"材料中拼凑出他们的故事，作为一个城郊学童，尝试想象那些难以想象的事情：早在我意识到这一点之前，他们就在帮助我成为一名历史学家。对他们的记忆使我坚持这项事业。

导　言

360 年 2 月或 3 月，罗马正皇帝（奥古斯都）君士坦提乌斯二世对他的堂弟和副皇帝（恺撒）尤里安下达了一项完全合理的命令。罗马正与波斯交战，仅仅一年前，在双方的上一次冲突中，罗马遭遇惨败：波斯国王沙普尔袭击了底格里斯河畔的战略要地阿米达［Amida，今土耳其东南部的迪亚巴克尔（Diyarbakır）］。经过几个月的围城，城墙被攻破，波斯大军涌入，他们歼灭了驻军，还屠杀了那些没有被俘的平民。只是因为秋天到来，作战季结束，这位波斯大王才没有继续深入罗马领土，但等到冬天一结束，他肯定会再次发动更加猛烈的进攻。

为了准备亲自指挥抵抗沙普尔的下一次行动，君士坦提乌斯从巴尔干的大本营来到了安条克，那里是罗马叙利亚的都会（metropolis），即行省治所。尤里安的任务是治理罗马西部，但相比波斯，他在莱茵河边境需要展开的任何治安行动都是次要的。君士坦提乌斯要求他派出整整四支步兵部队，并从高卢野战军每两支部队的一支里征召 300 人。作为正皇帝，君士坦提乌斯完全有权提出这一要求。他对各方面威胁的权衡也是完全正确的。服从是尤里安显而易见的责任。但他选择了不这样做。相反，他决定僭称"奥古斯都"，自封为正皇帝，与他的堂兄平级。他完全清楚，内战即将到来。

从公元 355 年开始，在堂兄的召唤下结束了强制的闲暇时光——在雅典学习哲学——后，尤里安每年都会沿着莱茵河和多瑙河上游的罗马边境作战。两人之间没有好感。公元 337 年，当尤里安的父亲和几乎所有的男性亲属在一场由君士坦提乌斯策划的屠杀中遇害时，他还是个小孩子。作为君士坦丁一世皇帝——他按照自己的图景重塑了帝国，界定了其未来——的三个儿子之一，君士坦提乌斯拒绝容许君士坦丁同父异母的弟弟和他们的后人分享帝国的遗产。他把自己的亲弟兄（哥哥君士坦丁二世、弟弟君士坦斯）拉到一起，亲手剪除了这个家族的旁系分支，使他们永远无法挑战君士坦丁本人的儿子。

尤里安的复仇之心酝酿了很长时间。与此同时，他一直在等待突然的变故；如果君士坦提乌斯臭名昭著的偏执爆发，就会出现刺杀或处决。他从未想过要觊觎皇权。但人算不如天算。君士坦提乌斯的兄弟们发生争执，爆发了战争，君士坦丁二世在战斗中阵亡。活下来的君士坦斯与君士坦提乌斯一样虔诚而独断，但缺乏哥哥的政治洞见和精明的自利意识。公元 350 年，他遭篡位者杀害，后者在三年后被君士坦提乌斯镇压。意识到自己无法争取到足够的忠诚来独自统治庞大的帝国后，君士坦提乌斯将尤里安同父异母的哥哥伽卢斯（Gallus）——他是公元 337 年的屠杀中仅有的另一个幸存者（同样是因为他年纪很小）——从隐退中召回。君士坦提乌斯更喜欢坐镇巴尔干统治，因此派伽卢斯从安条克统治东方，任命他为恺撒（副皇帝）和预定的继承人。

但伽卢斯被证明并不称职：他与皇帝堂兄一样偏执，喜欢吹牛，为人霸道，很快就遭人憎恶。政治上的无能意味着他完全无法抵御惑人的廷臣和巧言令色的告密者，他们引发了正皇帝的怀疑。公元 354 年，伽卢斯被召回到堂兄的宫廷，途中在波拉［Pola，今克罗地亚伊斯特拉的普拉（Pula）］被迅速处决。虽然伽卢斯无人喜爱，但他曾有自己的作用，君士坦提乌斯无法在 354 年独自统治帝国，并比前一年更好。尤里安是解决办法，君士坦提乌斯的妻子尤西比娅（Eusebia）敦促他这样做。皇帝并不情愿——他曾多次不友好地冤枉过尤里安，无疑怀疑那位年轻人怀恨在心，即便后者从未公开发泄过。但他别无选择。君士坦提乌斯派官员监视尤里安，想方设法严格控制这位年轻的恺撒，后者带着足够真实的军事胜利从高卢归来。尤里安赢得了军官们真正的喜爱，激发了其士兵的热情，（根据当时的所有描述）他拥有君士坦提乌斯完全不具备的魅力。

与伽卢斯一样，对尤里安来说，结局永远不可能皆大欢喜。无论形势如何，这位恺撒都无疑会找借口篡位。君士坦提乌斯征调高卢军队是天赐良机，能够掩盖赤裸裸的野心和精心策划的怨恨，但政变的准备已经就绪。来到高卢后，尤里安已经更喜欢在卢特提亚（Lutetia，今巴黎）过冬，而不是选择特雷维里（Treveri）、卢格杜努姆（Lugdunum）或阿雷拉特（Arelate）（分别是今天的特里尔、里昂和阿尔勒）等传统的皇帝驻地。卢特提亚与高卢边境的战区有一定距离，但更重要的是，那里同样远离高卢行省的文官行政机构，这些机构的成员大多更加忠于遥远的正皇帝，而非近在咫尺的恺撒。

之前几年的冬天，当尤里安本人和他的个人卫队——宫廷内务部队（scholae palatinae）和亲兵扈卫（protectores domestici）——前往卢特提亚时，并没有人提出反对。但在公元 359 年冬天，由于他更加自信不会受到阻挠，他不仅带来了卫队，还带来了野战军的四支部队。任何长眼睛的人都明白这意味着什么。在剩下的人生里，尤里安始终坚持一种最传统的否认说辞：士兵们自发要求他采用奥古斯都的等级，而他则不情愿地接受了。事实并非如此。不仅是卢特提亚的部队，整个高卢军在听到消息时都站在他那一边。从迁入冬季营地开始，他们无疑就在等待这一刻。这是公元 4 世纪的帝国的政治运作方式。高卢及其军队和官僚体系已经非常习惯于进行真正的自治和为自己的利益考虑，无论那是否符合正皇帝的意志。甚至在君士坦丁统治时期就是如此，但到了君士坦提乌斯统治时，巴尔干和东方也可以看到类似的地区权力集团。虽然可以为共同的帝国目标服务，但地方派系还是会把自己和当地大人物的利益放在首位。失去其很大一部分野战军队不符合高卢的利益，因此尤里安就成了皇帝的天然人选，可以期待他按照高卢统帅部的利益行事。

对于他一贯的火爆脾气来说，君士坦提乌斯对这一消息的反应是谨慎的。他拒绝了尤里安的建议——允许其在西部拥有奥古斯都的头衔，而在东方仍然只是恺撒——但没有立即用伽卢斯的命运来威胁尤里安。不过，由于被尤里安剥夺了西部的征兵权，君士坦提乌斯只能眼睁睁地看着沙普尔的军队占领了位于罗马领土东缘的要塞城市辛加拉（Singara）和贝扎布德（Bezabde），并在 360 年夏天将前者［今伊拉克的辛贾尔（Sinjar）］夷为平地。360—361 年冬，罗马军队夺回了贝扎布德，但这种拉锯战预示着更多的战争即将到来。遵循罗马历史上的一条铁律——内部篡位永远要优先于外来威胁，君士坦提乌斯决定与他叛变的堂弟交锋，后者在 360 年 11 月升级了最初的攻势。在维埃纳（Vienna，今法国维埃纳）庆祝自己成为恺撒五周年时，尤里安不仅穿上了奥古斯都的全副行头，还以奥古斯都的头衔打造金币。铸币是一种受到严密保护的特权，是皇帝们向军队、官员和相互之间传递意图的主要公开媒介。对尤里安来说，作为奥古斯都打造钱币实际上就是宣战。

361年初，随着冬天的结束，尤里安编造了自己的开战理由。阿拉曼尼人是一群生活在上多瑙河畔的帝国边境旁，即今天德国西南部的散居蛮族。众所周知，他们的一位国王瓦多马里乌斯（Vadomarius）本人是君士坦提乌斯的门客。现在，尤里安指责他阴谋袭击高卢行省。无论是否合情合理，该指控足以为调动整个高卢野战军提供理由。这表面上是为了展开一次越境的惩罚性远征，其实是为了一个大胆得多的举动：闪电入侵巴尔干，将君士坦提乌斯限制在名为铁门（Iron Gates）的多瑙河畔的狭窄山口，以及塞尔迪卡（Serdica）和菲利普波利斯［Philippopolis，今保加利亚的索菲亚（Sofia）和普罗夫迪夫（Plovdiv）］之间的苏基山口（Succi pass）以东的行省。尤里安亲自指挥一支野战军沿着多瑙河进军，他已经事先将一部分军队转运到了河的下游。他最信任的将军，骑兵长官（magister equitum）弗拉维乌斯·内维塔（Flavius Nevitta）沿着萨瓦河畔的行军大道进军，占领了西斯基亚（Siscia）和西尔米乌姆（Sirmium）［今克罗地亚的锡萨克（Sisak）和塞尔维亚的斯雷姆斯卡米特罗维察（Sremska Mitrovica）］。没有随君士坦提乌斯前往东方同波斯人作战的巴尔干驻军向尤里安投降，后者派出几支部队，经由埃莫纳［Emona，今斯洛文尼亚的卢布尔雅那（Ljubljana）］和尤利安山返回意大利，想要占领意大利北部平原。

他的成功令人印象深刻，直到尤里安的两个军团在返回意大利途中叛变，转而向君士坦提乌斯效忠，并控制了要塞阿奎莱亚（Aquileia，今天是意大利乌迪内省的一座小城和重要的考古遗址，但当时是帝国十几个最大的城市之一）。由于后方出现了这些新的敌对军队，尤里安可能需要考虑两线作战，且无法确定通往忠于他的高卢行省的供应线现在是否安全。他在西尔米乌姆停留，而他信任的将军们则带着部分高卢驻军翻越阿尔卑斯山，占领了意大利平原的主要城市。他开始从西尔米乌姆向东方行省发布公函——他受过希腊语教育，以哲人自居——在信中指责君士坦提乌斯一再对他不公；他希望得到精英圈子里的舆论支持，相信对他们来说，希腊化高雅文化的共同语言要比君士坦提乌斯严厉的基督教虔诚分量更重。尤里安还没有公开自己背叛了从小被要求信奉的基督教，但人们可以从他的书信中看到对一个和平的崇拜发自内心的敌意——它纵容了对他亲生父母家族的屠杀。

虚荣心被刺痛的君士坦提乌斯无疑感受到了尤里安的嘲弄带来的心理打击，但后者展现的军事挑战足够真实。现在他别无选择，只能任由东方行省被波斯国王摆布，并把矛头对准反叛的恺撒。361年10月，君士坦提乌斯率军离开安条克，他快速进军，以便在冬季之前离开安纳托利亚高原。但还没走到奇里乞亚，他就病倒了。意识到自己的病无药可救，君士坦提乌斯决定像一个政治家一样死去。从通过公元337年的屠杀登上皇位以来，在整个统治期间，他都让所谓的国家利益（raison d'état），以及一种爬行动物般的冷血感（带有奇怪的自我放弃色彩）引导他的行动。361年11月3日，他承认尤里安为奥古斯都，从而成为他的合法继承者。同一天他去世了。无论如何，这是官方版本的故事，尽管它可能是君士坦提乌斯的高级指挥官为了预防更多的冲突而编造的，但这一姿态与我们对君士坦提乌斯性格的了解并不矛盾。无论如何，随着堂兄的去世，尤里安开始了作为君士坦丁王朝最后一位男性幸存者的独自统治。他决心摧毁自己的伟大伯父君士坦丁曾在罗马世界开展的社会和政治革命。

尤里安与君士坦提乌斯的冲突展现了晚期罗马历史的许多更普遍的主题和结构特征。它显示了正副皇帝共治的内在矛盾，也表明这样做对于统治只有前现代通信手段的庞大领土的必要性。它揭示了帝国统治机构的规模，无论是军队还是文官的，以及持续的战争对其提出的要求。它还表明，在许多方面，对于决定国家的命运，由军队和平民家族的关系网络组成的区域派系要比任何一个皇帝都更重要。最后，它揭示了一个帝国的社会演变，那个帝国还不是基督教的，但早已抛弃了其前两个半世纪里宗教上的自由放任。本书的主要话题是这个独特的晚期罗马帝国，它的政治经济发展方式，以及最后它是如何消失的。为了便于读者理解，我们需要——很短暂地——从君士坦提乌斯二世之死跳回到两个标志性的时刻：君士坦丁成为帝国唯一统治者的 324 年，以及戴克里先披上皇袍的 284 年。

第 1 章

君士坦丁帝国的缔造

324 年，西部正皇帝君士坦丁在战斗中彻底击败了东部正皇帝李基尼乌斯，后者是他曾经的盟友和妹夫，现在成了死敌。凭借这场胜利，君士坦丁把自己变成了罗马帝国的唯一统治者。两人都曾从那个世纪早些时候的一系列血腥的内战中幸存下来，当时我们所称的"四帝共治"体系分崩离析。"四帝共治"是 293 年由戴克里先皇帝创造的，旨在解决公元 3 世纪中困扰罗马的政治精英和军队的持续危机，它大体上是成功的。

戴克里先是在军事政变中上台的，时任皇帝在征战美索不达米亚时遭到暗杀，戴克里先随后在巴尔干打败了那位皇帝的儿子。罗马元老院不情愿地接受了他，该机构仍然保有象征性的权力，尽管没有了实权。这条通往宝座的道路在 3 世纪已经司空见惯，敌对的军队会拥立各自的统帅成为皇帝，然后为了控制整个帝国而战。这种模式始于 3 世纪 30 年代，出于一系列理由。其中之一是在多处边境出现了新的更强大的敌人，特别是莱茵河畔（"法兰克人"）和莱茵／上多瑙河畔（"阿拉曼尼人"）新的蛮族同盟，以及一个推翻了罗马人熟识已久的帕提亚统治者的波斯新王朝。

这个波斯王朝得名于其神话中的建立者，被称为萨珊王朝。

相比帕提亚人，它的希腊化程度较低，罗马人对其也较为陌生，但它的攻击性要强得多。萨珊的"众王之王"信奉二元的琐罗亚斯德教，是该教祭司团的热情支持者。这种信仰让他们的征服战争有了使命感，特别是针对罗马帝国东方行省的战争。3 世纪期间，尤其是当在位皇帝距离很远时，某种外来威胁会一再导致篡位：为了应对危险，地方指挥官会被拥立为皇帝。由于对在位皇帝的生死来说，篡位在本质上要比任何外敌入侵更加糟糕，因此篡位总是优先于其他挑战。结果就是持续不断的内战。

尽管如此，罗马统治阶层的存在性危机不仅是绵延不绝的内战。危机还与社会和王朝的转型有关——内战可能会加剧这种情况，但本身并不足以引发一切。在罗马帝国的第一个百年里，奥古斯都建立的帝国体系依赖来自元老等级的行政长官。老共和国曾经的统治团体成了行省行政官员和军队指挥官的某种孵化器，尽管它不再有独立于皇帝的意义。由于越来越多的帝国人口被授予了罗马公民权，这个元老等级（ordo senatorius，罗马人的 ordo 表示根据特权和责任划分的"等级"，而不是社会阶级）也壮大起来。当一个外省的共同体获得公民权后，最富有的当地精英就有资格加入元老院。我们看到非意大利的元老首先出现在高卢南部以及西班牙南部和东部，然后是希腊、爱琴海岛屿和小亚细亚的希腊化世界中心地带，最后是来自非洲，以及少数北方行省的城市区域。

不过，无论元老院的增长有多快，其成员人数都永远不足以满足官员需要完成的众多任务：收税、司法管理、维护公共基础设施、镇压盗匪等。除开罗马国家的土地和财产，皇帝本人的财富和土地的大幅扩张意味着许多年来，皇室的奴隶和释奴都被用来处理从地产管理到税收的一切。但很快，罗马统治阶层的第二等级——骑士等级（ordo equester）——成了帝国行政的主要执行者。随着公元2世纪和3世纪缓慢行进，帝国的统治变得更加规范化、官僚化和职业化，绝大部分的行政岗位由骑士等级担任。与此同时，军队的晋升体系变得更加灵活，因此普通士兵出身的人可以获得骑士等级，跻身军官行列。最终，这些人把元老挤出了大部分指挥职位（到了3世纪中叶无疑是这样）。

等到戴克里先结束五十年内战的时候，旧有的元老贵族已经荡然无存。4世纪时，即便是最古老和最受尊敬的家族，甚至是在罗马城中的那些——可能有两个例外——也只能把自己的家族追溯到3世纪的危机岁月。戴克里先在许多方面是革命性的，但在对待统治阶层方面并非如此，后者保持了旧有的元老和骑士等级的划分。君士坦丁认识到，这两个团体各自履行的责任事实上已经失去了任何有意义的区别，他把骑士等级与元老等级合并起来，确保了4世纪的元老贵族将变得与帝国早期时的截然不同。不过，在其他大多数方面，君士坦丁继承了一个已经被戴克里先彻底重塑的帝国，这一基础结构是本书的叙事展开的舞台。

3世纪90年代，戴克里先将之前帝国中非常大的行省分成100多个较小的行省，每个行省都有文官总督，其中许多还有某种军事机构。他的目标是，通过削减潜在叛乱者可以获得的资源，并将指挥军队的职能与补给军队和发放军饷的职能分开，从而减少篡位的危险。戴克里先行省的主要证据是一份来自312年左右的官僚文件，称为《维罗纳名单》（*Laterculus Veronensis*）。名单中提到了帝国被分成的100多个行省，每个都有自己的总督。这些官员拥有不同的头衔——proconsul（代执政官总督），

consularis（执政官级别总督）和 corrector（节度使）——随着 4 世纪的深入，不同的行省职位之间出现了明确的威望等级。代执政官总督管辖着阿非利加代执政官行省（大致相当于今天的突尼斯）、亚细亚行省（今天土耳其西北角）和亚该亚行省（希腊和爱琴海岛屿），因为从帝国最早的岁月开始，那三个行省就拥有地位最高的控制权；事实上，到了 4 世纪后期，代执政官总督将拥有专门的法律特权，能够直接向皇帝，而不是向任何高级行政官员汇报。不同于代执政官总督，执政官级别总督和节度使本身并不表示级别的高低，但某些行省（通常是那些城市化程度较高，位于成为帝国的一部分时间更长的地区）的地位无疑被认为要更高。比如，在意大利南部担任过总督成了未来生涯成功的很好标志。不过，无论头衔如何，各位总督都扮演着相同的角色：监督本省的文官行政系统，包括法律系统，以及行省对国家各个财政部门的义务。

这 100 个左右的行省（它们的数量和边界有时会被重新安排）还被组合成更大的单位。名为"大区"（diocese）的行省群往往相当稳定，在许多方面是 4 世纪政府的真正基石。在戴克里先和四帝共治时期，它们最初的主要职能是财政上的，将从属于特定等级税务官员的行省组合起来。君士坦丁将大区治理系统化，由被称为大区长官（vicarius）的官员负责，他们有权代理皇帝（vice sacra）审理法律案件。他的目标不仅是使司法管理更加统一，而且要确保不同层级的行省和大区管辖权会发生重叠，并有可能重复彼此的工作。无论是这种重复，还是故意的不明确性——关于谁的决定可以上诉和向谁上诉——都是为了鼓励不同官员互相监督，监督和弹劾是皇帝宫廷在远方制约大区的好办法。

戴克里先当初划定的大区（见地图）大体上完整保留到公元5世纪帝国开始分崩离析之时，尽管君士坦丁新设了两个巴尔干大区，即达契亚和马其顿，那里原本是一个大区。后来，瓦伦斯将埃及独立为一个大区，从庞大的东方大区中分离出来，后者从亚美尼亚和托罗斯山（Taurus）一直延伸到阿拉伯和巴勒斯坦。这两个庞大的大区与众不同之处在于其大区长官的独特头衔，埃及的大区长官被称为皇帝长官（praefectus Augustalis），东方大区的则称为东方卿（comes Orientis）。大区在许多方面是帝国政府最关键的层级，是能够作为单一财政单位有效运行的最大土地。尽管地位重要，但大区长官从未获得不可上诉的法律权力，因为他们之上是帝国晚期政府最重要的文职官员：辖区长官（praetorian prefect，此头衔曾指近卫军长官）。

这些晚期帝国的辖区长官是一个可以追溯到帝国建立时期的职位的直系后代。最初，这两名长官统率的是近卫军，即驻扎在罗马城内的特权军事部队。但很快，作为国家中地位最高的骑士等级军官，且常常作为皇帝本人的代表，他们开始在文官政府的许多领域行使职权。他们的职能从3世纪开始改变，而其军事职能被君士坦丁明确终结，后者还因为近卫军在内战中支持他的对手而对其进行了镇压。

在四帝共治时期，每位皇帝都有自己的辖区长官，这种做法在君士坦丁统治下得到延续，他为自己的孩子们设立了服从他们自己的宫廷。这些长官的数量根据副皇帝（"恺撒"）的人数而改变，他们一直是帝国中最有权势的官员。他们可以代替皇帝做出不可上诉的判决，监督自己管辖下的大区的财政收支，还会听取针对下级地方官的申诉。他们的财政责任非常重大，因为他们要负责岁调（annona），即帝国文官和军队的全部薪俸和粮食配给。在罗马帝国存在的每一个阶段，它都是一台将现金或实物形式的行省税收重新分配给军队和文职行政人员的机器［实际上，后期拉丁语用同一个词（militia）来描述在军队和文官体系中服役］。私人运输网络会搭官方供给网络的便车——这是晚期帝国对商业经济的运行如此关键的原因之一。除了控制那台庞大的财政机器之外，辖区长官还要负责帝国的基础设施建设，维护公共驿站体系，征收现金、实物或是征兵和徭役形式的赋税，以确保基础设施的维护。

等到 337 年君士坦丁去世时，我们已经可以看到辖区长官实际上的地域化。这在君士坦丁儿子们的时代成为法律规定，特别是当他的第二个儿子君士坦提乌斯二世在 350 年成为唯一合法的皇帝之后。虽然特定的辖区长官管辖的大区可能不时发生变化（由于内战和外敌入侵，这在 4 世纪后期和 5 世纪初频繁发生），350 年左右出现了四个相对稳定的辖区——高卢辖区：治所通常在特雷维里，管辖不列颠、西班牙、纳尔波高卢（卢瓦尔河以南的高卢）和三高卢（卢瓦尔河以北和莱茵河以西的高卢和日耳曼地区）四个大区；意大利和阿非利加辖区：管辖两个意大利大区［北面的岁调意大利（Italia Annonaria）和南面的近畿意大利（Italia Suburbicaria）］、昔兰尼以西说拉丁语的北非地区、阿尔卑斯山诸行省，有时还包括潘诺尼亚（匈牙利、奥地利以及斯洛文尼亚和克罗地亚部分地区）；伊利里亚辖区：有时被与意大利和阿非利加共同管理，包括马其顿和达契亚，常常也包括潘诺尼亚；最后是东方辖区：包括色雷斯、小亚细亚、东方大区（托罗斯山、黎凡特和美索不达米亚）和埃及。作为其特权的标志，亚该亚、亚细亚和阿非利加代执政官行省不受各自辖区长官的辖制，尽管在实践中，它们在财政事务上要与后者的行政班子合作。罗马城本身由城市长官（praefectus urbi）和岁调长官（praefectus annonae）管辖，前者是一个威望很高的元老职务，后者通常是与辖区长官有联系的低一级别官员。359 年，君士坦丁的新城君士坦丁堡——在 4 世纪成为第二个罗马——被从色雷斯分离，君士坦提乌斯为其设立了独立的城市长官。

每位总督、大区长官和辖区长官都拥有自己的部属，规模为数十人，有时达到数百人，但即便是他们也只是帝国统治机器中相对较小的元素。在皇帝身边工作的宫廷部门被统称为"随员"（comitatus），他们随皇帝在不同的皇帝驻地间旅行。内侍被称为 cubicularius，由皇帝内侍总管（praepositus sacri cubiculi）统管；这些总管几乎都是阉人，通常来自罗马和波斯交界的地方，法律对阉割罗马人的禁令在那里不适用。他们负责监督宫廷账目，满足皇帝夫妇的私人需求，以及监督各种教师、文书和仆人，这些人被统称为宫廷侍从（ministerialis 或 cura palatiorum）。

其他随员部门负责皇帝的公共职能。政务总管（magister officiorum）是这些随员中最有权势的，主管皇帝的公共角色所需的各个秘书室（scrinia）：作为其部属的三名次官——备忘官（magister memoriae）、诉状官（magister libellorum）和书信官（magister epistularum）——负责皇帝的书信、接收提交给皇帝的上诉和诉状以及接收行省行政官员的报告（relationes）和起草对他们的回复。该部门拥有一支用于外交事务的翻译队伍，政务总管还控制着帝国政府的机密信使系统，由差不多 1000 名所谓的"办事员"（agens in rebus）负责。这些办事员的职业生涯从信使开始，但最终经常变成非常受信任的间谍和暗杀者，承担着那些所有政府都需要尽快不为人知地完成的脏活。

作为其庞大权力的另一个标志，政务总管是晚期罗马政府中唯一拥有军队指挥权的文官，是宫廷内务部队名义上的指挥官。每支内务部队（在不同时期究竟有多少存在争议）由 500 名精锐骑兵组成，统率他们的是一个由皇帝亲自任命，称为军政官（tribunus）的军官。皇帝从内务部队中选拔自己的个人扈卫，因为身着白色制服，他们被称为"白衣侍卫"（candidatus）。另一个宫廷部门的某些职能与政务总管重合，那就是文书处（corps of notaries）。首席文书（primicerius notariorum）手下的文书（notarius）记录整个帝国的正式任命，以及向所有为皇帝效命的官员发布委任状。首席文书则负责保管记录每位帝国官员的"大名单"（laterculum maius）。文书严格说来只是书记员，但与办事员一样，他们往往还要作为间谍和审讯者，承担更加不光彩的特殊任务。

虽然辖区长官监督在国家体系中流转的大批资金，但君士坦丁还从戴克里先的政府改革中继承了另外两个宫廷财政部门，分别由一位卿官（comes）负责。皇帝私库（res privata）的私库卿（comes rei privatae）总是与正皇帝一起出行，负责监督处理皇帝个人财产不同方面的五个秘书室，从税收和租金到皇帝对财产的购买和罚没。这些职能意味着皇帝私库的代理人在每个行省都需要设立庞大的机构。随员中的另一个财政部门是圣库（sacrae largitiones），圣库卿（comes sacrarum largitionum）执掌帝国铸币场，其中最重要的位于罗马、特雷维里、阿雷拉特、西尔米乌姆、塞尔迪卡、塞萨洛尼卡（Thessalonica）、安条克和亚历山大里亚。

在多年的财政动荡以后，君士坦丁以纯度很高的金币为基础重建了罗马的货币体系，这种金币重 4.5 克，名为索里都斯（solidus）。银币和贱金属币继续被铸造，供小额交易使用，但它们没有以固定汇率与索里都斯挂钩，帝国经济的财政面完全以黄金为基础。圣库还负责经营国家的金矿和银矿，并监督 fabricae，即负责为军官的武器和盔甲装饰上贵金属的国家工厂（政务总管监督那些制造无装饰版本的工厂）。最后，该部门还是所有以金银形式征集的税收的最终去处。这些税包括各种关税和港口税；代役金（aurum tironicum，用缴纳黄金代替服兵役）；加冕金（aurum coronarium，各城市在皇帝登基和此后每五周年时的"自愿"献金）；奉献金（aurum oblaticium，由元老们在同一时间支付）；土地税（collatio glebalis，元老每年支付的税金）；五年税〔collatio lustralis，希腊语作 chrysárgyron（金银税），每五年向所有商人（从小店主到娼妓）征收，最初以金或银为形式，后来仅限黄金〕。圣库卿辖下有足足 10 个秘书室，与私库一样，它们在各地都有机构，并有行省和宫廷两个层级。

除了政务总管和内务部队，君士坦丁还将帝国的军官体系同文官体系彻底分开，把 3 世纪里朝向这个结果发展的强劲趋势正式化。机动军（comitatenses）由大量差不多每组 1000 人的部队组成。许多行省还有自己的驻军部队，特别是在边境地区，称为边防军（limitanei 或 ripenses），其中许多是早期帝国规模大得多的罗马军团传承下来的部队。机动军由两名常常与皇帝随员同行的将军指挥，称为亲兵长官（magister militum praesentales）。两人中地位较高的是亲兵步兵长官（magister peditum praesentales），亲兵骑兵长官（magister equitum praesentales）地位较低，虽然他们都同时统率步兵和骑兵，称为统兵长官（magister militum）。如果有几名皇帝共治，那么每套随员班子中都会有这些指挥官，尽管后来——与地方辖区的发展类似——机动军也开始有了区域性的指挥基地：到了 4 世纪中叶，与亲兵长官在一起的常常还有高卢长官（magister per Gallias）、伊利里亚长官（magister per Illyricum）和东方长官（magister per Orientem），他们各自拥有或多或少稳定的机动军核心部队，可能随着该地区军事状况的改变而波动。

边境的永久驻军由卿官或将军（dux）统率，他们掌握着不同类型的边防军，尽管这些部队有时会四散分布在整个行省，不仅扮演着士兵的职能，也常常作为警察和海关官员。不同于机动军和边防军，亲兵扈卫从有特权和人脉广泛的公务员和军官之子，以及边境藩属王国出身高贵的年轻人中选出。这些士兵受皇帝个人指挥，亲兵部队成了来自不同背景、跻身晚期帝国军官阶层者的训练营。亲兵扈卫在内卫卿（comes domesticorum）手下服役，后者是机动军的高级成员（另一群"普通"扈卫是在生涯末期获得提拔的普通士兵，他们会被分配管理职位，常常位于偏远行省，作为对长期服役的奖赏）。

在后面的各章中，我们将看到在这里被简单勾勒出的君士坦丁的统治体系在实践中如何运作，约束了皇帝和他们的臣民能够和不能做什么。不过，虽然统治结构很重要，但它们并非君士坦丁重塑帝国的唯一方式。他还开启了帝国基督教化的进程，该进程很快将变得不可逆转。基督教起初是一个犹太异见教派，但到了 2 世纪开始自视为新的宗教，崇拜曾派自己的儿子耶稣前来救赎人类的唯一且忌邪（jealous）的上帝。基督教最初仅存在于巴勒斯坦乡村和希腊东方城市的小共同体内，但到了 3 世纪中叶时已经广泛传播。这在某个层面上相当出人意料，因为按照古代标准，基督教是一种独特的宗教。希腊和罗马人长久以来一直把犹太人排外的一神教和他们拒绝认可其他神明（包括罗马国家的那些）理解为一种例外现象，他们容忍它是因为那非常明显地是一种少数信仰，而且局限在一个不对外开放的民族共同体内。不过，基督教的排外性不同于犹太教和希腊-罗马世界的其他宗教，因为使其灵验的并非仪式行为，而是信仰。

非基督徒可能对宇宙和神明的真正本质拥有相当复杂和哲学性的信念，也可能只比一系列未加思考的迷信稍好一些，但他们都认为祭祀行为是凡人欠神明的义务——无论是其间有数以百计的牲畜被奉献的盛大公共节日，还是个人在祭坛上撒上一撮香（对当时的犹太人来说，正确的祈祷和仪式行为有着相同的功能）。基督徒不能参加公共节日，担心会失去他们获得救赎的希望，因为他们忌邪的上帝禁止他们这样做。他们也不会尊崇罗马国家的神明或被封神皇帝的崇拜，这种禁忌可能被解读为叛国：3 世纪时，拒绝祭祀引发了帝国当局的几波大规模迫害。在第二波迫害之后，伽里埃努斯（Gallienus）皇帝对基督徒施以宽容，承认基督教堂在罗马法下有权拥有财产，结果是基督徒的数量在 3 世纪下半叶迅速增长。

尽管有许多自信的反方断言，但我们永远不会对实际数字有任何可靠的预期，甚至连粗略的数字都没有：我们的证据实在不够好。不过，到了公元 300 年，基督徒可能已经在讲希腊语的东方部分地区占到人口的大多数，而在说拉丁语的西方则最多只是数量可观的少数人口。对希腊语和拉丁语世界受过教育的精英来说，基督教只是众多选择中的一个；事实上，它只是众多一神论选项中的一个——鉴于像新柏拉图主义等同样具有强烈一神论元素的哲学-宗教体系的流行。对广大人群来说，基督教崇拜与其他神明的公共节日以及遍布乡村地区的民间信仰共存。基督教在任何社会层级上都还不是多数信仰，而认为它尤其对或只对社会中的穷人和地位低下者有吸引力的老观点也并非事实。基督教共同体已经变得太过多样化，更不用说变得太过富有和成功，使得这变得不可能。

在 3 世纪后期的差不多同一时间，基督教共同体中已经发展出等级分明的教士层级，他们的领袖［主教（episcopus）］组成了遍布罗马世界的网络，实际上还越过罗马世界，延伸到波斯统治下的美索不达米亚的基督教共同体。某些主教行使的权力要比他们邻居的更大，有的是因为个人魅力，有的是因为他们城市的主教座堂历史悠久，还有的仅仅是因为他们城市的规模和在更大视角下的重要性——或者是出于全部这三个原因，就像在阿非利加代执政官行省的迦太基的情况那样。少数教区（罗马、亚历山大里亚和安条克）自称有权代表基督徒发声和对他们讲话——不仅是它们地区或行省内的，而且是所有地方的基督徒。这样做的依据是，它们非常古老，而且是由使徒（耶稣的同伴和他福音最早的传播者）建立的。因此，到了 303 年，基督教已经被认可为帝国宗教世界的一部分，戴克里先在那一年发动了对基督徒的最后一场迫害（“大迫害”），旨在完全根除这种对公共秩序构成威胁，并冒犯保护了罗马国家的诸神的宗教。这场迫害的原因及引发它的事件过于复杂，所以无法在这里讨论，它们与共治四帝及其家族的内部政治阴谋密不可分。但从 303 年到 305 年，帝国各地的基督徒都经历了某种迫害：在说拉丁语的西部的部分地区，他们的教堂被毁，基督教书籍被焚，而在阿非利加和希腊东方，发生了大范围的抄没、折磨和处决。在西部，迫害在305年停止，但在东方，它以各种形式一直延续到313年。到了那时，它已经成为那场终结了四帝共治的内战中的一个不稳定要素，特别是因为君士坦丁本人皈依了基督教——此事将成为世界历史上影响最大的事件之一。

君士坦丁很可能从很早开始就对基督教产生了同情。他的家族中有基督徒，他的父亲君士坦提乌斯恺撒在自己控制的那部分帝国尽可能轻地执行戴克里先的迫害敕令。事实上，这场迫害的众多动机之一可能是要把君士坦提乌斯踢出四帝的继承计划。但当君士坦提乌斯去世后，士兵们拥立他的儿子为皇帝。戴克里先的继承人，现在是正皇帝的加莱利乌斯（Galerius）不情愿地承认君士坦丁是共治皇帝的合法成员。从306年到312年，在统治高卢、不列颠和西班牙的六年间，君士坦丁试图尽可能多地在那些地方扭转迫害的后果，312年从对手马克森提乌斯（Maxentius）手中夺得意大利和阿非利加后，他在那里也做了同样的事。此时，他已经公开宣布自己是基督徒。到312年为止，他的随员中既有国家崇拜的传统祭司，又有基督教士，其中包括科尔杜巴（今安达卢西亚的科尔多瓦）的主教霍西乌斯［Hosius，或奥西乌斯（Ossius）］。对于310年他随自己的作战部队一起看到的天象，他们向其提供了相反的解释。

关于这天象到底是什么有很多争论，那也许是一种被称为日晕的光学现象，即光线与云中的冰晶相互作用，在天空中形成了看起来像圆圈或柱子的东西。尽管如此，每个人都认为，上天向君士坦丁发出了信息，唯一的问题是他们曾想通过它表达什么内容。这是太阳神阿波罗向君士坦丁承诺胜利吗？还是像霍西乌斯和他的基督徒伙伴们主张的那样：这是来自唯一真神的标记？也许君士坦丁认为，他可以脚踏两只船。但随后，当他于 312 年入侵意大利，在意大利北部平原彻底打败马克森提乌斯的野战军，然后进军罗马的时候，他在最终战役的前夜做了一个梦。这个梦指示他给士兵的盾牌画上基督的象征［希腊字母 chi 叠加在字母 rho 之上，代表 christus（基督）］，在基督教上帝的庇护下冲入战场。他这样做了，马克森提乌斯的军队不出意料地被击溃，这个篡位者也淹死在台伯河里。君士坦丁后来经常谈起这个关于他皈依的故事，他显然多次重写——也许是重新解读——那时发生过的事。但从 312 年开始，他显然有意地作为一个基督教皇帝进行统治，一旦有机会就主动地偏袒基督教会。

很快，他意识到这不仅意味着无尽的胜利，还有令人生畏的挑战。312 年，几乎就在马克森提乌斯败亡的同时，这位基督教皇帝被请求介入一桩基督徒之间的争执。迫害在北非教会中造成了严重分裂。有人认为，如果教士和主教曾将基督教经文交给迫害方当局［被称为 traditor，意为"交出者"，是英语中 traitor（叛徒）一词的来源］，他们就已经放弃了自己的合法性，不再是教士。不仅他们本人不能再是教士或主教，而且由他们授予圣职或祝圣的人也不能再是教士或主教。这场争执的焦点是新当选的迦太基主教卡伊基里亚努斯（Caecilianus）能否合法担任此职，因为为他祝圣的主教据说是个"交出者"。卡伊基里亚努斯的对手选出了另一名主教多纳图斯，双方现在上诉至君士坦丁。皇帝向罗马主教米尔提亚德斯（Miltiades）寻求建议，后者在 313 年做出了不利于多纳图斯派（对多纳图斯支持者的称呼）的决定。他们再次向皇帝申诉这一裁决，君士坦丁于314年在阿雷拉特召集西部主教召开大会。

一段时间以来，召开主教大会是教会内部解决争议的首选方式，但它们的成功取决于失败一方愿意接受大会的裁决，而这完全不是既定的。因此，当在阿雷拉特集会的主教们做出对多纳图斯不利的判决，并支持卡伊基里亚努斯的合法性时，多纳图斯派拒绝接受罢免他们主教的命令，仍然坚称他是该教区唯一真正的所有者。在脾性和职位上都是独裁者的君士坦丁指示他的官员用武力镇压抗命者。一些多纳图斯派成员殉道，另一些被流放，但国家暴力只是将分裂赶到了地下，什么都没有解决。多纳图斯和他的支持者继续在阿非利加的城市和村庄针锋相对地任命主教，卡伊基里亚努斯派和多纳图斯派的冲突直到君士坦丁死后许久仍迟迟无法平息，延续了一百多年。不过，尽管多纳图斯派的分裂一直挥之不去，但这一争议基本上是围绕着教规与合法性的冲突，而其根源与他们的当地背景密不可分。相比之下，当基督教徒争论的是神学观点，事关救赎和永生时，其影响范围就必然要大得多。在324年从李基尼乌斯手中夺得东部帝国后不久，君士坦丁就将通过一系列痛苦的教训来发现这点。

如果君士坦丁的权力欲没有那么不可满足的话，他和李基尼乌斯的冲突本可以避免。李基尼乌斯看上去完全满足于自己统治东部帝国，由君士坦丁统治西部，但后者在316年挑起冲突，并取得了决定性的胜利。双方达成和约，君士坦丁占领了巴尔干的大部分地区。到了4世纪20年代初，君士坦丁再次故意触怒他的共治皇帝，两人在323年最终决裂，当时君士坦丁侵犯了李基尼乌斯的领地，还高调地向多瑙河对岸的萨尔玛提亚人（Sarmatians）发动战争。最后的决战不可避免，君士坦丁的军队再次获胜。落败的李基尼乌斯逃到小亚细亚，他的军队向君士坦丁投降。在获得无条件投降就不伤害其性命的承诺后，李基尼乌斯被囚禁在塞萨洛尼卡，不久被处决，罪名是试图对一位据说很想宽恕他性命的仁慈皇帝谋反。

十二年前，君士坦丁已经在基督的旗帜下参加了在西部的征服战争，但在 324 年，他可以真正将李基尼乌斯描绘成一个迫害者。事实上，这位东部皇帝下令打击自己领地上的基督徒只是为了报复君士坦丁的侵略，但这意味着后者可以将自己的征服战争粉饰为一种基督徒的责任。在取得全面胜利后，他明确表示自己将作为基督徒进行统治，不仅会像他在西部那样垂青基督徒，还会积极地试图让东部帝国的非基督教城市接受基督教，并有意打压非基督教崇拜的势力。他还深深卷入了希腊教会的神学政治之中，因为一种极其傲慢的自信——相信自己有能力解决实际上无解的问题——驱使着他。

希腊东方的基督教与西部的拉丁基督教较为不同，其教会政治要复杂得多。此外，东部有着庞大得多的基督教人口，相比西部，那里在更长的时间里遭受了严酷得多的迫害，这对东部的基督教共同体造成了各种各样的压力。两种语言固有的差异同样很重要。希腊语是一种比拉丁语微妙得多的语言。与现代德语类似，通过用现有的词法元素构造出的新词语，它能够产生无限的含义上的细微差异：因此，它一方面可以故意制造含混（而且故意使其不可解），另一方面可以处理非常细小的区别。拉丁语是较为简单的语言，词汇量较少，也没有构造新词的古老传统，因此几乎总是会用同一个词表示多个概念。出于这个原因，它非常不适合描述哲学和神学上的细微差别，很早就出现了母语为拉丁语的人用希腊语进行学术讨论和写作的传统。但对于神学而言，希腊语适合思想活动这件事反而带来了危险。

在基督教中，救赎的可能性取决于信仰，而非认真履行仪式行为。对基督教上帝的错误信仰意味着危及人们的救赎。在救赎的基督教语境下，希腊思想生活长久以来所钟爱的那些哲学上的吹毛求疵成了一件生死攸关的事。虽然古代神学家（虔诚的现代学者在这方面同样如此）可以假装正确的信仰（或"正统"）是一个单一的真理，在某个"地方"等待着人类头脑的智识去发现它，但正确的信仰过去和现在都是在对立神学家的争论中被制造出来的概念。错误的信仰可能会被指责为异端，但某个教士口中的异端可能是另一个教士眼中真正正统的守护者。更糟糕的是，由于希腊语的多变性质，当某种神学公式（formula）解决了一个问题，确立了关于其正统性的毫无争议的共识时（尽管那很少发生），这种共识本身会带来需要解决的新问题，整个分裂的循环将再次开始——而且肯定会因为教士内部的个人和政治矛盾而大大加剧，特别是那些自称对自己教区享有特殊精神权威的主教。

324 年，希腊教会就陷入了一场这样的神学争议中，为在基督教的圣父、圣子和圣灵的三位一体中，圣父和圣子究竟是什么关系展开争论。我们称这场争论为阿里乌斯争论，得名于希腊教士阿里乌斯，他的一些公式引发了这场争议。埃及主要的主教区亚历山大里亚——自称是福音书作者圣徒马可建立的使徒教区——面临着"交出者"的难题，正是这个问题引发了阿非利加的多纳图斯分裂。但在这场争论中，一方提出了一个真正的神学问题。阿里乌斯曾在亚历山大里亚最大的对头安条克求学，并曾驳斥了亚历山大里亚主教的观点，即圣父和圣子共享一个单一的实质（希腊语的 ousia，拉丁语的 substantia）；因为圣父曾"产生"（beget）圣子，肯定有一段圣子曾并不存在的时间，而如果是这样，那圣子就不可能与圣父共享同一实质，必然不同于，而且从属于后者。由于这一评论，阿里乌斯被其主教流放。他试图在东方的其他地方寻求支持。这很快导致思想问题被政治化，主教们的对立的关系网从君士坦丁打败李基尼乌斯的那一刻起就争相寻求他的支持。

皇帝使用了他在西部尝试过的权宜之计：召集一次教会大会来解决争端。大会于 325 年在尼西亚举行，那里位于小亚细亚，大部分东方主教都能比较容易地赶到，君士坦丁还确保了有一小批拉丁主教也莅临参会。最终，据说有三百多名主教参加，包括安条克的欧斯塔提乌斯和尼科美底亚的优西比乌，后者的城市是小亚细亚主要的皇帝驻地。亚历山大里亚的主教做出了一个将产生深远影响的决定，他以年老为由派出其助祭阿塔纳修斯（Athanasius，或译亚他那修）代表自己参加，后者展现出了与年龄不相符的出色（最终将成为主教的继任者）。阿里乌斯的支持者们——以尼科美底亚的优西比乌为首——显然是少数，尽管他们很好地提出了自己的主张。然而，阿塔纳修斯不仅是一位神学天才，还是个残忍精明的政客。经过漫长的辩论并大量兑现政治人情之后，大会谴责了阿里乌斯的学说，提出了圣父和圣子是"同质的"（homoousios，希腊语"同一"和"实质"的复合词）的神学公式，即尽管圣子是圣父所生，但两者的存在或实质是相同的。读者可能会觉得这里存在悖论，但尼西亚的公式足够好地完成了当下的必要工作：几乎所有人都感到满意，至少是暂时的，甚至包括那些认为同质论在思想上站不住脚的人（比如尼科美底亚的优西比乌）。只有两位主教和阿里乌斯一起拒绝接受，三人不出意外地遭到流放。

此结果令新皇帝满意，而这个事实本该让所有人受益——如果基督教能够更好地容忍信仰的差异，还会是这样。但事实并非如此。亚历山大里亚的阿塔纳修斯和他的盟友（包括大部分拉丁教士，他们可能有，也可能没有理解真正关键的细节）在所有挑战者面前坚持尼西亚信经，这样做不仅是出于神学，也是出于政治成本。阿塔纳修斯在328年接任亚历山大里亚主教，让他有了可以与自己强大的论辩技巧相匹配的强大权力基础，而他从不犹豫将两者付诸使用。许多认为阿里乌斯错误（或者至少部分错误）的人觉得同质论也是错的，尽管方式不同。比如，尼科美底亚的优西比乌就倾向于圣父和圣子在本体上相似（homoios），但并不像尼西亚信经所说的同质。优西比乌成了老年君士坦丁的亲信，最终在那位皇帝临终时为他进行了洗礼，这位尼科美底亚主教凭借自己的地位用相似论赞同者（尼西亚信经的支持者讽刺他们是"阿里乌斯派"）填满了东方的主教区。

作为相似派不知疲倦的反对者，阿塔纳修斯并不回避用肮脏的诡计来达到目的，尽可能地阻止此类任命——君士坦丁临终时，他最终被这位皇帝流放。在几十年的时间里，他将一直是罗马政治中的搅局者，特别是因为君士坦丁的儿子君士坦提乌斯既是个特别虔诚的基督徒，也是个特别坚定的相似论者。君士坦提乌斯投入大量精力，花费巨额金钱和其他资源，试图找到某种相似论的变体，可以将帝国的所有主教团结起来。他召开了7次教

会大会，期待它们是具有约束力的：安条克（341 年）、塞尔迪卡
（342 年）、西尔米乌姆（351 年）、阿雷拉特（353 年）、梅狄奥拉
努姆（Mediolanum，355 年）、阿里米努姆（Ariminum）和塞琉
西亚（Seleucia，359 年）、君士坦丁堡（360 年）。每一次，他都
亲自介入信经的起草，希望它们被普遍认同，从而被普遍推行。
但他的雄心每一次都没能实现，部分是因为他试图掩盖的神学分
歧太大，部分是因为后尼西亚的主教们受派系政治的影响太深，
还有部分原因是皇帝致力于强制推行正统，使得妥协变得不可能。
这是关键所在，也是晚期罗马帝国的一个标志性特点：尼西亚大
会及其余波使得皇帝和他的官员有责任——为一种而不是另一种
形式的基督教信仰——强制确保一致性。

不过，虽说强制崇拜活动的一致性在理论上是可能的，但信
仰的一致性又该如何强制？君士坦丁和他的官员投身于强制的事
务并无法获得证实。基督教争议者明白这点，并利用它在政治上
做文章。长期来看，国家不得不花费大量资源来界定人们应该声
称自己信仰什么，然后再强迫他们这样做。这造成了一整个又一
整个群体的人在社会和政治上被边缘化，有时甚至遭到迫害，因
为他们拒绝接受某位皇帝认同的一些特定的基督教公式。在本书
中，我们将不时看到这对帝国的团结和国家事务造成的负面结果。

尽管如此，围绕着基督教正统的争论成为帝国政治核心焦点
的速度也表明了在君士坦丁之后帝国基督教化的速度。在最多两
代人的时间里（很可能更快），大部分帝国人口都有了某种形式的
基督教信仰。君士坦丁主动采取对教会有利的措施，并表现出对
基督教上帝的支持，禁止将钉十字架作为刑罚，修改婚姻法来反
映基督教的道德教义，还宣布除了农业劳作，任何公共事务都不

得在太阳的圣日（也是圣子被钉十字架后复活的日子）进行，从而发明了周末。在高级职位晋升中偏向基督徒无疑是鼓励出于自我利益而皈依的另一个重要因素。最后，与之类似，君士坦丁对非基督教宗教采取的措施无疑也有一定影响。在西部行省，这些措施相对轻微，虽然不算和善，但在东方，没收神庙财宝无疑会产生深刻的影响。

一千多年来，神庙在希腊世界一直扮演着银行和博物馆的混合物的角色，君士坦丁用它们的黄金和财宝来为自己基于索里都斯的新金币体系（见上文的讨论）提供资金，以及修建他在君士坦丁堡宏大的新宫，整个东部帝国的财宝将装点该城的公共空间。于是，那些传统的希腊世界的崇拜中心非常突然地变得贫穷，这对它们的影响很可能要超过君士坦丁的任何其他措施，也包括引起了巨大学术争论的一个题目：君士坦丁是否禁止了异教献祭。关于这一禁令没有确凿的同时代证据，但君士坦丁的一个儿子在341 年颁布禁止献祭的法令，其中指出他的父亲下达过类似的禁令。同时代的帕拉达斯（Palladas）的一首诗中提供了另一个可能不那么确凿的证据。因此即便无法绝对地证明，君士坦丁很可能禁止异教徒公开献祭，而被禁的不仅是血祭，还有在诸神的祭坛上象征性地焚香。与戴克里先对基督徒的迫害类似，执行在很大程度上肯定取决于当地官员的态度，而任何禁令对旧有的非基督教崇拜的长期伤害都应该比不上掠夺它们的财库。

掠夺物的目的地是君士坦丁堡，这座位于博斯普鲁斯海峡边的新城是君士坦丁在位于欧洲和亚洲交会处的古城拜占庭的旧址上建造的。他声称曾有神启指示他在哪里建造他的新城，一位神明还帮助他划定了城界。君士坦丁堡颂扬了他对李基尼乌斯的胜利和对整个罗马世界新的统治，那里很快成为基督教帝国的象征。他为该城的奠基举行了隆重的仪式，工程于 324 年 11 月 8 日开始。六年后，那里可以入驻了，落成典礼在 330 年 5 月 11 日举行。君士坦丁希望该城成为第二个罗马，它有意反映了那座更古老的"帝国之母"的许多方面。

4 世纪历史最重要的方面之一是君士坦丁的城市如何实现了他对它的希望，在那个世纪末成为东部帝国无可争议的首都。我们从君士坦提乌斯二世皇帝之死开始本书，他对将君士坦丁堡置于通向主宰之路所做的贡献要超过其他任何一人，给予君士坦丁堡一个像样的元老院，还在损害安条克和亚历山大里亚利益的情况下，扩大了该城主教的权力。他叛逆的堂弟、基督教的激烈反对者尤里安或许能够扭转君士坦丁统治的一些革命性影响。他的确想要这样。但就像在下一章中将会看到的，他短暂的统治确保了他没能成功。

第 2 章

尤里安的失败

尤里安皇帝是一个令学者们永远着迷的主题，特别是因为他带着忧思的自我陶醉正好打动了许多学院里的人。但另一个事实是，他给一些文笔最好的且有作品留存至今的作者留下了鲜活的印象：尤里安是阿米安·马尔克里努斯（Ammianus Marcellinus）史书的英雄主角；安条克的演说家利巴尼乌斯（Libanius）哀叹尤里安对旧神明的系统性扶持以失败告终；基督教主教金口约翰（John Chrysostom）因为尤里安坚持异教而对他加以痛斥；美索不达米亚的教士以法莲（Ephraim）用优美的古叙利亚语颂诗表达了对尤里安最终败亡的狂喜。此外，还有尤里安本人的作品，它们将其个性如此好地表达出来，让历史学家与他形成了某种串通一气的亲密。除了圣奥古斯丁，尤里安要比其他任何古代作家更能激起人们成为业余心理分析师的欲望，在现代人为罗马皇帝写的传记的数量方面，只有奥古斯都和君士坦丁才能与他相抗衡。这一切颇为反讽，因为在所有可以想到的层面上，尤里安短暂的单人统治都是失败的。事实上，即便是他最坚定的赞美者也无法掩盖他的行为在多大程度上疏远了其他人。

除了诉诸他的精神状态，我们很难解释尤里安的失败。当他不再将自己对旧神明的崇敬同对基督教的仇恨区分开来时，他所有最危险的冲动仿佛都被释放了。在高卢，当他仍然害怕堂兄君士坦提乌斯的愤怒时，他学会了当一名优秀的战地指挥官，而且就像他本人告诉我们的，他潜心阅读恺撒和普鲁塔克，好进一步提高自己。君士坦提乌斯去世前几个月里，他发动的夺取巴尔干控制权的闪电战是古代战略成功的模板。不过，当堂兄的威胁消失时，他感到了荷马的诱惑——那是他在幸福的少年时代随宦官老师马尔多尼乌斯（Mardonius）领略的——而阿喀琉斯的亡灵开始在尤里安耳边低吟，敦促他踏入战场。他将赢得堂兄未尽的波斯战争，即便他为战争所做的准备将很快引发东部城市的反目。他的宗教信念也走上了一条相似的自我毁灭的道路。在 3 世纪的罗马帝国，当神秘的普罗提诺新柏拉图主义（Neoplatonism of Plotinus）成为主流后，几种哲学宗教汇为一脉。到了 4 世纪，它们再次分裂为辩证和哲学式的波菲利（Porphyry）狂热，以及扬布里克斯（Iamblichus）更加壮观的占卜宗教。尤里安从明多斯的优西比乌（Eusebius of Myndos）那里学习了前一种新柏拉图主义，从以弗所的马克西姆斯（Maximus of Ephesus）那里学习了后一种，但马克西姆斯对尤里安性格的影响更深。现在，没有了任何约束的尤里安释放了他对神通和占卜的热情。他大肆投入于这些乐事上的昂贵开支激起了普通希腊人和罗马人的反感，不仅是基督徒，异教徒同样如此。

从他获悉君士坦提乌斯死讯的那一刻起，尤里安就开始行动了，当时阿奎莱亚仍然在武装反抗他。新皇帝派骑兵长官（他的副手将军）弗拉维乌斯·约维努斯（Flavius Jovinus）前去说服阿奎莱亚的军团投降，并向东部的各个城市发出了一系列公开信。在这些信以及他写给像马克西姆斯等精神顾问的信中，他宣布了恢复崇拜异教神明的意图。他经由菲利普波利斯和赫拉克莱亚（Heraclea）前往君士坦丁堡，于 361 年 12 月 11 日抵达帝都。在那里，他最关心的问题之一是下令建造一座密特拉神庙（Mithraeum），以纪念英勇的救世主密特拉神——他认可对该神的崇拜——并尽可能地打压对他所厌恶的基督教救世神的崇拜。此外，作为对基督教会的都会主教制结构的讽刺模仿，他开始任命自己最青睐的哲学家担任旧诸神的行省祭司。

尤里安信任的谋士塞孔都斯·萨卢提乌斯（Secundus Salutius）被任命为东方辖区的辖区长官，负责一系列备受瞩目的叛国罪审判。审判在迦克墩（Chalcedon）城进行，那里与君士坦丁堡间隔着博斯普鲁斯海峡，且不太会发生骚乱。这些审判成为新皇帝的西部高级指挥官迫害那些曾为君士坦提乌斯效力的老对手的方式。除了萨卢提乌斯，我们还看到了西部阵营中一些最有权势的人：圣库卿和新任命的伊利里亚长官克劳狄乌斯·马梅尔提努斯（Claudius Mamertinus）；步兵长官阿吉洛（Agilo）；骑兵长官内维塔（Nevitta）；在高卢与尤里安恺撒一同服役，后来支持他赢下与堂兄的豪赌的骑兵长官约维努斯。我们还看到了 4 世纪 50 年代的一位主要将领，现在已经退役的弗拉维乌斯·阿尔比提奥（Flavius Arbitio），此人长期与尤里安为敌，但在西部是个无法忽视的强势人物。委员会完成了预期的工作：君士坦提乌斯的一些官员——特别是那些被认为导致了尤里安同父异母的哥哥伽卢斯败亡的人——遭到流放；另一些人被杀，包括皇帝内侍总管优西比乌，此人作为宦官和秘密的权力掮客而广受憎恶。臭名昭著的办事员阿波德米乌斯（Apodemius）和"铁链"保罗（Paulus

Catena）被活活烧死，在君士坦提乌斯统治的最后十年里，这两人在元老和官僚中散播了恐怖。不过，也有一些处决引发了批评，有人认为尤里安太过头了。

362 年开始时，尤里安最坚定的两位支持者马梅尔提努斯和内维塔接过了执政官束棒，并以他们的名字命名了那一年（罗马人没有连续的为年份编号的系统，而是用"某某担任执政官的那一年"来指代）。弗拉维乌斯·约维努斯作为骑兵长官返回高卢。尤里安需要一个值得信赖的人为他驻守西部，而他则确保了对希腊世界的控制，并试图将他的反基督教政策强加给罗马帝国。从这一年伊始，他加大了自己伤害教会的努力。2 月初，他颁布法令，要求所有那些因为支持尼西亚信经而被君士坦提乌斯流放的主教回归，因为他知道此举肯定能扰乱帝国各地的基督教会众。直到 5 月，他才离开君士坦丁堡，前往安条克，准备参加对波斯的战争。这场战争将是为了他的荣耀和他忠诚的异教臣民的福祉，但不是为了基督徒——他拒绝接见尼西比斯［Nisibis，今土耳其努萨宾（Nusaybin）］人的使团，因为他们是基督徒，反而要求他们帮助对付波斯，理由是他们违抗了他重新开放异教神庙的命令：一些对尤里安最恶毒的攻击来自一位尼西比斯人——叙利亚的以法莲（Syrian Ephraim）——这不仅仅是巧合。

显然，尤里安穿越小亚细亚的路线被设计为某种朝圣。他从迦克墩和尼科美底亚前往尼西亚，并绕道前往佩希诺斯（Pessinus），朝拜了那里的大母（Magna Mater）神庙。接着，他经过安库拉［Ancyra，今安卡拉（Ankara）］，向东来到提亚纳（Tyana），缅怀了行神迹者阿波罗尼乌斯，3 世纪的传记作家菲洛斯特拉托斯（Philostratus）将此人描绘成异教徒版的耶稣。6 月初，他抵达安条克，在那里一直停留到第二年3月。他以规模浩大的血祭狂欢和挑起该城基督徒的激烈内斗作为消遣。他相信达夫尼的阿波罗神谕所不再发声是因为附近有对基督教殉道者巴布拉斯（Babylas）遗骸的尊崇活动，于是下令将骸骨挖出，这引发了基督徒的抗议和要求将这位圣徒重新安葬的大规模游行。

　　为了进一步使这种自己憎恶的信仰难堪，尤里安还将帝国的庇护提供给了犹太人：国库将拨款重建耶路撒冷的圣殿，自从哈德良时代和巴尔·科赫巴（Bar Kochba）领导的犹太起义遭到镇压以来，犹太人就不被允许涉足那里。该计划将会失败，因为神秘的大火反复地中断了施工。虽然基督徒认为这标志着上帝的支持，但可能是基督徒纵火者制造了自己的好运。另一场火摧毁了安条克的阿波罗圣所，它最终被证明是个意外，尽管尤里安最初指责这是基督徒所为，他们对他的憎恶和他对他们的一样强烈。不过，当安条克的异教徒有机会近距离看到皇帝时，他们对他的感觉也好不了多少：他没有举办为青睐的城市带来节日和娱乐的竞技场赛会，即使最终办了一些时，也不关心其内容；另一些人则因为食物短缺而愤怒，短缺的部分原因是作物歉收，部分原因是他作战军队的需求；所有人都会对他大肆宰牛献给不同的异教神明感到憎恶——他被戏称为"屠夫"（victimarius），而不是祭司。他矮小的身高和对哲人式长须的钟情也成为笑料，有人称他为侏儒和猿猴。

　　尤里安脆弱的自尊受到伤害，无法忍受安条克人对他的憎恶。363年1月或2月——他在当年第四次担任执政官，同僚是高卢辖区长官弗拉维乌斯·萨卢斯提乌斯（Flavius Sallustius）——他发表了一篇对自己的激烈的讽刺文章，旨在恐吓安条克的公民。讽刺文被像其他帝国公告一样宣读，然后张贴在安条克城中心的宏伟的四象门凯旋门（Tetrapylon of the Elephants）上。这本抨击式的小册子名为《厌胡者》（Misopogon），对尤里安和他的安条克臣民说了大量刻薄的话，毫不缓和地谴责了他们的道德、轻浮和缺乏敬意。不过，在嘲讽自己的同时，他还展现出其自爱的深度，以及对自己所做的一切都是对的的坚信。鉴于他的臣民中很少有人持这种观点，无论他们的宗教信仰如何，因此并不奇怪，他不再试图满足他们，而是转向早有预兆的对波斯的入侵。

前一年 12 月，尤里安拒绝了"众王之王"沙普尔二世的使者提出的议和。沙普尔在其帝国的其他地方遇到了麻烦，需要他处理。一些游牧贵族的同盟入侵波斯位于中亚的粟特（Sogdiana）和巴克特里亚（Bactria）省，也许还有位于今天巴基斯坦的所谓的贵霜王国（Kushanshahr），破坏了王国的行政体系。这些游牧民族都声称与古代匈奴有某种亲缘关系，那是纪元前后位于中国边境的一个强大的草原帝国。匈奴的遗产是草原上的具有强大组织力量的意识形态，我们将在本卷中看到其他许多此类群体，尤其是我们最为熟知的名为匈人（Huns）的草原武士。无论 4 世纪波斯东部行省的入侵者同 4 世纪末我们在乌克兰和多瑙河谷看到的匈人有什么关系，在古代剩下的时间里，他们都将困扰着波斯国王们，使后者在帝国的一个或另一个遥远角落不断处于防御状态，而且常常是在罗马人非常乐于利用的不利时间点。

362 年末，尽管沙普尔提出了有利的条件，但尤里安知道自己手握一张王牌，没有必要做出妥协。沙普尔的兄长奥尔马兹德（Ohrmazd）从 4 世纪 20 年代中期以来就一直在罗马人中间流亡，这位萨珊王子的王室血统无可挑剔，长期以来一直是君士坦提乌斯的伙伴，甚至在 357 年皇帝凯旋进入罗马的时候也在场。尤里安的野心是让奥尔马兹德取代他的兄弟沙普尔登上波斯王位，他的军事计划既详尽又可行。由君士坦丁王朝的一名远亲普罗科皮乌斯（Procopius）率领的一支罗马军队向北抵达亚美尼亚边境，与亚美尼亚国王阿尔萨息（Arsaces）合兵，对波斯领土发动了精心设计的佯攻。与此同时，尤里安率领主力部队从安条克出发，途经卡雷（Carrhae）、卡利尼库姆（Callinicum）和基尔刻西乌姆（Circesium）（历史学家阿米安于 4 月 1 日加入远征，作为目击者叙述了此后发生的事）。离开基尔刻西乌姆后，大军抵达了幼发拉底河畔的扎伊塔（Zaitha）和半荒废的杜拉欧罗波斯（Dura Europus），一支舰队从那里载着给养顺流而下，军队则向泰西封进发。北面的佯攻奏效了，大部分波斯军队被派往亚美尼亚，尤里安几乎没有遇到什么抵抗就向南一直来到纳尔马尔卡（Naarmalcha），一条位于泰西封附近，连通幼发拉底河和底格里斯河的运河。小规模的冲突，几座要塞的投降，以及达加莱弗斯（Dagalaifus）和前执政官内维塔两位指挥官对马约扎尔卡（Maiozamalcha）的成功包围都激励着尤里安前进。猝不及防的沙普尔的指挥官们凿开运河大坝，淹没了乡间，在关键的节点延缓了罗马人的推进。当罗马军队在 6 月抵达波斯都城时，泰西封已经防卫森严，被淹没的乡间让补给围城军队变得不可能。

目睹这一切的阿米安以悲痛的宿命感描绘了入侵的崩溃。尤里安意识到他们无法从来路安全返回，也许他误以为大军在沿着底格里斯河岸向北行军时可以取粮，于是焚烧了幼发拉底河畔的运输船和船上的许多物资。罗马军队没有围城就放弃了泰西封，开始撤退，但沙普尔已经从最初的骗局中恢复过来，他迅速向南进军，在尤里安的军队开始撤退时截住了他们。他没有展开不必要的阵地战，而只是在罗马军队艰难地离开波斯领土时骚扰其外围部队。尤里安拒绝和谈提议，认为这种想法很丢脸。那是个错误，因为这支已处于困境的军队行动缓慢。每天都有更多伤亡，而波斯散兵让他们很难安全筹集到粮草。

接着，在 6 月 26 日上午，波斯人不间断的突袭中的某一次产生了意想不到的结果：罗马军队的一部猝不及防，被打散了，尤里安从帐篷里冲出来集结部队，却忘了穿上盔甲。他和扈卫击退突袭，并继续追击，但波斯人的阿拉伯辅助军中的一人掷出的投矛击中了尤里安的腋下。他试图拔出投矛，却割断了手上的肌腱，从马上摔了下来，血如泉涌。他承受着巨大的痛苦，显然就要死了，于是被抬回营地。阿米安用来自伟大希腊英雄生平的文学套路来包装他的临终场景：当疼痛减轻时，尤里安要求拿来他的盔甲武器，准备再次集结军队，就像垂死的忒拜英雄伊帕米侬达斯（Epaminondas）在曼提奈亚（Mantinaea）战役中曾做的那样；当这被证明不可能时，他与自己最亲密的同伴——哲学家马克西姆斯和普利斯库斯（Priscus）谈起了人类精神的崇高。有人怀疑阿米安有杜撰——的确可能——但直到最后仍是幻想家的尤里安很可能恰恰演绎了来自古典书籍中的这种剧本，它们曾在他孤独的青春期给过他慰藉。

那天早上他死了，许多其他人也一样，包括政务总管阿纳托利乌斯（Anatolius），尽管辖区长官塞孔都斯·萨卢提乌斯幸运逃脱。被己方的损失激怒的士兵们在战场上赢得了一场胜利，阿米安的描述记录了当天被杀的波斯高级将领的人数。但这次小小的胜利是暂时的。营中陷入绝望，谣言四起。杀死皇帝的是敌方的投矛还是罗马人的？凶手是个想要复仇的基督徒吗？更糟糕的是，接下来该做什么？尤里安没有继承人，无论是在营中还是在其他地方，作战部队也没有天然的领导者，部分原因是它别扭地拼凑了君士坦提乌斯的野战军与尤里安曾带来征服东部的西部大军。两方的军官团体相互不信任，也不相信宫廷官员：阿林泰俄斯（Arinthaeus）和维克托尔（Victor）等君士坦提乌斯指挥官中的高级成员反对尤里安的元帅内维塔和达加莱弗斯。塞孔都斯·萨卢提乌斯本可能是个妥协人选，此人年长、稳健、经验丰富，也不听命于任何派系。但他婉拒了，而对大部分军官来说，在没有皇帝的情况下撤离波斯的可能性仍然是无法想象的。

于是，一个名叫约维亚努斯［Iovianus，我们称之为约维安（Jovian）］，担任首席扈卫（primicerius domesticorum）的年轻侍卫军官被拥立为皇帝。对于他的受命，唯一的解释是，对立的高级指挥官们无法就某个级别更高的人选达成一致，并认为他会安全地受制于那些帮助他成为皇帝的人。军队在持续不断的袭击中再次开拔，慢慢地继续向北行进。7月1日，尤里安去世差不多一周后，沙普尔再次提出议和——如果罗马人交还戴克里先在纳塞赫（Narseh）时期从波斯夺走的全部土地（在4世纪初，已经过去了超过50年），他就允许罗马大军不受骚扰地渡过底格里斯河。此外，皇帝还要交出尼西比斯和辛加拉，罗马人掌握这两座位于底格里斯河与幼发拉底河之间的要塞城市已经有好几个世纪。尼西比斯将被清空，人口被强制迁往仍然掌握在罗马人手中的阿米达，沙普尔将不费一兵一卒就夺下这两座长期以来负责在该地区平衡两大帝国力量的城市。波斯人的成功和罗马人的灾难无论怎么描述都不会夸张。这不是说尤里安本人是不可或缺的，或者他的死本身是巨大的灾难：在波斯，作为奥古斯都的他失去了在高卢身为恺撒时展现出的能力。真正的灾难是约维安。

与尤里安不同，约维安是个基督徒，还软弱无能，完全听命于高级指挥官们，而这正是他的真正意义所在。对我们，正如对他的同时代人来说一样，他似乎不过是尤里安和君士坦丁50年前建立的王朝的令人悲伤的尾声：他的统治时间很短；除了与波斯签订了可悲的条约之外，他几乎没有什么成就；作为我们最翔实的材料来源，阿米安·马尔克里努斯不遗余力地用最黑暗的笔触来描绘约维安的统治。不过，约维安的短暂统治事实上预演了4世纪后期政治史的许多内容，那段历史将被对立的高级指挥官们的阴谋诡计所主导，把地位的确远低于那些大元帅的军官立为皇帝符合他们的利益。在由此导致的政局中，来自不同地方权力基地——高卢、意大利、巴尔干和东方——的高级军官和高级宫廷官员的敌对阴谋集团相互争斗，从而确保了即便是在个人角度上最令人生畏的皇帝也非常依赖于高级指挥官们，无法自由行事。这种权力机制是3世纪末的戴克里先改革和君士坦丁统治的顺理成章的结果，尤其是后者，因为他极大扩张了帝国的行政机构，并由此导致了其精英的地区主义。这是一种从此以后将一再出现的形势，但在这里需要强调的是363年时约维安的处境。他成为皇帝是因为高卢和东方的高级指挥官无法接受任何拥有自己的重要权力基地的人当皇帝，因此以一个不会威胁任何人的下级军官作为妥协。最迫切的问题是他能否激起所有人的忠心。

　　撤离尼西比斯后，约维安动身前往安条克。他允许尤里安的远亲普罗科皮乌斯——后者统率的军队将沙普尔最初吸引到北部——监督去世的皇帝在奇里乞亚的塔尔索斯的葬礼，然后静悄悄地归隐卡帕多西亚的家族庄园；在那里，他将计划以一名君士坦丁王朝成员的身份为自己谋求皇位。约维安召回他的岳父卢基里亚努斯（Lucillianus），后者在巴尔干和波斯的战线上都曾是君士坦提乌斯最成功的指挥官之一。卢基里亚努斯离开在西尔米乌姆的归隐地，动身去确保西部行省的效忠。为了掩盖自己统治的岌岌可危和自己在波斯溃败中的角色，约维安打造了有"罗马人的胜利"（VICTORIA ROMANORVM）字样的钱币。我们可以确定，那没能骗得了任何人，但他至少在基督徒臣民的记忆中为自己赢得了受尊敬的位置：他很快宣布"教会和平"，果断抛弃了尤里安的反基督政策，同时表示他将既不偏向尼西亚派，也不偏向他们持相似论的对手，尽管他本人是尼西亚派。

　　不过，抛弃尤里安的遗产并不需要针对尤里安的相同信仰者们采取主动的措施：阿米安是我们可以确定的在约维安登基后唯一离开公共生活的人。情况可能是，身为坚定支持尤里安的人物，他认为自己的职业前景现在已被永久地损害，但同样不无可能的是，他是因为自己的政见或异教信仰而被罢黜的。无论如何，这时他可能构想出了创作一部从图拉真统治开始的罗马世界历史的伟大计划。如果是这样，尤里安之死造就了一件后世必将非常感激的东西。

　　约维安的全部早期举措都是在他于10月抵达安条克之前做出的，此时距离尤里安之死和将尼西比斯与辛加拉割让给沙普尔过去了四个月。几周后，他开始北上向君士坦丁堡进发，途经莫普苏埃斯提亚（Mopsuestia）、塔尔索斯和提亚纳。西部传来的消息很糟糕。曾在君士坦提乌斯的巴尔干高级指挥官中十分显赫的卢基里亚努斯在高卢建制派中不受信任。它的首领是骑兵长官约维努斯，尤里安政权的关键人物之一，在高卢极有权势。他在当地被长久铭记，直到加洛林时代，他作为一系列教堂的创立者的角色仍然受到颂扬。我们很快将会一窥在君士坦提乌斯统治后期已经显露的地区派系主义：潘诺尼亚人卢基里亚努斯试图让他的法兰克人同僚，现在已经退休的马拉里克（Malarich）取代约维努斯担任骑兵长官。马拉里克明智地回绝了，这意味着卢基里亚努斯决定前往高卢，亲自接过指挥权。约维努斯率先行动。在约维努斯的驻地，今天的兰斯［Reims，当时称为杜洛科尔托鲁姆（Durocortorum）或雷米城（civitas Remorum/Remi）］出现了尤里安还活着的传言，士兵们起来攻击卢基里亚努斯，对他和他带来作为援手的军团长之一塞尼奥库斯（Seniauchus）处以私刑。另一位军团长，一个名叫瓦伦提尼亚努斯（Valentinianus）的潘诺尼亚人因为约维努斯的及时介入才幸免于难，后者安抚了哗变者，公开宣布自己支持约维安的统治。瓦伦提尼亚努斯被委派将约维努斯效忠的消息带给约维安，他在阿斯波纳（Aspona）见到了皇帝，那是小亚细亚的卡帕多西亚和加拉提亚之间的一处驿站（mansio）。

那年年末前不久，在将瓦伦提尼亚努斯提拔为一支扈卫部队的指挥官后，约维安带着他的宫廷来到了安库拉。新年第一天，他与襁褓中的儿子瓦罗尼亚努斯（Varronianus）一同就任执政官。但出现的兆头并不好：整个仪式中，孩子一直在尖叫哭闹。几周后，约维安死了，没能抵达君士坦丁堡：364 年 2 月 17 日夜晚，他在达达斯塔纳（Dadastana）的驿站因为卧室炉火散发出的毒烟而窒息身亡。与尤里安之死一样，出现了有关阴谋的传言，另一些传言则说是自杀，但官方的故事可能是真的：当所有人都在同新政权讲和的时候，重新选择继位者不符合任何人的利益，因此这可能只是场可怕的意外。但无论如何，在仅仅6周前的执政官就任仪式上全程哭闹的幼儿瓦罗尼亚努斯很难被立为皇帝，约维安的其他亲属也都不合适。高级指挥官们再次把目光投向尤里安昔日的辖区长官塞孔都斯·萨卢提乌斯，但他再次回绝了。

他们选定了军政官瓦伦提尼亚努斯作为替代，后者曾把高卢哗变与其镇压的消息带给了在阿斯波纳的约维安。与约维安一样，瓦伦提尼亚努斯似乎是个妥协的人选，他的地位足够低，不会在将军或关键的宫廷官员们中间引发恐慌。此外，他在高卢的举动和他缺乏个人的势力基地可能会减轻西部建制派的不信任感。他们做出决定，将瓦伦提尼亚努斯（现在，我们可以称他为瓦伦提尼安）从安库拉召到尼西亚，约维安死后一周，军队于364年2月26日在那里拥立他为皇帝。他否决了士兵们让他任命一位同僚的请求，而是动身前往君士坦丁堡，在3月初赶到那里。

我们后来会看到，瓦伦提尼安的个性极其强硬。阿米安将他描绘成一个事实上的野蛮人、一个粗通文墨的潘诺尼亚乡下人，比蛮族好不了多少，但他与同一年龄段和级别的任何其他晚期罗马军官并没有那么大的不同——他习惯于突然发怒，以此来控制身边的人，明白以儆效尤的残酷在管理中具有的价值。他的生涯在尤里安统治时受阻，表面上看是因为他是基督徒，但他显然一直在等待，一旦政权更迭允许，他就会恢复自己的地位。他学东西很快，现在已经明白能在多大程度上挑战高级指挥官们。他没有在士兵们的催促下在尼西亚选择一名共治者，但也没有幻想自己能够单独统治——自从君士坦丁死后，这种尝试的徒劳已经被证明过太多次，而近年来地方辖区长官和地方高级指挥官的数量增长更加剧了这种势头。他将接受一位同僚，但选择权会是他的，而非军队的，也不是军官的。

从尼西亚前往君士坦丁堡途中，在尼科美底亚，他已经将弟弟瓦伦斯提拔为司厩卿（comes stabuli）。这个官职理论上负责皇帝宫廷的交通和物流，也可以用作荣誉头衔，因为瓦伦斯几乎没有正式统治的经验。作为有充分机会为个人牟利的提挈式任命，这并非未来晋升的明确信号。但这可能是在投石问路，看看对瓦伦斯的进一步任命是否会产生问题。阿米安记录说，达加莱弗斯公开建议瓦伦提尼安不要从自己的家族中选择同僚，尽管他可能是唯一提出警告的人，这解释了阿米安为何特别提到他。无论如何，364 年 3 月 28 日，瓦伦提尼安还是在君士坦丁堡城郊的七里营（Hebdomon）向军队引见了自己的弟弟，后者被拥立为奥古斯都。两兄弟很快得了重病，有人怀疑是被施了黑魔法或下了毒——并非巧合的是，尤里安的一些支持者恰在此时遭到流放，普罗科皮乌斯则认为从卡帕多西亚逃到他在遥远的克里米亚的归隐地是明智之举。不过，两位皇帝恢复了，一同经由哈德良堡、菲利普波利斯和塞尔迪卡前往奈苏斯［Naissus，今塞尔维亚的尼什（Niš）］。

在梅迪亚纳（Mediana）城郊，两位奥古斯都都划分了他们的宫廷部属和亲兵部队。瓦伦斯将统治亚细亚和东方大区（他会很快把后者一分为二，成为东方和埃及两个大区），以及欧洲的默西亚和色雷斯，而瓦伦提尼安则将掌管西部的各个大区：高卢辖区长官辖下的西班牙、不列颠和高卢，意大利辖区长官辖下的阿非利加、意大利以及潘诺尼亚、达契亚和马其顿等伊利里亚大区。当时，为了实现军队人数的平等分配，许多野战军的部队被一分为二，这意味着在 3 世纪末，相同番号的部队会同时出现在西部和东部。瓦伦提尼安将统治的领地要大得多，而且他负责管辖的莱茵河和多瑙河上游边境也更加动荡，这突显了他作为高级共治者的角色。尽管约维安的和约是耻辱的，但它的遗产将是东部边境四十多年的和平。

理解 364 年瓦伦提尼安与瓦伦斯所达成协议的全部意义非常重要。该协议第一次真正认识到，帝国不仅大到不能由一个人统治，而且不能以统一的方式进行统治。在奈苏斯进行的责任划分实际上是将罗马世界划分为两个平行的帝国，大致沿着以希腊语为母语和以拉丁语为母语者之间的分界线。瓦伦提尼安和瓦伦斯将再也不会见面，而两人在对方遭遇难题时也都没有为其提供多少帮助。每个帝国的部分（pars imperii）需要照管自己的命运，奈苏斯分治还证实了帝国的另一个结构性变化：选择约维安并非偶然或意外。地方高级指挥官和辖区内部和之间的派系矛盾将成为帝国历史的主要驱动力，即便一些时期的皇帝像瓦伦提尼安这样强力且能干。

奈苏斯大分治后，瓦伦斯陪同兄长一直到达西尔米乌姆。8月，兄弟俩在那里永远分道扬镳。瓦伦斯前往东部，尽管学者们对于他走得多快或走了多远存在分歧。了解瓦伦提尼安的前进路线则要容易得多，因为他颁布了该时期的大部分立法，这些法律最好地显示了皇帝的动向。他于 8 月末抵达埃莫纳（今卢布尔雅那），9 月份的很大一部分时间在阿奎莱亚度过。秋天，他在意大利北部的行政中心维罗纳和梅狄奥拉努姆（今米兰）处理政府和军队事务。

瓦伦提尼安立法的数量和范围令人印象深刻，显示出一种可以追溯到四帝共治时期的务实和亲力亲为的行政管理方式：364年和365年保存下来的皇帝法令的数量特别多，涉及各种主题。但这并非保存上的意外：瓦伦提尼安（瓦伦斯可能也同样如此）显然在用一系列法律措施来加强他不稳固的权威，将自己塑造成帝国所需的谨慎管理者。为此，他颁布了没有说明什么新内容的法令——最早的瓦伦提尼安法令之一罗列了已经存在多个世纪的退伍老兵特权，显示出皇帝对其战士们的关心，同时他还给予退役扈卫相比其他军人更多的特权。随后颁布的是宣扬皇帝关心元老、市议员（curialis）和社会其他重要等级的类似法律，通过将日常行政事务变成普遍适用的公共法律事件，这一切都是为了宣扬新皇帝适合统治。

瓦伦提尼安在梅狄奥拉努姆迎来365年的新年，在那里第一次担任执政官。瓦伦斯在君士坦丁堡做了同样的事。从这时开始，用或多或少独立的叙事来处理东部和西部帝国的历史变得有必要，就像4世纪时阿米安已经率先做的那样，他认识到瓦伦提尼安和他弟弟的事件之间的联系是多么脆弱。与大多数人的预期相反，面临最艰难和最紧迫挑战的是瓦伦斯而不是瓦伦提尼安：君士坦丁王朝最后一位继承人普罗科皮乌斯的篡位。就像我们看到的，此人在瓦伦提尼安和瓦伦斯登基后不久逃到了克里米亚，从那里寻求旧王朝残余党徒的支持。这一切最初是悄悄进行的，瓦伦斯似乎没有怀疑阴谋的严重性，因为他在7月离开君士坦丁堡前往叙利亚。就在那个月，普罗科皮乌斯设法来到东部帝国的都城，在那里等待出手的完美时机。

值得注意的是，许多与旧王朝有联系的人愿意加入普罗科皮乌斯——不仅是尤里安的直接部属，还有君士坦提乌斯的高级将领，如阿吉洛和戈莫阿里乌斯（Gomoarius），他们现在已经退休。君士坦提乌斯的遗孀福斯蒂娜（Faustina）也支持普罗科皮乌斯，当后者宣布自己为皇帝时，她和小女儿康斯坦提娅在他的亲随中占据了重要的位置。他在另一处王朝纪念建筑中公开称帝，那就是君士坦丁同父异母的妹妹安娜斯塔西娅（Anastasia）建造的浴场。两支被划入巴尔干野战军的步兵单位——狄维提亚人（Divitenses）和青年通格里人（Tungricani Iuniores）军团——也加入普罗科皮乌斯，而君士坦提乌斯的老将军们的资历和权威让说服其他部队加入变得可能。

政变在 9 月 28 日发动。瓦伦斯的辖区长官内布里狄乌斯（Nebridius）被废黜。君士坦丁帝国的老臣塞孔都斯·萨卢提乌斯回到了辖区长官的旧岗位上，他曾被认为"有为君之能"（capax imperii），并不止一次拒绝了这一尊荣。君士坦丁堡的城市长官同样被黜，由尤里安的支持者，一个名叫弗尼米乌斯（Phonimius）的高卢人取代。另一名高卢人欧弗拉西乌斯（Euphrasius）被任命为普罗科皮乌斯的政务总管。放在一起来看，这似乎是旧政权的翻版，但并非所有前君士坦丁王朝的臣属都参与了：仍然手握重权的弗拉维乌斯·阿尔比提奥拒绝支持叛乱，于是篡位者没收了他在君士坦丁堡的财产。铸币场迅速开始按普罗科皮乌斯的形象打造钱币，包括金、银和铜这全部三种金属的，上面带有"国家的安全"（SECVRITAS REIPVBLICAE）和"时代的幸福回归"（REPARATIO FELIX TEMPORVM）等铭文，让人想起昔日的君士坦丁时代。与约维安、瓦伦提尼安和瓦伦斯的无须形象不同，普罗科皮乌斯高调地恢复了尤里安青睐的蓄须肖像。像这样强调王朝的联系是既明显又必要的，而且毫无疑问产生了影响。

瓦伦斯一定感到了恐惧。他完全无法争取到像普罗科皮乌斯那么多的显赫支持者，其王朝的合法性不如对方，军事指挥经验也更少。他还无法得到瓦伦提尼安的帮助，后者在获悉普罗科皮乌斯起事的消息之前不久就已离开梅狄奥拉努姆前往高卢。高卢仍处于约维努斯的管辖下，那里的高级指挥官们越来越担心莱茵河上游对岸的阿拉曼尼亚（Alamannia）的动荡可能会构成的威胁。瓦伦提尼安不得不做出选择，一边是支援瓦伦斯，一边是冷落自己的将领，从而可能在一个长期以来有哗变倾向的地区引发篡位。事实上，他别无选择：能力不及自己的弟弟只能独自求生。获悉普罗科皮乌斯反叛的消息后，瓦伦斯正在卡帕多西亚的恺撒利亚（Caesarea），他从那里赶到加拉提亚，集结了一支作战军队。因为被普罗科皮乌斯报复性地没收了财产而反目的阿尔比提奥加入瓦伦斯，帮助赢得了他身边部队并不坚定的效忠。

到了那年年末，东部野战军主力已经从安条克赶到，瓦伦斯觉得有足够的勇气采取行动。他进军比提尼亚，占领了尼科美底亚，并试图包围与君士坦丁堡隔着博斯普鲁斯海峡相望的迦克墩，不过没能成功。当他的几支部队转而投向普罗科皮乌斯后，他选择了最安全的做法，退往安库拉过冬，将比提尼亚所有的重要城市留给篡位者。不过，普罗科皮乌斯的权力基地没有再增加，而他几乎没有机会将其扩大：以瓦伦提尼安昔日的军政官同僚埃奎提乌斯（Equitius）为首，巴尔干的高级指挥官们封锁了那些从色雷斯通往巴尔干西部的最重要的山口，让普罗科皮乌斯无法通过那里获得增援。

瓦伦提尼安任命了366年的两名执政官：他7岁的儿子弗拉维乌斯·格拉提亚努斯（Flavius Gratianus），孩子的名字来自皇帝的父亲，现在被尊称为"最高贵的男孩"（nobilissimus puer），标志着其成为皇位继承人；与其共享执政官束棒的是尤里安的大元帅弗拉维乌斯·达加莱弗斯，这是为了奖赏此人在确保瓦伦提尼安继位中扮演的关键角色。在东部，普罗科皮乌斯和瓦伦斯的军队在为不可避免的战火重燃做着准备，随着作战季在3月末开始，战斗随即开始。瓦伦斯率军从加拉提亚的佩希诺斯西进，双方军队在吕底亚的提亚提拉［Thyatira，今阿克希萨尔（Akhisar）］遭遇。老阿尔比提奥亲自向普罗科皮乌斯的军队喊话，后者的指挥官是他昔日的下属戈莫阿里乌斯。他斥责普罗科皮乌斯只是一介盗匪，呼吁他们向自己这个他们昔日的指挥官效忠。他们听从了。戈莫阿里乌斯和他的军队倒向了阿尔比提奥，普罗科皮乌斯几乎别无选择，只能撤退。

瓦伦斯一路追赶他来到弗里吉亚（Phrygia）的纳科里亚（Nacolia）。5月，提亚提拉的事件在那里重演：阿吉洛没有与老战友交手，而是投向了瓦伦斯。普罗科皮乌斯落荒而逃，但遭到剩下同伴的背叛：他被交给瓦伦斯，马上被斩首。消息传开后，这位被杀的篡位者的一个亲戚，一位名叫马尔克鲁斯的指挥官试图在尼西亚和迦克墩继续叛乱，但此时，瓦伦提尼安已经授权埃奎提乌斯援助瓦伦斯。埃奎提乌斯穿过苏基山口，在菲利普波利斯包围了普罗科皮乌斯的残部。获悉迦克墩的骚乱后，他派出巴尔干军队的一支分队前去镇压马尔克鲁斯，但在菲利普波利斯，守城者拒绝投降，直到他们看到了挑在木桩上的普罗科皮乌斯的首级。在随后的清洗中，他们遭受了巨大的损失。相比之下，君士坦丁堡人只是被要求高调地为自己的背叛表示悲伤和悔罪，没有遇到其他的麻烦。瓦伦斯保住了皇位，这更多依靠运气而非才干，而且多亏了前政权遗留下来的将军们的努力。

与此同时，瓦伦提尼安在莱茵河对岸的阿拉曼尼亚展开了一系列征战，尽管很难确定其中大多数的地点。365 年 10 月，他抵达卢特提亚（今巴黎）。下一年的大部分时间里，在没有征战的时候，他驻扎在雷米。那座城市本身并非帝国行政体系的关键部分，不过它是高卢骑兵长官约维努斯的主要驻地。约维努斯由尤里安任命，是后者的忠实拥趸，他的权力基础如此根深蒂固，随后的历任统治者都保留了他的职位。这让人想起了地方高级指挥官和地区长官行使的权力，在瓦伦提尼安统治的大部分时间里，一群相对稳定，级别很高的行政官员——其中一些曾忠实地为尤里安效劳——一直保有自己的职务。

皇帝则大力宣扬自己是一名活跃的军人，因为这是他推行自己的权威和巩固自己作为统治者的合法性的一个重要环节。帝国的欧洲边境的情况要比非洲或东方边境的更为简单。莱茵河和多瑙河标志着帝国内外间的明确界线，自从 3 世纪后期多瑙河对岸的达契亚行省被放弃后，就一直是这样。不过，莱茵河与多瑙河都很难构成真正的物理屏障，因此这两条河对面的民族有连续不断的与帝国互动的经验。事实上，与帝国的互动是蛮族社会变革的重要催化剂，因为是罗马复杂的国家结构为其邻居施加了变革的压力。罗马人不仅为那些行省体系之外的人提供了其渴求的样本，他们还是罗马商品流向大陆上更多地方的渠道。

可以把罗马的文化影响想象成从帝国的边境向外延伸的一系列带状或片状区域。在最接近其边界的区域，绝大部分人的生活与隔壁行省居民的几乎没有区别：常规的罗马税收制度可能是第一日耳曼尼亚的农民同莱茵河上游对岸的阿拉曼尼亚农民的唯一差别。农业、货币经济——有时通过当地仿制的帝国钱币加以补充——乃至一些精英风尚（比如罗马风格的别墅）都只是帝国惯例的小规模版本。在更远的地区，对比会更加明显。罗马的出口商品更少，局限于奢侈品和名贵物品，而不是日常用品。罗马的钱币则是作为金块流通，而不是货币，当地也没有铸币场。在更外围的立陶宛或斯堪的纳维亚，只发现了最便携的罗马商品——金币和奖章、罕见的武器和盔甲——这些都受到用它们来象征自己威望的武士精英的严格控制。这些遥远的地区有帝国需要的商品——波罗的海的琥珀、兽皮和奴隶——但它们很少在考古记录中留下痕迹，因此我们甚至无法冒险地对这种贸易的规模提出猜测。无论规模如何，贸易都不是由长途跋涉的商人完成的，而是通过层层的中间交换。因此，在罗马人看来，大陆上那些遥远的民族是半传说式的：早期的帝国地理和民族志作品将现实与想象混为一谈，阿米安在他4世纪的民族志式的离题讨论中引入了一部分这种幻想。

相比之下，边境地区存在显著的经济和政治上的相互依赖，特别是因为罗马军队。在罗马军队服役不仅会带来固定的报酬，常常也有大笔的退伍金，它还会教给边境以外的人军事技艺，在他们参与当地冲突时非常有用。许多在罗马军队服役的蛮族完全适应了罗马的生活方式，他们在帝国内部度过一生，长期服役后在那里作为罗马公民死去。不过，另一些人会回到边境以外的家乡共同体，带回罗马人的习惯和喜好，以及罗马的钱币和各种产品。他们的存在推动了边境以外对更多罗马商品的需求，帮助提升了帝国与邻居之间的贸易。靠近边境的蛮族成为罗马边城的现成市场，而流入蛮族领地的罗马钱币经常通过贸易流回帝国。

为了不让我们描绘的画面显得过于和谐，需要指出的是，边境还与暴力深深地结合在一起。蛮族精英首先是武士，尽管一些人可能有时转而从事农耕。持续的较低烈度的冲突——战斗、突袭、抢盗或掠夺，无论你如何称呼它——是边境生活的现实。事实上，帝国依赖这类事，然后将失败者和胜利者一起吸收进自己的军队，将难民作为农民安置在帝国腹地。帝国反而制造了边境的不稳定性，它资助一部分境外的国王或首领，挑动他们相互为敌，非常反复无常地中断商品的流动，让所有人都猜不透。

不出意料，这种持续的较低烈度冲突的结果是，它有时会转移到毗邻的罗马行省身上，那里的财富是持续的诱惑，当帝国的注意力放松时，它们会被当成糖果店来劫掠。但暴力是双向的。军事胜利是皇帝合法性的基本保证，而胜利需要一个接一个地定期补充。那意味着周期性地袭击邻邦，焚烧土地，夷平村庄，屠杀一部分人，并把另一部分人变成奴隶。每一代边境上的人，在人生中的某个时刻，都会遭受这种不友好的对待。而且，不管它为皇帝赢得了多少声誉，它也激励着蛮族领袖们在军事上变得更有效率。

这种结构性逻辑自帝国早期开始就在边境成立了，但 3 世纪时发生了根本性变化，因为在短短几十年内出现了三大蛮族集合体——无法用更好的词来表示他们，因为他们既不是部落，也不是"民族"，也不是有凝聚力的政体。阿拉曼尼人、哥特人和法兰克人成为晚期帝国政治中的永久元素，较小的蛮族群体围绕着这些长期势力出现和消失。在这三个集合体中，阿拉曼尼人在许多方面最容易理解。在 3 世纪内，罗马人开始把上莱茵河沿岸的蛮族称为阿拉曼尼人，我们不时会看到大数量的这些人采取集体行动，在 3 世纪 70 年代的混乱岁月中，袭击到意大利北部平原那么向南的地方。该地区的许多较小的蛮族群体可能开始有了某种共同的身份认同或目的感。原因可能很简单，即罗马不愿费事区分该地区的民族群体，以至于他们也开始觉得自身间的差异没有那么大（在近代的帝国关系中也可以看到这种现象，诸如在英国统治下的印度的西北边境地区，以及在俄国对中亚的征服中）。

4 世纪时，阿拉曼尼人——主要在阿米安的笔下——作为由不同国王组成的松散同盟出现，他们会为了同罗马人的重要战事而把各自的追随者联合起来，但大多数时候，他们彼此之间的矛盾与同帝国间的一样多。我们看到了不同名字的阿拉曼尼人群体［兰提恩塞人（Lentienses）和布里西加维人（Brisigavi）等］，他们都有自己的国王，大部分的政治活动和大部分人的身份认同似乎都发生在这一层面。在法兰克人中可以看到类似的过程，他们似乎是由这个通用名称下的不同莱茵河下游流域部落组成的。与阿拉曼尼人一样，各个法兰克人群体之间的亲缘意识（如果真存在的话）首先是在面对将他们聚合在一起的罗马政府时的产物。

如果说，帝国大陆边境的大多数"部落"和"民族"是因为与罗马的接触而呈现出我们所看到的样子（这似乎很有可能），那么从西向东来看，我们首先见到的是莱茵河下游的各个法兰克人群体，然后是莱茵河中上游和多瑙河上游的阿拉曼尼人，接着是位于多瑙河弯（河流在今天的匈牙利急转向南，然后在今天

的塞尔维亚再次转向东流，最终注入黑海）及其上方的夸迪人
（Quadi）和萨尔玛提亚人。我们对夸迪人的了解要比更西面的法
兰克人和阿拉曼尼人少得多，但他们很可能在 3 世纪以类似的方
式出现：拥有不同部落身份的较小蛮族群体因为他们在与罗马帝
国的关系中受到对待的方式而开始认为彼此是相似的。

在多瑙河弯以东，我们来到了喀尔巴阡山脉以及该山脉南
缘与河流之间的广阔地带。到了 4 世纪，整个该地区可以被称作
"哥特河岸"（ripa Gothica），我们将在下一章考察它与东部帝国
的关系。在这些"前线"的蛮族群体之外，罗马人还知道其他几
十个群体，与其中一些有着相对固定的接触，另一些则只听过名
字，对他们所知很少，也不清楚他们的位置。我们永远不应高估
罗马人收集情报的能力，善于与近邻打交道并不意味着对更遥远
土地上的人有实际的好奇。直到 7 世纪，罗马皇帝才开始对理解
远离帝国边界的政治事件产生认真的兴趣。在此之前，持续受到
罗马影响的只是边界（limes，罗马人用这个词表示各种界限，特
别是帝国的边界）以外 50 千米左右的区域，瓦伦提尼安的进攻策
略完全是这方面的典型。

366 年和 367 年，瓦伦提尼安在上莱茵河对岸作战，获得了
"阿拉曼尼人征服者"（Alamannicus）的胜利头衔，然后于 367 年
10 月在特里尔驻扎。此时，共治皇帝中已经有了一名新的奥古斯
都。367 年春天，瓦伦提尼安得了重病（可能是致命的），高卢
的高级指挥官们甚至公开讨论了从他们自己中指任一位继承者的
可能性，如果瓦伦提尼安去世的话（完全没有提到瓦伦斯）。最
终，他康复了。同样值得注意的是，他似乎没有责备下属的应急
计划——尽管他的脾气很可怕。虽然他让所有的指挥官留任，但

也确保自己重申了他和他们对王朝继承的承诺：367 年 8 月 24 日，在安比亚尼（Ambiani，今亚眠），他把自己的儿子格拉提安（Gratian）提拔为奥古斯都。格拉提安还是个孩子，但通过让 8 岁的他披上紫袍，瓦伦提尼安确保了在自己突然去世的情况下，高级指挥官们和宫廷官员将无法忽略王朝的问题。

不过现在，瓦伦提尼安的健康状况已经恢复，正当他继续在高卢的战事时，从不列颠传来了令人不安的消息：来自今天爱尔兰的阿特科蒂人（Attecotti）以及来自北海的法兰克和撒克逊海盗正在威胁该岛的各个行省，而来自哈德良长城以北的皮克特人（Picts）利用这些混乱深入南方劫掠。两名高级将领被俘遇害，分别是不列颠将军（dux Britanniarum）弗洛法乌德斯（Fullofaudes）和撒克逊岸卿（comes litus Saxonici）内克塔里都斯（Nectaridus），后者负责"撒克逊海岸"，即从沃什湾（the Wash）到索伦特湾（the Solent）的一系列沿海要塞。约维努斯的一名西班牙门生弗拉维乌斯·狄奥多西（Flavius Theodosius）被任命为军务卿（comes rei militaris，相当于无具体职责的指挥官），派去处理这一难题。整个 368 年和 369 年，他都在作战。作为对其成功的奖赏，他被提拔为骑兵长官，接替老去的约维努斯。他担任这一官职直至瓦伦提尼安去世，与西尔米乌姆和巴尔干的埃奎提乌斯，以及财务官（该职务的新角色是负责起草皇帝的公告，特别是法律）欧普拉克西乌斯（Eupraxius）一起，他是西部皇帝统治的三大基石之一。

当狄奥多西在不列颠作战的时候，瓦伦提尼安入侵了阿拉曼尼亚，于 368 年 9 月在索里基尼乌姆（Solicinium）赢得了引人注目的胜利，然后回到特雷维里过冬。与此同时，他的家中发生了一些重大变故。格拉提安的母亲玛丽娜·塞维拉（Marina Severa）是个出身卑微的女人，瓦伦提尼安在自己还是个低级别军官时娶了她，很可能是在他成为军政官以前，那是他走入历史的聚光灯下时担任的职位。现在，随着他的儿子被公开确认为皇位继承人，瓦伦提尼安可以追求对自己更有利的王朝配偶。塞维拉被丢到一边，并被判秘密流放，借口是她参与了欺诈性的财产交易。瓦伦提尼安用尤斯丁娜（Justina）取代了她，后者来自一个远比瓦伦提尼安的家族更有权势的潘诺尼亚家族。在君士坦提乌斯统治时期，当她还是个小女孩时，她曾被嫁给了高卢的篡位者马格嫩提乌斯（Magnentius）。353 年马格嫩提乌斯战败后，她的父亲被胜利的君士坦提乌斯处决，但她和兄弟们逃过一劫，这个家族也继续繁荣。现在，它将把自己的恩庇网络和支持带给西部皇帝，这会让他在面对高卢的高级指挥官时拥有更大的独立性。尤斯丁娜的兄弟君士坦提亚努斯（Constantianus）和刻勒阿里斯（Cerealis）被先后任命为司厩官（tribunus stabuli），那正是瓦伦提尼安曾经任命弟弟瓦伦斯担任的职务，因此是未来提拔的潜在信号。不过，虽然这场婚姻有各种好处，但它在西部帝国的政治中重新引入了某种自从君士坦提乌斯死后就或多或少消失的东西：对立基督徒之间的宗教争议。

　　君士坦提乌斯曾是个狂热分子，在至高的圣父与从属的、被创造的圣子的关系上真正坚持相似论。他花了巨大的力气来让帝国主教们接受这种观念，不仅在希腊东方——相似论信经在这里拥有可观的教会支持——还在拉丁西方，那里除了巴尔干的少数例外，教会人员几乎普遍持敌对观点。君士坦提乌斯的继任者尤里安对哪一方从基督徒的内部争论中胜出不感兴趣。他们内斗这个事实本身就足以令他满意。而就像我们看到的，作为尼西亚派的约维安不遗余力地否认对教会派系斗争有任何兴趣。瓦伦提尼安也遵循这一模式。他自己是尼西亚派，但明显对神学争论漠不关心。有人认为这是一种政治家式的平衡处事的方式，有人则觉得这进一步证明了他的粗野和智短。两种情况实际上都有可能。但我们确实知道，尤斯丁娜是个坚定的相似论派，考虑到她的地区背景，这并不意外：在说拉丁语的世界，潘诺尼亚和西巴尔干是反尼西亚神学的思想中心，与公开支持尼西亚派的高卢和意大利教会不同。不仅是尤斯丁娜：在东部，瓦伦斯积极推动相似论派信仰，打压尼西亚派；这意味着君士坦提乌斯的眼中钉，永远的反对派亚历山大里亚的阿塔纳修斯在瓦伦斯登基后几乎马上就再次遭到流放。瓦伦斯的相似论观点将成为其统治的一个重要特征，就像我们在下一章中将会看到的，而在375年瓦伦提尼安去世后，尤斯丁娜的影响将变得越来越突出。

在这里，我们应该花些时间来看看4世纪中叶的宗教发展。我们不清楚君士坦丁时代之前基督教皈依的程度，因为缺乏证据。在4世纪，经过君士坦丁的统治——尽管他的儿子们在位时发生了神学上的争斗——这种或那种"口味"的基督教在希腊和拉丁世界各个层面的人群中不可阻挡地扩散。不同的人对待信仰的方式也不相同。对城市大众来说，基督崇拜、宗教游行和对圣徒崇拜的进一步阐述（混合了强烈的地方爱国主义元素）都提供了某种形式的集体庆祝。这些城市庆典类似于长久以来与旧神明崇拜联系在一起的那些庆典，但参与度更高。相比之下，在村庄和乡间，这种新宗教可以为社会不满提供一个泄压阀，否则这些情绪可能会驱使人们成为土匪。因此，在与官方帝国教会存在矛盾的北非多纳图斯派分裂分子中，狂热的"环教堂者"（Circumcellion）洗劫了对立基督徒的村子；在东部行省，信基督的暴徒摧毁非基督教的塑像，推倒异教圣所，代表了我们在现代体育文化中司空见惯的全心热爱和流氓行为的复杂混合。

对精英来说——城市和乡村的都是——基督教提供了大量公共赞助和展示的机会，就像旧崇拜在过去几个世纪里曾做的：我们已经看到，手握重权的西部元帅约维努斯同样也是雷米和其他地方的虔诚的教堂建造者，而考古学家发现，从 4 世纪中叶开始，贵族庄园上出现了一波修建教堂的热潮。在心理上，基督教为信徒提供了某种宗教内在性，以及为自己的精神健康负责的意识，但不像哲学性的异教信仰那样对信众有很高的智识要求。换句话说，基督教同时提供了祈祷仪式和成熟的信仰体系，使信徒在其自身的救赎中有了巨大的利害关系。各种非基督教的一神论宗教同样提供了大量的救赎的机会，但要论入门的智识壁垒，新柏拉图主义者的要比受过教育的基督徒的高得多。布尔迪加拉（Burdigala，今波尔多）的奥索尼乌斯（Ausonius）是年轻皇帝格拉提安的老师，前者毫无疑问是个虔诚的基督徒，但他的基督教信仰做到了既可以被深刻感受到，又没有留下思想上的内容。换言之，虽然基督教为深奥的神学思想问题留下了充分的空间，但它并不要求信徒对它们感兴趣，而这无疑推动了它的传播。

事实上，到了瓦伦提尼安的时代，至少在精英层面上，似乎大部分人都被默认为基督徒；现在，成为非基督徒要比成为基督徒更是一种有意识的选择，这是在君士坦丁之后的差不多仅仅一代人的时间里实现的极快的转型。同样值得注意的是教会内部等级体系的巩固和主教权力的升高。4世纪中后期是伟大教长们的时代，这些主教的权力不仅源于他们作为与皇权的沟通者的能力，也来自他们作为整个共同体的庇护者的身份，他们在自己的信众中找到了很大程度上独立于通常基于社会地位或皇帝恩庇体系的支持基础。现在成为主教的这类人展现了变革的规模：当君士坦丁在312年征服整个西部帝国时，甚至当他在324年征服东部时，我们都很难找到贵族或市议员出身的教会领袖。来自最早的教会大会的文件——比如3世纪在伊利贝里斯［Illiberis，今西班牙埃尔维拉（Elvira）］——显示，很可能有贵族和城市精英是基督徒，但教会领袖很少出自其中。相比之下，到了瓦伦提尼安的时代，主教越来越多地来自那些凭借其背景本可以同样轻松地寻求高级帝国职位，而非教会职位的人。事实上，一些主教在被祝圣前已经从事过帝国的公职生涯。

如此，安布罗斯（Ambrose）在374年成为帝国大城市梅狄奥拉努姆的主教，而他是一位高卢辖区长官的儿子。他本人曾首先攀登政府官职的阶梯，担任埃米利亚和利古里亚的执政官级别总督。当他被梅狄奥拉努姆人选为他们的主教后，为了接手新的职位，他被火速提拔，在一周内越过了所有的圣职级别。与此同时，另一些贵族有意寻求主教职位，作为对其他类型权力的有意替代：366年，在罗马主教利贝里乌斯（Liberius）死后的主教选举中，两个竞争对手——达马苏斯（Damasus）和乌尔西努斯（Ursinus）——的支持者发生了激烈的冲突，导致137人死在教堂里。不出所有人的意外，出身更好的达马苏斯胜出，而在城市长官恢复了秩序后，乌尔西努斯遭到驱逐。不过，主教职位日益提高的地位的最有力证据也许来自罗马异教徒中最著名的贵族维提乌斯·阿格里乌斯·普莱特科斯塔图斯（Vettius Agorius Praetextatus）的一句著名嘲讽，他对那位达马苏斯说："让我当罗马主教，然后我会成为基督徒。"不仅是罗马。尽管正是在那些年里，我们第一次看到有人明确提出，作为彼得和保罗的继承者，罗马主教拥有比他的主教同僚们更大的权威，但距离他拥有任何管辖他们的真正权力还要等很长时间。相反，正如达马苏斯因其教会的财富和威望以及他个人让这些东西发挥作用的能力而令人生畏，在许多大城市也能找到与他类似的人物：梅狄奥拉努姆的安布罗斯、特雷维里的菲利克斯（Felix）、图尔城（civitas Turonum，今图尔）的马丁，以及卡帕多西亚的恺撒利亚的巴西尔（Basil）。

巴西尔坚定的反相似论主张（安布罗斯在自己的神学作品中经常将他的观点和洞见变成拉丁语）把我们从贵族色彩和政治参与程度日益增长的西部主教世界带到了东部，那里的基督教政治要复杂得多，造就了不同的景象。除了希腊语的复杂性和吹毛求疵的潜力，东部受到关心神学的皇帝的影响也更长：君士坦丁认为自己在宗教上与主教们地位相当，而君士坦提乌斯二世则不停对他们进行神学方面的微观管理。此外，东部至少有三个主教区可以自诩是由使徒建立的，从而拥有至高无上的权力：亚历山大里亚、安条克和耶路撒冷。就在三者旷日持久的矛盾并没有减轻的同时，它们又愈发受到君士坦丁堡日益增长的力量的挑战。随着越来越多的帝国行政部门被设立在那里，这座新贵城市——由君士坦丁而非使徒建立——的权威不可阻挡地提升。君士坦提乌斯为规范教会，通过宗教会议做出了一系列决策，它们却不无悖论地加深了主教派系之间的矛盾，任何暂时的平静之下都有这种矛盾在酝酿，等待着机会爆发。瓦伦斯的登基和他对极端相似论神学的偏爱就提供了这样的机会。因此，我们接下去将转向普罗科皮乌斯败亡后东部的政治行为。

第3章

瓦伦提尼安兄弟

罗马城因为其骚动的基督教信众与超级富有的元老贵族，是一个难以统治的地方，但由于瓦伦提尼安从未涉足于此，他可以同这里的一些复杂情况保持适当的距离。而且从宫廷的角度来看，西部帝国的政局虽然棘手，但至少容易看清——瓦伦提尼安出生在拉丁西部，他宫廷里的派系也大多是西部的，军队高级指挥官、宫廷官僚机构与地区长官之间的平衡可以通过精心管理来维持。在东部，瓦伦斯则面临着大得多的挑战，更糟糕的是，他欠缺经验，天生缺乏想象力，而且有偏执的倾向（不过这并不总是毫无根据的）。他还是一个生活在迅速变化的希腊语世界中的拉丁人。由于需要在安条克与君士坦丁堡这两个气氛高度紧张的大城市场景之间分配时间，这些先天的劣势就更加残酷地暴露出来。相比之下，莱茵河流域的边境军营，甚至是像特雷维里这样的高卢大城市，都是穿行起来足够轻松的世界了。

君士坦丁堡自身就是东部帝国正改变着的特征的主要原因之一。在短短一代人的时间里，它从仅仅在君士坦丁的想象中存在，变为一座日益成为东部帝国首都的城市；与罗马——一座在被皇帝统治之前很久就已经征服了一个帝国的城市——不同，君士坦丁堡是皇帝创造的，并且是皇帝的一项持续工程。这座新城市对东部行省的精英们最大的冲击之一是它的元老院。君士坦丁东迁时带来了许多元老，然后又增加了更多，这既是他有意为之，也源于该等级的自然扩张，因为后来元老等级可以通过担任帝国官职来获得。不过，君士坦丁的元老仍是罗马元老；他们属于罗马城，即便他们居住在东部。仿照罗马元老院创建了君士坦丁堡元老院的是君士坦提乌斯二世——正是拥有自己的元老院使这个东部帝国的首都改变了希腊世界的整个格局。

早在 340 年，在这座新城市里，东部元老们就必须出资举办官员赛会（praetorian games），示意他们进入了该等级。这是未来将要发生之事的预兆。355 年，君士坦提乌斯宣读（adlect）著名的演说家与哲学家武米斯提乌斯（Themistius）进入君士坦丁堡元老院（也就是说，君士坦提乌斯"将他读进"元老院，这是一项皇帝的特权）。随后，武米斯提乌斯负责从东部各地招募新的元老。据他自己说，357 年时该城只有 300 名元老，但在接下来的五年里，这个数字上升到了 2000 人。当武米斯提乌斯成为元老时，君士坦丁堡元老院在职能上只是一个大型但常规的市议会，就像任何一个拉丁地区的 curia 或希腊地区的 boule 一样。如今，扩大后的它构成了东部的"元老等级"（ordo senatorius），与西部的元老院日益分离。它的设立是开创希腊罗马帝国的重要一步，这个帝国将比西部帝国多繁荣好几百年，并以这样或那样的形式存在到近代的黎明来临之时。

因此，我们并不奇怪，到了 4 世纪 60 年代，对君士坦丁在博斯普鲁斯海峡边的城市的怨恨已经愈演愈烈。那里吸引富人、才子和一些出身体面的人离开自己的家乡城市。这在希腊世界意义重大，在那里，对城邦（polis，复数为 poleis，在一千年前就已经是独特的希腊政体）的认同感被深深地灌输给了城市精英，而在罗马征服希腊化东方后，一代代人悉心扶植的城邦文化实现了复兴。这座新兴的大都会拥有庞大的皇宫建筑群，而且到多瑙河和叙利亚的距离都不太远，这对一个数百年来按照其内部逻辑发展、以城市为中心的世界是一种威胁。我们可以从利巴尼乌斯的话语中感受到对此的遗憾，这位安条克智术师数量庞大的作品中充满了对一个正在逝去的世界的感伤——不仅是旧神明，因为尤里安之死为其前景带来了最终的灾难，还有一个年轻人仍然致力于学习希腊演说术和哲学，而非涌向将让他们在首都出人头地的法律学校和司法鉴定研究的世界。

史学家萨迪斯的欧纳皮俄斯（Eunapius of Sardis）同样隐隐感到，他居住的世界正在被永远改变，原因不仅是基督教，还有君士坦丁创造的贪婪的新城市。与阿米安和利巴尼乌斯类似，欧纳皮俄斯是坚定的异教徒，他和阿米安一样写了一部帝国史，尽管在技巧和叙事能力上远不如后者。这部史书只有残篇存世，被 6 世纪的史学家佐西莫斯（Zosimus）大量使用，为我们的其他证据提供了有用的补充，但让欧纳皮俄斯的思维框架突然跃入人们眼帘的是他的《智术师传》。这部作品刻意以 3 世纪的智术师菲洛斯特拉托斯的作品为模板，后者创造了第二次智术师运动的概念，以及这一概念想要表达的希腊学术和文化的复兴。欧纳皮俄斯的《智术师传》描绘了与菲洛斯特拉托斯的相类似的一个半虚构的城邦世界。不过，对欧纳皮俄斯来说，那个城邦世界明显受到了来自敌对世界的威胁——帝国宫廷及其拉丁法律文化，否定充斥着神明的旧时希腊的浪漫化世界。基督徒也憎恶君士坦丁的新城市带来的挑战，特别是亚历山大里亚和安条克的主教——4世纪无休止的宗教争论既出于他们自己的对立，也因为他们都不愿将自己的权威让给新崛起的君士坦丁堡的主教。

4世纪中后期，除了君士坦丁堡的建设，另一个更加微妙和不那么一目了然的变化也开始影响东部的统治阶层，无论是异教徒还是基督徒。忒米斯提乌斯奉君士坦提乌斯之命建立的君士坦丁堡元老院既从城邦中历史悠久的地主家族也从野心勃勃的小资产阶级中招募成员，后者的权力取决于他们在帝国政府中的角色。这个群体的暴发户性质，是利巴尼乌斯能够在哀叹其世界衰败的同时发出难听的讥讽的原因之一：中下阶层的野心勃勃者不再渴望进入市议会，而是想要跻身帝国的公务员行列，如今这给了他们一种虚假的威望，因为许多帝国的职位将其在任者变为元老。如果只有历史久远家族中最古老的那些仍然忠于他们的城邦身份——或者更糟糕的，如果连他们中也有人接受了为帝国服务的风气——那么古老的统治阶层将会凋零并慢慢死去，被淹没在社会地位更低者的大海中。利巴尼乌斯为了修辞效果而夸大其词，但他的分析是精确而尖锐的。如果有什么问题的话，那就是他低估了那个世纪中叶希腊东方的社交世界被改变的规模。它的起因是黄金。

君士坦丁展现出传教士般的热情，为帝国之外的人担任使徒和主教。他试图在阿拉伯和埃塞俄比亚这样的偏远地区，以及在多瑙河畔和黑海草原上的哥特人王国中传播自己的新信仰。他还加强了帝国对高加索地区的干预。这对同波斯的外交产生了影响，因为高加索地区的国家传统上属于波斯的势力范围。君士坦丁对当地基督教传教活动的支持意味着与波斯国王的竞争，尽管这也给两个帝国管理高加索山以北的草原游牧人口提供了新的合作机会。这两个后果是可以预见的，但另一个后果则是一个惊喜。在高加索的某个地方发现了新的黄金来源，而罗马人可以垄断它，因为波斯的经济完全基于白银。关于罗马黄金新来源的假说于 20 世纪 30 年代提出，当时有位经济史学家为了解释在 4、5 和 6 世纪，为何东部帝国的经济要远比西部的强健，而推断了它的存在。现在，差不多 100 年后，对现存金币的计量学研究证明这一推断是正确的：古代的冶炼技术无法从黄金中提炼出铂，因此测定罗马金币中的铂含量是确定黄金来源的万无一失的方法。这项分析已经开始表明三点：第一，这一时期确实发现了新的黄金来源，因为从 4 世纪中叶开始，东部索里都斯中大量含有一种迄今未知的同位素；第二，这个来源的黄金比以往任何已知来源的都更纯净，而且与它们无关；第三，这个新来源的黄金几乎没有进入在西部流通的金属货币中，而是在好几十年里一直局限在东部的货币体系内。

这不仅仅是东西两半帝国日益增加的政治脱节的证据，也有助于解释保存在埃及纸草上的财政文件所证明的一个现象：其地位可以追溯到希腊化王国时期的精英们旧有的多样化和分散的土地所有权被破坏，逐渐被掌握在某些人手中的整合过的庄园农业取代，这些人一定能够参与黄金经济，因为他们在帝国担任公职。即便这种模式不可能在整个希腊语世界始终如一，它也有助于解释，为何 5 世纪的希腊精英对中心化的帝国政府的依赖要比西部精英大得多：比起西部元老和军阀，他们的权力来源更加根本地依存在帝国体系之上。因此，如果说东部帝国最终因为对老精英的经济扼杀以及以宫廷和行政体系为中心的公职贵族的崛起而变得更加强大和更有活力，这事实上并非悖论。所谓的"古代晚期后期"——6世纪和8世纪之间——在拉丁西部只能是一个关于衰亡的故事，但却是帝国东部的一个文化创造特别活跃的阶段。这种变化在4世纪时就埋下了伏笔："古代晚期后期"与东部的塞维鲁或君士坦丁王朝的差别并不比它同西部王朝的小，但它无疑要更加富有和健康，政治上更加稳定，艺术上更有创造力，而且这种情况一直保持到阿拉伯人征服初期和倭马亚王朝的第一个伊斯兰哈里发国的时候。

即便在今天，使用所有我们掌握的新证据，在罗马东部缓慢发生的这种经济变革也只有当它在史料中偶尔闪现时才能一窥，因此对那些经历过它的人来说几乎是不可见的。但他们对政治事件的压力的体验确实比我们所能想象的生动得多。瓦伦斯幸运地挺过了普罗科皮乌斯的篡位，让他比过去更清楚地意识到自己拥有的独立行动的空间是多么小。多亏君士坦提乌斯时代的旧部变节并投向他这边，他才幸免于难。他们这样做并非出于对他的尊敬，而是出于对他们最伟大的老元帅的忠心。他哥哥忙于在西部取得一场场并不复杂的胜利，对付法兰克人和阿拉曼尼人，而没有向他提供丝毫帮助。瓦伦斯会情不自禁地感到自己缺乏权威，因此他试图用强有力的军事行动来提高威望。多瑙河为他提供了机会，哥特人则提供了借口。

4世纪30年代，君士坦丁的一系列征战缔造了多瑙河下游的持久和平，但这显然让该地区的哥特酋长拥有了巨大的权力。书面史料中很少提到哥特人的活动，因此很难说清不同哥特人群体彼此间的关系（"哥特人"泛指一系列政体和部落，其中一些拥有自己独特的名字）。但考古学证据显示，在从罗马边境往外远至

100 千米的区域内有一个丰饶的农业世界，货币化程度很高，那里的贵族活动中心零星分布在从喀尔巴阡山脉到第聂伯河的土地上。365 年，普罗科皮乌斯请求特尔文吉（Tervingi）哥特人的领袖支持自己篡位，他所依仗的是自己同君士坦丁家族的关系，要求哥特人忠于他们 30 年前同君士坦丁签订的条约。特尔文吉人的反应很迟钝，当 3000 名哥特士兵出现在色雷斯支持这场叛乱时，普罗科皮乌斯已被打败。看到叛乱已经结束，他们就回家了。

瓦伦斯派骑兵长官弗拉维乌斯·维克托尔——从尤里安的统治开始就是东部军队体系中的重要人物——去探听为何哥特人决定开战，即便他们与罗马签订有友好条约。哥特国王阿塔纳里克（Athanaric）的代表拿出普罗科皮乌斯的一封信，信中主张他作为君士坦丁的真正后人具有合法性，并请求援助。哥特人现在坚持认为，尽管他们犯了错，但那是可以理解的，而且并非故意。他们完全承认瓦伦斯统治的合法性。但瓦伦斯并不愿意满足于这些借口。他看到了实现自己对多瑙河对岸野心的好机会，决定因哥特人支持了篡位者而惩罚他们。

367 年，瓦伦斯发动了对多瑙河沿岸及更远地区的三次年度战役中的第一次战役。到了当年 5 月，他已经率领自己的宫廷部属和野战军到达多瑙河战事的主要中转站马尔基亚诺波利斯（Marcianopolis），在随后的一个月里，他在达夫尼渡河，开始破坏哥特人的土地。他悬赏擒拿哥特人，派统兵长官弗拉维乌斯·阿林泰俄斯尽可能多地抓捕哥特人。但大部分哥特人都躲进了山里，哥特国王们拒绝对战，到了 9 月，瓦伦斯又回到罗马境内的杜罗斯托鲁姆（Durostorum），没能赢得他期待中的胜利。在马尔基亚诺波利斯过冬后，他于第二年再次尝试。这一次，我们只知道他的主要基地叫作"卡尔皮人村"（vicus Carporum），指曾经生活在多瑙河对岸的部落人口，戴克里先根据条约允许他们进入帝国，将他们作为农民安置在巴尔干。暴雨让作战变为不可能，多瑙河及其沼泽泛滥，变得无法通过。

第二年，即 369 年，瓦伦斯发动了第三次入侵。这次他经由诺维奥杜努姆（Noviodunum）进军，向北和向东突入黑海草原，而非像之前那样进入特兰西瓦尼亚（Transylvania）和喀尔巴阡山脉。特尔文吉国王阿塔纳里克在一次对抗中败下阵来，就像当罗马军队迫使边境民族展开会战时常常会发生的那样，但瓦伦斯没有乘胜追击，可能是因为时节已晚。这并不重要。他取得了想要的胜利，回到帝国边境后，他派维克托尔和阿林泰俄斯去与阿塔纳里克谈判。

370 年 1 月 1 日，瓦伦斯在马尔基亚诺波利斯第三次就任执政官，1 月末或 2 月，他在多瑙河中间的一条小船上同特尔文吉国王见面。这是双方的一种象征性姿态，瓦伦斯承认阿塔纳里克的自治权，后者则能够将他的臣服说成是平等条约。这让国王可以腾出手来，通过迫害哥特人基督徒（他渐渐认为这些人是罗马的第五纵队）来重新确立对自己那些更加好战的追随者的权威。但和约也为哥特人提供了救命稻草，因为三年的战争严重影响了贸易和罗马商品的进口，阿米安告诉我们，相比军事失利，这才是说服阿塔纳里克议和的原因。瓦伦斯在多瑙河边境的三年征战让那里恢复了君士坦丁时期的现状，且可能实现该地区的持久稳定。就像我们将要看到的，他没能做到这点是几个历史意外的结果。

370 年复活节前，瓦伦斯及时从多瑙河赶回君士坦丁堡。官方观点的忠实喉舌忒米斯提乌斯宣扬了促使瓦伦斯如此和平地结束这场战争的人道主义考量。当你能够与敌人讲和，让他爱你和尊敬你，他的人马以后能为你的军队提供士兵时，为何要摧毁你的敌人？表达了上述观点的那场演说是忒米斯提乌斯真正精彩的表演之一，但他没有提到另一场正在酝酿中的战争，这次是面对一个危险得多的敌人：年事渐高的波斯国王沙普尔二世。

沙普尔同约维安的和约让他几乎不必担心其西方边境上的罗马人：位于幼发拉底河两岸，长久以来作为罗马东部壁垒的城市现在掌握在他手中。但亚美尼亚仍是争夺的焦点，就像几个世纪以来那样。阿尔萨息四世国王一直是罗马的忠实盟友、君士坦提乌斯二世的坚定支持者，还是尤里安入侵的蓄意教唆者——是他帮助普罗科皮乌斯组织佯攻，吸引沙普尔北上，让尤里安攻打泰西封。约维安的和约没有明确提及亚美尼亚，但从 364 年开始，罗马人事实上忽视了这个王国的事务，因为瓦伦斯先后要对付普罗科皮乌斯和哥特人。

现在年已七旬，但仍然精力旺盛的沙普尔借机对阿尔萨息展开报复。这位亚美尼亚国王受邀同波斯使臣谈判，但随即被捕，遭到囚禁并被刺瞎双眼，然后被监禁在萨珊王朝于阿加巴纳（Agabana）的要塞，并被折磨致死。现在，沙普尔计划将亚美尼亚作为波斯的一个省来统治，而非作为藩属王国。之前脱离阿尔萨息的亚美尼亚贵族将被任命为总督，而波斯的藩属王国缓冲区将北移到伊贝利亚（Iberia，今阿塞拜疆），沙普尔废黜了那里的罗马人盟友索洛马科斯（Sauromaces），扶植了自己的代理人，索洛马科斯的侄子阿斯帕库雷斯（Aspacures）。

发生这一切时，瓦伦斯仍在同哥特人作战，但战争一结束，

他就觉得自己必须对波斯人在亚美尼亚的行动做些什么。370 年
4 月，皇帝开始向安条克出发，于月底到达那里。与此同时，他
欢迎遇害的阿尔萨息的侄子帕普（Pap）来到自己的宫廷，承诺向
其提供帮助。在罗马的支持下，帕普返回亚美尼亚，受到一部分
贵族的欢迎。随后，沙普尔亲自率军进入亚美尼亚，迫使帕普逃
走。他在拉齐卡（Lazica）的大山中躲了几个月，但当沙普尔退
兵过冬时，帕普重新回到都城，处决了沙普尔的总督们，并把他
们的首级送还给波斯国王。这一挑衅只可能意味着战争，但这不
是帕普能够自己打赢的。他需要罗马的支持，而瓦伦斯愿意这样
做。他将一支庞大的野战军交给阿林泰俄斯指挥，派其前去保护
亚美尼亚，并帮助索洛马科斯恢复伊贝利亚的王位。后者同意和
侄子阿斯帕库雷斯瓜分王国，两人各自占有更接近彼此的帝国庇
护者的那一部分。不过，沙普尔认为阿林泰俄斯主持达成的这一
协议是对波斯权利不可接受的侵犯。他断绝了同瓦伦斯的外交关
系，准备对帝国发动全面战争。在随后十年的大部分时间里，瓦
伦斯都将忙于这场战争，而安条克将成为他的首要驻地。

　　不过，在此之前，他需要解决君士坦丁堡教会里的政治问
题。长期为君士坦提乌斯效劳的当地相似论派主教欧多克西乌斯
（Eudoxius）去世，瓦伦斯必须确保这不会为尼西亚派卷土重来提
供机会，他在博斯普鲁斯海峡边度过了 370—371 年的冬天。接
着，从 371 年夏末直到 378 年最后一次征讨哥特人，瓦伦斯始终
在东线奔忙。波斯人每年都威胁发动战争，尽管从未有过全面入
侵。老沙普尔可能正面临控制他潜在继承人之间矛盾的难题，同
时还要限制匈人在巴克特里亚、河中地区（Transoxiana，今天中
亚的阿姆河和锡尔河之间的土地）以及贵霜王国旧地（今天阿富

汗大部和巴基斯坦西北部）的国家建设，无法像他想要的那样发动对罗马的战争。统兵长官特拉扬努斯（Traianus）和瓦多马里乌斯击退了波斯人的一场小规模攻击，后者是阿拉曼尼人的国王，曾是君士坦提乌斯的盟友和尤里安的敌人，现在是东部军队中的高级军官。这场小冲突又一次以休战告终，但持续的威胁使瓦伦斯无法离开安条克：如果他离开，沙普尔就可能会决定入侵。经过对普罗科皮乌斯和连续三次哥特战争中显然是喜忧参半的表现后，瓦伦斯无法承担另一个不足以称为决定性的军事结果。他实际上被困在了一个庞大而不安分的希腊城市中，而自身的能力不够应对其中的复杂性。

安条克已经且会挑战比瓦伦斯更有想象力的皇帝。这是帝国中唯一有着那么多不同行政官员的驻地的城市，他们拥有各自的一套利益，而所有人都受制于皇帝常常亲自现身于它的城墙之内：东方辖区长官；东方卿，这是对东方大区长官的独特称呼，他管理着从北面的奇里乞亚到阿拉伯的 15 个行省政府；还有叙利亚执政官级别总督（consularis Syriae），即行省总督。该城还是两大财政部门，皇帝私库和圣库的大区总部。最后还有军队。该地区的常设军队指挥官叙利亚将军（dux Syriae）驻扎在安条克，尽管他的部队分散在行省各地的小堡垒（castella）中。不过，一位统兵长官或骑兵长官也常常居住在该城，管理东部机动军。这些官员都有不小的部属，但当时的人很难分清他们相互重叠的权限，这为通过挑动不同政府部门间的矛盾而获利提供了近乎无限的可能。

安条克同样有特别庞大和充满活力的市议会，其传统权威和经济霸权地位正受到新的帝国官员阶层的威胁，利巴尼乌斯充满愤慨的信中提到了这种矛盾。此外，还有无法避免的宗教分歧。以欧佐厄俄斯（Euzoeus）主教为代表，从君士坦提乌斯的统治开始（甚至更早），安条克教会中的相似论派就手握大权。不过，他们不是尼西亚派的唯一对手，后者本身也发生了分裂：梅勒提乌斯（Meletius）愿意接受相似论派教士的一些观点，他的支持者们遭到保利努斯（Paulinus）的反对，此人是激进的尼西亚派，支持他的不仅有拉丁西部的许多主教，还有（可以预见）亚历山大里亚的阿塔纳修斯。瓦伦斯在安条克期间多次将梅勒提乌斯流放，但后者总是偷偷溜回，尽管皇帝容忍了保利努斯，认为他太弱小，不值得理会。

瓦伦斯在最好的局势下也很容易受到惊吓，宗教和政治阴谋的叠加使他一直处于警惕的焦虑之中，而这种焦虑将以一场血腥的屠杀告终。但即便是那些像阿米安一样认为瓦伦斯是个特别坏的皇帝的人也承认，他的部分偏执行为是有理由的。古人都会同意，巫术和占卜在官方语境之外是危险的，尽管画出合法和不合法间的红线要困难得多。非法的巫术能够揭示关于国家未来的隐秘信息，这在个人手中必然是危险的。因此，非法巫术长久以来都被当作叛国罪（maiestas）惩罚。作为一位比瓦伦斯更像政治家的人物，君士坦提乌斯毫不留情地追查关于巫术和非法占卜的谣言，而在瓦伦提尼安和瓦伦斯统治的伊始，当他们同时患病时，也有人怀疑他们中了黑巫术。

在安条克，对占卜阴谋的恐惧制造了瓦伦斯与当地公民的对立。371 年冬天，他听到传闻称，在安条克贵族和他自己的宫廷成员中，有人在进行秘密的占卜游戏。从下级财政官员被发现贪污开始，一连串的曝光牵连了前总督和大区长官、亲兵扈卫成员和其他地位很高的廷臣，证实了瓦伦斯最害怕的事。一个按照德尔斐著名的神谕凳的样子铸造的三足巫术鼎被用来显示将会接替瓦伦斯皇位之人的名字。这项活动给出了表示 THEOD 的希腊字母，这时所有在场的人都认定这是指一个名叫狄奥多鲁斯（Theodorus）的高级文书，他是一位出身高卢，深受喜爱的宫廷官员。阿米安史书中记载的这一启示看上去像是事后的合理化解释，至少那四个希腊字母实际上属于瓦伦斯真正的继承人狄奥多西。

显然可以确定的是，占卜游戏引发了对宫廷部属的大规模清洗，许多很可能是皇帝忠诚支持者的人在一次不分青红皂白的定罪中被杀。这还为进一步的杀戮和清算旧账提供了借口——比如，尤里安的老亲信和朋友，哲人马克西姆斯就被指获悉了关于狄奥多鲁斯的预言，他承认自己听说了此事，但认为那显然是假的。不过，他还是在家乡以弗所被处决。阿米安还提到其他几十个具体的例子，当时他本人显然在安条克，认识许多被处决的人。他没有否认瓦伦斯面临着真正的阴谋，但强烈谴责后者无法分辨真假，导致无辜者被屠戮。难怪当瓦伦斯最终死在战场上时，大部分安条克人——无论异教徒还是基督徒——都高兴地接受了这个消息，认为那证明了神明的复仇。

不过，瓦伦斯并非其家族中唯一的偏执狂。瓦伦提尼安同样易怒，而且故意恐吓自己的官员。他和瓦伦斯一样严厉地责罚巫术，但在将自己隔绝于直接责任的方面做得更好。事实上，就像之前的君士坦提乌斯二世那样，瓦伦提尼安善于任命他人为自己干脏活，让自己有机会推诿，有时还会惩罚那些完全按照其要求行事的官员。我们最后一次听到他的消息是在 368 年，当时瓦伦提尼安刚刚在索里基尼乌姆取得了对阿拉曼尼人的胜利。这类日常成功是帝国宣传的基础，很难衡量胜利的实际规模，或者此类行动对大局来说实现了什么。似乎确定的是，4 世纪 50 年代，北部高卢的行政框架因为马格嫩提乌斯的篡位及其后续影响而被永久破坏。防御性基础设施似乎从未彻底修复。就像考古学和书面材料所证实的，瓦伦提尼安花了大量时间修复旧的防御工事，并沿着北部边界建造新的。但他在边境以外的农业地区的作战行动主要是对平民的突袭，旨在散布恐惧，并制造表面上的胜利来让臣民相信皇帝对他们的关心。凭借较少的战斗和较少的宏大主张，他在不列颠以及英吉利海峡和欧洲大陆的北海沿岸重建了撒克逊海岸的防御工事。同样是在这一时期，瓦伦提尼安将帝国的文官和军事等级体系变成更加平行的职业路径，让两者中的资历相当者也享有等级上的平等。

369 年，当军务卿狄奥多西继续在不列颠征战，而步兵长官塞维鲁在阿摩里卡（Armorica）镇压撒克逊海盗时，瓦伦提尼安发动了又一场惩罚性征讨，这次的对象是阿拉曼尼人，后者的一名酋长袭击了莫古恩提亚库姆（Moguntiacum，今美因茨），在那里捕获大批俘虏。皇帝亲自率军征战，在阿尔塔里帕（Altaripa）渡河，深入河对岸的土地，直抵内卡（Neckar）河畔，引发了像昆图斯·奥雷利乌斯·叙马库斯（Quintus Aurelius Symmachus）这样的罗马元老要人的赞美，后者当时担任罗马城长官，是一个充满了写信者的时代里的伟大书信作家。军队途经布赖斯高（Breisgau）返回帝国境内，瓦伦提尼安在特雷维里过冬，就像他现在习惯的那样。在那里，年幼的格拉提安奥古斯都继续从高卢贵族奥索尼乌斯那里接受文学教育，并向父亲的参谋学习军事。

阿米安的描述将瓦伦提尼安的统治变成了一系列几乎没有分别的
边境战役：370 年，狄奥多西被提拔为骑兵长官，前往与莱提亚
（Raetia，在今天的瑞士境内）相对的多瑙河上游地区作战，而皇
帝则向莱茵河对岸发动袭击。371 年的战事似乎同样没有值得一
提的地方。

　　不过，在罗马的事件没有那么令人满意。368—369 年，岁调
长官马克西米努斯（Maximinus）——一个同瓦伦提尼安的私人
圈子关系密切的潘诺尼亚人——对罗马城的贵族发起了一场只能
被理解为是蓄意的迫害。他是个小军官之子，出生在潘诺尼亚的
瓦雷利亚（Valeria）行省的索皮亚奈（Sopianae），据说是被戴克
里先安置在那里的卡尔皮人的后代——尽管这可能只是势利的阿
米安对一个出身卑微者的随口中伤。马克西米努斯学习过法律，
父亲的地位帮助他进入了这一行，他充分运用恩庇网络，为自己
赢得了在科西嘉岛、撒丁岛和托斯卡纳（Tuscia）的一系列（应
当承认，威望并不太高的）行省总督职务。接着，他又被任命为
岁调长官，负责罗马城的粮食供应，这非常依赖每年从非洲到来
的运粮船。在这个职位上——并不负责日常的司法管理——他可
以很方便地观察罗马的精英，必要时还可以向他们发难。

　　尽管从我们的材料来看，此事仿佛是马克西米努斯个人发起
的，材料引导我们将它解释为他本人的阶层仇恨，但这场行动实
际上是有计划的：这是在瓦伦提尼安的宫廷部门和地方行政机构
中任职的高级军队指挥官和行省贵族为削弱罗马和意大利的元老
们对威望最高的职位的控制而做的一次尝试。只有被现存材料掩
盖的、更广泛的隐性支持根基才能解释马克西米努斯的生涯：尽
管似乎遭到各方的憎恶，他却被一再提拔，首先是特别和非常设

的罗马大区长官（vicarius of Rome）一职（该城通常由城市长官管辖，其上不存在外部的管辖权），然后是 371 年的高卢辖区长官。老一派的学术观点喜欢将马克西米努斯——以及瓦伦提尼安——视作无产士兵群体对社会地位更高者的一种复仇，但这样想就陷入了带着对安条克人的厌恶而写作的阿米安的陷阱。

事实上，马克西米努斯对罗马元老院的迫害是在君士坦提乌斯统治时期伴随着地方长官和高级指挥官职位而发展起来的地方派系主义的转移扩散。不过，现在有一个关键的差别：虽然君士坦提乌斯很容易被恶意的传言误导，但他本人发动冷血阴谋的能力和作为君士坦丁之子的威望让他能够掌控自己的行政体系，这是瓦伦提尼安无法相比的，尽管后者不乏勇气，而且以凶残著称。罗马的迫害行动并非某位恶毒官员的越权之举，而是高卢和巴尔干的高级军官们——潘诺尼亚人和西班牙人、高卢人和阿非利加人——的集体行为，他们都明白意大利的超级贵族对帝国的威望不可或缺，但只要可能，他们也同样乐于看到这些人的羽翼被剪除。在方便的情况下，古老贵族的子弟可以派上用场；巴尔干的参谋官们与意大利人佩特罗尼乌斯·普罗布斯（Petronius Probus）关系密切，后者来自信奉基督教的元老大家族中历史最悠久的阿尼基乌斯家族（Anicii；普罗布斯是两位 5 世纪皇帝的祖父，他本人在 367—376 年的十年间连续担任了这个或那个辖区长官的职位）。

不过，对于像他那个阶层的人来说，普罗布斯（我们将再次谈到他）的机敏和野心是不同寻常的。罗马和意大利的大部分元老大家族遵循一种从 3 世纪的伽利埃努斯统治开始就被反复灌输给他们的公职模式，当时各方共同努力，不让元老染指军队和行政职务。4世纪时被认为古老的罗马氏族几乎都发迹于塞维鲁帝国。任何自称血统更加古老，可以追溯到帝国早期的说法几乎都是编造的。不过，这些罗马的罗马人与君士坦丁极其漫长的统治期间出现的更广泛的、行省化的元老贵族截然不同。总体上，他们的统治生涯非常传统，虽说不上是象征性的，而且其中穿插了多年从政府隐退，享受出身高贵者的闲适生活（otium）的日子：首先在罗马担任次级长官，比如水渠的监管官，然后是某个不错的意大利总督职位，接着在传统上的元老行省亚细亚或亚该亚任职（运气好的话则是阿非利加代执政官行省），最后在罗马城市长官的任期上达到他们生涯的顶峰。拥有如此背景的人既不需要也不想要在君士坦丁帝国的公职官僚体系中付出辛劳，以求发迹，但他们的装饰价值是真实的，无论是行省贵族还是瓦伦提尼安宫廷中的新贵官僚和参谋们都不能无视他们，或者禁止他们获得权力。出于上述原因，在各地区派系的共同认可下——瓦伦提尼安的统治正依赖于他们——马克西米努斯因为威胁自鸣得意的罗马元老而获得了丰厚的奖赏。在瓦伦提尼安死后的风波中——这制造了一些非常著名的受害者，包括骑兵长官，未来皇帝的父亲狄奥多西——他们的支配地位，以及其高卢和巴尔干两极间的平衡将得以显现。

在指挥了几次在不列颠的成功作战后，这位老狄奥多西被派往阿非利加，处理现代学者很难厘清的复杂局势。部分原因是我们唯一的连续性叙述来自阿米安的史书，而他对这些年里非洲事件的描述采用了独立和专题式的故事线，只是含糊不清地将它们与他关于帝国其他地方的事件的年代顺序联系起来。阿非利加诸行省的社会复杂性给我们带来更大的难题，因为它们彼此截然不同。以宏大的迦太基城为中心的阿非利加代执政官行省是罗马最早征服的海外地区之一，但即使在公元 1 世纪的许多年代里，阿非利加辖区的许多地方仍然由藩属国王或当地酋长管辖。可以上溯到共和时代的罗马军事殖民地已经发展为繁荣的城市，但它们周围是皇帝庄园、原住村落和原来的自治市（直到 212 年之后才获得罗马公民权，当时卡拉卡拉皇帝将公民权扩大到帝国的每一位自由居民）的大杂烩。与阿非利加辖区的独特形势同样重要的是，它的土地和农业财富——在一些行省中占据多数——归罗马城的某个富有的元老家族或是归皇帝私库所有。但是在帝国的其他地方，都没有大地主在空间上如此远离自己规模最大的庄园的情况。

让不同的管辖权和社会等级体系——城市的、帝国的和私人的——更加复杂的是，那里的基督教化要比我们在拉丁西部许多地方看到的更早和更广泛。这导致在很小的地方发展出了大批极小的主教区，它们按大多数标准只勉强算是小村庄。这些主教区大多既有卡伊基里亚努斯派（即反多纳图斯派，得名于 4 世纪初那位多纳图斯的最初反对者）也有多纳图斯派的等级体系，两者在民众中都有真正的支持者，这导致了又一种潜在冲突的可能。最后，尽管城区密集且人口众多，但很多阿非利加的城镇区域背靠无法翻越的高山或半沙漠化的草原。这些地区的居民没有被完全纳入定居的帝国社会，常常是在罗马的秩序中占有一席之地的当地大人物的依附者。一些阿非利加贵族可以获得不受帝国体系束缚的人力储备和效忠，这意味着在 4 世纪政治中如此有代表性的地方派系主义在该大区具有独特的离心潜能。

这正是骑兵长官狄奥多西被派去镇压将成为把矛头直指帝国

权威的那场叛乱时的局面，尽管它在开始时还没有演变成叛乱。事实上，它最初只是行省小官员和宫廷官僚间一桩典型的微不足道的共谋。的黎波里塔尼亚（Tripolitania）——今利比亚西部——是两个世纪前塞维鲁王朝的发迹之地，也是抵达希腊城市昔兰尼之前，拉丁非洲最东面的前哨。的黎波里塔尼亚还是草原与沙漠最接近沿海定居区域的行省。因此，当地的罗马化城市和农业区与利比亚沙漠中的牧民部落存在更紧密的持续接触，无论是作为贸易伙伴，还是其袭击和骚扰的受害者。就连官僚机构驻扎的行省治所大莱普提斯（Leptis Magna）也很容易成为部落袭击者的目标。正是中央政府对一起这类袭击的不充分回应激发了问题。

据说，作为阿非利加辖区人数不多的常备军的指挥官，阿非利加卿罗曼努斯（Romanus）拒绝率军援助莱普提斯的居民，除非他们向他行贿。这很可能是真的，贪污是古代晚期治理的一个难以摆脱的特征。尽管如此，阿非利加卿的麾下最多只有 2 万人，分布在从西提菲斯毛里塔尼亚（Mauretania Sitifensis）到的黎波里塔尼亚的绵延将近 2000 千米的边境地区。同样可能的情况是，罗曼努斯的资源还要满足其他需求，无论莱普提斯的形势多么紧急。不管怎样，他在宫廷也有很深的人脉。当的黎波里塔尼亚的行省大会向身在特里尔的瓦伦提尼安派出使团控诉罗曼努斯时，他们被政务总管雷米基乌斯（Remigius）断然拒绝，后者是那位阿非利加卿的姻亲。莱普提斯再次受到袭击，然后再一次提出控诉，但罗曼努斯贿赂了被派来调查的文书，甚至还成功起诉了那些指控他的人。不过，几年后，罗曼努斯同强大的毛里塔尼亚当地贵族菲尔姆斯（Firmus）发生争执，而这引发了战争。

菲尔姆斯来自那种在罗马边境上常见的家庭，无论是在欧洲、东方还是非洲。他的父亲努贝尔（Nubel）既是罗马行省社会的要人，也是一位"国王"，其权威来自对某些摩尔人（Mauri，或称毛里人）群体的统治权的世袭继承。一个非常相似的例子是阿拉曼尼人国王瓦多马里乌斯，在经历了作为君士坦提乌斯盟友和尤里安敌人的漫长生涯后，他成为一名杰出的罗马将军，并在东部边境服役。当努贝尔去世时，他留下了许多儿子，有的是他的妻子所生，还有的是妾所生，他们都有很广的人脉。比如，菲尔姆斯是多纳图斯派教士的有力支持者，而他同父异母的兄弟扎玛克（Zammac）是阿非利加卿罗曼努斯的密友。菲尔姆斯和扎玛克为父亲的财产起了争执，后者被杀，于是罗曼努斯向帝国宫廷告发了菲尔姆斯。菲尔姆斯依靠其人脉辩称自己无辜，但罗曼努斯的亲戚雷米基乌斯压制了关于此案的任何讨论，于是菲尔姆斯越来越感到威胁。最后，很可能是在 371 年，在罗曼努斯自己的两支部队——君士坦丁步兵（pedites Constantiani）和弓骑兵（equites sagittarii）第四大队——的支持下，菲尔姆斯发动了叛乱。他还从摩尔人边境召集士兵，而且在两个毛里塔尼亚行省，甚至在阿非利加代执政官行省，他的统治都得到广泛承认。不过，他没有打造钱币，这意味着他没有称帝，尽管有时现代学者会把他描绘成篡位者。战火四处蔓延，恺撒利亚毛里塔尼亚的治所恺撒利亚被大火严重破坏。瓦伦提尼安的宫廷派骑兵长官狄奥多西前往阿非利加镇压叛乱，阿米安向我们详细描述了此后的袭击和反攻。

狄奥多西最初的举动之一是撤换罗曼努斯，指责后者激起了骚乱。多亏了瓦伦提尼安的高级统兵长官弗拉维乌斯·梅洛巴乌德斯（Flavius Merobaudes）的干预，罗曼努斯才逃过了进一步的谴责或惩罚，但他的亲戚，政务总管雷米基乌斯却被耻辱地罢免了官职，不久后在其位于莫古恩提亚库姆的家中自缢身亡。罗曼努斯引发的同菲尔姆斯的战争持续了多年，受到影响的不仅有恺撒利亚和西提菲斯的城市中心，还有奥莱斯（Aurès）和里夫（Rif）山的部落区域，一直到廷吉塔尼亚（Tingitania）南部，这个位于今天摩洛哥的罗马行省与罗马阿非利加的其他部分联系很少，以至于被划归西班牙大区，归驻奥古斯都老兵殖民市［Emerita Augusta，今梅里达（Mérida）］的大区长官管辖。狄奥多西很快就镇压了叛军部队，而菲尔姆斯的弟弟吉尔多（Gildo）站在狄奥多西和皇帝一边，他为自己谋求好处，很可能在狄奥多西的一名部属，未来的篡位者马格努斯·马克西姆斯（Magnus Maximus）麾下效力。阿米安对这场战争中的次要交锋的长篇描绘是在向共和时代的史学家萨卢斯特致敬，后者所写的公元前 2 世纪朱古达战争的历史有类似的非洲背景。不过，在这里无须复述伏击、背叛、谋杀和劫掠的细节。375 年，面对各条战线上的失败，菲尔姆斯自杀。他的弟弟吉尔多将（更加成功且更长时间地）继续掌握差不多大的权力。菲尔姆斯死后，狄奥多西着手修复被战火破坏的毛里塔尼亚诸行省的财政。

到 375 年瓦伦提尼安突然去世时，他仍在那里。当时，皇帝已经把行动基地从高卢搬到了巴尔干，将十岁出头的儿子格拉提安留在特雷维里，其宫廷中塞满了被证明过忠诚的能人。从 372 年到 374 年，瓦伦提尼安在高卢最后的作战行动都是针对阿拉曼尼人国王马克里亚努斯（Macrianus），后者在尤里安统治时期开始作为一个强有力的边疆地区人物出现。最终，瓦伦提尼安向马克里亚努斯提供了优厚的议和条件，让自己可以抽身应对巴尔干的新危机：某个叫加比尼乌斯（Gabinius）的国王的夸迪人追随者们起事，入侵了位于多瑙河弯最上方的第一潘诺尼亚和瓦雷利亚行省。在瓦伦提尼安长期驻特里尔期间，巴尔干的高级指挥部很大程度上能够自由行事，权力牢牢掌握在瓦伦提尼安最早的盟友之一，伊利里亚统兵长官埃奎提乌斯，以及阿尼基乌斯家族的罗马元老、长期担任辖区长官的佩特罗尼乌斯·普罗布斯手中。他们非常成功地维持了和平，在整个 4 世纪 60 年代末和 70 年代初，我们没有关于该辖区的治所西尔米乌姆管辖的地区发生动乱的记录。

　　地方长官之间权力平衡的变化引发了多瑙河边境的问题。我们已经看到，马克西米努斯因为自己在罗马的行为受到奖赏，从意大利岁调长官被提拔为高卢辖区长官。以那里为权力基地，他马上开始阴谋对付巴尔干的同僚，指责埃奎提乌斯处理蛮族事务不力，并设法让自己的儿子马尔克里亚努斯（Marcellianus）被任命为瓦雷利亚将军（dux Valeriae），指挥潘诺尼亚东北部边防部队。马克西米努斯声称，这一任命可以让皇帝将边境防御工事的计划从高卢扩大到伊利里亚，因为埃奎提乌斯无法胜任此事。从君士坦提乌斯二世时期开始，夸迪人就在藩属国王加比尼乌斯的统治下同帝国维持着和平，因此当马尔克里亚努斯下令让帝国军队在多瑙河左岸修建一座庞大的堡垒时，加比尼乌斯认为前者破坏了长期以来的协定。当这位国王在 374 年秋天提出抗议时，马尔克里亚努斯邀请他赴宴讨论这一问题，然后命人杀害了他。

　　愤怒的夸迪人在农民开始收获时入侵了瓦雷利亚，毁掉了那年的庄稼，并向南进行了扫荡。在一个叫普利斯腾西斯（Pristensis）的驿站，他们差一点抓住了君士坦提乌斯皇帝的遗腹女君士坦娅：她前往西部，将嫁给年轻的格拉提安，途中在那里用餐。护送公主经过自己管辖地区的行省总督赶在夸迪人袭击者之前勉强把她送回 30 多千米外的西尔米乌姆。袭击者们现在与他们的邻居萨尔玛提亚人会合，但觉得西尔米乌姆防御太过牢固，无法围攻，因此转而将农村地区变成废墟。埃奎提乌斯派来对付入侵者的两个野战军军团——潘诺尼亚军团和默西亚军团——遭到惨败，这是几代人以来该地区遭遇的最严重的入侵。君士坦提娅最终赶到了高卢，于 374 年末或 375 年初同格拉提安完婚，但刚一开春，瓦伦提尼安就前往了巴尔干。

新年伊始，格拉提安第三次担任执政官，埃奎提乌斯成为他的同僚——这是表示皇帝对因为这次入侵而威望受损的巴尔干高级指挥官仍有信心的必要姿态。375 年 5 月，瓦伦提尼安来到第一潘诺尼亚的卡尔农图姆（Carnuntum），准备好发动大规模征讨。梅洛巴乌德斯和军务卿塞巴斯提亚努斯（Sebastianus）受命攻击夸迪人的部分土地。8 月，皇帝向下游的阿昆库姆（Aquincum，位于今天的布达佩斯城区内）进军，在那里留下宫廷部属，自己渡河进入夸迪人的土地。两支帝国军队在河对岸的大片土地上进行了将近两个月的破坏，然后回到阿昆库姆，分散到冬季营地。

瓦伦提尼安率领一部分军队前往布里格提奥［Brigetio，今匈牙利与斯洛伐克边境上的索尼（Szőny）］，让自己战略性地居于卡尔农图姆和阿昆库姆之间。11 月，在布里格提奥，他接见了一个夸迪人的使团，后者请求缔结一份条约，并承诺按照它为帝国军队提供士兵。由于作战季实际已经结束，军队也大部分被遣散，瓦伦提尼安、埃奎提乌斯和参谋将领们早已决定同意夸迪人的条件。埃奎提乌斯决定，作为皇帝宽仁的象征，使团将得到皇帝亲自接见的荣誉。见到皇帝后，乞和的使者们承认了自己的错误，但也抗议说，是马尔克里亚努斯和其他罗马官员的不公正行为激起了他们的反叛。按照阿米安的说法，瓦伦提尼安一如既往地喜欢策略性的暴怒（对威慑朋友和敌人都很有用），"他在回复时变得越来越愤怒，高声用侮辱性语言斥责全体夸迪人"；然后，在试图让自己平静下来时，他变得"说不出话和喘不过气，仿佛被天上的闪电击中，脸炽热发红"。皇帝寝宫的仆人们忙着把他带到更私密的房间，但几个小时后他死了——似乎是死于发怒引发的中风。这就是这位55岁统治者的终点，所有人都清楚他的个人勇气和军事能力。一个脾气如此暴躁的人最终被自己的怒火烧毁，这恐怕也是一种合适的结局。

尽管出乎所有人的意料，但瓦伦提尼安的突然死亡没有引发广泛的混乱：西部政府已经变得如此像一个集团公司，如此完全地掌握在宫廷和长官部门以及参谋军官手中，以至于皇帝的血栓症本身不会破坏该系统的基本稳定。但皇权的交接不能不伴随着伤亡，这次也不例外。在布里格提奥，高级指挥官们迅速行动，没有征求瓦伦斯或格拉提安的意见。瓦伦提尼安的小舅子刻勒阿里斯被派往在穆洛金克塔（Murocincta，不清楚其具体位置）的皇帝驻地，去接他的姐姐尤斯丁娜皇后和她非常年幼的儿子瓦伦提尼安。在巴尔干军队主要的冬季驻地阿昆库姆，这个4岁的孩子被集合起来的士兵拥立为皇帝。埃奎提乌斯麾下的巴尔干参谋军官们和佩特罗尼乌斯·普罗布斯手下的当地官僚已经在没有皇帝监督的情况下成功治理了伊利里亚辖区10年，因此现在他们愿意如此坚决地行动一点也不奇怪。他们同高级统兵长官梅洛巴乌德斯合作，必须确保在马克西米努斯麾下的高卢官僚和格拉提安的宫廷卫队能够展开行动前将瓦伦提尼安二世确立为被承认的皇帝。

特雷维里和西尔米乌姆彼此很不信任：作为岁调长官的马克西米努斯同普罗布斯发生过冲突，而全体巴尔干指挥官都对前一年马克西米努斯的儿子马尔克里亚努斯被强加于他们之上深感不满。不过，当老瓦伦提尼安去世和小瓦伦提尼安被拥立的消息传到高卢时，西部的建制派对于自己的措手不及感到大为恼火。他们没有马上承认新奥古斯都，而是设法确立格拉提安的权威，同时两方都在寻求他们在安条克的叔叔瓦伦斯的支持。这位年资明显被忽视的东部皇帝在新年伊始担任了唯一的执政官，从而拒绝在他的侄子们的宫廷之间做出选择，但他还是在新年之初向高卢派出使团。率领使团的是哲人忒米斯提乌斯，来自罗马的元老也加入了他们，他们帮助高卢和巴尔干的高级指挥官们达成了交易。几个显赫人物的生涯以隐退、审判或处决告终。马克西米努斯被罢免了辖区长官职位，在当年晚些时候受审并被处决，遭遇同样命运的还有接替他担任罗马大区长官、同样深受憎恶的辛普利基乌斯（Simplicius）和多吕弗里亚努斯（Doryphorianus）。马克西米努斯在特雷维里的同僚、政务总管利奥也辞了职。在伊利里亚，佩特罗尼乌斯·普罗布斯从长期担任的辖区长官一职上卸任，埃奎提乌斯和塞巴斯提亚努斯也完全从历史记录中消失了。在迦太基，骑兵长官狄奥多西于 376 年初被处决，他的儿子小狄奥多西辞去了默西亚将军的职位，明智地前往西班牙的家族庄园寻求庇护。地区指挥官们纷纷迫使自己最大的敌人退出公共生活，并将唯一真正的不确定因素老狄奥多西处死。这个方案符合所有逃过此劫者的利益。

376 年 4 月，现在担任格拉提安和瓦伦斯共同代表的忒米斯提乌斯将瓦伦提尼安二世得到承认的消息带到罗马，并发表演说称赞了这一解决方案。当时，格拉提安的政权已经开始修复同罗马元老院的关系，把自己与狄奥多西之死划清界限。尽管当狄奥多西被杀时，马克西米努斯已经倒台，前者的死亡还是被归咎于这个前长官的暴虐恶行，376 年夏天对他的审判和处决是向元老院感情的重大让步。小瓦伦提尼安实际上没有权力，他被送到特雷维里，在同父异母的哥哥的宫廷里长大。格拉提安任命的人选统治着所有的西部辖区，尽管瓦伦提尼安名义上负责意大利、阿非利加和伊利里亚。帮助达成了让西部行省稳定的交易后，瓦伦斯默许了侄子权势的扩张。在这点上，他几乎没有选择，因为他在东方和多瑙河下游地区都面临着挑战——后者非常突然。那些挑战将让我们离开宫廷政治的细枝末节，回到对 4 世纪帝国施加其影响的更大的欧亚世界的浪潮中。

第 4 章

哈德良堡与狄奥多西的政变

东部皇帝面临着众多不幸，其中之一是 4 世纪 60 年代的欧亚草原和阿拉伯沙漠中出现了严重的社会动荡，这些动荡在瓦伦斯统治的最后两年集中爆发。罗马皇帝们和波斯众王之王们共同面临的问题之一是控制游牧民族进入位于草原世界以南的帝国展开劫掠。这种威胁是古代晚期司空见惯的现象，不过曾经罗马并不总是直接暴露在它的面前。在罗马人先是征服一个地中海帝国，进而征服一个欧洲和近东帝国的整个时期，即大致从公元前 250 年到公元 100 年前后，他们面对的问题主要是当地情况造成的——当地的历史和地理，以及罗马人自身造成的影响。但到了 3 世纪，庞大的罗马帝国直接或间接地暴露在更广大的欧亚世界的洪流中。

当帕提亚帝国被好战得多的波斯萨珊王朝取代后，中亚、兴都库什山脉（Hindu Kush）和南亚的事件都通过罗马与波斯的关系影响到罗马。但在多瑙河以北不远处的欧亚草原走廊的终点，草原世界的事件也直接影响着罗马。为了理解罗马和波斯帝国在 4 世纪末和 5 世纪遭受的冲击，有必要了解当时欧亚大陆的地理和地缘政治，这使得远至中国西北部的政治和社会变革对罗马和波斯的边境地区产生了影响。

欧亚大陆北部由四个宽阔的气候带组成，从西往东变得越来越明显，特别是在乌拉尔山以东，因为它阻止了盛行的西风和它们从大西洋带来的降水。北极圈以北是苔原，再往南则是泰加林（即北方针叶林）。泰加林接着过渡到稀树草原，然后过渡到草原，那里过于干旱，无法维持定居农业。草原以南是一系列沙漠，偶尔有被发源于沙漠南缘山脉的河流灌溉的绿洲。从安纳托利亚、亚美尼亚和高加索崎岖的高原开始，山脉沿着伊朗北部的里海海岸延伸，一直到将伊朗和土库曼斯坦分开的科佩特山脉（Kopet Dag）。从那里开始，兴都库什山脉和帕米尔高原被塔克拉玛干沙漠以北和以南的天山和昆仑山脉，以及青藏高原南缘的喜马拉雅山脉所取代。

随着山脉和沙漠地带在东面变宽，草原带变窄，但从喀尔巴阡山脉到蒙古，欧亚草原将大陆连接在一起。除了在西伯利亚南部的阿尔泰山脉和萨彦岭，草原不间断地延伸了将近 8000 千米，从太平洋一直到多瑙河谷。从敦煌以西的玉门关开始，草原沿着中国边境的河西走廊延伸，绕过今天的新疆维吾尔自治区及其庞大的塔克拉玛干沙漠，然后绕过天山、帕米尔高原和兴都库什山脉。在那里的亚洲内陆地区，今天哈萨克斯坦的沙漠将草原同今天的土库曼斯坦、乌兹别克斯坦和阿富汗的穆尔加布河（Murghab）、锡尔河和阿姆河灌溉的小片耕地分开。

这些地区——古代的马尔吉亚纳（Margiana）、粟特和巴克特里亚——曾是希腊化文明的外缘，但在 3 世纪时，它们都处于波斯的霸权之下，有时还在其政治控制之下。曾经由贵霜皇帝统治的兴都库什山和今天巴基斯坦的大部〔犍陀罗（Gandhara）、斯瓦特（Swat）和信德（Sind）的一部分〕同样如此，贵霜皇帝们最初来自北方的一个草原游牧王朝，但几个世纪以来统治着一个多元化的王国，它将希腊、南亚和中亚的宗教和文化融合在一起，形成了一种丰富多彩的混合文化——正是在贵霜帝国，佛教与波斯的琐罗亚斯德教分庭抗礼地发展壮大，而佛教僧侣和他们的经文也从那里传到中国。萨珊人在 3 世纪占领了贵霜帝国的大片领土，他们认为贵霜及其贵族是波斯与波斯人的一部分，称之为贵霜王国（Kushanshahr），就像他们称波斯为埃兰王国（Eranshahr）。在 4 世纪，这个贵霜王国名存实亡，间歇性地发生叛乱，由萨珊众王的一个分支王朝统治。同一时期，粟特、巴克特里亚和马尔吉亚纳受到新的草原游牧民族的压力，就像我们在讨论沙普尔二世的对外冒险时看到的那样。

另一些游牧民族对更西面的地区产生了影响。在乌拉尔山以南和里海以北，草原和稀树草原区收窄成为高加索山和黑海以北更狭窄的一条草地地带，延伸到今天的乌克兰和摩尔多瓦。草原随后继续变窄，成为喀尔巴阡山脉东缘和黑海沿岸之间的一个小缺口，将旅行者向南引向多瑙河谷和罗马尼亚的多布罗加（Dobrogea）地区。一条类似的草原带继续沿着里海向南延伸，进入今天阿塞拜疆和伊朗的草原。多瑙河弯和喀尔巴阡山脉南麓之间的匈牙利大草原（也称 Puszta 或 Alföld）是欧亚草原的尽头，这就是为什么几千年来草原战争的失利者常常最终流落至此，但它的面积太小，无法维持草原上流行的那种游牧生活所需的牲畜数量。重要的是，在草原上，政治和战争是在跨越数千千米的范围下展开的，而在不那么开阔的地方则不是这样。

因此，我们很难跟得上草原世界的历史——事实上，这常常是不可能的。只有当欧亚大陆中有读写能力的文化受到草原政治的影响时，我们才能对大陆内部繁忙而狂躁的生活有所了解。中国、印度、波斯和地中海的文本、钱币与铭文都提供了一段一段的线索，但这些有读写能力的定居政体往往并不完全确定它们在与谁打交道，这不无原因。几千年来，草原上的文化交流意味着极为不同的民族可能共享同样的技术、艺术、政治结构和统治权的符号，这些东西可以超越语言差异这样的细微区别。

对外部观察者来说，草原游牧民族看起来都一样，因此在许多个世纪里始终用同样的统称来指代他们是有一定道理的，即便那时任何最初的民族内涵都已经变得没有意义。于公元前 5 世纪写作的希腊历史学家希罗多德第一个描绘了黑海以北的斯基泰人（Scythian），但此后的 1000 多年里，当希腊人把目光投向欧亚草原时，他们看到的都是"斯基泰人"（Skythai）。这些不同世代的斯基泰人来自不同的地方，说不同的语言，而且没有相互承认的相似性，但对希腊人来说，这都不重要。中国人和波斯人也有类似的传统，认为来自草原的威胁和承诺中有某种永恒的元素。拥有长矛和复合弓以及可怕机动性的骑兵始终是潜在的危险，当帝国邻邦失去警惕时，他们总是准备好了发难；但他们也是有用的受庇护者和盟友，被招募来参加内战和帝国之间的战斗，还是定居文明的工业和手工产品的现成市场。无论如何，从 3 世纪开始，草原世界就不断冲击着罗马、波斯乃至中国。

4 世纪时，欧亚大陆上重新出现了一个非常古老的民族的名字：匈人。在语言学上，我们的"匈人"一词可以追溯到匈奴人的名字，这个极其强大的游牧帝国是中文材料中草原帝国的范式，决定了几百年来他们对草原游牧文化的理解，就像希罗多德的斯基泰人之于希腊人一样。中国的汉朝在公元前 1 世纪摧毁了匈奴帝国，尽管昔日统治精英的残部在阿尔泰地区幸存下来。到了 4 世纪，自诩为匈奴的民族开始重新出现。我们看到他们被称为胡诺伊人（Hunnoi，在拉丁语和希腊语，以及它们的现代衍生语中）、希奥尼泰人（Chionitae，拉丁语和希腊语中对波斯帝国的中亚臣民的称呼）、匈纳人（Huna，梵语）和胡恩人（Xwn，粟特语）。这些几乎肯定是同一个土著词语的不同写法，而这个土著词语几乎肯定是这些人称呼自己的方式。但那是否意味着所有这些人都"真正"是某种正宗的、存在过的匈奴人？

这就直接引出了现代学术界关于这一时期的重大辩论之一，即古代民族的延续性、大规模迁徙以及我们如何能最好地在历史中发现这些现象。与现在一样，古代也会出现大规模迁徙。流动性像人类一样强的物种只有到处陪伴着我们的老鼠和狗，以及生活在我们体内和身上的寄生虫。在古代材料中可以不时找到整个种群进行流动的证据，"蛮族迁徙"是最早的学术修辞之一，与有关罗马衰亡的思考密不可分地联系在一起，在现代早期，当欧洲发现并试图征服世界的其他部分时，欧洲学者还把它生搬硬套于世界其他文化之上。

在大众想象中，的确存在一种持久的想法，即蛮族入侵击垮了帝国。但近来的许多学术研究试图细化对历史上的迁徙的讨论——无论它是从最黑暗的北方而来的，还是以一波又一波的草原蛮族的形式而来的。这些传统叙事不仅低估了古代草原帝国的多样性，而且还把民族迁徙与对定居帝国的敌对入侵混为一谈，忽视了破坏性的入侵事实上并不需要大批个体民族在某一时刻的流动。此外，它们忽视了身份认同可以是多么复杂且多变的——

虽然人们不能简单地抛弃自己的背景，然后随意接受别人的身份，但也没有身份认同的哪一个方面、哪一种从属感或差异感是不可改变的。

人们从自己的生活体验中知道了这点，但即便是学者也很难将这种认识带进他们的研究，记下一个人的首要认同感可以在一生中发生改变，而且某个群体的身份甚至也不会仅仅因为它的名字没有改变，而在几代人的时间里保持不变。换句话说，无论是匈人的名字，还是装饰艺术或战斗风格中的文化相似性，都无法证明有同一个民族或政治共同体——匈奴人或匈人——在四个世纪里跋涉数千英里[①]，同时身份（更不用说其基因）保持不变。文化行为、具有显赫历史的名字、对统治权的态度——这一切都是可转移和可采用的。不需要多少汉朝的匈奴敌人的生物学后代出现在波斯的希奥尼泰人或欧洲的匈人中间，就能使这个名字保持不变。也就是说，我们无法建立匈奴人和匈人之间联系的"真相"，因为并没有这种联系。但他们之间存在半真实和半想象意义上的延续性，以及可能的亲缘性。

详述这些事情非常重要，以便抵抗那些更加滑稽的对4世纪罗马历史的现代描述——无论是在大众文学、学术性叙事抑或电视历史节目的地图和图片中。所有这些都描绘了一股"匈人洪流"（德国人称之为Hunnensturm）在一两年间从中国边境涌向欧洲边缘，沿途吸收并摧毁了其他游牧民族，一直来到黑海边，他们就像台球里的一记冲球，使东欧和中欧的所有定居下来的蛮族都移动了起来。不需要花太多力气就能找到这种"特大号"的论断，

---

① 1英里约为1.6千米。——编者注

将罗马帝国的灭亡归咎于匈人。关于他们据说控制着的土地的规模也存在同样夸张的倾向：有些人想象存在一个最终从今天的波希米亚一直延伸到阿尔泰山脉的统一的匈人帝国。古代材料为那种观点提供了极少的支持——事实上完全没有。希腊和罗马作者知道，到了 4 世纪 70 年代，匈人已经征服和打败了高加索山和黑海以北的各个阿兰人（Alans）和萨尔玛提亚人政体，后来他们又严重破坏了第聂伯河以西的哥特人定居共同体。除此之外，他们几乎没有确定的信息，只知道匈人似乎与阿兰人非常不同，而且远比阿兰人更可怕，后者之前在罗马人的想象中是典型的草原游牧骑兵。

我们自己也很难获得比这多很多的信息，因为里海和欧洲草原上的"匈人"并没有很快开始打造自己的钱币，而中亚、贵霜和伊朗东部的匈纳人和胡恩人则大量铸币。事实上，这些东方"匈人"的 4 世纪历史比和他们共享族名的西部群体稍稍清楚些。4 世纪 70 年代时，波斯国王沙普尔二世已经老去，尽管他好战的精力并没有衰退太多。对瓦伦斯干预亚美尼亚的愤怒让他准备在那个十年之初入侵东部的罗马行省，但匈人的干扰使那些意图发生转向。尽管书面材料中没有具体提到威胁的性质，但钱币证据近年来变得清楚得多——因为过去二十年间在阿富汗及其邻邦发现了大批关于战争和劫掠的新钱币类型。

从为支付军饷而大量铸币的地点来看，沙普尔似乎试图重新确立对巴克特里亚——可能还有喀布里斯坦（Kabulistan）、兴都库什乃至犍陀罗——的直接统治，尽管无从知道这是雄心勃勃的计划的一部分，还是仅仅在对新的威胁做出回应。因为与此同时，我们开始在巴克特里亚和犍陀罗发现了以新的"匈人"国王基达拉（Kidara）的名义铸造的第一批钱币。这位基达拉将自己的名字赋予了基达里人（Kidarites），一个来自中亚草原的民族，他们现在试图对巴克特里亚和犍陀罗之间的定居人口确立统治。在这样做的过程中，他们显然适应了当地传统，有了使用中古波斯语、婆罗米文（Brahmi），有时还有巴克特里亚文字的钱币铭文。他们从萨珊钱币上借鉴了琐罗亚斯德教的图像，自称贵霜国王（被他们事实上取代了的统治者），尽管犍陀罗和斯瓦特的佛寺在他们的统治下继续繁荣。我们找到了以各位基达里统治者的名义铸造的钱币，其中有人使用了古老的萨珊名字［巴赫拉姆（Varahran）和卑路斯（Peroz）］，另一些人使用了印度名字［佛陀蜜多罗（Buddhamitra）］，这种多样性本身暗示——无论这些“匈人”征服者内部说什么语言，无论他们在那种场合下使用什么名字——他们最感兴趣的都是向被征服者呈现一幅关于社会稳定的（令人安心地）熟悉的画面。

从这些基达里人统治者铸造银币的地点来看，他们势力的实际中心是在兴都库什山脉以南，位于犍陀罗和斯瓦特（铜币的分布遵循相同的模式，它们模仿银币，很可能是为小规模和地方交易而半官方打造的）。接着，在4世纪最后，他们征服了印度河以东的塔克西拉（Taxila）地区，开始铸造金币，就像贵霜人曾做的那样，还用婆罗米文拼写卑路斯这类的名字，将那个伊朗名字展现成佩罗萨（Perosa）。

与此同时，同样清楚的是，基达里人对中亚和昔日的贵霜王国的控制远远不是彻底的。在那里，他们不仅受到沙普尔，还受到草原上的另一个群体的挑战：这些阿尔汉人（Alkhan，或称阿尔汉匈人）首先在4世纪中后期登上历史舞台，控制着喀布里斯坦，他们利用喀布尔的萨珊铸币场打造钱币，将他们的统治者描绘成巴克特里亚的巴尔赫（Balkh）的国王。到了 5 世纪，他们穿过开伯尔（Khyber）山口，向东进入基达里人在昔日贵霜王国的腹地犍陀罗的领土。我们不知道沙普尔是否真正被基达里人或阿尔汉人打败，或者他只是没能阻止他们巩固自己的势力，但一度属于萨珊的中亚行省和贵霜王国再也没有真正被波斯国王控制过。

这是对新的钱币学证据的最小（minimalist）解读。重建草原历史在很多时候都离不开猜测，而对于历史猜测来说，在最小主义这一侧上犯错总是更好的。如果这一方法论准则适用于基达里人和阿尔汉人的历史，那么对欧亚草原西部的匈人历史就更是如此，后者的材料更加模糊不清，猜测用到的证据也更少。假设西部的匈人群体——在没有钱币的情况下，我们无法区分他们的名字和主张——事实上的确遵循我们在波斯东缘看到的模式，那么在 4 世纪 50 和 60 年代，对立的匈人武士氏族在欧亚草原的西侧发展出了一个相互重合的霸权。这些氏族将之前的草原政体（最主要的是阿兰人的）变成了一种纳贡关系。也许有一个氏族或家族主宰着其他所有人，或者试图这样做，就像犍陀罗的基达拉和巴尔赫的阿尔汉那样，尽管在西部匈人中，要到进入 5 世纪之后很久，我们才拥有证据，支持任何一种此类有关朝代的断言。也许，我们应该想象西部匈人氏族与罗马和波斯帝国发展出了一种半劫掠、半依存的关系，就像其他游牧群体在过去所做的——只有当他们前去征服第聂伯河和多瑙河地区的定居蛮族，即各个哥特人王国时，这种关系才会改变，并变得更加野心勃勃。

一个哥特政体的灾难性失败，以及这个事件在第聂伯河和喀尔巴阡山脉之间引发的动荡浪潮将最终导致在罗马帝国内部爆发的大规模哥特人叛乱和瓦伦斯在战场上的死亡。不过，尽管将产生这个可怕的后果，拒绝接受关于"匈人洪流"的旧有末世论说法仍很重要，这种说法认为，草原游牧民族的突然爆发驱赶着他们面前的一切，蛮族部落像多米诺骨牌一样逐个倒下，直到罗马的边境被冲破。一方面，来自中亚和波斯最东边的证据记录了一种远没有那么夸张的历史变革的速度，另一方面，将4世纪70年代发生在罗马帝国欧洲行省的事件视为不寻常乃至独一无二只是后见之明。

罗马人与其边境外民族绝大多数的接触具有非常相似的模式。我们在北非已经看到这点，那里的菲尔姆斯叛乱摇摆于罗马内战与帝国军队同摩尔人部落的战争之间。我们在另一处沙漠边境也能看到这点，那就是交替处于罗马和萨珊人影响之下的阿拉伯边缘地带。最后，我们在莱茵河与多瑙河上游也看到了这点，格拉提安在那里遇到的问题与欧亚草原上的事件全无关系。需要尽早和经常强调这点，因为帝国没能将匈人在欧洲的出现作为一个后来它将成为的特殊事件来对待，这看上去至少是一种短视，甚至是疏忽，直到这位观察者意识到，在当时，帝国4世纪70年代的匈人难题看起来并没有那么不同寻常。事实上，年轻的格拉提安皇帝的军事生涯本身非常准确地说明了这点，而在转向那场吞没了他不幸的叔叔瓦伦斯的灾难前，我们需要对这一点加以考虑。

格拉提安的问题是那些常见的、土生土长的问题，即维持帝国边境的治安，它们继承自他的父亲瓦伦提尼安。就像我们看到的，格拉提安作为西部奥古斯都的统治开始得非常突然，伴随着他父亲的死讯，以及那场将他同父异母的弟弟瓦伦提尼安二世提升至奥古斯都的宫廷政变。尽管谈判很艰难，但它们最终还是让格拉提安无可争议地成为西部的正皇帝，他的父亲按照传统的方式被尊为神圣的瓦伦提尼亚努斯（divus Valentinianus）。格拉提安童年时的老师奥索尼乌斯成为他的财务官，与高级统兵长官梅洛巴乌德斯一起成为宝座后的主要力量。格拉提安和瓦伦提尼安二世很少出行，也很少向臣民露面——如果过多展现他们的年幼，可能会鼓励篡位的想法。因此，格拉提安从未像承诺的那样造访罗马，尽管这本会有助于修复高卢宫廷同罗马贵族的关系——它因为瓦伦提尼安一世的冷淡和马克西米努斯强烈的敌意而严重受损。不过，即便相距遥远也可以采取措施：仍在等待巫术和叛国罪审判的元老们被释放，遭到流放的元老被召回，没收的财产被退还，逾期的税款被取消。

昆图斯·奥雷利乌斯·叙马库斯从瓦伦提尼安一世统治时期就认识奥索尼乌斯，前者现在担任高卢宫廷与罗马元老院之间的沟通者。他为此收到了丰厚的奖赏，获得向元老院宣读皇帝关于处决广受憎恶的马克西米努斯的诏书的特权，他年迈的父亲还被指定为 376 年的执政官：对于并非皇帝家族成员的私人（privatus）来说，这是越来越罕见的荣誉。这位老人没能接过这一荣誉就去世了，但和解的姿态已经明显做出。另一些人也需要类似的和解。格拉提安的新任高卢辖区长官安东尼是被处决的骑兵长官狄奥多西的亲戚，同一年，他的兄弟欧克利乌斯（Eucherius）被任命为圣库卿。恢复受损名誉的行动也开始了，到了 376 年末，政权已经稳定。

通过德基姆斯·马格努斯·奥索尼乌斯的眼睛来看待格拉提安统治下的事件是长久以来的惯例，自从他学生的父亲死后，这位来自布尔迪加拉（波尔多）的修辞学家就在西部政治中扮演着举足轻重的角色。已是财务官的他后来接替安东尼成为辖区长官。奥索尼乌斯使用这个机会来提高自己家族的地位，这对处于像他这样位置的人来说很正常。他的儿子赫斯佩里乌斯（Hesperius）成为376年的阿非利加代执政官总督，他年迈的父亲尤里乌斯·奥索尼乌斯被任命为第二年的伊利里亚辖区长官，但很可能在此后不久就去世了。与此同时，赫斯佩里乌斯在高卢辖区与他的父亲联系了起来，两人还共同担任了378年的意大利、阿非利加和伊利里亚联合辖区的长官。奥索尼乌斯的女婿塔拉西乌斯（Thalassius）首先被任命为马其顿长官，然后接替赫斯佩里乌斯担任阿非利加代执政官总督。最后，当奥索尼乌斯被指定为380年的执政官时，他放弃了辖区长官职位，让赫斯佩里乌斯负责意大利和伊利里亚，提拔另一个波尔多的亲戚西布里乌斯（Siburius）担任高卢辖区的长官。弗拉维乌斯·梅洛巴乌德斯与奥索尼乌斯一起主宰着西部政府，他的重要性可以上溯到尤里安的时代。现在，他成为4世纪下半叶里，在皇帝家族成员之外唯一两次担任执政官的人。这些拥有深厚地方根基的大人物甚至有能力束缚一位强势皇帝的手脚，而且他们使得格拉提安几乎不可能从一个与世隔绝的孩子皇帝成长为一位有效的君主。

　　不像他的父亲——他对宗教争议的漠不关心是众所周知的——格拉提安是个尼西亚派，听命于高卢、意大利和西部强有力的尼西亚派主教（他明智地对那些伊利里亚要塞城镇里的相似论派基督徒表示宽容，但这是因为软弱，而非信念）。在阿非利加，由于多纳图斯派在瓦伦提尼安统治末期表明支持菲尔姆斯叛乱，格拉提安现在恢复了帝国对他们宗教聚会的禁令，并批准在罗马召开宗教会议，审判多纳图斯派主教。不过，他本人从未去

过罗马，甚至没到过意大利。事实上，在作为奥古斯都的统治之
初，他很少离开特雷维里周边，除了 377 年初秋经由莫古恩提亚
库姆和孔弗鲁恩特斯（Confluentes，今科布伦茨）的短暂征战。

　　来自东部的消息很糟糕，我们很快会看到更多细节：377 年，
默西亚和色雷斯爆发了哥特定居者叛乱，瓦伦斯反应迟缓。作为
对叔叔求援请求的回应，格拉提安派了一些高卢部队前往巴尔干
西部，希望在第二年亲自对哥特人作战。但实际上，这些军队的
离开，为名为兰提恩塞人的阿拉曼尼人群体突袭莱提亚的罗马领
土提供了机会，这很可能是在 377 年末。惩罚性的征战于 378 年
4 月打响，由两位军务卿马洛巴乌德斯（Mallobaudes）和纳尼恩
努斯（Nannienus）统率。两人都是经验丰富的指挥官，格拉提安
从父亲那里继承了他们。他们在阿尔根塔利亚（Argentaria，今斯
特拉斯堡）取得决定性的胜利，杀死了兰提恩塞人的国王普利亚
里乌斯（Priarius）。此事在战略上微不足道，但它提醒我们一个
重要的政治现实：高卢的高级指挥官如此牢固地控制着他们的年
轻皇帝，以至于他们可以在向岌岌可危的东部政权提供任何帮助
前先完成本地的治理行动——尽管格拉提安个人对于援助他的叔
叔非常热心。这再次证明了帝国当时已经结合为一系列的区域集
团，因此直到 378 年 5 月，格拉提安才得以向巴尔干进军。

　　在那里，情况的确变得非常糟糕。瓦伦斯在 371 到 378 年
下半年之间没有长期离开过安条克，以防备波斯可能的入侵。就
像在罗马历史上常常发生的，亚美尼亚将成为战争导火索。沙普
尔一直对瓦伦斯曾援助亚美尼亚的帕普——被杀害的阿尔萨息之
子——感到愤怒，并继续计划入侵行动，尽管在那个十年之初，
对基达里人和阿尔汉人的征战使他抽不开身。

很难确定围绕着亚美尼亚的下一次冲突的时间。阿米安的罗马人一边的记述在时间上不准确，而5世纪的亚美尼亚史学家，拜占庭的福斯图斯（Faustus）的详细叙事充斥着大量传说内容，难以将其与事实分开。据我们所知，尽管是罗马军队帮助他重新登上王位的，帕普与亚美尼亚将军（dux Armeniae）泰伦提乌斯（Terentius）统率的帝国驻军交恶，因此与沙普尔开始了友好的通信。这是永恒的亚美尼亚故事：亚美尼亚人被夹在两大帝国之间，遭到两者的憎恨，他们在文化上更接近波斯，但在政治上与罗马人相处得更自在，当处在一个帝国的监护下时，总是思念另一个。

泰伦提乌斯开始怀疑帕普背叛，向瓦伦斯报告了此事，后者将那位亚美尼亚国王召到塔尔索斯。他遭到审问和监禁，但在一段时间后被允许返回自己的王国，而他一到那里就马上恢复对波斯人的友好姿态。374年，罗马卿官特拉扬努斯派人谋杀了帕普，扶植他年幼的儿子们登上王位。他们没有实际权力，而罗马的盛气凌人激起了甚至是曾很有好感的亚美尼亚贵族的憎恨。与此同时，沙普尔已经尽可能地平息了中亚事务，可以腾出手来应对亚美尼亚边境的情况。罗马人和波斯人在376年和377年都在召集作战军队，而波斯人对伊贝利亚的一次小规模远征以对那里罗马驻军的屠杀告终。

与每个罗马人一样，瓦伦斯不能不把波斯视作罗马利益的最大威胁，尽管到了377年，色雷斯境内的危险实际上要大得多。他极不情愿地开始从东线抽调部队。这些军队的缺席似乎是罗马人在伊贝利亚战败的原因之一，但更糟的还在后面。更多的著作提及了376—379年的灾难岁月，超过罗马晚期历史内的几乎任何其他主题。书面作品的大量涌现始于哈德良堡战役后不久，瓦伦斯在那里阵亡。阿米安史书的第 31 卷是对这场战役本身的专题记述。与他同时代的希腊人——萨迪斯的欧纳皮俄斯——写下其史书的第一个版本，作为对哈德良堡战役的回应，并将其设想为 3 世纪雅典史学家德克希波斯（Dexippus）作品的续作，后者面对上一代"斯基泰"入侵者，亲自指挥了阿提卡的防卫。欧纳皮俄斯声称，罗马人的失利是帝国皈依基督教的恶果，而尼西亚的基督徒同样认为那是神的旨意——是上帝对他们的相似论派迫害者瓦伦斯的责罚。在现代学者看来，哈德良堡战役一直以来都是罗马衰亡的决定性标志，也许还是"民族迁徙"（一个想象中的从"日耳曼"北方进入帝国的"民族迁徙"）的标志性起点。或者，按维多利亚时代的一种解释（它因为当代对移民的恐惧而重新受到青睐），亚洲的匈人要对打破边境世界的稳定负责，也要对将暴力的移民赶向一个他们很快将要摧毁的帝国负责。真正的故事要复杂得多，不能简单地描绘成非黑即白。

就像 4 世纪 60 年代瓦伦斯在多瑙河对岸的征战所表明的，第聂伯河和多瑙河之间，以及黑海沿岸和喀尔巴阡山之间的哥特人政体强大且组织有序，至少有能力抵挡皇帝的军队。事实上，甚至在君士坦丁的统治之前很久，帝国就在推动多瑙河下游边境的稳定，使得哥特边缘地区变得更加富有，社会分层更加明显，政治组织也更有序。这种力量是瓦伦斯如此大张旗鼓地惩罚阿塔纳里克的原因，罪名是向篡位者普罗科皮乌斯提供援助。这还解释了为何阿塔纳里克有能力与瓦伦斯缔结和约，并将和约强加于他多种多样的臣民。不过，这段最近的历史并没有让皇帝为 376 年出现在帝国门口的哥特军队的规模做好准备。

阿米安相信，这些哥特人是被匈人的压力驱赶到边境的。在向我们展现了充满陈词滥调的北欧民族志，并详细描述了兽性的匈人的极端暴行后，他解释说，他们征服了高加索以北和顿河［古代的塔奈斯河（Tanaïs）］以东的一些阿兰人，将幸存者吸收进自己的军队，然后袭击了格雷乌通吉人（Greuthungi）的领袖，哥特人埃尔门里库斯（Ermenrichus 或 Ermanaric）的王国。他的王国位于今天的乌克兰，很可能以第聂伯河及其支流为中心。后来的一份 6 世纪的记载——来自一位名叫约尔达尼斯（Jordanes），自称是哥特后裔的拜占庭作者——完全是虚构的，在阿米安的"脚手架"上进行了杜撰。阿米安用短短的几句话表述，可怕、好战的埃尔门里库斯在一段长时间的斗争后被匈人打败，然后自杀了。他的继任者是一个叫维提梅尔（Vithimer）的人（不一定是亲戚），后者与一些匈人结盟，对抗余下的匈人，但最终死在了战场上。

维提梅尔留下一个年幼的儿子维德里克（Viderich），由两位将军阿拉特乌斯（Alatheus）和萨福拉克斯（Saphrax）监护。他们成了格雷乌通吉人的领袖，并试图前往更靠近帝国的地方寻求庇护，到阿塔纳里克和他的特尔文吉人的土地上。阿塔纳里克也决定要迎战匈人，但是在第聂伯河畔的一场战斗后，他同样被打败。他撤到了普鲁特河（Prut）的后面，即今天摩尔多瓦和罗马尼亚的边界。在那里，阿塔纳里克遭遇某个叫阿拉维乌斯（Alavivus）的人领导的哗变，后者强迫阿塔纳里克的大部分追随者一起走到帝国边境。阿塔纳里克和忠于他的人逃到了喀尔巴阡山脚下，可能计划沿着昔日罗马的外阿鲁图斯河边界（limes transalutanus）重新确立他的权威，那是 3 世纪时沿着奥尔特河（Olt）修建的一系列要塞，当时帝国仍然控制着多瑙河对岸的达契亚行省。阿拉维乌斯和他的那部分特尔文吉人随后请求瓦伦斯让他们入境，在色雷斯定居。

到此为止，这个故事听上去并不像一个史无前例的大灾难，或是一场独一无二的蛮族暴动。相反，它更像是那种每一代人都会经历几次的、发生在罗马的大陆边境之外的政治动荡。蛮族领袖沿着帝国的边缘来来去去。王朝和政体或短或长地延续一段时间，却接着在军事失败后突然消失，失败者则通常需要罗马的帮助：帝国的军事官僚体系会被委派处理对流离失所的蛮族的大规模重新定居，他们从公元 1 世纪就开始这样做了。哥特人重新定居的请求完全不是唯一或史无前例的。但它意料之外的结果无疑如此。

我们不知道 376 年有多少哥特人追随阿拉维乌斯——他们带着自己的家眷和可携带的财产，希望在帝国内部找到新的家园——但双方都明白自己在做什么。经验丰富的官僚和士兵知道如何应对这种迁徙，而边境民族也清楚，在这类情境下展开的迁徙意味着臣服于罗马皇帝，并以放弃自主权换取安全。尽管匈人已经粉碎了哥特人的领导层，但我们要把施图卡轰炸机在 1939 年扫射逃亡中的平民的景象从脑海中抹去。混乱或困惑并不存在。阿拉维乌斯牢牢控制着特尔文吉人，而持续数月的谈判在当地指挥官和身处安条克的瓦伦斯之间传递着信息。瓦伦斯很乐意接受特尔文吉人的请求：他可以用得上所有那些新兵来应对日益临近的波斯战争。当瓦伦斯允许将他们重新安置在色雷斯后，真正的迁徙过程——将特尔文吉人及其家眷运送到河对岸——在 376 年盛夏开始了。渡河地点很可能是杜罗斯托鲁姆，那里有很好的道路，通向重要城市马尔基亚诺波利斯 [今保加利亚的代夫尼亚（Devnya）]。在哥特人方面，阿拉维乌斯的同僚是个名叫弗里提格恩（Fritigern）的指挥官，罗马人从瓦伦斯对抗阿塔纳里克的战争时就认识此人，他还在战后皈依了基督教。也许是出于这个原因，弗里提格恩成了那个主要沟通者，面对主管重新安置的当地罗马行政官员。

这些行政官员中的两个人，一个名叫卢皮基努斯（Lupicinus）的军务卿和马克西姆斯（他很可能是一位无职责的将军），很快被证明是大麻烦。许多哥特人带着武器前来多瑙河——剑、矛和圆盾的组合，与绝大部分罗马步兵一样。不同寻常的是，罗马指挥官没有解除许多移民的武装。也许是行动的规模让罗马行政官员措手不及；也许是因为疏忽，甚至可能是有意的决定，为了让很快将被运到安条克参加波斯战争的人保留自己的武器，免去帝国兵工厂重新武装他们的开支。但允许大批哥特人保留武器，使得地方行政官员习惯性的投机倒把变得更加危险。罗马官员期待依靠自己的职位赚钱：通过贿赂、服务费以及其高机动性带来的在不同市场间套利的可能性。现在，哥特移民面临着在时局艰难时曾是帝国各地行省农民的普遍命运的那种勒索——通过限制难民可获得的食物数量，官员们制造了一场人为的食物危机，以便出售本该作为重新安置的一部分而分发的配额口粮。他们被提供（我们被如此告知）狗肉，价格是一条狗换一名哥特儿童被卖为奴隶。这种剥削让哥特移民感到焦躁和愤恨，而各种条件凑到一起，为他们带来了增援。

等到渡河真正开始的时候，消息已经传到边境之外：皇帝正在欢迎新兵加入其即将与波斯打响的战争。于是，在376年秋天，阿拉特乌斯和萨福拉克斯率领的格雷乌通吉人抵达多瑙河畔，同样向皇帝请求入境与重新安置。此外，老阿塔纳里克和他剩下的特尔文吉人追随者也这样做了。这一次，瓦伦斯拒绝了请求，故意表现出武断，以显示是谁说了算，并表明未来的移民不能指望积极的回应会是理所当然的。阿塔纳里克明白了这个意思——他带着追随者回到"考卡兰达"〔Caucalanda，可能是喀尔巴阡山脉东麓的布泽乌（Buzau）山〕。不过，阿拉特乌斯和萨福拉克斯则在等待时机。阿拉维乌斯和弗里提格恩的特尔文吉人被迁往马尔基亚诺波利斯，那里在多瑙河以南很远，位于跨越哈依莫斯（Haemus）山脉进入色雷斯的主要公路旁。但组织这一转移带走了对该河左岸事务的关注，阿拉特乌斯和萨福拉克斯借机在那里用临时制造的运输船进入了帝国。他们希望皇帝会接受既成事实，并在特尔文吉人附近扎营，后者正被护送前往马尔基亚诺波利斯。

情况还未失控，但卢皮基努斯开始变得担心。他将特尔文吉人的主要部分安置在马尔基亚诺波利斯周围的临时营地中，并临时调派一些罗马野战军部队与他们一起前往那里，以维持秩序。由于阿拉维乌斯、弗里提格恩和他们的亲随很快将成为这同一支野战军中的军官，他们得到了相应的尊重，被允许住在城内。一天晚上，当卢皮基努斯邀请他们去他府上赴宴时，一场冲突在一些机动军成员与哥特士兵之间爆发，前者拒绝后者进城购买额外的给养。双方都有伤亡，卢皮基努斯惊慌失措，下令杀死弗里提格恩的保镖。消息传出，特尔文吉人害怕他们的指挥官已经死亡，威胁要攻入城门。卢皮基努斯释放了弗里提格恩，让哥特士兵确信他平安无事，但我们再也没有听到阿拉维乌斯的情况。弗里提格恩可能向卢皮基努斯出卖了他，以便巩固自己的权力。安全回到追随者中间后，弗里提格恩认定，他刚刚逃过一劫的尴尬经历是一次蓄意背叛的行为，尽管管理不善和无能是同样可能的解释。

他开始撤往乡间，卢皮基努斯正确地将此举解读为公开叛乱。在离马尔基亚诺波利斯 14 千米的地方，卢皮基努斯与弗里提格恩开战，并与其所有下级军官一起在那里阵亡。

弗里提格恩和他的追随者们收集起阵亡敌人的武器，并开始有计划地劫掠这个地区，一些人向南推进到色雷斯的哈德良堡。他们在部分当地人口中获得了同情。奴隶们蜂拥而至，加入弗里提格恩，其中许多自己就是哥特人，此外还有许多该地区的矿工，他们摈弃了矿井中极为辛苦的工作，转而落草为寇——这些人都利用自己对当地的了解来帮助叛军。另一些巴尔干哥特人很快也加入了弗里提格恩的军队。名叫苏维里达斯（Sueridas）和科里亚斯（Colias）的两名哥特军官与他们的部队已经奉命驻扎在哈德良堡，到目前为止都对弗里提格恩的困境不感兴趣。但在 377 年，他们收到了向波斯前线行军的命令，然后向哈德良堡的市议会请求提供给养，可能是因为本该为他们此行提供给养的帝国官员们已经被召往马尔基亚诺波利斯。市议会坚持自己的法律权利，拒绝为此次行军提供给养，因为按照军事驻营的法律，他们已经履行了自己的法律责任。当苏维里达斯和科里亚斯拒绝在没有充足给养的情况下出发时，市议员请求该城的帝国兵工厂的工人（fabricenses）帮助他们强制士兵离开。这是个错误。苏维里达斯和科里亚斯被掷向他们的临时制作的投枪激怒，于是派士兵冲向他们的折磨者，并杀死任何他们抓住的人。随后，他们列队离开，前去加入弗里提格恩。

此事本身并不重要，但它提醒我们，巴尔干的哥特战争既没有计划，也不是统一的起义，更不是大规模入侵和征服；相反，这是一系列的小规模叛乱，各自有着不同的导火索，最终汇聚成对整个地区的威胁。弗里提格恩、苏维里达斯和科里亚斯的联军，再加上形形色色的地方不满者和从帝国兵工厂获得良好装备的人，将其不同的追随者变成了一支有实力的战斗力量。他们甚至组建了一支补给队，像帝国野战军的一样复杂，因为许多叛军在人生中的某个时段都作为罗马士兵服役过。于是，到了 377 年夏天，这已经不是一年前渡过多瑙河的那群人，而是一支其成员更加五花八门的新野战军，像阿米安这样的同时代人认识到了它的多样性：他不再用特尔文吉人一词来形容他们，而是开始称他们为一般意义上的"哥特人"。

虽然弗里提格恩显然有能力向在默西亚和色雷斯大部分地区内的任何他喜欢的地方派遣军队，但他似乎将其追随者的主力带到了斯基泰（Scythia，今多布罗加），多瑙河在那里向北和向东拐弯，注入黑海。他的动机仍然不明，但很可能是想率领自己令人生畏的新军队返回哥特人的土地。不过，情况的严重性最终引起了两个帝国宫廷的重视。瓦伦斯决定买通沙普尔，派出自己长期服役的统兵长官弗拉维乌斯·维克托尔与对方拼凑出一份和平协议。与此同时，他派出两位军务卿普罗夫图鲁斯（Profuturus）和特拉扬努斯（杀害亚美尼亚国王帕普的凶手），试图限制弗里提格恩。在西部，格拉提安派出两名优秀的将领，军务卿弗里格里都斯（Frigeridus）和内卫卿里克梅勒斯（Richomeres）考察形势，在可能的情况下提供帮助，并且——最重要的是——封锁通往巴尔干西部和伊利里亚的道路。与此同时，在瓦伦提尼安二世称帝之后被调走的旧卫队看到了恢复他们在巴尔干地位的机会。被处决的骑兵长官狄奥多西的儿子结束退隐，回到军队。

377 年末，普罗夫图鲁斯和特拉扬努斯在"柳林"（Ad

Salices）与弗里提格恩展开大战，这是位于沿海城市托米和多瑙河口之间的一个未知地点。弗里提格恩取得全面胜利，普罗夫图鲁斯阵亡。在里克梅勒斯把守向西的道路时，与他职位相似的弗里格里都斯加强了位于瓦伦斯的帝国领土内的贝罗伊亚（Beroea）的防御，并消灭了弗里提格恩的属下，一个叫法尔诺比乌斯（Farnobius）的人率领的军队，然后将幸存的哥特人送到意大利，作为农民安置。此时，瓦伦斯已经派出自己的副帅，骑兵长官萨图尔尼努斯在 377—378 年的冬天控制住这场叛乱。皇帝将继而在下一个作战季亲自指挥战争。377 年夏末，萨图尔尼努斯和特拉扬努斯试图将弗里提格恩的追随者封锁在哈伊莫斯山过冬，但他们失败了，于是弗里提格恩率领主力在哈伊莫斯山以南的开阔乡间过冬，在那里他们可以靠秋收为自己补充给养，并发动远至君士坦丁堡的突袭。到了那年冬末，弗里提格恩的军队已经可以在色雷斯自由活动，而东西两位皇帝正准备亲自加入战场。

　　瓦伦斯于 378 年 4 月或 5 月抵达君士坦丁堡，马上就面临来自不满民众的因粮食问题而引发的骚乱。格拉提安和他的宫廷于 4 月末从特雷维里出发，在 8 月初抵达潘诺尼亚的西尔米乌姆。此时，瓦伦斯已经重组了他的军官团，他罢免特拉扬努斯，召回了老塞巴斯提亚努斯，后者因为 375 年的政变而被迫退归意大利，但此人曾经在君士坦提乌斯麾下、在尤里安的波斯征战中以及在瓦伦提尼安对阿拉曼尼人的多次作战中成功地服役。与小狄奥多西的突然回归一样，这表明被边缘化的派系能够如何利用危机来恢复自己失去的位置。塞巴斯提亚努斯很快对弗里提格恩那些分散的部队取得了一些小胜，虽然这为巴尔干军队的士气提供了其迫切需要的加强，但也让弗里提格恩确信应该集中自己

的军队，让他们作为单一的整体行动。他的军队在位于罗多彼
（Rhodope）和哈依莫斯山脉之间山谷的卡布莱（Cabyle）集中，
然后向东南面的哈德良堡进军，那里是塞巴斯提亚努斯的指挥部。
与此同时，瓦伦斯于 6 月 11 日离开君士坦丁堡前往梅兰提亚斯
（Melanthias），这里刚好够远，能够避开城中的骚乱。8 月初，消
息传来，格拉提安已经抵达西尔米乌姆，正准备向东进军，帮助
瓦伦斯以钳形攻势捉住哥特人。据说瓦伦斯对塞巴斯提亚努斯已
经取得的胜利感到嫉妒，迅速前往哈德良堡并在城郊扎营，等待
自己的侄子。

　　弗里提格恩现在驻扎在位于哈德良堡附近的帝国驿站尼刻
（Nike），而瓦伦斯的探马报告说，他统率的军队数量很少。尽管
如此，当里克梅勒斯带着西部军队的先锋赶到时，他建议瓦伦斯
稍等一段时间，等到格拉提安带着西部野战军的主力赶到。瓦伦
斯不同意，但他的高级指挥官们并不那么确定，阿米安记录了迅
速行动的支持者（如塞巴斯提亚努斯）和那些倾向于更谨慎准备
的人（如维克托尔）之间的激烈争论。最终，瓦伦斯选择马上动
手，因为宫廷官员敦促他不要和侄子分享这场必然的胜利。现在，
弗里提格恩开始担心。他的部队的确没有全部到场，而他由阿拉
特乌斯和萨福拉克斯率领的骑兵部队还没有赶到尼刻。8 月 8 日，
他派出一个相似论派教士组成的使团，向皇帝求和，但瓦伦斯拒
绝了他们的提议。第二天早上，皇帝让自己的军队在尼刻和哈德
良堡之间的平原准备作战。弗里提格恩按兵不动，派出更多使者。
当罗马军队在烈日下受着煎熬时，哥特人点起火，让令人窒息的
烟雾飘向对方阵线。从阿米安的描述中无法准确地重现这场战斗
的战术细节，尽管有现代尝试声称可以。我们的确知道，战斗是

意外打响的，当时罗马军队右翼的两个小队过早地开始前进。接着，随着罗马人的阵线变得无序，弗里提格恩的骑兵——在阿拉特乌斯和萨福拉克斯麾下——赶到，出乎意料地袭击了罗马人的左翼。这支从侧翼攻击的部队将整个罗马步兵阵线挤压到一起，削弱了它作战的能力。溃败于下午开始，那时中央阵线溃散了，并开始在混乱中撤退。瓦伦斯被迫寻求一支名为重锤标枪兵（Mattiarii）的野战军高级部队的保护，因为他的宫廷卫队已经完全被消灭。当后备队拒绝集结并尝试扭转战局时，里克梅勒斯、维克托尔和萨图尔尼努斯——高级指挥官中仅有的幸存成员——离开了战场。屠杀一直持续到天黑。

即便在当时，也没有人知道瓦伦斯是怎么死的。平淡无奇的版本是，在夜幕降临时，他被箭射中，死在了普通士兵中间。更加浪漫的记载声称，几个忠实的侍从把身受重伤的皇帝抬离战场，并将他藏到一处废弃的农舍里。就在他奄奄一息的时候，一支哥特部队包围了农舍，将其点燃，而不是暂停他们的劫掠。只有一个人逃了出来，告诉敌人他们差一点就抓住了罗马皇帝。无论是哪种情况，瓦伦斯的尸体都从未被找到。35名高级军官与他一起死去，包括塞巴斯提亚努斯和特拉扬努斯，那天早上他带入战场的野战军足足有三分之二也阵亡了。这是一场军事灾难，即便不是真正史无前例的，但自从100多年前瓦勒良皇帝被波斯国王沙普尔一世击败和俘虏后就不曾有过。

战役的余波是丑陋的。默西亚和色雷斯的军事和行政结构支离破碎，格拉提安回到了西尔米乌姆，在那里与那些刚刚死里逃生的将领们会面。胜利的弗里提格恩包围了哈德良堡，但没能攻破它的城墙，于是把矛头转向君士坦丁堡。那里，瓦伦斯的遗孀多姆尼卡（Domnica）成了帝国抵抗势力的公众形象，尽管阿米安暗示，有效的防御依赖来自阿拉伯的辅助军，他们由阿拉伯女王马维娅（Mavia）派遣而来，瓦伦斯在离开安条克之前与她达成了和约。在东部行省，首要任务是确保巴尔干的混乱不进一步扩散。在东方大区，统兵长官决定清洗军队中的哥特士兵，而在小亚细亚和东方大区的城市中出现了对哥特人的屠杀，一直持续到 379 年。与此同时，迟疑不决主宰着巴尔干西部。在冬天到来前，应对弗里提格恩的有条理的计划无法被确定，而格拉提安可能已经想要回到高卢，阿拉曼尼人的威胁总能提供现成的借口。但现在离开西尔米乌姆可能会激起一场篡位，这不符合任何人的利益，因此他在那里过冬，可能想着来春重新在色雷斯发动攻势。

计划赶不上变化。前默西亚将军小狄奥多西已于 378 年初回到巴尔干服役，尽管一个意味深长但不太可信的故事声称，格拉提安直到哈德良堡战役后才征召他来扭转危局。379 年开始时，两位执政官都是西部人，他们是格拉提安的辖区长官奥索尼乌斯，以及大家族阿尼基乌斯的成员昆图斯·克洛迪乌斯·赫尔默根尼亚努斯·奥吕布里乌斯（Quintus Clodius Hermogenianus Olybrius），以此提供了格拉提安试图与罗马元老院和解的证据。新一年记录中的第一个重要事件是新皇帝的登基：1 月 19 日，在西尔米乌姆，狄奥多西被格拉提安提拔为皇帝，后者在叔叔死后成了正皇帝。称帝的背景被故意掩盖，但我们应该可以推断潘诺尼亚和巴尔干军队的士兵在军营中发动了政变。

378 年年底，除了瓦伦斯此前留在东部边境的几支遥远的部队，格拉提安指挥着整个帝国剩下的野战军。但他本人信赖的高级指挥官和大部分文官班子都随他从高卢来到西尔米乌姆，这意味着潘诺尼亚的参谋官以及少量在哈德良堡的惨败中幸免于难的东部指挥官现在在政治上处于相对弱势的地位。他们看到了格拉提安个人的无能，认为他对在苏基山口以东采取强硬行动的明显的不情愿，使得宣布另一位皇帝变得可行。狄奥多西是理想的候选人：他是一位伟大军人英雄的儿子，年轻而且尚不十分出色，因此可能是顺从的，要依赖于他的参谋官。于是，潘诺尼亚和东部阵营导演了狄奥多西的"自发"的称帝，并将这一出戏作为既成事实通知格拉提安。

格拉提安没有要求他的高卢部属镇压这场危险但可能很受欢迎的政变。格拉提安默许了，即便并无很大热情。他不情愿地向新同僚表示祝福，在夏天开始前回到西部，没有为狄奥多西平息色雷斯和默西亚（他正式将它们划归东部管辖）提供任何物质上的支持。格拉提安很可能希望狄奥多西会自讨没趣，就像从结果来看他很快会遭遇的那样，但格拉提安的决定提醒我们，自从君士坦提乌斯和尤里安的时代开始，帝国的这两个部分在结构上已经变得离彼此多么遥远。它还提醒我们，为364年后帝国的两个部分撰写单一叙事是多么困难，因此我们将首先转向格拉提安和他的西部宫廷，然后再回到狄奥多西和他接手的哥特战争。

讲述格拉提安统治时期的故事常常等于讲述他高级官员们的故事，甚至更多是强势主教之间的互动——比如罗马的达马苏斯和米兰的安布罗斯——或者是显赫的元老，比如维里乌斯·尼科马库斯·弗拉维亚努斯（Virius Nicomachus Flavianus）和维提乌斯·阿格里乌斯·普莱特科斯塔图斯（还有在我们关于该统治时期最重要的信源之一，昆图斯·奥雷利乌斯·叙马库斯的通信中大量出现的其他许多名字）。在这些叙事中，故事都与宗教危机有关：围绕西部城市内的相似论派会众的正在进行的斗争；胜利女神祭坛被争议性地从罗马元老院移走；西班牙出现的关于异端和教士戒律的新危机。它们从不涉及身为统治者的格拉提安，更别提年幼的瓦伦提尼安二世了，后者的宫廷在梅狄奥拉努姆，他的母亲，瓦伦提尼安一世的第二任妻子尤斯丁娜在那里是相似论派的强大支持者。不过，即便格拉提安受制于他的部属的压力，就像该时期所有的皇帝一样，他肯定不像有时被认为的那样是个碌碌无为的统治者。379 年夏天，他回到意大利北部，第一次前往梅狄奥拉努姆的皇宫，以便确保他同父异母的弟弟的宫廷能够继续坚持它的从属路线。前一年，就在前往东部之前，格拉提安要求安布罗斯发表信仰声明，这位梅狄奥拉努姆新任的尼西亚派主教在那一年取代了相似论派的奥克森提乌斯（Auxentius）。为了讨好其亲随中的相似论派及其继母尤斯丁娜的建制派势力，格拉提安将梅狄奥拉努姆的一座教堂归还给它的相似论派信众，因此当格拉提安于返回高卢的途中在那里停留时，安布罗斯——这是他的一系列对抗行为中的第一次，他很快将以它们闻名——拒绝与皇帝见面。夏末，皇帝离开梅狄奥拉努姆，途经莱提亚，可能对当地的阿拉曼尼人发动了一次短暂的突袭。接着，他从莱茵河谷的尽头前往特雷维里，他将在那里停留一年多。

在此期间，格拉提安感到有必要在西部的基督教会重新推行某种统一性，相似论派和尼西亚派在那里获得的支持相当均衡，尼西亚派主导着高卢、西班牙和意大利，相似论派则控制着伊利里亚的大部分地区。就像我们将会看到的，在 381 年，狄奥多西发布了一条单方面的敕令，它有利于尼西亚派，并谴责了众多异端，其中包括相似论派的基督论解读；接着，他召开了只有东部主教参加的大会，表面上是为了规范君士坦丁堡主教职位的继任，但也同样暗示了希腊教会是独立于拉丁教会的，以及他本人是独立于正皇帝格拉提安的。尽管很尴尬，但格拉提安几乎做不了什么，除了于381年在意大利和伊利里亚交界处的阿奎莱亚召开自己的大会，就相同的问题做出裁决。大会由该城的主教瓦雷利亚努斯主持，但安布罗斯是与会的几十名主教（都来自拉丁西部）中的主导力量。安布罗斯的目标是通过确保谴责拉提亚里亚（Ratiaria）和辛吉杜努姆（Singidunum）的主教是相似论者来确立自己对意大利和伊利里亚辖区内教会的支配。他通过完全不正当的手段做到了这点，大会重申了关于圣父和圣子间关系的尼西亚式解读。在此过程中，安布罗斯成为拉丁教会的领袖人物，但也招致了那些东部主教与罗马主教达马苏斯持久的敌意，因为他自以为是地对前者指手画脚，并显然在挑战后者的至高地位。

　　我们在该时期看到的围绕着宗教大会和对立教会集团的争斗与我们在帝国的文官和军事部门间看到的政治动态极其相似。与君士坦丁和他的儿子们不同，像格拉提安这样的皇帝会受到对立主教派系的支配和控制——后者围绕着他的宫廷活动——而不是主导自己的主教支持自己青睐的神学观点。这不仅反映了格拉提安和瓦伦提尼安二世的年幼，还显示了教会体系在帝国城市中日益加强的制度力量——特别是在重要的皇城，那里的主教对当地人口施加着巨大的影响力，在经济实力上只有最富有的元老才能与他们相比。这种新体系的确立将发生在狄奥多西统治时期，他是一个与瓦伦提尼安一世一样令人生畏的人，但他甚至更不能摆脱身边的教会或世俗派系的支配。

　　381年，格拉提安决定把宫廷搬到梅狄奥拉努姆，从同父异母的弟弟手中接管对政务的控制。该城在潘诺尼亚、罗马和特雷维里的中间，地理位置要比高卢首府好得多，但关于随后两年的西部历史记录很少，因此我们对发生了什么所知寥寥。383 年 6 月，格拉提安离开梅狄奥拉努姆，征讨阿拉曼尼人。正如我们在下文中将看到的，狄奥多西终于用一场对哥特人的胜利——无论这多么具有争议——解决了巴尔干问题。他还将自己的长子阿卡狄乌斯（Arcadius）提拔为奥古斯都，任命他担任 383 年的执政官，格拉提安选择不承认这一王朝性的举动。还在莱提亚的时候，格拉提安获悉不列颠发生兵变，发动者是个名叫马格努斯·马克西姆斯的高级军官，此人是一个西班牙人，也是狄奥多西的远亲，曾随后者的父亲在阿非利加服役，尽管我们并不清楚两人家族关系的确切性质。马克西姆斯刚刚对哈德良长城以北的皮克特人取得了一些重大胜利，但对他究竟为何称帝从未有过充分的解释。无论如何，格拉提安把他的野战军调离阿拉曼尼战役以对付这个篡位者，后者已经以最快的速度赶到欧洲大陆，并赢得了高卢北部军队的效忠。

格拉提安和马克西姆斯在卢特提亚（今巴黎）附近遭遇，野战军抛弃了他们的合法皇帝，投向他的对手，首先是摩尔人骑兵，他们可能还记得马克西姆斯在非洲征战时的情景。后来有人提出，格拉提安因为过于宠爱自己青睐的阿兰人骑兵卫队而疏远了他的常规军。他和 300 名支持者逃离了战场，但在卢格杜努姆被擒获，于 383 年 8 月 15 日被骑兵长官安德拉加提乌斯（Andragathius）处决。狄奥多西可能没有机会，也可能不愿费事去支援他的同僚；在相当长的时间里，他也没有采取任何行动来干预西部的事务。尽管他解决了巴尔干地区的哥特战争，但在东部还有许多事要忙。

第 5 章

狄奥多西一世的统治

狄奥多西在最不可能的情况下重新得宠。哥特危机让他和375年的其他受害者有机会重新进入公共生活，但这场危机没有留给他们多少能够转化为有效权力的资源。东部军队在哈德良堡几乎被消灭，而格拉提安满足于留下他不受欢迎的新同僚尽其所能地苦苦挣扎。我们很难确定狄奥多西为重建巴尔干的政府究竟做了什么。经常被强调的是他的支持者以西班牙人为核心，特别是在现代西班牙语学术研究中，他的亲随中被明确证实的一个西班牙人是未来的辖区长官马特尔努斯·库内基乌斯（Maternus Cynegius），而那些声称狄奥多西具有鲜明伊比利亚色彩的证据经不起仔细的推敲。

新皇帝并非西班牙乡绅，而是典型的军营里的孩子，是一位瓦伦提尼安的伟大元帅之子，从小就被培养追随父亲的脚步进入扈卫部队，然后成为早熟的指挥官。他的人脉是在父亲军功赫赫的时期建立的，即4世纪60和70年代，当时他自己正在其青年职业阶段中拼搏。他与瓦伦提尼安和瓦伦斯背景的相似并非巧合，我们很快就会看到，相比他自己的父亲或瓦伦提尼安，狄奥多西更像瓦伦斯。他有足够的能力，但缺乏伟大指挥官所需的战略眼光，也没有他自己的一些将军们将展现出的战术才华。事实上，要不是他所青睐的教会派系撰写了那个时代的历史，尊称他为"伟大者狄奥多西"及正统的捍卫者，他很可能会被作为第二个君士坦提乌斯铭记——在内战中走运，但在其他方面令自己和他人失望。

当狄奥多西在 379 年成为皇帝时，他尤其没有为将要面对的挑战做好准备。他是由一批忠于他已故父亲的巴尔干和北非军官扶植起来的，他们很少在东部行省拥有支持网络，而命运曾把他们的未来发落至那里。狄奥多西在瓦伦提尼安军队的拉丁军事文化中成长，他是个尼西亚派，但完全不在乎那在实践中意味着什么，对于希腊教士中的宗教政治的复杂性没有做好准备，但他将必须为了公共合法性而依赖他们：他的政权既没有王朝威望，也没有多少希望取得军事成功，从而为其自身提供合法性。

当务之急是重建一支足以面对弗里提格恩的哥特人的野战军。他无法从更东面的地方获得军队：为了征讨哥特人，瓦伦斯已经调走了东方大区的野战军，而留在叙利亚的军队需要阻止波斯人的进犯。当沙普尔二世于 379 年去世后，这种进犯变得不太可能。他的儿子，软弱的沙普尔三世面临着本国贵族的不断反对，还被基达里人和阿尔汉人的统治者最终夺去巴克特里亚、喀布尔地区和远至旁遮普（Punjab）的犍陀罗地区。因此，他放弃了对亚美尼亚继承权的争夺，但这对狄奥多西寻找自己需要的、用来光复巴尔干的资源没有任何帮助。

召集瓦伦斯野战军的残部至关重要，但还远远不够。只有招募新兵才能解决问题。379 年 6 月，狄奥多西将塞萨洛尼卡变成自己的基地。相比君士坦丁堡，那里更方便通往苏基山口两侧的巴尔干战区，而且可以从海上为其提供给养，这是更靠内陆的基地做不到的。塞萨洛尼卡基本无法从陆上被攻破，因此即便弗里提格恩继续控制内陆，那里也是可行的驻地。在说希腊语的南巴尔干，塞萨洛尼卡还是一片拉丁语文化的孤岛，因此狄奥多西在那里度过的岁月并没有让他为君士坦丁堡的政治做好准备。380年11月，差不多两年后，他最终抵达了那里。

与此同时，他有硬仗要打。379年7月和8月，新皇帝从斯库皮（Scupi）和维库斯奥古斯蒂（Vicus Augusti）等遥远的巴尔干驻地发布法令，暗示他已经为开始征战募集了足够的兵力。在罗列帝国军职的5世纪文件《百官志》（Notitia Dignitatum）中出现了许多似乎属于这段时间的、被称为伪机动军（pseudocomitatenses）的单位；它们的名字暗示这些是"假的"或"代用的"野战军部队，由驻军部队提拔而来，用以替代在哈德良堡战场上损失的部队。该时期的法令谈到了征召面包师和厨子，而忒米斯提乌斯和利巴尼乌斯的演说暗示，农民和矿工也被征召入伍。还有的军队是从多瑙河对岸，以及高加索地区的亚美尼亚和伊贝利亚的藩属蛮族中招募的。这些人都不算有战斗力，除了作为炮灰，他们的作用主要是不断将战场从一个地方转到另一个地方，而不是分出胜负。379年11月，罗马人宣布取得胜利，但其意义很小。380年初，狄奥多西在马其顿遭遇大败，他的一些新兵投向哥特人，另一些则集体开了小差。现在，哥特人已经开始要求巴尔干的部分地区"纳贡"，想来是为了将罗马国家的税收据为己有。格拉提安尽管维护了对巴尔干西部的控制，却没有为更东边的事务提供任何帮助。

钱币上的自信口号，胜利头衔，异教和基督教演说家的悉心赞美——这一切都很难掩饰战绩的惨淡。与此同时，狄奥多西本人患了重病，似乎可能会死。380 年 9 月，也可能是 10 月，所有人都认为他到了临终时刻，主教阿斯科利乌斯（Ascholius）在塞萨洛尼卡为他施洗。这位主教由西部任命，而狄奥多西很快会欠下他的人情。但出乎所有相关的人意料的是，皇帝康复了，并最终抵达君士坦丁堡。在那里，他马上被卷入困扰该城的教会冲突中。格拉提安让狄奥多西自生自灭的决心在那年年初得到了体现，当时西部的将军包托（Bauto）和阿尔波加斯提斯（Arbogastes）在潘诺尼亚和达契亚大区之间的边境上阻止了一支哥特军队，将其赶回了东方帝国，但没有采取任何进一步的行动。

狄奥多西最终得出了这个不可避免的结论。他曾参与的每一场战役都失败了，而哥特战争仍在继续。他不仅缺乏父亲天生的才能，他的军队也素质低下，他的高级指挥官中没有人具备里克梅勒斯或阿尔波加斯提斯的战术能力。最终他将不得不与哥特人议和，因此他不如尽可能体面地面对它。他于 381 年开始谈判，并最终于 382 年 10 月 3 日达成和平协议。花了这么长时间是因为哥特人的领导层从未固定下来，事实上它可能变得更分散了。狄奥多西欢迎瓦伦斯的老对手，特尔文吉国王阿塔纳里克平静地归隐君士坦丁堡，在他于 381 年 1 月 25 日因高龄去世后又以最高规格的荣誉将其安葬。但除此之外，到了 382 年，再也找不到与那些在 376—378 年渡过多瑙河并发动叛乱的领袖相关的证据：弗里提格恩、阿拉特乌斯、萨福拉克斯和维德里克都从记录中消失了。

这意味着我们并不真正知道哥特和约是如何或究竟同谁缔结的。不过，我们的确有关于帝国宣传随着时间而改变的充分记录。

从 378 年开始，可靠的喉舌忒米斯提乌斯就自信地预言了后来没能实现的胜利。382 年，他改变了口吻，突然表示最好让色雷斯的土地上满是哥特人农夫，而非哥特人尸体。在他的第 34 篇演说，一篇政治演说的伟大杰作中，他重写了之前五年的整个历史，将军事失利的惨淡记录描绘成对一种和平状态——它曾有利于所有参与其中的人——的认真准备，而哥特人在庆祝一场对他们自己的胜利，他们成了多产的农夫。

狄奥多西和约的条款是无尽的学术争论的主题，许多争论并非从最小证据出发进行讨论，而是源于学者对哥特历史的性质的先入之见。忒米斯提乌斯和帕卡图斯（Pacatus）的颂词都说哥特人成了农夫，而在二十年后写作的哲学家许内西乌斯（Synesius）的论战文章则声称向哥特人割让了土地。哥特人很可能被认为会像罗马行省人一样纳税，或者可能被允许按照他们自己的习俗生活——这两种情况在我们的材料中都有提到。我们可以确定的仅仅是，同时代的罗马人现在都同意哥特人的威胁已经结束。一些哥特人（可能是大部分）融入了乡村的广大巴尔干人口，长期留在了那里。另一些继续被征召为皇帝作战。许多人无疑渴望正规军中的角色，但大部分人被召入他们自己的军官指挥下的"本族"辅助部队。与此同时，招募边境蛮族进入正规军的常规过程在继续。这造就了两类不同的军官：机动军部队中的那些人可以期待在军官团内的传统军旅生涯；而指挥本族部队的军官的生涯前景则受到严重限制。四分之一个世纪后，这种新情况将产生巨大的后果。

不过，4 世纪 80 年代初，狄奥多西暂时有别的事要担心：东部教会的危险状况，以及当时马格努斯·马克西姆斯在西部的篡位。380 年，狄奥多西的疾病导致他在秋天接受了塞萨洛尼卡主教阿斯科利乌斯的洗礼。阿斯科利乌斯是罗马坚定的尼西亚派主教达马苏斯的门客，也是亚历山大里亚的彼得的盟友。彼得是狂热的尼西亚派宗主教（patriarch）阿塔纳修斯亲手选定的继承人，后者跌宕起伏的生涯是 4 世纪中叶浓墨重彩的篇章，给可以追溯到君士坦丁的一系列皇帝造成了许多痛苦。阿塔纳修斯临终前为彼得祝圣，让他继续这位老人在神学事务上强硬的不妥协态度。不过，与尼西亚派的塞萨洛尼卡不同，君士坦丁堡主要的教堂由瓦伦斯任命的相似论派主教德墨菲洛斯（Demophilus）管辖，而持有异议的尼西亚少数派则由主教纳齐安的格里高利（Gregory of Nazianzus）领衔，后者在说希腊语的尼西亚派中的思想权威性仅次于已故的恺撒利亚的巴西尔。380 年初，狄奥多西颁布敕令，确认了君士坦丁堡的尼西亚教会的唯一合法性，这可能要归功于格里高利追随者们的游说。但敕令在随后的 9 个月中没有产生影响，德墨菲洛斯仍然牢牢控制着君士坦丁堡的教会，直到狄奥多西本人在年底来到该城。

　　仍然不清楚狄奥多西在抵达东部前是多么强烈的尼西亚派，或者他的真心虔诚与对神学细节的漠不关心是否矛盾，就像瓦伦提尼安和该时期的其他许多军官那样。不过，在 380 年，他倾向于严肃对待自己受洗的含义以及他捍卫尼西亚信仰——他已经受洗归入了这里——的责任。因此，当他在 380 年 11 月末进入国都时，他马上要求德墨菲洛斯做出选择：认同尼西亚信经的真理并保住主教职务，或者被罢黜，由其他人取而代之。当主教拒绝从命时，他的信众跟着他走出大教堂，建立了一个分离的相似论派主教职位，它将一直持续几十年。381 年 1 月，皇帝将君士坦丁堡所有的教堂交给了尼西亚派。对狄奥多西来说，君士坦丁堡的大部分民意可能是反对他的，并青睐德墨菲洛斯，或者强制执行转交需要部署军力。事实上，动用士兵来处理教义上的派系斗争将是接下去几十年里的普遍特征，就像从君士坦丁时代起曾间歇性出现的那样。由于狄奥多西尚未取得任何值得一提的军事胜利，他需要更多地依赖基督教典礼来支持自己的合法性，这让他比任何一个他的前任在政治上都更加依赖主教的支持。

此事最重要的长期后果可能是狄奥多西确信需要召开的宏大的帝国教会大会，会议将在君士坦丁堡举行，从而提前阻止格拉提安在西部制订的计划。会议于381年5月召开，最初只有色雷斯和亚细亚行省的主教参加。大会的当务之急是将纳齐安的格里高利提拔为君士坦丁堡的主教，把尼西亚信经确立为唯一可以接受的阐述，并把30多名拒绝放弃自己相似论信仰中的这个或那个部分的主教逐出他们的教区。大会还试图对有争议的安条克主教区做出裁决，那里有两名对立的尼西亚派主教，以及一名相似论派挑战者。其中一名尼西亚派主教梅勒提乌斯在大会期间去世，因此大会承认了他幸存的对手保利努斯。但这时候，一个埃及的主教代表团前来参会，包括亚历山大里亚的彼得的兄弟和继承者提摩太，还有几位来自马其顿的主教。这引发了更多的麻烦，因为提摩太和他的追随者反对格里高利的晋升，认为这不合规矩——按照一些教会法的规定，主教不得从一个教区调往另一个。罗马教会也认同这种观点，尽管并没有拉丁教会的代表在场，但提摩太——他是亚历山大里亚的阿塔纳修斯的继任者，后者与西部主教的关系非常好——可以自诩为教会法行为规范的捍卫者。

面对这一挑战，格里高利大度地（也可能仅仅是胆怯地）放弃了他的新教区，回到了纳齐安。他在那里度过了接下去的十年，写了无数深奥的神学论文，以及结合了出色的古典雅致和对其教士对手发泄怨气的抑扬格诗歌。提摩太到来后，保利努斯继任安条克主教的决定也被推翻，教士弗拉维亚努斯被任命为主教。接着，大会选举君士坦丁堡元老内克塔里乌斯（Nectarius）为君士坦丁堡主教，将他直接从在俗信徒提升至主教的宝座。大会还采取了其他一些具有深远影响的措施。它第一次规定君士坦丁堡主教的权威仅次于罗马主教，因为君士坦丁堡仅次于罗马。这对抵达后似乎一直占据上风的亚历山大里亚的提摩太来说是一个沉重的打击，也将把亚历山大里亚、安条克和君士坦丁堡等东方主教区之间现有的矛盾提升到新的高度。罗马教会从没有承认这一君士坦丁堡的相同地位的声明，即便君士坦丁堡大会被认为是基督教会的第二次"大公"（ecumenical）会议——君士坦丁划时代的尼西亚大会是第一次。大会在 381 年 7 月 9 日落幕，标志着君士坦丁堡从皇帝驻地转变成希腊语世界首都的过程中一个重要的象征性阶段。

但争论没能平息，西部和东部间，拉丁和希腊世界间出现了新的裂痕。381 年 9 月，当格拉提安的阿奎莱亚大会——由米兰的安布罗斯主持——召开时，它拒绝承认君士坦丁堡决议的一些关键内容，包括君士坦丁堡的内克塔里乌斯和安条克的弗拉维亚努斯的当选，坚称保利努斯才是后一座城市唯一合法的主教。反过来，东部主教也拒绝承认这些拉丁公告的合法性。作为回应，狄奥多西于 382 年和 383 年在君士坦丁堡召开新的大会，确认了 381 年大会的决定，尽管亚历山大里亚现在站在西部一边，反对安条克的弗拉维亚努斯当选，并支持保利努斯。安条克的分裂将持续四分之一个世纪，影响此后好几十年间教会大会的决议。

除了这些教会纷争，以及 383 年马克西姆斯在西部的篡位，狄奥多西还面临着财政危机，因为色雷斯在哥特战争中遭受了过多苦难，无力承担赋税，不得不一再对它进行税收减免。出于不那么清楚的原因，小亚细亚的一些地区——特别是本都大区——也需要类似的减税。由此造成的帝国财政赤字意味着相对繁荣的行省要面临更重的苛税，导致了东方大区城市的强烈不满。不过，狄奥多西决心巩固自己的王朝地位，为此他在 383 年 1 月 19 日将自己 6 岁的儿子阿卡狄乌斯立为奥古斯都。

虽然这损害了他与格拉提安的西部政权的关系，但马克西姆斯的篡位很快让这个问题失去了意义。此外，尽管面临各种挑战和色雷斯的财政破产，多瑙河地区本身的形势已经大大缓和，虽然河对岸的局势仍然动荡。386 年，一批哥特人在一个叫奥多特乌斯（Odotheus）的人的率领下渡河，但遭遇狄奥多西的将军普罗莫图斯（Promotus）并被打败：战败的哥特人残部被迁往弗里吉亚安置，可能成了农民，我们再也没有听说他们的情况。此事意义重大，因为它显示了自从 382 年的和约缔结以来，帝国在多大程度上已经恢复了在多瑙河边境的权威。边境管理再次正常运行，以军事行动和精心安排的仁慈措施相结合的方式处理这种入侵，这是整个罗马历史上帝国对蛮族活动所做反应的特点。

387 年，在十年中的大部分时间里没有皇帝驾临的那些东方大区突然让狄奥多西重新注意到它们特别的问题。总是争执不休的安条克——尽管没有像亚历山大里亚这样激烈——爆发骚乱，触及皇帝的威严。瓦伦斯统治时期该城不时出现的巫术和叛国罪审判，显示出安条克的政局可以多么复杂，尽管参与其中的大量不同的官员有充分理由主张其管辖权。对立的基督教团体和他们各自相互矛盾的主教继承方案加剧了政治斗争。此外，4 世纪 80 年代，安条克住着古代晚期最了不起的演说家之一，基督教士约翰，他的绰号"金口"比任何描述都更好说明了他的特点。他是安条克本地人，曾师从异教徒智术师利巴尼乌斯，但在 20 多岁时接受洗礼，成为一名教士和一名才华无可比拟的充满魅力的布道者。尽管他本人的神学思想非常复杂，但他宣扬的是对基督教经文和基督徒责任的相对直白的理解，在日常生活中远比在他同时代的许多人中流行的哲学或寓言性解读更容易接受。387 年，在教会等级体系中仍然只是位司铎（presbyter）的他落入一场激烈争论的中心，其后果可能远比事件本身更加痛苦。

该城在 4 世纪 80 年代遭遇了周期性的食物短缺，原因不仅是干旱，以及哈德良堡战役后不得不征收的苛捐杂税，还有庞大的帝国机构对其基础设施和财政所带来的压力，包括辖区长官、大区长官（东方长官）和各类行省官员。387 年 2 月，当帝国政府宣布提高加冕金和奉献金（为皇帝登基和五周年纪念而向城市和元老分别征收的税金）时，市议会要求总督和主教抵制这些加税。当这样做无济于事时，一群暴徒冲向总督府，试图破门而入；被阻止后，暴徒涌向了皇帝及其家人的官方塑像——在法律上与皇帝本人一样神圣不可侵犯——将它们砸成碎片。更糟糕的是，人群推倒并肢解了狄奥多西和阿卡狄乌斯的青铜像——前者即将庆祝登基十周年，后者则刚刚庆祝了自己登基五周年——并威胁焚毁城中的皇宫。纵火开始后不久便在当晚遭到镇压，第二天早上，东方长官开始搜捕骚乱者，草率而残忍地惩罚了许多人，就像利巴尼乌斯的证据告诉我们的那样。

但真正的恐惧是皇帝将做什么。狄奥多西有权处决整个市议会，难怪城中许多出身高贵的人逃到乡下，等待皇帝怒火的后果。主教弗拉维亚努斯前往君士坦丁堡为自己的教众求情，而皇帝调查委员会被临时授权将该城从其珍视的都会的地位降级，并使之从属于其讨厌的邻居老底嘉（Laodicea）；他们还关闭了浴场、竞技场和剧场，并取消向穷人发放免费面包。金口约翰凭借名为《论雕像》的一系列布道演说声名鹊起，他在其中列举了安条克人应该从即将到来的苦难中吸取的教训，并敦促他们不要放弃希望。这一建议被证明是正确的。在统兵长官赫勒比科斯（Hellebichus）的宅邸中会面的委员们建议宽大处理，弗拉维亚努斯的求情也取得了效果。狄奥多西和他的御前议事会（consistorium）决定，在调查期间施加的惩罚已经足够。

鉴于他们罪行的严重性，安条克人幸运地只是受到了最轻的惩罚：破坏皇帝的塑像在集体意义上与个人意义上的篡位一样严重。金口约翰没有进行直接干预，但他的行为给他赢得了永久的声誉，最终让他被征召担任那座皇城的主教。不过，在387年，不仅是弗拉维亚努斯的求情，或者赫勒比科斯委员会的宽宏大量，而是运气，让安条克避免了其市民最糟的预期：当年年末，狄奥多西确信需要对西部进行干预。他可以无视与自己关系不和的格拉提安被推翻和杀害。但当马格努斯·马克西姆斯决定推翻瓦伦提尼安二世在意大利和潘诺尼亚的政权时，情况发生了巨大的改变。

马克西姆斯在巩固他在西部的权威方面做得特别好。383年，当格拉提安的死讯传到梅狄奥拉努姆时，代表年轻的瓦伦提尼安二世——现在，他在理论上已经接替格拉提安，成为共治皇帝中的正皇帝——统治的军官集团封锁了阿尔卑斯山口，将马克西姆斯限制在高卢的西部大区。几乎已经没有了军队的不列颠仍然在马克西姆斯的控制之下，他可能开始从北海沿岸招募撒克逊雇佣兵来驻防不列颠。他还可能重整了不列颠边境——放弃了整个高地地区，将罗马行政体系撤到更肥沃的低地地区——使其落在一条从多塞特海岸出发，经过塞文河口，直到东约克郡丘陵的直线上。

西班牙大区也倒向了马克西姆斯。下令处决格拉提安的骑兵长官安德拉加提乌斯仍然是马克西姆斯政权中关键的军方人物，确保了高卢高级指挥官们的支持。格拉提安的支持者很少被清洗，篡位者不遗余力地想要营造出正常的感觉，仿佛篡位从未发生。瓦伦提尼安二世名义上的臣民似乎愿意接受这种假象，并与特雷维里的新皇帝打交道。现在，马克西姆斯延续了格拉提安和狄奥多西曾默默执行的政策，即有意削弱瓦伦提尼安的实际权力。我们看到教士和元老都接受马克西姆斯成为西部的正皇帝——比如，安布罗斯主教两次前往特雷维里，觉得与身为尼西亚派的马克西姆斯对话比与尤斯丁娜——瓦伦提尼安的相似论派母亲——宫廷中的任何人对话都更令人愉快。狄奥多西则允许在东部城市展示马克西姆斯的画像，显然承认了这位高卢皇帝是共治皇帝中的合法成员。虽然人们曾经认为——有的参考文献中继续这样声称——狄奥多西在 384 年一路赶到意大利维罗纳，表明对瓦伦提尼安二世及其政权的支持，但这是 5 世纪汇编皇帝法令时的一名抄工犯下的笔误。事实上，像忒米斯提乌斯这样的演说家可以极力吹嘘狄奥多西恢复莱茵河沿岸秩序的意图，尽管事实上皇帝从未离开巴尔干，甚至当瓦伦提尼安的宫廷在当年 9 月前往阿奎莱亚时，两人也没有见面。

与十年前的格拉提安一样，瓦伦提尼安的宫廷发现自己比他希望的更加依赖罗马城的元老贵族。在马克西姆斯发动叛乱的同时，几十年来在众多不同政权下都出现在帝国最高官员行列的佩特罗尼乌斯·普罗布斯作为意大利、伊利里亚和阿非利加的辖区长官重新掌权。普罗布斯是信仰基督教的阿尼基乌斯家族的伟大长者，但梅狄奥拉努姆的政府也同样急切地拉拢他的异教徒元老同僚：昆图斯·奥雷利乌斯·叙马库斯担任了罗马城市长官，维提乌斯·阿格里乌斯·普莱特科斯塔图斯——就是向教皇达马苏斯打趣说，如果能够成为罗马主教，他就皈依基督教的那个人——在384年接替普罗布斯担任意大利和伊利里亚的辖区长官，并被指定为385年的西部执政官，尽管他没能接受这一荣誉就去世了。人们常常谈及叙马库斯在担任辖区长官时不成功地请求在罗马元老院重设胜利女神祭坛，此举遭到基督徒元老们的反对，而安布罗斯是他们的斗士：他不怀好意地用革出教门（excommunication）作为威胁，如果瓦伦提尼安要做出如此严重的叛教举动。此事并不严重，但常常被过度夸大，作为罗马元老贵族中的"异教复兴"的标志，这幅用各种零星证据编织成的画面事实上并不构成一个整体。少数极有权势的元老是惹人瞩目的非基督徒，但这既非一个异教徒"派系"，也非元老院对宫廷的基督教信仰怀有敌意的证据；相反，这代表了我们在《故园风雨后》和《豹》中看到的那种对一个正在死去世界的感伤的怀念。

比这重要得多的是不同教会派系间的斗争，在这方面，安布罗斯证明了自己是宗教套话的大师，可以挫败任何他可能面临的反对。瓦伦提尼安和尤斯丁娜的宫廷部队——其中许多似乎是哥特人（或者我们与之敌对的证人如此诽谤他们）——是像尤斯丁娜那样的相似论者。385年，当宫廷决定将城外的一些教堂交给相似论派，让他们可以共同进行礼拜时，安布罗斯率领他的信众发动骚乱。当皇帝宫廷在 386 年 1 月发布法令，给予相似论派更多权利时，主教的反应甚至更加愤怒。在他的煽动面前，宫廷事实上在 4 月做了让步。6 月，安布罗斯最终自己挪用了神圣性所带来的红利：在神明的启示下，他发现了两名此前未知的初代殉道者（protomartyr），格尔瓦西乌斯（Gervasius）和普罗塔西乌斯（Protasius）的遗骸，他们的遗骨不出意外地被用来向他热情的信众表演神迹。

我们需要把这一展示放在罗马贵族善于表演的背景下看待。安布罗斯来自那个世界——事实上，他可能是叙马库斯的远亲，尽管来自一个因为在君士坦丁儿子们的内战中站错了队而在 340 年被抄没财产的家族——在成为主教前还担任过行省总督。他知道如何与人群打交道，如何利用大批追随者的庇护来实现自己的政治目的。主教对宫廷的颐指气使（与他后来控制狄奥多西的方式大同小异）提醒我们，意大利教会的情况与东部的是多么不同。意大利的相似论派只是个小群体，大多出自巴尔干，很容易被高声支持他们充满魅力的主教的庞大的尼西亚派信众孤立；相反，在君士坦丁堡，狄奥多西发现自己支持的尼西亚派缺少大部分民众的支持，而且将他的意志强加给教会是个挑战。

在安排对瓦伦提尼安的宣传上的胜利时，安布罗斯也关注着马克西姆斯的宫廷。后者一直在大肆宣扬尼西亚派的正统性——这在高卢非常容易，那里甚至没有强有力的相似论少数派。早在君士坦丁的小儿子和继承者君士坦斯的统治时期（他在亚历山大里亚的阿塔纳修斯多次遭君士坦提乌斯流放时为其提供了庇护），高卢主教们在神学立场上就曾保持过一致，而且在本质上不喜欢他们的希腊同行坚持带入神学讨论中的那些细微问题。与他的对手一样，马克西姆斯是军营造就的，但在西部以外没有真正的经验，不太可能背离西部的惯例。他坚定遵循尼西亚路线是自然而然的，而且这很好地把他与意大利的对手区分开来。只有在一个方面，他的政策才会反过来对他造成影响。西班牙是本书中很少提及的大区，因为帝国政治很少关心那里，但在4世纪70年代末，当地的主教之间爆发了争执，不能同意应该如何对待一位名叫普里斯基里亚努斯（Priscillianus）的虔诚贵族的学说。

这位普里西利安（英语中对他的称呼）是个受过良好教育的在俗信徒，皈依后接受了一种以极端禁欲主义为特点的基督教形式，但它不要求信徒过远离大众的隐修生活。事实上，正是普里西利安对社会等级与他相同的人的吸引力引发了西班牙教会的恐惧，因为这位雄心勃勃的圣人鼓励贵族同伴们在他们的乡间别墅和乡村庄园进行私人崇拜，而不是在主教们可以密切关注他们的城镇里崇拜。两位主教科尔杜巴的许吉努斯（Hyginus）和奥古斯都老兵殖民市的许达提乌斯（Hydatius）——这两座城市分别是巴埃提卡和卢西塔尼亚（Lusitania）行省的首府——联合起来反对普里西利安，于380年在恺撒奥古斯都市（Caesaraugusta，今萨拉戈萨）召集大会讨论他的观点。

参会的一小批主教（主要来自西班牙，也有比利牛斯山对面的阿基坦的外来者）谴责了普里西利安和他的追随者据信从事的各种活动，尽管普里西利安本人没有参加。相反，支持他的一些主教——地位比他的敌人低得多的无名教士——封普里西利安为阿比拉（Abila，今阿维拉，久后以圣徒特蕾莎闻名，但当时是个无名村镇，正因为这点才有意被选为普里西利安的主教区）主教。

这一挑衅对他的敌人们来说太过分了。他们致信当时仍然在世的格拉提安，指控普里西利安是摩尼教徒（Manichee），如果这一指控被确认，它可能是致命的，因为各种信仰的异教徒和基督徒都能够同意，摩尼（Mani）的二元宗教——在 3 世纪里由波斯传到罗马——令人憎恶。格拉提安以对摩尼教徒的泛泛谴责作为回应，重申了已有的反摩尼教法，但没有处理具体问题。

普里西利安明白自己面临的威胁，坐船去了罗马。他首先试图求见达马苏斯，然后又去梅狄奥拉努姆拜见安布罗斯，但两人都没有见他。不过，他的支持者们见到了格拉提安的政务总管，安布罗斯的仇人马克多尼乌斯（Macedonius），后者说服皇帝支持普里西利安。普里西利安和盟友回到了西班牙和他们的小教区，而此事本可能就到此为止了，或者至少会渐渐没入行省世界的阴影中——如果不是马克西姆斯发动了政变。普里西利安的敌人们抓住机会向新皇帝提出此事，后者本人是西班牙人和高调的尼西亚派；他不出意外地要求在布尔迪加拉召开大会，无疑明白会有人对大会决议提出上诉。接着，皇帝在特雷维里亲自审判了普里西利安，尽管几位有权势的主教提出反对，包括图尔的圣马丁。事实上，这并非一场异端审判（那是教士和他们大会的事），而是巫术审判。普里西利安被判有罪，和他的几名追随者一起被处死。一边是指控普里西利安的主教们，一边是认为他是异端，但无法容忍世俗法官干预教会案件的主教们，判决在两者间造成了严重的分裂。

与更有魅力、不过在政治上不那么精明的马丁一样，安布罗斯也是马克西姆斯专横行为的反对者之一，但在马丁尽可能地与这位篡位者保持距离时，安布罗斯却因为对派系利益的渴求而与马克西姆斯在特雷维里的宫廷保持沟通，即便他也继续同尤斯丁娜和瓦伦提尼安在梅狄奥拉努姆的宫廷打着交道。但毫无疑问，如果有选择的话，大部分意大利主教会青睐前者。这影响了马克西姆斯的下一个举动，他在387年初翻越阿尔卑斯山，发动了闪击战。就像之前常常发生的那样，北部平原被攻占后，意大利的其他地方也迅速陷落。尤斯丁娜和她的儿子带着他们的宫廷逃往阿奎莱亚，并在那里寻求东部的狄奥多西的庇护。于是，现在瓦伦提尼安成了东部的棋子，而非西部皇帝。塞萨洛尼卡成为流亡者的新驻地，王朝的纽带也迅速被安排就绪：狄奥多西娶了瓦伦提尼安一世同尤斯丁娜的女儿加拉（Galla），这场联姻产生的后代将让瓦伦提尼安家族的血脉再延续两代人。在意大利，马克西姆斯把梅狄奥拉努姆作为驻地，自封为第二年的执政官，并接见了热情欢迎他的罗马元老院代表团。东部皇帝着手确保巴尔干各行省的安全，并对整个伊利里亚取得了名义上的控制，尽管北方的潘诺尼亚大区明显还在马克西姆斯支持者的手中。

攻击计划很简单：狄奥多西将率军沿着穿越巴尔干和尤利安山（Julian Alps）的主要入侵路线进军，而瓦伦提尼安和尤斯丁娜将坐船从塞萨洛尼卡前往罗马。东部皇帝将由此恢复他小舅子的合法统治。388年初，狄奥多西的四名高级将领提马西乌斯（Timasius）、普罗莫图斯、阿尔波加斯提斯和里克梅勒斯首先在库帕河（Kupa）与萨瓦河（Sava）交汇处的西斯基亚大败马克西姆斯的军队。然后他们在波埃托维奥［Poetovio，今斯洛文尼亚德拉瓦河畔的普图伊（Ptuj）］再次取得大捷，马克西姆斯的兄弟马尔克里努斯在战场上阵亡。马克西姆斯试图守住尤利安山另一侧的阿奎莱亚，但他的兵力太少，无法抵挡围城。他向弗拉维乌斯·阿尔波加斯提斯投降，马上被处决。战斗还在继续的时候，尤斯丁娜去世了，这让狄奥多西在控制瓦伦提尼安这方面没有了竞争对手。

抵达意大利北部后，狄奥多西剥夺了他的臣民们从马克西姆斯政权那里获得的所有荣誉，宣布篡位者的法令无效。他还改革了西部的行政体系，安排自己在东部的支持者特里夫利乌斯（Trifolius）——他的前圣库卿——担任意大利和伊利里亚的辖区长官。这非常清楚地显示了帝国的政治权威将属于谁，尽管瓦伦提尼安的身份严格说来还是正皇帝。不过，就像该时期罗马历史上经常发生的那样，地方派系要比任何个人更加强大和持久，即便是皇帝。特里夫利乌斯虽然担任了辖区长官，但昔日格拉提安的高级指挥官们开始重新确立自己的地位，他们的领袖是格拉提安坚定的支持者弗拉维乌斯·包托的近亲、担任了西部高级领兵长官的弗拉维乌斯·阿尔波加斯提斯。

狄奥多西从来不是天生的征战者，他将扫尾行动交给了阿尔波加斯提斯，自己则留在意大利。388 年下半年，这位将军入侵高卢，几乎没有遇到马克西姆斯残余支持者的抵抗。在特雷维里，阿尔波加斯提斯下令绞死了马克西姆斯的儿子维克托尔，后者理论上是父亲的共治皇帝，尽管只有 5 岁。接着，阿尔波加斯提斯对一些法兰克人发动了惩罚性打击，后者曾利用内战的干扰对贝尔加（Belgica）行省发起突袭。但即便如此，由于马克西姆斯入侵意大利时撤走了高卢北部的军队，那里的河流防卫现在仍未完全恢复。西部野战军的规模也缩减了，因为狄奥多西征调了机动军中的一些王牌部队加入仍然没有恢复元气的东部野战军。

389 年开始时，两位在世的皇帝都驻扎在梅狄奥拉努姆。当年的执政官是帮助狄奥多西取得胜利的两位东部将军提马西乌斯和普罗莫图斯。皇帝继续往意大利的政府内安插自己的支持者，而 6 月，瓦伦提尼安被派往特雷维里，他在那里不会碍事。直到此时，狄奥多西才动身前往罗马，在 7 月 13 日举行了入城式（adventus）。他在那里待了一个多月，对曾经站在马克西姆斯那边的元老——事实上大部分元老都是如此——做出了大量公开和解的姿态。仅仅一年前还向马克西姆斯奉献颂词的叙马库斯被大度地宽恕。任命科约尼乌斯·鲁菲乌斯·阿尔比努斯（Ceionius Rufius Albinus）担任城市长官为这些姿态做了铺垫。阿尔比努斯来自一个元老大家族：4 世纪初，他的曾祖父在马克森提乌斯手下担任过执政官，在君士坦丁统治时期成为城市长官；与他同名的祖父是 335 年的城市长官，那一年还和君士坦丁同父异母的弟弟共同担任执政官；他的父亲是君士坦提乌斯时期的高卢长官，然后成为瓦伦提尼安的第一位罗马城市长官。虽然他们大多支持过篡位者，但狄奥多西需要同作为一个群体的罗马贵族和解，而像阿尔比努斯这样的第四代城市长官可以争取到元老院其他成员的支持。

皇帝正式向罗马元老院与人民引见了他 4 岁的儿子霍诺留（Honorius）。从 4 世纪留存下来的最长的拉丁语颂词构成了典礼的一部分，由一个名叫德雷帕尼乌斯·帕卡图斯的高卢演说家朗诵，此人是格拉提安从前的老师、辖区长官奥索尼乌斯的朋友和门客。这位帕卡图斯赢得了足够的垂青，让他被任命为阿非利加的代执政官总督，那是除了罗马城市长官之外，元老生涯中最令人垂涎的职位。这篇演说是非常典型的颂词，非常做作地赞美狄奥多西在暴君的失败后光复了自由，强调了皇帝对他新的小舅子瓦伦提尼安父亲般的关怀——尽管整篇颂词中不存在一丝对狄奥多西是唯一重要的皇帝的怀疑，这正是他曾想要的。

　　当狄奥多西留在西部的时候，东部的统治主要由欧托尔米乌斯·塔提亚努斯（Eutolmius Tatianus）负责，此人的生涯始于君士坦提乌斯统治时期，并曾为此后的每一位皇帝效力。离开西部前，狄奥多西任命塔提亚努斯为辖区长官，并由他在自己离开期间一直担任此职。作为吕西亚人，塔提亚努斯很好地展现了东部和西部之间另一个日益明显的差异：不同于与狄奥多西在罗马打交道的那些显赫元老，塔提亚努斯来自一个毫无名气的家族，最初作为首席书记官为行省总督服务，然后从那个职位升任行省总督和皇帝长官（对埃及长官的奇怪称呼）。接着，他又成为圣库卿——东部的两名高级财政官员之一。他在担任这些职位的过程中积累了财富、人脉和门客，但那种独立的权力基础——像科约尼乌斯·鲁菲乌斯·阿尔比努斯这样的贵族担任罗马城市长官时可以想当然拥有的——对像塔提亚努斯这样的人来说并不存在。这个事实把他和像他一样的人更紧密地同帝国政府的结构体维系在一起，让他们比西部的元老更有动力来维持这种体系。这种相对更强的精英对于政府的押注是东部和西部之间另一个显著的差别，也会在下一个世纪中变得更为重要。

　　在赏光驾临罗马后，狄奥多西并无意在那里停留。他于 8 月 30 日离开该城，回到梅狄奥拉努姆，那是他在 389 年剩下的时间和 390 年大部分时间的主要驻地。390 年，在其他方面没有权力的瓦伦提尼安与弗拉维乌斯·涅奥特里乌斯（Flavius Neoterius）担任执政官，后者是狄奥多西从东部带来的亲信文官之一。无论狄奥多西在动身前往西部之前的计划是什么，他在 390 年 4 月都开始真正面对从意大利北部的基地统治整个帝国——特别是那些更加难以驾驭的地区——的困难。

与帝国的大部分大城市一样，在塞萨洛尼卡，赛车是公共社会生活的核心，受欢迎的赛车手是那个时代的球王和明星。390年初，伊利里亚骑兵长官弗拉维乌斯·布特里库斯（Flavius Buthericus）逮捕了一名试图强奸自己仆人的赛车手。竞技场中的人群要求释放此人，当布特里库斯拒绝这样做时，他们开始了暴力骚乱，骚乱中那位将军和他的许多士兵都遭受了私刑。狄奥多西不久后获悉了此事，他勃然大怒，下令处决闹事的公民。伊利里亚军队起劲地执行了命令。有材料称——来自教会历史学家忒奥多雷特（Theodoret），并不完全可靠——被围困在竞技场中，系统性遭到屠杀的死者达到7000人。

安布罗斯无疑真正对此感到震惊，他选择这个时刻来证明自己对又一位皇帝的支配地位。前一年，因为皇帝的一项决定，安布罗斯已经公开同狄奥多西叫板过。在东部边境的小城卡利尼库姆［今天被毁的叙利亚拉卡（Raqqa）城］，尼西亚派狂热分子发动骚乱，拆毁了一座犹太会堂和一座对立基督徒的教堂。狄奥多西勒令该城的尼西亚派主教自掏腰包修复那些建筑，并惩罚他的教众中的肇事成员；问题并不在于犹太人和异端是攻击目标，而是骚乱破坏了公共秩序。为了抗议这一决定，安布罗斯在皇帝出席时做了以下布道：皇帝只应垂青和保护正统，异端和犹太人既不值得，也不应期待得到它们。那一次，狄奥多西很有风度地做了让步，允许卡利尼库姆的尼西亚派暴徒不受惩罚。但在塞萨洛尼卡的屠杀后，安布罗斯更有力地展示了自己的肌肉。他在一封公开信中谴责了皇帝，还对后者关闭了梅狄奥拉努姆的教堂，并拒绝让他参加圣餐仪式。于是，狄奥多西不得不悔罪8个月，其中一部分时间在意大利北部平原的另一个重要军事中心维罗纳度过，那里幸运地没有颐指气使的主教。8 月，仍然是在维罗纳，他发布法令，规定死刑判决的执行要自动推迟 30 天，以免塞萨洛尼卡的事件重演。直到 12 月，他才被欢迎回到梅狄奥拉努姆参加教堂的圣餐仪式，皇帝和主教在圣诞节公开和解。

我们不应低估的是，安布罗斯的戏剧表演最终在多大程度上也受到了皇帝的欢迎：此事完全不代表在后世眼中的那种世俗权威的可悲羞辱，而是让皇帝有机会来公开展现自己是虔诚基督徒，并以此赢得了意大利教会的完全支持，因为后者曾更青睐那位败亡的篡位者，而不是在不久前的内战中狄奥多西支持的年轻皇帝。与此同时，它表明主教在政治生活中已经变得多么至关重要。君士坦丁和君士坦提乌斯曾可以完全自在地随意对待他们的主教，尽管他们常常选择不那样做。到了 4 世纪 80 年代，像安布罗斯这样的主教享有的尊敬和民众支持意味着皇帝不可能忽视或回避他们的愿望。

第二年（391 年）伊始，忠诚的塔提亚努斯成为第一执政官（在表示该年时，他的名字排在第一位），而作为与其和解的象征，叙马库斯成为第二执政官。但这一荣誉也有苦涩的一面，因为两年前狄奥多西就拒绝允许在罗马元老院恢复胜利女神祭坛。现在，到了 391 年 2 月，他踏出了比以往任何皇帝都更远的一步，确定了帝国本质上的基督教属性：2 月 23 日，在向仍然担任罗马城市长官、与叙马库斯属于同一社交圈子的科约尼乌斯·阿尔比努斯发布的法令中，皇帝禁止所有的异教崇拜。当年晚些时候，禁令被扩大到私人家庭中，坚持敬奉自己家神（lares 和 penates）的人将受到惩罚。将这看作是一个进程——它以君士坦丁对东部的圣殿崇拜（temple cult）（很可能）的禁令而开始——的不可避免的结局，是有诱惑力的。但这更可能标志着狄奥多西从对神学的相对不关心转而成为一个坚定的尼西亚派的个人旅程。

就像我们将要看到的，安布罗斯的力量日益强大，而自从罗马的达马苏斯在384年去世后，他作为意大利最资深和最重要的主教就不再有任何真正的对手了。从基督教历史的更长轨迹来看，他是个过渡时期的人物。尽管不再像君士坦丁时代的帝国主教们那样对皇帝唯命是从，但他还是要依赖自己的博学之名、充满权威性的意见和基于等级的支配权作为他的权力基础。他并不特别以浮夸的个人圣洁性闻名，而这成了该时期精神权威的另一个日益重要的来源。

比如，在阿尔卑斯山对面的高卢，图尔的主教马丁无疑是高卢主教中最著名的，即便不是最有权势的。图尔并非重要的行政中心，与帝国当局也没有密切联系，因此当地主教的内在权力不如特雷维里或阿雷拉特等城市的那么大，帝国行政官员在这里的存在提高了当地主教的地位，甚至是那些本身平庸的人的。但尽管如此，马丁是那个时代的名人之一：他是一位机动军军官之子，于那个世纪初出生在潘诺尼亚，然后在意大利北部的要塞城市提基努姆［Ticinum，今帕维亚（Pavia）］长大。他刚达到年龄就开始服兵役，在军中度过多年后，他在高卢服役时经历了某种皈依体验：著名的圣徒传的传说称，基督以受难的、赤裸的乞丐形象向他显现，马丁抽出剑，将自己的军袍割成两半，披在乞丐身上。此后，他意识到服兵役与自己的基督教信仰格格不入，于是从军队退伍。他经历了一段时间的流亡，在皮克塔维乌姆［Pictavium，今普瓦捷（Poitiers）］建立了一座修道院，因为此事，他后来受到征召，成为图尔主教。与通过发现普罗塔西乌斯和格尔瓦西乌斯的遗骸来证明自己圣洁性的安布罗斯不同，马丁的个人禁欲主义的名声让人们相信，他本人可以行神迹。不过，马丁本人的圣洁性并不总是足够：就像我们已经看到的，他的干预——争取对普里西利安派的宽大处理——没能成功。但马丁还代表了在君士坦丁成为皇帝时并不真正存在的另一种基督教领袖的模式，它的持续时间将远远超过帝国的结构本身。

正如我们注意到的，安布罗斯的基督教领袖的模式是过渡性的，而不仅仅与像马丁这样的禁欲主义大师的不同。安布罗斯还代表了在其一生中开始式微的罗马都会文化。他家庭的社会背景曾意味着他要接受希腊语言和文学的教育。这种双语制的高等文化理念可以追溯到共和国和帝国早期，当时拉丁精英们继续学习希腊语，即便希腊精英常常没有以学习拉丁语的方式进行回应。安布罗斯并非十分有原创性的思想家，但他的贵族教育让他成为希腊神学文本的有力读者，可以把它们有目的地译介到拉丁语环境——不是字面翻译的意思，而是改换希腊理念的意图，使其面向新的受众。通过安布罗斯，卡帕多西亚教父——尼萨的格里高利、纳齐安的格里高利和恺撒利亚的巴西尔（特别是后者）——的神学理念扩散进了拉丁教士的论述，直到中世纪仍在继续产生影响。

但安布罗斯的希腊语读写水平在说拉丁语的人当中变得日益少见。罗马的显赫元老中仍有人具备这种水平，其中一些人出于对古典希腊和拉丁语文学的热爱而制造出不少古事风格（antiquarian）的大惊小怪。不过，一般情况下，在拉丁西部人脉广泛的"尊贵者"（honestiores）中，学习希腊语的必要性已基本消失，因此教授这种语言的方式也变得更加有限。在帝国早期，甚至是在安敦尼王朝时期，帝国官职的数量相对较少，而元老身份意味着在意大利居住，那时维持规范性的单一统治文化——它要求熟识希腊和拉丁世界的经典作品——要容易得多。但随着帝国政府扩大到行省和城市层面，人们无须背井离乡就能加入帝国政府，因此对于从帝国的这头到那头普遍共有的高等文化的要求也减少了。

罗马政府的语言一直是拉丁语，这点从未改变，尽管在东部行省，官方文件常常也会提供希腊语的版本，从而使市议员和其他当地士绅无须学习西部的语言。不过，罗马法在整个3世纪的普遍推广意味着拉丁语对东部行省的地方政府的渗透大大加深。有志于为帝国服务的希腊语使用者也需要学习拉丁语，即便是在离家乡不远的地方任职，像安条克的利巴尼乌斯这样博学的4世纪希腊人对此发出了高声哀叹。拉丁语使用者不再有反过来学习希腊语的需求，因此许多人不再这样做。

我们也许可以把比安布罗斯年轻得多的同时代人奥雷利乌斯·奥古斯提努斯（Aurelius Augustinus）——后世称他为圣奥古斯丁——作为这种现象的例子。奥古斯丁来自努米底亚的小城塔加斯特（Thagaste），他可能是所有教父中最知名的一位，至今仍是天主教和圣公会教徒中虔诚尊敬的对象，还可能是西方历史上第一部真正的自传文学的作者。他的母亲是名叫莫妮卡的基督徒，父亲是异教徒帕特里基乌斯（Patricius），后者是该城统治阶层中略有人脉的成员。这个家庭的条件足够好，因此奥古斯丁可以期待一个体面的教育，他被送到离塔加斯特不远的自治市马道鲁斯（Madaurus）的一名文法学家门下。这个男孩被证明很有天赋，塔加斯特的一位更富有的公民资助十多岁的奥古斯丁前往迦太基，他在那里学习修辞术——还接触了这座大城市里的所有文化娱乐活动。虽然是作为基督徒被养大——他的异教徒父亲对这种宗教足够同情，在临终前接受了皈依——但他觉得摩尼教生动和不正当的神秘主义很有诱惑力。在迦太基，他过着放荡不羁的日子，就像一个靠着别人的钱生活的年轻人会做的那样，但他在学业上仍然非常出色。他找了一个情妇，她的名字从未被人们知道，但这个女人后来将为他产下一个叫阿德奥达图斯（Adeodatus）的儿子。

作为市议员阶层的典型成员，奥古斯丁于 4 世纪 70 年代中期回到塔加斯特教授文法，后来在迦太基开办了一所修辞学校，在那里住了将近十年。383 年，他搬到罗马。凭着摩尼教朋友的引荐，他获得了叙马库斯的庇护。叙马库斯为这位年轻的老师在皇城梅狄奥拉努姆找到了一个有赞助的修辞学教授的职位。在那里，他发现禁欲的基督教与之前他的摩尼教激情几乎一样有吸引力。他带着母亲莫妮卡同行，作为追求成功的外省主妇，后者为他安排了一桩好婚事，为此他在 385 年抛弃了多年的情人。但在他的未婚妻成年前，他经历了信仰的转变：他告诉我们，当他在花园中沉思漫步时，他听到一个声音敦促他拿起《圣经》阅读。他打开书，翻到保罗的《以弗所书》，看到了被揭示的真理，于是在当时当地决定将自己献给基督教上帝和他的正统信仰。他取消了婚约，在 387 年接受安布罗斯的洗礼，准备带着母亲和儿子返回非洲。

在他们的船驶离奥斯提亚之前，莫妮卡去世了，奥古斯丁回到家乡，出售家产施舍给穷人，还建立了一个修士社群，为其撰写了集体禁欲的守则。不久，作为反对摩尼教徒、多纳图斯派和异端的布道者的声望让他先后成为阿非利加代执政官行省的沿海城市王城希波（Hippo Regius）的司铎和主教。在差不多四十年的时间里，他在这里成为拉丁西部无可争议的最重要的教士，也许也是历史上最多产和最有影响的拉丁语作者。

然而，他不谙希腊语（或者水平如此基础，几乎不值一提），他的生涯的焦点和影响完全在西部。尽管奥古斯丁在教会中最终将声名远播，但他对希腊教会发展的影响是微小的，他的许多理念在希腊世界中被完全忽视或否定——即便有人听说过。尽管他深深卷入了非洲教会的政治活动之中，游说皇帝来结束卡伊基里亚努斯派和多纳图斯派的分裂，但他从来不是像安布罗斯那样的政治力量。用稍有不同的方式来说，安布罗斯是君士坦丁帝国的人，他的权力既属于他自己，也来自他的阶级地位，还是他的主教职位在帝国内的威望所赋予的。相反，奥古斯丁是一个未来世界的早期表现形式，在那个世界，主教真正独立的权力建立在他们自己缔造的地基之上。

希腊主教从未发展出像他们的拉丁同行一样的行为自主性，就像东部帝国的公职贵族所能行使的自主性也远不如西部的元老食利者的。这种东西部差异在狄奥多西统治的最后岁月里加深了。当狄奥多西在391年离开梅狄奥拉努姆前往东部时，有三名在位的皇帝——按职位从高到低排列，瓦伦提尼安二世、狄奥多西和阿卡狄乌斯——但毫无疑问，狄奥多西本人才是唯一掌权的皇帝。一定程度上出于这个原因，学界长期以来的做法是称狄奥多西为一个统一的罗马帝国的统治者——事实上，他是最后一位这样的统治者。这充其量是一种简化，但从根本上说是一种曲解。我们已经看到，自从瓦伦提尼安王朝开始，帝国的两半部分已经成为完全分离的行动区域，时不时影响着在另一边发生的事件。因为地方宫廷和军事机构的主导性，以及中部巴尔干大区日益模糊的地位，这种模式得到加强：潘诺尼亚显然是西部帝国的一部分，色雷斯同样明显地是东部的一部分，但达契亚和马其顿大区——那里有帝国最不安定的地区，还是希腊语和拉丁语人口的分界线——的地位在几十年里都将是一个问题。

狄奥多西于 391 年 4 月末或 5 月离开梅狄奥拉努姆，在阿奎莱亚度过了下一整月，向他的东部官员发布了一大批法令，为他的归来做准备。他于 7 月抵达君士坦丁堡，在初秋前往塞萨洛尼卡，以那里为基地向"盗匪"开战，后者可能是曾经哗变的士兵，也可能是 382 年被安置的部分哥特人——或二者都有。

他于 11 月初返回君士坦丁堡，在那里度过了接下来的两年。该时期留存下来的许多立法都与教会有关，我们在这种模式中也许可以看到关于后来拜占庭皇帝们的伏笔，他们一方面关注君士坦丁堡城和当地的教会，一方面又关注整个东部帝国的其他教会。该时期君士坦丁堡的仪式生活正被越来越精巧地基督教化，特别是当狄奥多西收到一件最珍贵的圣人遗物，施洗约翰的头颅时：他用自己的紫色斗篷包裹着圣物箱，带领长达 7 英里的游行队伍从城中前往七里营的集结地——那里刚刚在他的命令下建起一座新教堂——向这件圣物致敬。在狄奥多西统治下，皇帝的安康、帝国的安康和基督教共同体的安康越来越不可区分，同样是在这个时期，前政务总管鲁菲努斯（Rufinus）取代老塔提亚努斯受到皇帝的垂青，于 392 年末成为东部的辖区长官。

与此同时，在西部，实际统治权落到了高卢统兵长官弗拉维乌斯·阿尔波加斯提斯，以及意大利和伊利里亚辖区长官维里乌斯·尼科马库斯·弗拉维亚努斯手中，后者是罗马地位最高的元老贵族成员。这些军队和文官中的显贵对彼此并不感冒，但通过用阿尔卑斯山将他们隔开，他们可以相处得不错。从狄奥多西离开到392年初，西部相对平安无事。

瓦伦提尼安二世——现在驻扎在维埃纳——对我们来说是个没有存在感的人物，他22岁了，但一直被别人掌控着，一如既往地没有权力。对于穿着紫袍出生的孩子，这是令人不快且耻辱的状况。他急于自己做主，试图罢免阿尔波加斯提斯的指挥权，亲自向这位统兵长官下达了剥夺其职位的命令。统兵长官当着皇帝的面哈哈大笑，撕毁了诏书——他说，瓦伦提尼安没有任命他，因此也不能罢免他。这显示了狄奥多西的控制力的真实范围，但也表明军人和文官高层在多大程度上能够自行其是。瓦伦提尼安在沮丧和绝望中自杀：他的尸体于392年5月15日在维埃纳的宫殿中被发现。马上有谋杀传言出现，这无法避免，但事实很可能是阿尔波加斯提斯将一个从未体验过独立自主的年轻人逼到了绝境，后者突然意识到将永远无法自己做主。

无论如何，皇帝的自杀让阿尔波加斯提斯陷入了尴尬的处境。作为军官，他本人的地位过高，无法觊觎皇位：就像我们看到的，只有中等级别的军官才能安全地披上紫袍。他们必须有很好的人脉，但不能地位太高，也不能太有权势，威胁到高级指挥官或宫廷官员。如果他穿上了皇袍，弗拉维亚努斯的意大利政权几乎不可能接受他，而狄奥多西也不会容忍像阿尔波加斯提斯这样杰出而独立的军官成为共治者。于是，这位将军做了妥协，请求狄奥多西派他的长子阿卡狄乌斯前来担任西部皇帝，其他一律不变。为了显示自己提议的严肃性和忠诚度，他打造了只有狄奥多西和阿卡狄乌斯这两位奥古斯都的名字的新钱币。当狄奥多西不为所动时，他转而找到宫廷中的一位修辞学教师欧根尼乌斯

（Eugenius），于 8 月 22 日宣布此人为皇帝。他继续希望事情能尽可能地好转。尽管拥立了自己的新皇帝，但他继续承认狄奥多西和阿卡狄乌斯，并以三位皇帝的名义打造钱币。瓦伦提尼安的遗体被隆重地运回梅狄奥拉努姆，主教安布罗斯被请求充当欧根尼乌斯和狄奥多西政权之间的沟通者。

这些努力没有取得成效。狄奥多西拒绝承认新的西部皇帝，他本人和东部的将军弗拉维乌斯·阿本丹提乌斯（Flavius Abundantius）一起担任了 393 年的执政官，他的小儿子霍诺留于当年 1 月 23 日被提拔为奥古斯都。这暗示了宣战的决定，唯一的问题是时间。393 年的狄奥多西法令暗示他正在为大战做准备，狄奥多西还指定阿卡狄乌斯（第三次）和霍诺留（第二次）担任来年的执政官，尽管他们在西部不被承认。4 月 29 日，皇后加拉在君士坦丁堡死于难产，这让缅怀瓦伦提尼安王朝的记忆对狄奥多西来说变得不再那么重要，但这个事实并不意味着他会对欧根尼乌斯及其庇护者阿尔波加斯提斯更加热情。后者意识到现在已经无法与东部政权和解，于是与意大利的维里乌斯·尼科马库斯·弗拉维亚努斯结成同盟。罗马元老院承认了欧根尼乌斯，而弗拉维亚努斯作为新皇帝的代表继续担任辖区长官。这是罗马排屋与军营营房间的奇特同盟，让人想起二十年前佩特罗尼乌斯·普罗布斯和潘诺尼亚的将军埃奎提乌斯的同盟。

不过，这并非一个推动"异教复兴"——面对狄奥多西令人窒息的基督教正统，异教贵族肆无忌惮的起义和最后的反抗——的同盟。在学界由来已久的这种解读现在已经被全面否定。诚然，欧根尼乌斯和阿尔波加斯提斯都是非基督徒，但这在军队高级指挥官和修辞学教师中并不罕见。同样，虽然弗拉维亚努斯是罗马异教徒元老中最引人注目的成员，但这并非志同道合的异教徒组成的有凝聚力的联盟。这是无法找到和解或合作途径的政权之间的旧式的内战。当内战打响时，尽管做了很好的准备，但阿尔波加斯提斯和弗拉维亚努斯还是输了。阿尔波加斯提斯没有军队来应付在潘诺尼亚的入侵，而且他还记得马克西姆斯的失败，那是他自己帮助谋划的，于是当狄奥多西于 394 年 8 月发动入侵时，他把注意力集中在防御尤利安山上。皇帝将仍是少年的长子（尽管法律上已经成年）托付给辖区长官鲁菲努斯，后者已经接替塔提亚努斯成为狄奥多西最信任的文官。由于波斯仍然因为沙普尔继承者们之间的争斗而无力发难，皇帝觉得他可以带领整个东部野战军征讨欧根尼乌斯及其支持者。这支军队的规模仍然不如瓦伦斯在哈德良堡惨败前的规模，而且与征讨马克西姆斯时一样，皇帝从 382 年的哥特人定居者中征召了额外的部队。他们在本族军官的统率下作战，没有被并入机动军，这将产生尚无法预见的后果。

狄奥多西的军队没有遇到抵抗就穿越了巴尔干，这在阿尔波加斯提斯的计划之中。394 年 9 月 5 日和 6 日，决定性的战役在弗里基都斯（Frigidus）打响。战役的具体地点仍然不明："弗里基都斯"仅仅表示"冷河"，从埃莫纳（今卢布尔雅那）到阿奎莱亚之间不缺少这样的河流。虽然有人认为战役是在索查河［Soča，今伊松佐河（Isonzo）］畔进行的，但维帕瓦河（Vipava）畔或者它的一条支流，像胡贝里河（Hubelj）或贝拉河（Bela，都在今天的斯洛文尼亚）畔的某个地点更有可能。这是一场血腥而胶着的战斗。第一天，狄奥多西让他的哥特辅助军承受了大部分的伤亡，不过夜幕降临时，他仍是落败的一方。但第二天，一阵大风——该地区著名的布拉风——朝着阿尔波加斯提斯军队的方向刮了起来，让他们难以战斗，使得密集的箭雨也失去了作用。最终，他们溃败了。欧根尼乌斯被擒，马上遭到处决。阿尔波加斯提斯和弗拉维亚努斯逃离战场，两人随后自尽，而不是面对胜利者不可避免的愤怒。狄奥多西没有再遇到抵抗，从弗里基都斯的战场前往梅狄奥拉努姆。他很快再次与罗马元老院达成和解，拒绝进行清洗，尽管大批元老明目张胆地表现出不忠，在马克西姆斯战败后很快站到欧根尼乌斯一边。仿佛是为了彰显这种标志性的宽大，元老院中最显赫的家族，阿尼基乌斯家族的后裔奥吕布里乌斯和普罗比努斯（Probinus）在 395 年新年就任执政官。

395 年 1 月底，还没来得及庆祝他的登基日，狄奥多西就突然病倒去世，留下十岁的霍诺留和十多岁的阿卡狄乌斯作为继承人；但阿卡狄乌斯还留在君士坦丁堡，受辖区长官鲁菲努斯的支配，这让霍诺留成为唯一在场的子嗣。于是，西部政府的控制权落到了一名总体上讲更加资深的王朝成员，狄奥多西的侄女塞雷娜（Serena）的丈夫弗拉维乌斯·斯提里科（Flavius Stilicho）手中。安布罗斯在为死去皇帝发表的葬礼演说中完成了华丽的表现，谨慎地承认了这个政治上的既成事实——不妨这样做，因为斯提里科掌控了整个局势。他在征讨欧根尼乌斯时是高级领兵长官之一，并在狄奥多西重新确立自己在意大利的权威时担任亲兵长官。皇帝死后，他宣布自己是剩下的两位奥古斯都阿卡狄乌斯和霍诺留的监护人。这产生了完全可以预见的后果：在不到十年的时间里两次兵戎相见的东部和西部的高级指挥官们现在陷入了漫长的冷战，一边是西部的斯提里科，一边是东部将会操纵阿卡狄乌斯的一系列木偶师。因此，395 到 425 年间的这三个十年将是罗马帝国历史上最不安定的时期之一。

第6章

斯提里科和他的对手

狄奥多西留下了两个继承人，一个是孩子，另一个是十多岁的少年。在之前的世纪，这几乎肯定会引发篡位，但现在不会了。实际控制政府的是军队的高级指挥官以及他们在辖区和宫廷官僚中的盟友。这些人需要一个皇帝作为政府的门面，提供象征式的合法性。但他们不再需要能够真正领导他们的皇帝。对于那些真正掌权，现在可以自己达成交易来分配主要指挥权的人来说，身为一位受人尊敬和不时有所作为的皇帝的儿子，阿卡狄乌斯和霍诺留完全可以被接受。作为西部和东部最有权势的人，斯提里科和鲁菲努斯是相似性研究中很有意思的一对例子。

鲁菲努斯是高卢人，来自诺维姆波普拉纳（Novempopulana，今比利牛斯山以北的法国巴斯克地区）。我们对他的发迹史几乎一无所知，但388年，准备征战马克西姆斯的狄奥多西任命他为政务总管，并大大增加了这一职位的权力，将其正式职级提升到财务官这样从前的高级宫廷官员之上。他与东西帝国人脉广泛的权势人物关系良好，出现在安条克的智术师利巴尼乌斯和罗马的元老叙马库斯的书信集中。在征讨马克西姆斯时，鲁菲努斯一直在狄奥多西身边，陪同后者于389年前往罗马，在塞萨洛尼卡屠杀后敦促皇帝忏悔并与安布罗斯和解。当皇帝回到君士坦丁堡后，鲁菲努斯设计将两名老将，提马西乌斯和普罗莫图斯——征讨马克西姆斯的胜利者——降职，两人的生涯都可以上溯到瓦伦提尼安兄弟的统治时期。不久之后，他取代了长期担任辖区长官的塔提亚努斯，迫使后者明智地选择流亡。

取代了失宠的普罗莫图斯的斯提里科是瓦伦斯时代的一名骑兵军官之子，对他怀有敌意的后世材料称他的父亲是个汪达尔人（Vandal）。斯提里科的父亲在东部帝国的军队中人脉广泛，他娶了一名可能也出身军人家庭的罗马女子，为儿子争取到了军政官的宝贵职务，并让他参加了 4 世纪 80 年代初出使波斯的显赫使团。此后，这位年轻军官娶了狄奥多西的侄女塞雷娜，被任命为司厩卿，这个高级宫廷职位标志着他将获得进一步的提拔。到了 385年左右，他已经成为内卫卿，意味着他在征讨马克西姆斯时统率着皇帝卫队。接着，在鲁菲努斯被提拔为辖区长官的同时，他晋升为统兵长官。这一切都暗示，到了 4 世纪 80 年代后半期，特别是在与马克西姆斯的战争之后，狄奥多西系统性地提拔了那些因为他自己的统治，而非他前任或对手的统治而掌权的人。开始征讨欧根尼乌斯时，阿卡狄乌斯被留给鲁菲努斯监护，后者将负责监管东部的事务，而斯提里科则是征讨阿尔波加斯提斯和欧根尼乌斯的两名主要指挥官之一。

自从加拉皇后在 394 年身故，而她的丈夫不久也去世后，斯提里科和塞雷娜就成为年轻的皇帝们仅有的在世成年亲属。没有人对霍诺留的亲人在临终时将他托付给他们提出过争议。但斯提里科声称——也许说的完全是事实——狄奥多西将阿卡狄乌斯和霍诺留都托付给他监护，而安布罗斯在为去世的皇帝发表的葬礼演说中也宣称了这点。斯提里科的主张必然会引发鲁菲努斯的敌意。我们现存的来自东部的材料（都不是同时代的）表示，鲁菲努斯是 17 岁的阿卡狄乌斯的监护人（尽管他在法律上已经成年，并不真的需要监护人），就像斯提里科是年少得多的霍诺留的监护人，暗示这是鲁菲努斯和他的宫廷建制派的说法。395 年 1 月，斯提里科手握大部分好牌：他有皇帝的遗体；他有皇帝的一个儿子；他还有帝国的全部（两支）野战军，尽管它们刚刚相互打了一仗。他还有借口干预东部的事务。

395 年初，可能在狄奥多西死后不久，哥特军官阿拉里克（Alaric）和他统率的哥特人辅助部队哗变。不仅他的部属在弗里基都斯战役中遭受了特别严重的伤亡——可能是皇帝有意的战术选择——而且他期待中自己的服役所应得的奖赏遭到了拒绝，即被提拔为长官，统率常规军。这是 382 年定居者的奇怪身份的结果：与直接被招募进精英部队（机动军或宫廷扈卫）的蛮族出身的指挥官不同，382 年的定居者永远处于低人一等的辅助军地位〔很快，他们将被称为"盟军"（foederati）〕。现在，哗变的阿拉里克全副武装地向君士坦丁堡进军，并开始与鲁菲努斯谈判，后者可能想要利用他来对付斯提里科。我们的材料指责鲁菲努斯授权阿拉里克洗劫巴尔干行省，但这一谣传无疑是事情发生后对鲁菲努斯的抹黑（斯提里科倒台后也出现了关于他的类似说法）。更可能的情况是，鲁菲努斯拒绝谈判，因为君士坦丁堡基本上是牢不可破的，因此阿拉里克的追随者被迫以劫掠为生。斯提里科以此为借口向巴尔干进军，表面上是为了镇压阿拉里克，但无疑也是为了威胁鲁菲努斯。

鲁菲努斯的反应很聪明。他让阿卡狄乌斯下令召回东部野战军（这很有必要，特别是因为匈人在 7 月翻越高加索山，突袭了小亚细亚），他可能还命令斯提里科撤离伊利里亚。斯提里科做出服从的姿态，他本人回到了意大利，还让弗拉维乌斯·盖纳斯（Flavius Gainas）率领大批东部部队返回。考虑到刚刚交战过的东部和西部的野战军无法有效地并肩行动，这是个务实的决定。盖纳斯率东部部队从巴尔干的主要公路返回，在斯提里科的妻子塞雷娜和他们的儿子欧克利乌斯带着狄奥多西的遗体返回君士坦丁堡两周后抵达那里。

11 月 27 日，当阿卡狄乌斯和鲁菲努斯离开君士坦丁堡去检阅班师的军队时，盖纳斯在众目睽睽下杀死了鲁菲努斯，称其为叛徒。无论下令杀害他的是不是斯提里科，这都是在东部的内侍总管欧特罗皮乌斯（Eutropius）的默许下进行的，这位负责皇帝内侍人员的宦官总管与阿卡狄乌斯关系非常亲密。他获得了鲁菲努斯被没收的大笔家产，尽管他允许鲁菲努斯的妻女保留其在耶路撒冷的部分财产，并去那里归隐。欧特罗皮乌斯希望确保自己的主导地位，让阿卡狄乌斯娶了已故的弗拉维乌斯·包托的女儿埃利娅·欧多克西娅（Aelia Eudoxia），即阿尔波加斯提斯的表亲，也是鲁菲努斯设计干掉的普罗莫图斯将军的被监护人。欧多克西娅与这些显赫的军人家族的联系将帮助欧特罗皮乌斯对抗斯提里科的支配地位。

对斯提里科来说，欧特罗皮乌斯没有比鲁菲努斯更令人愉快。无论如何，斯提里科有自己的王朝计划。早在 395 年，他就让霍诺留娶了自己的大女儿玛利亚，帮助确保了他本人作为帝国王朝成员的角色。接着，396 年他在高卢度过，经营边境防务，直到阿拉里克让他再次有机会干预东部。396 年初，阿拉里克和他的支持者通过温泉关入侵希腊本土，在接下去一年左右的时间里向南劫掠了远至伯罗奔尼撒的地区。直到斯提里科率领一部分西部野战军来到伯罗奔尼撒，他们才被阻止。斯提里科从意大利渡海而来，打了阿拉里克一个措手不及，把他向北赶到了多山的伊庇鲁斯。欧特罗皮乌斯和他的政权对这次干预感到愤怒。欧特罗皮乌斯认为来势汹汹但可以控制的阿拉里克是远比可怕的西部统兵长官更好的选择，于是授予阿拉里克他觊觎已久的领兵长官一职。这巧妙地抄了斯提里科的后路，因为笔尖一晃，他就从希腊的拯救者变为与另一位合法委任的将军进行内战的好斗者。为了深化这一论点，阿卡狄乌斯的宫廷宣布斯提里科为公敌。

斯提里科知道自己输掉了这一轮，撤回了意大利。来自阿拉里克的威胁持续了数年，因此我们有必要先将政局细节放在一边，把眼光放得更远。帝国的大部分人口——甚至是精英人口——都没有受到宫廷和将领们内斗的影响。事实上，在拉丁帝国的许多地方，4世纪下半叶是历史上最富有和最繁荣的时期之一。今天一些人口稀少和相对贫穷的地方在当时都很富饶，当地的农业财富被富有的地主精英所利用：比如，葡萄牙的阿连特茹——现在是这个国家人口最少和最贫穷的地区之一，只有有限的农业和甚至更少的旅游业——当时分布着数以百计的乡村宅邸，一些称得上是货真价实的宫殿，坐落在形形色色的耕地和葡萄园中。作为现代意大利长久以来最贫穷和最不易管教的省份之一，西西里在4世纪末是元老财富的天堂。皮亚扎阿梅利纳（Piazza Armerina）的卡萨莱（Casale）别墅建于该世纪的早些时候，在当时欣欣向荣，那里有古代留存下来的一些最令人惊叹的镶嵌画——在几十间公共和私人房间里，有极为精细的狩猎场景、对女性运动者的香艳描绘以及此类的画面，覆盖了数千平方米的面积。其他许多看似不太可能的地方也发现了精美的乡村装饰——英格兰西部的赫里福德郡和格洛斯特郡、比斯开湾沿岸的坎塔布里亚海岸和匈牙利巴拉顿湖周围的肥沃平原。只有在高卢北部有繁荣程度下降的证据。

政府活动与这种乡村的繁荣之间存在密切的联系。4 世纪时，罗马帝国仍然是一台机器，将粮食和其他原材料从它们的产地运到供给国家及其军队的谷仓和仓库。其他所有的国家活动都从属于岁调体系——政府和军队的补给系统——的运作。因此，大部分的帝国的资本主义经济都以某种方式同主要的岁调路线联系在一起，并依赖后者。然后，与岁调一同流动的商品在内部被分配，并被销往更偏远的地区，而更加区域性的和当地的产品也是这样。在西班牙、意大利以及高卢南部和不列颠平原的许多地方，仓库、驿站和簿记等基础设施为当地经济的引擎提供了动力。但在高卢北部，这种体系可能早在对马格嫩提乌斯的战争时就开始瓦解（在马克西姆斯的统治之后无疑如此），让该地区失去了同帝国的地中海部分的一些经济和文化联系。

在乡村，社会转变也呈现出别的形式，在 4 世纪后期，我们看到了乡村基督教场所的大幅增加。尽管拉丁西部的农民在帝国灭亡几个世纪后仍将保留许多非基督教的习俗——让直到 8 世纪的教士都感到惊愕——西部精英的大庄园从 4 世纪 70 年代开始就带有了明显的基督教元素。我们在西部地主的土地上建造的乡村教堂和崇拜场所中可以看到这点，尽管不清楚我们应该把这解读为主要供这些大家族自己使用，还是将基督教带给劳动群体的协力合作的一部分。这很可能根据每个地主信仰的强烈程度而有所不同，尽管似乎清楚的是，在罗马元老院本身非常狭窄的范围之外，绝大部分的西部贵族现在看上去已经是基督徒，他们的赞助对象从浴场和公共娱乐设施等传统的城市功能建筑转向了城市和乡村的教堂。

在东部，乡村人口中基督教化的程度似乎出现了提高，而在城市中，最高等级的精英之下的社会层面中出现了更多的希腊文化的遗留。不过，东部社会基督教化的一个重要后果是发展出了非希腊语的全新书面文化。其中最引人注目的是叙利亚语的，从埃及的阿拉伯边境到底格里斯河与幼发拉底河的上游，这种书面形式的阿拉姆语在帝国的内陆地区蓬勃发展。虽然书面叙利亚语最初主要是作为翻译希腊语神学作品的载体，但它很快被用来创作诗歌、史书以及基督教神学和祈祷的原创作品——比如，尼西比斯的以法莲的赞美诗攻击尤里安，并哀叹在约维安耻辱性的议和后，他的家乡城市落入了沙普尔之手。甚至在仅仅五十年之前，希腊语和叙利亚语基督教的世界也往往被相对孤立地对待，但近来的研究显示，希腊和叙利亚文化在不断的对话中相互融合。希腊-叙利亚文化反过来又影响了更东面与它毗邻的文化区，亚美尼亚语和格鲁吉亚语由此有了文字，并在基督教语境下产生了自己的文本，亚美尼亚语的文本出现在 5 世纪初，格鲁吉亚语的出现在 5 世纪后期。

6 世纪时，在波斯和罗马帝国之间的区域，阿拉伯语开始作为书面语言出现，在某种程度上都是该地区的文化繁荣的一部分——以 4 世纪的基督教叙利亚语作家为开始。更南面的地方，在红海和阿拉伯海周围的地区，吉兹语（Ge'ez，古埃塞俄比亚语）在同一时期作为礼拜语言开始被书写，埃及本土教会及其最著名的代表，上埃及白色修道院的舍努特（Shenoute）主教推行的科普特语同样如此。这与拉丁西部的正缩小的"视界"形成了有趣的反差，也部分解释了为何古代晚期一方面是巨大的创新性增长的时期，但同时也是政治衰亡的时期。

395 年之后的政治动荡的岁月造成了衰落的印象，因为直到 5 世纪第二个十年的中叶，除了 397 年和 401 年之间的那几年，内战或边境动荡几乎从未停歇。大部分（而非全部）混乱发生在西部，高卢、意大利和潘诺尼亚是受影响最大的地区。397 年，就像我们已经看到的，在斯提里科的两次征战后，欧特罗皮乌斯政府成功安抚了阿拉里克，授予了他非常渴望的指挥权。欧特罗皮乌斯忙着加强自己的地位，用自己提拔起来的更加听话的人替代了提马西乌斯这样的狄奥多西时代的将领。

与像他这样的宫廷官员的通常做法不同，欧特罗皮乌斯亲自指挥起士兵，对一群染指亚美尼亚的外高加索匈人展开了征讨。这将被证明带来重大的后果，因为被他打败的进犯者通过波斯领土撤退，在那里遭到众王之王军队的袭击，失去了他们的大部分战利品。于是，罗马战俘落入了波斯人手中，被重新安置在泰西封。此事促成了两大帝国一段史无前例的合作时期，以保护高加索山口免遭来自欧亚草原的突袭。

399 年巴赫拉姆四世的遇害和同年雅兹底格德一世（Yazdgerd I）的继位改善了泰西封与君士坦丁堡的关系。雅兹底格德在统治初期迫害了他的土地上的基督徒，但圣库卿安忒米乌斯（Anthemius，君士坦提乌斯二世时期的辖区长官弗拉维乌斯·菲利普斯的孙子）和亚美尼亚索法尼内（Sophanene）的主教马鲁塔（Marutha）得到了国王的亲切接见。在觐见过程中，马鲁塔为雅兹底格德做了治疗，缓解了后者的慢性头痛。国王本人开始相信，和平最符合波斯人所说的"世界的两只眼睛"——即君士坦丁堡和泰西封——的利益。雅兹底格德释放了巴赫拉姆的军队从匈人劫掠者手中夺取的罗马俘虏，两位统治者还同意分担守卫所谓的"里海之门"［Caspian Gates，主要是高加索山中部的达里尔（Dariel）和德尔本德（Derbend）山口］的开支。

因此，欧特罗皮乌斯的霸权统治在许多方面要远比鲁菲努斯的高效，与雅兹底格德——他在波斯传统中被铭记为恶毒的暴君，但在希腊传统中受到普遍的尊敬——的同盟将延续到阿卡狄乌斯的统治之后及他儿子统治开始后的很长一段时间。阿卡狄乌斯本人尽管已经完全到了可以在统治中担任个人角色的年龄，但他似乎对此完全不感兴趣，而且也不被鼓励这样做。相反，他忙于从事自己年轻的妻子欧多克西娅热衷的敬神活动（尽管更多在公共场合露面的似乎是她），监督将圣物转移到君士坦丁堡，并积极打压城中的相似论派信众——这或许让许多身为相似论派并越来越难以找到崇拜场所的哥特裔士兵非常沮丧。

在东部前线取得成功之前不久，欧特罗皮乌斯还介入了斯提里科和阿非利加卿吉尔多之间的冲突。后者来自我们在瓦伦提尼安一世的统治时期第一次听说的努贝尔家族。与努贝尔和他的兄长菲尔姆斯一样，吉尔多成功地跨越了摩尔人酋长和罗马贵族之间的界线——比如，他的女儿萨尔维娜（Salvina）嫁给了狄奥多西第一任妻子埃利娅·弗拉基拉（Aelia Flacilla）的外甥内布里狄乌斯。在罗马体系中成功追求职位和权力的同时，吉尔多还供养了一大批个人追随者，包括与帝国的联系非常薄弱的边境部落民众。作为对背叛自己兄长菲尔姆斯的奖赏，吉尔多被给予了一支由形形色色的士兵组成的阿非利加军（comitiva Africae）以及统兵长官的职位，当狄奥多西去世时，他与斯提里科和鲁菲努斯一样是帝国最有权势的人。

397 年，当君士坦丁堡与斯提里科的政权彻底决裂后，吉尔多察觉到了提高自己地位的机会，主动提出将非洲的粮食供应从罗马城转向东部首都。他在 398 年截留了运粮船，迫使斯提里科用来自西班牙和高卢的岁调来供给罗马。现在，这位意大利将军图谋报复，命令吉尔多的兄弟马斯克泽尔（Mascezel）——吉尔多出于不明原因处死了他的孩子们——率军征讨他。398 年夏天，马斯克泽尔和高卢野战军的一些分队打败了吉尔多，后者于 7 月 31 日被处决。马斯克泽尔不久也死去，可能是被斯提里科唆使加害。吉尔多及其家族的庞大家产被帝国国库没收，由于财产规模过大且过于复杂，不得不专门设立一个财政机构来处理它们。就这样，斯提里科对西部事务的控制得到进一步巩固，而在意大利，自从 397 年 4 月安布罗斯去世后，意大利的教会政治也变得更容易管理。

欧特罗皮乌斯同样在图谋让自己中意的教士坐上君士坦丁堡主教的宝座，最终在 397 年成功安排充满魅力和极受欢迎的安条克布道者金口约翰担任此职。不过，金口约翰的主教生涯被证明风波不断，因为他本人虔诚守矩的意识让他拒绝像皇城富有的元老们期待的那样做出奢华的社交安排。但他对欧特罗皮乌斯的忠诚是非常真实的，阿卡狄乌斯在这方面同样如此：当欧特罗皮乌斯倒台时，他曾长期效劳的皇帝提出了反对。他的败亡将是让斯提里科受益的幸事，但并非由后者谋划。398 年末，欧特罗皮乌斯被指定为 399 年的执政官，这是舆论无法容忍的。让宦官统率军队是一回事——欧特罗皮乌斯曾受到嘲笑，但被证明是个能干的将军——作为帝国宫廷中最得宠的官员，他甚至可以被授予"国公"（patricius）的荣誉头衔。但一位宦官执政官超出了底线，不仅斯提里科的宫廷宣传家克劳狄乌斯·克劳狄亚努斯（Claudius Claudianus）拿这一前所未有的惊人决定大做文章，就连东部的官员们也觉得骇然。

弗里吉亚的一场小规模起义成为宫廷政变的借口。399年，一个名叫特里比吉尔德（Tribigild）的军官哗变，弗拉维乌斯·盖纳斯率领亲兵野战军前去镇压。很难厘清之后事件的细节，因为我们对此事的很多理解基于哲学家许内西乌斯（后来的昔兰尼主教）的一部怪诞的寓言剧。作为第二次智术师运动后期产生的最为令人困惑的洛可可式夸张作品的例子，许内西乌斯的《论神意》（De Providentia）通过相互为敌的埃及两兄弟的荒诞故事描绘了当时的宫廷政治；他的论战作品《论统治》（De Regno）谈论了此事的更早阶段，但晦涩程度只是稍好一些。不过，从这些材料中可以找出几种叙事，其中最可信的是，盖纳斯认为这次哗变是一个机会，使他能够推翻欧特罗皮乌斯，并取代他成为阿卡狄乌斯宝座背后的主要力量。他声称，特里比吉尔德的主要诉求是罢黜宦官"国公"，从而得到了欧特罗皮乌斯在宫廷中的敌人的支持。

由于欧多克西娅也坚决反对欧特罗皮乌斯，阿卡狄乌斯最终同意了众人发起的谴责，欧特罗皮乌斯逃到圣索菲亚大教堂，寻求他的盟友金口约翰庇护。在获得不伤害他性命的承诺后，欧特罗皮乌斯离开教堂避难所，他被剥夺财产，流亡塞浦路斯。新任辖区长官弗拉维乌斯·奥雷利亚努斯（Flavius Aurelianus）很快将欧特罗皮乌斯召回宫廷，以完全子虚乌有的谋反指控将其处决。于是，政变的主要受益者成了奥雷利亚努斯，而非盖纳斯。作为奖赏，他担任了 400 年的东部执政官，西部的第一执政官不是别人，正是斯提里科。

盖纳斯非常愤怒。4 月，他向迦克墩——与君士坦丁堡隔博斯普鲁斯海峡相望，位于亚洲一边——进军，要求由自己担任亲兵长官，并罢黜奥雷利亚努斯，作为其效忠的代价。这两个愿望都实现了。奥雷利亚努斯和金口约翰被流放，欧特罗皮乌斯的昔日盟友弗拉维乌斯·恺撒利乌斯（Flavius Caesarius）成为新的辖区长官。在改变现状方面，欧多克西娅皇后（1 月初起获得奥古斯塔的称号）和盖纳斯的利益似乎一致。后者无疑希望像斯提里科在西部那样享有共治权力，但尽管表面上相安无事，他招致了欧多克西娅持久的敌意。两人都与被流放的金口约翰和死去的欧特罗皮乌斯为敌，但仅此而已，盖纳斯和他的士兵继续被禁止进入他们可以按自己的相似论派礼拜仪式进行崇拜的教堂（蛮族士兵——特别是哥特士兵——往往是从由相似论派主教传播福音的地区招募的，而他们对这种神学的虔诚有时会在君士坦丁堡和梅狄奥拉努姆这样的城市引发同尼西亚派信众的摩擦）。盖纳斯缺乏斯提里科的政治洞察力，更别提政治人脉了，他无法掌控君士坦丁堡宫廷内盘根错节的网络。于是他把自己的卫队调往色雷斯，那些忠于他个人的机动军部队也加入进来。在那里，他随时可以对皇城发起攻击，但不必每天都被提醒，他拥有的地位远远高于他真正的权力。

他的离开让城中的其他相似论派士兵的处境更加岌岌可危，市民们发动了针对"哥特"士兵的骚乱，宫廷卫队则袖手旁观。

即便如此，盖纳斯还是犹豫不决——他的犹豫被证明是致命的。9 月，奥雷利亚努斯和他的盟友被从短暂的流亡中召回，这位被罢黜的辖区长官重新开始了他被流放打断的执政官职务。盖纳斯被宣布为公敌，同样是哥特人血统的杰出将军弗拉维乌斯·弗拉维塔（Flavius Fravitta）被派去让他就范。400—401 年冬天，在色雷斯的克森尼索（Thracian Chersonnesus）的某个地方，弗拉维塔对盖纳斯取得了决定性的胜利；当盖纳斯试图尽可能远地逃到多瑙河对岸的蛮族领地时，他被一个叫乌尔丁（Uldin）的匈人酋长擒杀。与此同时，特里比吉尔德举步维艰的叛乱在弗里吉亚被镇压。胜利的弗拉维塔成为 401 年的执政官，而西部的第一执政官是斯提里科的亲密盟友，高卢辖区长官弗拉维乌斯·文肯提乌斯（Flavius Vincentius）。

一定程度上出于我们对许内西乌斯的奇特小册子的依赖，自 19 世纪开始，从特里比吉尔德的叛乱到盖纳斯之死的一连串事件都被简单地解读为像奥雷利亚努斯这样的"罗马人"同盖纳斯这样的"日耳曼人"的斗争，或者进一步被简化为东部宫廷中的亲日耳曼和反日耳曼派的斗争。这种分析与现代民族主义的关系更大，而不是 4 世纪时人们理解自己政局的方式；日耳曼和蛮族的北方世界与单一的罗马世界的对峙是我们的想法，并非他们的。4 世纪的人们承认民族身份，其中一些人不喜欢潘诺尼亚人，比如阿米安，另一些人憎恶哥特人，比如许内西乌斯。但无论是他们还是任何同时代的人都不会把阿拉里克、盖纳斯、特里比吉尔德和弗拉维塔一同归入除了"士兵"以外的任何一个类别——即便他们都是哥特人，因此都是 19 世纪语境下的"日耳曼人"。这就是为什么维多利亚时代和更晚一些的叙事——它们以东部成功摆脱了"日耳曼人控制",而西部纵容"日耳曼人"斯提里科的权力来分析东部和西部帝国的不同命运——遭到了最好的近期学术成果的强烈挑战。

此外,帝国两个部分的政治动态的区别事实上显而易见:东部被需要其帝国政府正常运作的统治精英所主导,因为是正常运作的政府给了精英们个人权力。在鲁菲努斯败亡后不到 20 年的时间里,弗拉维乌斯·恺撒利乌斯以及欧图基亚努斯(Eutychianus)和奥雷利亚努斯兄弟共 6 次担任辖区长官,随着派系分歧一遍遍上台和下野;但他们都没有掌握足够的资源来挑战、无视或退出政府的实际结构。西部的政治和权力则不是这样:古老的元老家族,甚至是在那些最富有阶层之下的家族,都需要在每一代人和家族的每一个支系中延续他们同帝国要职及其在位官僚的联系——这就是像科约尼乌斯·鲁菲乌斯·阿尔比努斯这样的城市长官如何可以是前任城市长官们的儿子、孙子和重孙。但如果形势不妙,这些人也永远可以完全地脱身,依靠自己的资源生活,退归他们自己庄园的富有小世界。5 世纪的不同轨迹要从东部和西部阶层结构的这种根本性差异,而非统治精英的民族背景上来解释。在西部有大批像奥雷利亚努斯这样的人,但他们归根到底需要在无论是否加入帝国政府的机器都会很成功的人中间展开工作。能这样做的人在东部并不存在。

东部和西部阶层结构的差别产生了经济上和行政上的影响。最富有的西部精英也是那些最有可能涉足政府的人,但他们的土地会产生收入,无论这些土地的主人是否能获得行省公职带来的便捷——元老既可以让帝国无法掌控他们的收入,也可以不那么做。相反,在东部并不存在规模相似的财产,因此财富会更加可靠地通过帝国国库再循环。当那些不同的经济节奏与君士坦丁堡政府新获得的数量庞大得多的黄金结合在一起时，东部和西部行政体系相异的存活能力就开始可以理解了。

一个关键的结果是东部政府有能力选择自己的战争。早在401年，以及在整个5世纪，君士坦丁堡就可以选择通过贿赂来消除潜在的威胁，或者至少将祸水西引——这是西部政府所没有的奢侈。阿拉里克便是一个例证。从397年开始，他和自己的追随者就满足于作为马其顿大区依法设立的常规军领取薪俸。但401年盖纳斯死后，他有了新的觊觎，那就是在帝国都城担任亲兵队长。战胜了盖纳斯的弗拉维塔与奥雷利亚努斯发生冲突并落败，在当年年中被处决，付出了致命的代价。这激发了阿拉里克的兴趣，但接下去发生的事让人疑惑。阿拉里克没有取代弗拉维塔的位置，而是似乎在东部政府的怂恿下于401年末攻击了意大利北部，当时斯提里科正在莱提亚边境同阿拉曼尼人作战。

在接下去的十年里，阿拉里克将表现出他无可救药的优柔寡断。现在，他盘踞在意大利边境，用没有明显目的的入侵活动威胁着斯提里科：文献没有告诉我们他实际在要求什么。402年春天，他的确入侵了意大利北部平原，迫使斯提里科采取行动。但这场作战对斯提里科来说是一种分心和烦扰——正如后来的事件所显示的那样——他正确地意识到莱提亚和诺里库姆（Noricum）的边境局势要比阿拉里克所能策划的任何事情都更危险。回到意大利后，他将阿拉里克从梅狄奥拉努姆逼退，两次与他交战。复活节主日，斯提里科在波伦提亚（Pollentia）不仅俘虏了阿拉里克的妻儿，还抢占了阿拉里克在五年的劫掠中积累的财富。接着，斯提里科追赶撤退的敌人，提出交还他已抓获的俘虏，遭到拒绝后，他在维罗纳取得又一场胜利，再次向阿拉里克提出休战。

占得上风（特别是因为阿拉里克的许多支持者也纷纷倒戈）的斯提里科允许阿拉里克从意大利撤退——鉴于斯提里科同君士坦丁堡的冷战，毁掉像阿拉里克这样很可能被证明是听话且有力的潜在性武器，会是愚蠢之举。随后的两年里，直到 404 年末或 405 年初，阿拉里克留在了四个潘诺尼亚行省中的某一个。自从狄奥多西征讨欧根尼乌斯以来，这个大区成了东西部之间的某种无人地带，通过以那里为基地，阿拉里克能够有效地挑动东部与西部对抗，同时保持对两者的潜在威胁。

402 年意大利北部战事的另一个后果是霍诺留的宫廷放弃将梅狄奥拉努姆作为自己的首要驻地，转而驻扎在亚得里亚海边的拉文纳，皇帝在那里度过了 402—403 年冬天和接下去的一整年。我们不清楚那段时间里东部和西部具体发生了什么，但阿卡狄乌斯和霍诺留共同担任了 402 年的执政官这个事实是矛盾缓解的标志，被任命的 403 年的两名执政官同样如此：阿卡狄乌斯襁褓中的儿子狄奥多西二世和年迈的西部将军弗拉维乌斯·鲁莫里都斯（Flavius Rumoridus），前者生于 401 年 4 月，402 年 1 月被封为奥古斯都，后者在将近二十年前为瓦伦提尼安二世效命时就已经淡出了公众视线。当霍诺留仍然没有子嗣的时候，他兄长的家族继续扩大，于 403 年 2 月又添了一个女儿玛丽娜。她的母亲，埃利娅·欧多克西娅皇后一直是东部宫廷中的主导人物。事实上，接下去几十年间一个反复出现的特征是狄奥多西家族的女性将扮演的核心角色，包括阿卡狄乌斯的女儿普尔克里娅（Pulcheria），弗拉基拉和玛丽娜，以及后来狄奥多西二世的小女儿李基尼娅·欧多克西娅（Licinia Eudoxia）。在西部，就像我们很快会看到的，斯提里科的妻子塞雷娜（本身是狄奥多西王朝的公主）将遇到一位令人生畏的对手，现在刚刚步入成年的加拉和狄奥多西一世最小的孩子加拉·普拉基狄娅（Galla Placidia）。该世纪最初的岁月也显示了5世纪政治的另一个典型特征：阿卡狄乌斯的女儿们都没有出嫁，她们通过能够接触到皇帝的特权和引人注目的虔诚之举来行使自己的权力。她们可能被称为"奥古斯塔"或"最高贵者"（nobilissima），但没有机会生子：那是在位的狄奥多西王朝皇后们的特权，以避免产生太多的潜在继承者。这种方式不那么暴力地实现君士坦丁的儿子们在337年血腥的夏天里所取得的效果。

东部和西部间的相对和平在404年和405年被打破。第一个标志是拒绝承认对方提名的405年执政官人选，当时霍诺留是西部的执政官，而东部则是阿里斯泰内图斯（Aristaenetus），安条克修辞学家利巴尼乌斯的远亲，392年的君士坦丁堡城市长官。404年，辖区长官再次落入欧图基亚努斯之手，而金口约翰也结束了数年的流亡，再次成为君士坦丁堡主教。但这位暴躁的布道者从未真正适应帝国都城的生活，欧多克西娅也不愿与他和解。404年6月，他的最后一次流亡到来了，尽管存在支持他的大规模骚乱，导致许多他的支持者死在了街头。三年后，他在流亡中去世，但他的迫害者欧多克西娅早于他进了坟墓，她遭遇了流产大出血，于404年10月6日死于感染。她作为狄奥多西王朝头号皇后的地位后来将被她的女儿普尔克里娅取代。

现代学者觉得很难解释为何阿卡狄乌斯的每一批谋士都同样地反对斯提里科的西部政权。也许他们真的相信他意图染指现在归东部管辖的巴尔干诸行省，尽管从他第一次与鲁菲努斯和欧特罗皮乌斯发生冲突后的五年里，从没有证据表明他有这种野心。相反，他专注于加强意大利的军事防务。对阿拉里克的波伦提亚和维罗纳战役考验了它们的有效性，突显了意大利北部平原的防卫仍多么关键。改革举措之一是调动莱茵河和多瑙河上游边境地区的作战部队来加强意大利北部的亲兵野战军，这可能还引发了高卢的其他行政变动。但在 404 年，面对东部政权对承认西部的人选或者推行西部的立法的不情愿，斯提里科做出了回应，授予阿拉里克几年前欧特罗皮乌斯给予他的同样的任命。

　　405 年初，阿拉里克的追随者回到伊庇鲁斯，他们的首领再次带着任命他为统兵长官的委任状，这一次是由西部颁布的。与此同时，斯提里科任命了一位此前不为人知的官员担任伊利里亚的辖区长官，此人名叫约维乌斯（Iovius）。这次，斯提里科差点增加了东部宣传的可信度，尽管这实际上完全是个象征性的举动：此举再次展现了斯提里科一直主张自己拥有的对东部人事任命的支配权，而且鉴于阿拉里克已经在伊利里亚，最好用他来折磨不合作的东方宫廷。在君士坦丁堡，安忒米乌斯成为辖区长官，那是他的祖父在君士坦提乌斯统治时期担任过的职位，还成为 405 年的执政官。他将很快被封为"国公"，这个荣誉头衔现在经常被授予东西帝国宫廷的高级人物。安忒米乌斯将在近十年内担任其新职位，对于一个并不以其领导人物的稳定性而闻名的宫廷来说，这个任期长得令人吃惊。不过，形势的变化很快以最意想不到的方式让所有相关派别措手不及。

　　405 年末，一个名叫拉达盖苏斯（Radagaisus），之前在历史上完全籍籍无名的人率领哥特军队经由莱提亚进军，他们翻越阿尔卑斯山，入侵了意大利。拉达盖苏斯是谁，或者他与他的追随者如何出现在那个地方都引发了许多猜测。这主要包括一些宏大理论，即匈人向中欧的扩张引发了大规模的迁徙，而拉达盖苏斯的行动是由匈人引发的一系列灾难——自376年的多瑙河横渡就已开始——中最新的一次。有限的证据意味着永远无法排除这种猜测，我们喜欢按因果关系将零星材料结合起来的简单叙事。但仅因为某些东西满足了我们对讲故事的审美意识，并不意味着它就是真的：拉达盖苏斯的入侵和一年多后高卢遭到的同样严重的攻击看起来更像是3世纪末大规模袭击的延续，而不是什么新的东西。更宏大的备选理论忽视了一个令人不安的事实——在拉达盖苏斯的军队打到意大利北部平原，赢得了最初的胜利后，他们马上兵分三路，其中两支从历史上消失了，可能是因为他们收集了想要的战利品后就回家了。只有拉达盖苏斯亲自率领的那一支留在意大利，尽管这本身已经足够让人紧张——在几乎前所未有的危机之兆下，拉文纳政府害怕到允许地主武装自己的奴隶。整个405—406年冬天，一直到新年，斯提里科一步步将拉达盖苏斯逼入亚平宁山，直到后者试图通过攻击小城弗洛伦提亚来突围。结果，他被斯提里科的军队包围在山城法伊苏莱（Faesulae，今天佛罗伦萨的美丽的郊区菲耶索莱），他于8月23日在那里被擒，马上遭到处决。他幸存的追随者被赦免，招入斯提里科的亲兵野战军。

不过，这位将军没能享受多久这场胜利的果实。406年的最后一天，一大群汪达尔人、阿兰人和苏伟维人（Suevi）在莱茵河东岸打败了一支法兰克人军队，然后在莫古恩提亚库姆渡河，在高卢的北部行省间造成破坏。与拉达盖苏斯的入侵一样，有人试图再次用匈人引发的大规模迁徙的老故事来解释，但同样缺乏证据。我们看到的似乎是一支高度组织化的战团，意图劫掠和迫使帝国政府做出让步，特别是将其纳入帝国的军队：现在，阿拉里克成功争取到罗马高级军事指挥官职位（他统率的实际上是私人军队）的消息已经在欧洲的蛮族中广泛传播，成为其他人热衷模仿的范例。也就是说，蛮族区域内的稳定政体无疑面临着新的压力：我们不应低估匈人和他们在高加索以北的附庸所造成的"混乱"，就像我们不应该低估在粟特、巴克特里亚、犍陀罗和斯瓦特的平行证据，那里的大量钱币学证据比我们在西部得到的任何证据都更能说明匈人的实际霸权地位。但与此同时，我们还必须认识到东部和西部帝国之间的政治不稳定带来的非同寻常的牟利机会，以及阿拉里克相对成功的领导模式可能带来的潜在吸引力。

对拉文纳的政府来说，406—407 年的蛮族渡过莱茵河的事件远比拉达盖苏斯入侵意大利北部更加危险，因为这引发了新一轮的篡位。就像我们已经看到的，马克西姆斯败亡后，高卢北部的行政和防务并未完全恢复，当斯提里科在 5 世纪初加强他的意大利机动军时，他无疑带走了可用军队中最好的部分。这能够解释为何没有机动军抵抗对莫古恩提亚库姆的入侵。相反，当入侵者分散到第一和第二贝尔加以及第一日耳曼尼亚的各地展开袭击时，不列颠的军队哗变了。首先，一个叫马尔库斯和一个叫格拉提安的人先后被拥立为皇帝，然后相继被杀，我们对两人之前的生涯一无所知。随后，军队选择了一个叫君士坦丁的普通士兵——想来是因为他吉利的名字——推他登上皇位。这位新奥古斯都率领着似乎是全部的不列颠野战军渡过英吉利海峡，很快也控制了高卢：特雷维里（那里将不会再是重要的行政中心）的合法辖区长官先是撤到卢格杜努姆，然后退往阿雷拉特。

西班牙大区追随高卢投向篡位者的阵营。君士坦丁从修道院召回了他的一个儿子，封其为恺撒，让他结婚并生育继承人。他的统兵长官尤斯提努斯（Iustinus）和内比奥加斯提斯（Nebiogastes）在 407 年末或 408 年初占领了阿雷拉特，霍诺留的辖区长官李门尼乌斯（Limenius）和他的高卢统兵长官卡里奥包德斯（Chariobaudes）双双撤到阿尔卑斯山另一边。斯提里科派他的下属，一个名叫萨鲁斯（Sarus）——他至少从击败拉达盖苏斯时起就为西部皇帝效力——的哥特人指挥官将篡位者军队赶出了纳尔波高卢。萨鲁斯击败和杀死了君士坦丁的将军尤斯提努斯，然后在瓦伦提亚［Valentia，今瓦朗斯（Valence）］包围了篡位者，并在内比奥加斯提斯试图谈判时将其杀害。作为回应，君士坦丁将他的两位不列颠指挥官同僚提拔为统兵长官，他们将萨鲁斯赶回了意大利。现在，阿雷拉特成为篡位者事实上的都城。406 年，他与各路入侵者达成协议，成功地将他们限制在北贝尔加：甚至直到两年后，他们也没有对塞纳河以南造成任何影响。君士坦丁的钱币宣称他是“共和国的光复者”（Restitutor Rei Publicae），他重开特雷维里的铸币场，并重新部署了该市驻军。剩下的就是把他变成共治皇帝的合法成员。

意大利的政局使他也许可以这样做。现在，我们很难了解霍诺留宫廷中的阴谋，因为既没有安布罗斯和叙马库斯（两人分别于 397 年、402 年去世）的书信集，也没有了斯提里科的赞颂者克劳狄亚努斯（404 年去世）的诗。这意味着我们无法真正了解在斯提里科最终踩上陷阱之前针对他的重大阴谋的发展。我们可以推测，当宫廷仍然位于梅狄奥拉努姆的时候，斯提里科可以支配他在文官和军队中的对手，但在搬到拉文纳后，宫廷部属的成员对软弱无能的霍诺留的控制越来越强。他们无疑利用了同一种憎恶，也就是年轻的瓦伦提尼安曾对阿尔波加斯提斯怀有的那种情绪。

407 年下半年，在罗马居住期间，皇帝与妹妹加拉·普拉基狄娅的接触变得更加密切，后者长久以来一直是狄奥多西家族在当地最引人注目的代表。和霍诺留一样，现在她已经成年，到了可以期待在政治活动中扮演自己角色的年龄，就像她的堂姐塞雷娜二十年来曾一直做的那样。两人间存在敌意似乎是肯定的。塞雷娜和斯提里科赤裸裸地盘算建立自己的王朝，把他们的两个女儿先后嫁给霍诺留，这加剧了矛盾。年长的玛利亚于 407 年去世，而年轻的忒尔曼提娅（Thermantia）的婚礼于 408 年初举行。如果这两场婚姻能创造出一个子嗣，那么普拉基狄娅未来肯定会被排挤出权力核心。如果普拉基狄娅曾密谋反对他的堂姐和堂姐夫，我们不应感到意外，考虑到罗马元老院——对他们来说，普拉基狄娅是王朝的代言人——在推翻斯提里科的过程中扮演了积极的角色，我们可以怀疑她发挥了自己的影响，即便无法证明。

当篡位者君士坦丁在高卢不断坐大之时，斯提里科发现自己要再次要面对阿拉里克，后者在伊利里亚和伊庇鲁斯花费了几年平静的岁月，重建他在波伦提亚和维罗纳失去了的东西。作为合法的统兵长官，他可以随意使用帝国供给仓库的网络，尽管我们事实上不清楚在这些行省中的某些地方，还有何种程度的普通政府在运作，或那里的文职官员在向谁报告。篡位的优先级总是一如既往地高于其他威胁，斯提里科无疑计划首先对付君士坦丁。与在巴尔干时一样，阿拉里克在这点上可以被利用，但对斯提里科来说不幸的是，对方的开价太高了。407—408 年冬天，在将军队带到诺里库姆后，他要求支付他们显然已被拖欠的军饷。

出于并不完全清楚的原因——可能是他在宫廷中的敌人反对他的计划——斯提里科请求罗马元老院对此事做出裁决，指出如果不向阿拉里克支付军饷，后者肯定会再次入侵意大利，而不是与君士坦丁交战。元老院分歧严重，似乎一边是像斯提里科这样为狄奥多西一世效力过的老一代人，一边是只知道大贵族的霸权的年轻一代。皇帝本人也加入了斯提里科和城中大人物们的争论。面对强烈的反对，斯提里科最终得以强行通过决定，向阿拉里克支付他要求的 4000 磅① 黄金，作为他的人马从埃莫纳前往伊庇鲁斯之行的欠付工资。一位名叫兰帕迪乌斯（Lampadius）的元老对此做的警句式评价是"这并非和平，而是奴役契约"，但尽管此事招致了反对，收买小害去对付大害是帝国的标准政策。

当皇帝和他的亲随准备从罗马返回拉文纳时，他听到传言说，阿卡狄乌斯在君士坦丁堡去世。传言被证明是真的。5 月 1 日，6 岁的狄奥多西二世继承了霍诺留兄长的位置。摄政权实际上掌握在辖区长官安忒米乌斯手中，后者因此将确保继续掌握这个职位五年。霍诺留和斯提里科都认为这是确立对东部权威的机会——霍诺留作为（现在名副其实的）正皇帝，斯提里科作为皇帝的岳父，还可能是下一代继承人的外祖父。但东部的机会带来的希望并没有减轻来自阿拉里克和君士坦丁的威胁，而且在亲兵野战军的士兵中发生了骚动。为了平息哗变的传言，需要皇帝亲临博诺尼亚（Bononia，今博洛尼亚）。在博诺尼亚，斯提里科让霍诺留相信，如果他像计划那样离开意大利前往君士坦丁堡，他将给王

---

① 1 磅约为 0.45 千克。——编者注

朝带来致命的危险。阿拉里克尽管已经被收买，但还是可能会入侵意大利，而君士坦丁肯定会这样做。

他的论点很有道理，斯提里科达到了目的。最后的决定是由他一人前往君士坦丁堡，欢迎新皇帝在共治者中扮演次要角色，重新确立狄奥多西家族年长一辈的主导地位。正是这一战术上的胜利给了斯提里科的敌人们机会。有个叫奥林皮乌斯（Olympius），担任某个我们无法确定的宫廷职位的人发动政变，事态迅速扩大。有广泛的传言称，斯提里科计划让自己的儿子欧克利乌斯登上东部皇位，因为和襁褓中的狄奥多西二世一样，后者同样是狄奥多西家族的成员。奥林皮乌斯让霍诺留相信传言是真的。8 月，皇帝动身前往提基努姆，军队正在那里集结，准备征讨君士坦丁。大部分斯提里科的亲信支持者也在该城：正在等待官复原职的高卢统兵长官卡里奥包德斯，前一年被君士坦丁赶走的高卢辖区长官李门尼乌斯，还有其他像他们一样的人。当霍诺留带着部属来到时，机动军发动哗变，旨在以尽可能小的破坏制造最大的混乱。哗变持续了四天，在骚乱刚刚爆发的 8 月 13 日，斯提里科派的军官被挑出并杀害。在接下去的三天时间里，政务总管奈莫利乌斯（Naemorius）、圣库卿帕特鲁伊努斯（Patruinus）、财务官萨尔维乌斯以及意大利辖区长官马克罗比乌斯·朗吉尼亚努斯（Macrobius Longinianus）也被杀害。

获悉消息时，斯提里科正在博诺尼亚。就像阴谋者所希望的，无论是他还是其他人都不知道霍诺留本人是否也死了——这次政变被如此设计，让人们不清楚真正的目标是皇帝还是他的岳父斯提里科。迷惑但谨慎的斯提里科决定，如果证明皇帝被杀，他将派自己的副将萨鲁斯率领的雇佣军战团与正规军交战。但当消息传来，霍诺留还活着，且正在从提基努姆返回拉文纳时，斯提里科也动身前往那里。他在政变中失去了几乎整个自己的支持网络，但即便如此，他的个人权威仍然巨大。如果能见到皇帝本人，可能就足以恢复自己的地位。他不会得到这个机会。

8月21日，就在斯提里科抵达拉文纳前不久，他获悉皇帝下令将其作为公敌逮捕。他的家人在恐惧中拿起武器，他则跑进教堂避难。第二天，一队扈卫在拉文纳主教的陪同下抵达，发誓说他们受命逮捕斯提里科，并带他去见皇帝，仅此而已。作为虔诚的基督徒，斯提里科接受这些誓言，离开了教堂。这时，他的看守者宣读了皇帝的第二条命令，要求立即处决自己的岳父。5世纪最写实和最实事求是的史学家奥林匹奥多罗斯（Olympiodorus）的描述告诉我们，当斯提里科的保镖准备"把他从命运手中解救出来时，斯提里科用可怕的威胁制止了他们的企图，引颈就戮"。这是晚期帝国最非凡的生涯之一的悲剧结尾。

第 7 章

加拉·普拉基狄娅与
弗拉维乌斯·君士坦提乌斯

在教堂庇护所外处决斯提里科的是个叫赫拉克里亚努斯（Heraclianus）的下级军官。作为奖赏，他被任命为阿非利加卿，但他受害者的死亡被证明是西部帝国无法弥补的灾难。最后被斯提里科禁止保护他的家臣们带着他的儿子欧克利乌斯逃到罗马，后者很快在那里被抓捕并杀害。他的支持者被从军队和意大利周边的城市中清洗。他的蛮族辅助军士兵——主要是拉达盖苏斯军队的残部——的妻子和孩子遭到谋杀，有数千人遇害。那些幸存下来的逃到诺里库姆，加入了阿拉里克。斯提里科的财产被国家没收，而宫廷则继续着自己的政治阴谋狂欢。奥林皮乌斯取代被杀的奈莫利乌斯成为政务总管。狄奥多鲁斯——曾怒斥斯提里科买通阿拉里克的提议的元老兰帕迪乌斯的侄子——现在成了意大利和伊利里亚的辖区长官。对他的任命标志着，虽然斯提里科已死，但西部并不愿意放弃对巴尔干诸大区的主张。

现在，阿拉里克没能按照承诺获得 4000 磅黄金。他给了霍诺留最后的机会，要求支付一笔金额不明的黄金并交换人质，可能是他的支持者幸存的家人们。在霍诺留的全力支持下，奥林皮乌斯和狄奥多鲁斯拒绝了这一提议。408 年 10 月，当从诺里库姆进入意大利的山口仍然可以通行时，阿拉里克率领自己全部的军队直穿意大利半岛，扑向罗马。驻扎在提基努姆的机动军完全没有加以阻止，自从 8 月的骚乱后，他们还未启程，也尚未被解散，也未因哗变而受到惩罚。

408—409 年冬天，阿拉里克包围了罗马——这是三次围城中的第一次——封锁了从奥斯提亚附近的人工港波尔图斯（Portus）沿台伯河而上的道路，从而让罗马人受到饥荒的威胁。城市陷入了恐慌，人们开始寻找替罪羊。加拉·普拉基狄娅借机铲除了一个对手，让元老院下令绞死斯提里科的遗孀塞雷娜。不过，元老院总体上犹豫不决，随着意大利各地的奴隶和农民纷纷投向阿拉里克，后者获得了更多的支持。拉文纳对围城袖手旁观，奥林皮乌斯反而把注意力放在系统性清理潜在的斯提里科派之上，废除让东部政府感到烦恼，现在可以方便地归咎于死去的斯提里科的法律措施。这是奥林皮乌斯少有的精明之举之一，因为那将促成在一年后的关键时刻同狄奥多西二世政权的和解。与此同时，作为对君士坦丁来使的回应，霍诺留送给他紫袍和皇帝礼服，承认他是自己的共治者。这是意大利政权软弱的标志，因为它不再考虑征讨篡位者。由于这一姿态，君士坦丁可以宣扬 409 年是霍诺留第八次担任执政官，也是君士坦丁的第一次，尽管不用说，这个篡位者在东部从来不被承认，狄奥多西二世在那里第三次担任执政官。

新年开始时，霍诺留的政府仍然处于危机中。在被包围的罗马，元老院最终向阿拉里克让步，请求休战。作为他允许让粮食入城的交换，一个元老院使团将前往拉文纳，代表他进行谈判。

在卡伊基里亚努斯、普利斯库斯·阿塔鲁斯（Priscus Attalus）和马克西米亚努斯（Maximianus）的带领下，使团在宫廷受到了热烈欢迎。始终野心勃勃的奥林皮乌斯趁机向对手发难，让卡伊基里亚努斯担任辖区长官，罢免了狄奥多鲁斯的这一职位，阿塔鲁斯则被任命为圣库卿。几个月后，阿拉里克被邀请前往罗马和拉文纳之间的阿里米努姆（今里米尼）参加会谈。卡伊基里亚努斯没能担任太久的辖区长官——等到 419 年与阿拉里克的谈判开始时，率领代表团前往阿里米努姆的辖区长官已经是斯提里科的老盟友和奥林皮乌斯的对头约维乌斯。阿拉里克知道自己占据了有利地位，开出了很高的价码。他想要钱和粮食，还有斯提里科之前担任的最高将领职位——步骑兵统兵长官（magister utriusque militiae）。约维乌斯赞成这一安排，但皇帝或奥林皮乌斯都拒绝这样做。他们可以向阿拉里克提供他想要的粮食和钱，但不会给他帝国官阶中的职位。愤怒的阿拉里克离开阿里米努姆，开始经由弗拉米尼亚向罗马进军，想要重新围城。奥林皮乌斯对霍诺留的支配很快土崩瓦解，被迫逃到达尔马提亚（Dalmatia），但这一改变没有让阿拉里克宽慰：约维乌斯因为没能完成谈判而丢了脸，现在他发誓（或者说我们这样听说）永远不与那位哥特将军议和。他和内卫卿弗拉维乌斯·阿洛比库斯（Flavius Allobichus）结盟，安排了针对奥林皮乌斯任命的官员的哗变。现在，阿洛比库斯接任了拉文纳的亲兵长官。

君士坦丁三世（他现在可以合法地这样自称）从意大利政权的全面挫败中获利的机会应该已经成熟，但就在此时，他本人的运气看上去开始转衰。408 年夏天，当意大利爆发针对斯提里科的政变时，君士坦丁也面临着西班牙的一场起义。虽然西班牙行政当局一直默许了他的篡位，但并非所有的西班牙贵族都是这样。在狄奥多西王朝皇帝出身的这个行省，仍有皇室的许多亲戚，诸如霍诺留的远房堂兄弟狄杜姆斯（Didymus）、维里尼亚努斯（Verinianus）、狄奥多西奥鲁斯（Theodosiolus）和拉格狄乌斯（Lagodius）。前两人将家族矛盾放到一边，用他们的个人资金组织起一支军队，动员了自己的私人保镖和庄园的工人。作为对这一消息的回应，君士坦丁派出他的儿子（现在是他的副皇帝）君士坦斯，以及统兵长官格隆提乌斯（Gerontius）和辖区长官阿波利纳里斯［Apollinaris，我们在本书稍后将会遇到的诗人、罗马城市长官和主教西多尼乌斯·阿波利纳里斯（Sidonius Apollinaris）的祖父］。两军在伊比利亚半岛腹地相遇，虽然狄杜姆斯和维里尼亚努斯在他们的第一场大战中取胜，但在卢西塔尼亚的下一场交锋中，他们遭受了彻底的失败。两兄弟被君士坦斯和阿波利纳里斯擒获，带回阿雷拉特处决。剩下的狄奥多西奥鲁斯和拉格狄乌斯兄弟没有参与叛乱，他们逃到了自己的亲戚那里，前者去了罗马，后者去了君士坦丁堡。格隆提乌斯留在西班牙，真正撕裂高卢大区的是他在409年初的叛乱，而非狄奥多西家族的起义。

在霍诺留获悉自己的堂兄弟被处决前，君士坦丁就赢得了拉文纳的承认。现在，可以说已经是高卢辖区合法皇帝的他决心镇压格隆提乌斯。他再次派君士坦斯和新任统兵长官尤斯图斯（Iustus）前往西班牙，格隆提乌斯则封自己的属下——一个除此之外我们一无所知的——马克西姆斯为奥古斯都。于是，现在罗马世界有了四位皇帝：霍诺留、狄奥多西二世、君士坦丁三世和马克西姆斯。最后一位完全鲜为人知，尽管在巴尔基诺

（Barcino）打造了有他名字的钱币，他和格隆提乌斯在行省首府塔拉科（Tarraco，今塔拉戈纳）建立了稳固的政权。没有记录表明其他西班牙行省是否仍然忠于君士坦丁，还是投向了格隆提乌斯，但后者认定，确保自己的新生政权成功的最好方式是煽动高卢北部的蛮族战团，对君士坦丁和君士坦斯的侧方发起新攻势。

文献材料将随后发生的事件描绘成令人窒息的黑暗画面，诗人奥利恩提乌斯（Orientius）写道："整个高卢都像火葬堆一样冒着烟。"在格隆提乌斯的怂恿下，409 年盛夏，汪达尔人、阿兰人和苏伟维人离开贝尔卡，入侵阿基坦和诺维姆波普拉纳，他们四处抢掠，然后在 9 月末翻越比利牛斯山进入西班牙。他们在高卢南部造成的破坏巨大但不持久，不过他们的存在将永远改变西班牙诸行省的局势。格隆提乌斯没有派人驻守山口（可能是故意的）方便了他们的通过。他决定在纳尔波高卢与君士坦斯交锋，在这一年剩下的时间里，他们的军队犹豫不决地相互包围。尽管面对来自西面的威胁，君士坦丁还是意图染指意大利，与霍诺留的统兵长官阿洛比库斯结成同盟。后者与他的盟友约维乌斯一样坚决反对同阿拉里克谈判，阿拉里克现在在宫廷中没有支持者。

经过阿里米努姆的一败涂地后，阿拉里克冷静下来，提出了合理的条件——数量适中的粮食，以及诺里库姆等几个不重要的行省作为落脚点。这可能只是诡计，或者在经历了十年所得寥寥的劫掠后，他可能真的在考虑退休。不过，这些新要求被两次否决。他短暂地再次包围罗马，然后决定必须做点更夸张的事来迫使霍诺留政权就范。他不可能不曾注意到，君士坦丁在迫使拉文纳让步方面要远比他高效。

皇帝心中最关注的永远是篡位的危险。阿拉里克决定，他所缺少的是属于自己的篡位者，于是开始着手寻找。他与罗马元老院一个和他一样对拉文纳不满的派系结盟，后者的代表中至少有一个人在当年早些时候去觐见过霍诺留，试图代表该城进行谈判。此人就是元老院的台柱之一普利斯库斯·阿塔鲁斯。他的家族来自东部，他本人在狄奥多西一世统治时期就担任了公职。409 年12 月，拉文纳的约维乌斯当局任命他为城市长官，想来是为了让他继续效忠。此举没能奏效。

12 月，阿塔鲁斯在罗马被拥立为皇帝，虽然人们在习惯上会把他描绘成阿拉里克的傀儡，但事实上他非常看重自己的独立。他得到了其他罗马人的认可，他们想要摆脱霍诺留及其大臣们令人窒息的无能，他显然相信同阿拉里克结盟符合他派系的利益。他将最高军事指挥权授予阿拉里克和后者的小舅子阿陶尔夫（Athaulf），但他的新生政权的其他成员都来自元老院上层。阿塔鲁斯试图制定自己的政策，但这肆意地无视了他的地位多么依赖于阿拉里克的好意和他出众的军事技能。

阿塔鲁斯不顾其将军的建议，对于占领迦太基，控制该城对罗马关键的粮食供应犹豫不决。接着，在看到阿非利加卿赫拉克里亚努斯会忠于拉文纳时，他派出一位自己选定的将领前往阿非利加，后者在那里战败身亡。尽管遭受了失利，他还是拒绝让阿拉里克派一小批哥特人去占领阿非利加，也许是因为不信任后者的意图。相反，阿塔鲁斯向拉文纳进军，在阿里米努姆停留，准备开始谈判。霍诺留——作为其政权失势的一个迹象——提出与阿塔鲁斯分享皇位，后者带着盲目的傲慢拒绝了，坚称霍诺留应该退位，去海岛流亡。这番讨价还价造成的拖延被证明是致命的，因为拉文纳突然有了意想不到的好运。安斌米乌斯的东部政权派来的将近 4000 名士兵赶到；他们是当年斯提里科请求派出的，没人敢指望他们会像现在这样真正到来。拉文纳完全不像它有时声称的那样坚不可破，但由于周围多沼泽，包围它要比罗马困难得多。有了援军后，霍诺留可以像他的对手一样强硬。

阿拉里克受够了。现在，霍诺留和阿塔鲁斯的统治都被证明让人绝望，两人都不准备给他他想要的东西。霍诺留至少属于合法王朝。410 年初，阿拉里克废黜了阿塔鲁斯，但允许他舒服地退归自己在罗马的府邸。但如果他以为这能为他在拉文纳赢得好感，那么他就没能认清该政权一贯的无能。现在，约维乌斯和阿洛比库斯矛盾重重，后者向君士坦丁三世发出了入侵意大利的邀请。410 年初，随着山口变得可以通行，高卢皇帝马上开始行动。但当他抵达波河河谷的里贝罗纳（Liberona）时，消息传来，阿洛比库斯已经因为叛国嫌疑（他无疑罪有应得）而被处决。失去了意大利盟友后，君士坦丁回到阿雷拉特，在那里遇到了他的儿子，在西高卢被格隆提乌斯最终打败的君士坦斯。君士坦丁的亲兵长官埃多比克（Edobich）北上前往莱茵河流域招募新的军队，而君士坦斯则率领不列颠野战军的残部阻挡格隆提乌斯。

与此同时，阿拉里克需要一个了断——几乎任何样子的都可以。他在军中的权威开始下降，因为越来越难以向他们提供给养。他离开驻守严密的罗马，在拉文纳附近占据了一个便于防守的地方，以便重新开始谈判。这时，运气再次插手。萨鲁斯——自波伦提亚和维罗纳战役开始就为斯提里科效力的强大的哥特军阀——重新为拉文纳效劳，在斯提里科被处决后，他一直没有得到正规军指挥官的职位。不清楚为何萨鲁斯恰恰在这个时候出现，并攻击阿拉里克，尽管有材料告诉我们，他觉得如果阿拉里克议和，他本人的地位就会受到影响。后来的事件暗示，他长期以来对阿拉里克的小舅子阿陶尔夫不满。他无疑是在笨手笨脚的拉文纳宫廷不知情的情况下行动的，后者再次由恢复了政务总管一职的奥林皮乌斯领导。

阿拉里克将这次无端的攻击解读为霍诺留继续不守信义的证据。再也不会有和谈尝试。他第三次也是最后一次向罗马进军，洗劫了这座永恒之城。从 410 年 8 月 24 日开始的三天里，他的追随者将该城在许多个世纪里积累起的财富席卷一空。被夺走的财宝规模惊人：五年后，阿拉里克的继任者阿陶尔夫给了他的皇族新娘"50 个身穿丝绸的英俊青年，每人高举两只巨大的盘子，一只装满黄金，另一只装满珍贵的——应该说是无价的——宝石，那是哥特人洗劫罗马时获得的"。据说是出于对圣彼得的尊敬，阿拉里克放过了覆盖其坟墓的梵蒂冈山上的教堂，而且哥特人总体上努力不去亵渎教堂。但无论这种些许的克制能给谁带来多少宽慰，整个世界的反应都是震惊和恐惧：罗马，世界之母，被杀害了。

一百年后，霍诺留的愚蠢变得如此家喻户晓，以至于流传着一个关于他对洗劫的反应的传说：得到罗马陷落的消息时，他如释重负地发现信使指的是那座皇城；他曾担心是自己心爱的鸡——"罗马"——死了。这个故事启发约翰·威廉·沃特豪斯（John William Waterhouse）创作出了维多利亚时代的高雅媚俗风格的杰作《霍诺留皇帝的最爱》（*The Favourites of the Emperor Honorius*），画中描绘当皇帝的谋士们试图吸引他的注意力时，他却在喂自己的家禽。不过，此次洗劫不管是对阿拉里克还是对罗马城都一样糟糕，也毁掉了他过去全部的努力。这没有解决他的任何问题，也没有为他的士兵保证更好的未来，反而让他们永远处于战争中，没有希望得到幸福的结局。他的追随者可能获得了比他们能够想象的更多的财富，但食物仍然短缺，半岛上也没有留下多少地方能够养活他们。

阿拉里克决定前往南意大利，试图从雷吉乌姆渡海去西西里。该岛仍未枯竭的粮田——帝国里最富饶的之一——也许可以长时间养活他的支持者，可能足够维持到他们找到前往非洲的交通工具。但他没能踏上西西里，更别提更远的地方了：大海过于汹涌，无法渡过，尽管在某个故事中，阻止他渡海的是一尊有魔力的雕像。他别无选择，只能北上。在开始重新向罗马进军时，他发烧病倒了。阿拉里克死在离孔森提亚［Consentia，今科森扎（Cosenza）］不远的地方，距他最为人铭记的罗马之劫还不到一个月。他被秘密埋葬，小舅子阿陶尔夫接替他统率其追随者，任务是将军队和随营人员撤出意大利。

疾病让霍诺留摆脱了他最头疼的敌人之一，但把他从高卢的君士坦丁的更紧迫挑战中解救出来的是他政权中的一张新面孔。将以与斯提里科在上一个十年中大同小异的方式主导下一个十年的弗拉维乌斯·君士坦提乌斯（Flavius Constantius）是个奈苏斯本地人。我们对他的职业生涯路线一无所知，尽管他在狄奥多西一世统治时期就已经作为士兵服役了。他可能是在征战欧根尼乌斯时来到西部的，在斯提里科掌权时期留在了那里。在斯提里科被处决前后的混乱中，他扮演的角色没有出现在任何记录中。直到 410 年，他才登上舞台，可能是作为内卫卿，当时他谋划了奥林皮乌斯的第二次倒台，将后者乱棒打死。接着，君士坦提乌斯被提拔为亲兵部队的高级指挥官——步骑兵统兵长官。

他对君士坦丁的兴趣要远远超过对阿拉里克四分五裂的残部的兴趣。411 年初，就在霍诺留于罗马庆祝自己登基 20 年（尽管从他成为奥古斯都算起只有 19 年，而非 20 年）之后不久，君士坦提乌斯和他的骑兵长官乌尔菲拉斯（Ulfilas）率军翻越阿尔卑斯山。他们与格隆提乌斯同时抵达阿雷拉特。后者再次打败君士坦斯——这次是在维埃纳——并计划推翻其父君士坦丁。面对君士坦提乌斯和乌尔菲拉斯军队的推进，格隆提乌斯落荒而逃，他的大部分士兵倒戈，同时继续着格隆提乌斯曾开始的包围。他们还阻截了君士坦丁忠实的统兵长官埃多比克，后者正沿着顺罗讷河谷而下的大路，从莱茵河流域向阿雷拉特进军。陷入君士坦提乌斯和乌尔菲拉斯军队的包围后，埃多比克躲到了老朋友，一位名叫埃克狄基乌斯（Ecdicius）的高卢贵族那里，但他的新军被击溃。埃克狄基乌斯不顾友谊的责任选择了胜利的一方，他杀害了埃多比克，将其首级作为礼物送给君士坦提乌斯。

在阿雷拉特，君士坦丁意识到自己已经走投无路。他进入一座教堂避难，并使自己被任命为一名教士。如释重负的民众为君士坦提乌斯打开城门，后者抓获君士坦丁和他仅存的儿子尤里安，把他们押回意大利的霍诺留面前。411 年 9 月初，他们在明乔（Mincio）河畔被处决。9 月 18 日，他们的首级被挑在木桩上在拉文纳示众，然后送往西班牙的新迦太基，这是为了让那里的支持者相信，他们的理想已经彻底、真正地破灭了。

与高卢北部和不列颠一样，西班牙也使霍诺留的政府感到不知所措。我们知道这点是因为一位 5 世纪后期来自弗拉维泉〔Aquae Flaviae，今葡萄牙沙维什（Chaves）〕的主教许达提乌斯出色而详细的描绘。尽管有时会出现文学浮夸，但许达提乌斯能够接触到可信的当地历史材料，而且亲历了他所记录的许多事。他告诉我们，当汪达尔人、阿兰人和苏伟维人突破无人把守的西比利牛斯山的山口后，他们在西班牙大区到处抢掠，围攻防御严密的城市，造成了广泛的饥荒。就像我们看到的，西班牙大区仅有的有效军事力量是由君士坦斯和格隆提乌斯率领的那些，他们最初并肩作战，后来陷入了血腥的内战。当战事从西班牙转移到高卢时，西班牙行省的兵力被进一步抽走。直到多年后，霍诺留政府才得以对西班牙有所关注。这两种情况意味着，在乡村地区——有时也包括城市——全副武装的战团来来往往，入侵者同民兵以及元老地主和市议员的私人武装相互交战。411 年时，入侵的最初影响已经过去，不同民族的战团划出了自己的势力范围：阿兰人占领了卢西塔尼亚和迦太基西班牙；一群被称为西林人（Silings）的汪达尔人占领了巴埃提卡；另一些汪达尔人和苏伟维人瓜分了加利西亚。这一划分引发了学界的大量争论，其背后没有明显的逻辑（许达提乌斯认为各群体的领袖们抽签瓜分行省，这不太可能，但其可信度和其他解释差不多）。

无论如何，我们都不该设想阿兰人、汪达尔人和苏伟维人接管了他们所居住行省的管理体系，而是应该认为他们会视情况不时发动袭击并不时与行省精英结盟。这符合新族群到来定居的 5 世纪西部行省中正在发生的情况：与其说是蛮族统治征服并取代了罗马人，不如说新的军事力量的到来对当地人可能既危险又有用，削弱了行省与帝国中央的联系。

我们在整个西部帝国都能找到与记录相对丰富的西班牙的情况相类似的例子。实物证据暗示，自从马格努斯·马克西姆斯的时代开始，高卢北部也出现了类似的情况。4 世纪后期和 5 世纪初，老的罗马边境内的莱茵河中下游乡村地区发展出了一种新文化，特点是排列整齐的大型墓地的这种新墓葬形式［德语中称之为"排式墓地"（Reihengräberfelder），这个词也进入了英语学术成果］。这些墓曾被解读为来自其他地方的大规模迁徙的证据，但我们现在明白，风潮的改变始于该地区本身，后来被输出到昔日的非罗马领土。这些新的墓葬习俗反映了改变中的定居模式和社会权威的新形式，后者尤为重要：随着高卢北部和西北部的人口越来越同罗马国家的正式体系失去联系，控制权下放到了更加地方的层面，后者无法通过对遥远的帝国合法性的主张来使自己获得认可，因此需要更为夸张地公开展示财富和权力。

不列颠发生的变化——尽管在物质证据中并不那么一目了然——甚至更加巨大。我们被告知，409 年或 410 年，当地人民驱逐了他们的罗马官员，而且在实质上脱离了帝国。这意味着什么，引起了甚至更多的争论——比高卢或西班牙的证据曾引起的更多——特别是因为罗马政府从不列颠的消失开启了"亚瑟王时代"，这是一片由猜测构成的有害沼泽，清醒的学者进入其中是有危险的。

我们仍然很不清楚在不列颠究竟发生了什么。4 世纪 80 年代被马格努斯·马克西姆斯带去欧洲大陆的机动军部队很可能再也没有恢复元气，而君士坦丁三世的叛乱让该行省只剩下很小规模的地方驻军。因此，帝国需要士兵来执行的日常任务——保护岁调、打击盗匪和阻截劫掠者——再也无法完成。来自爱尔兰的袭击大幅增加，来自北边皮克特人的很可能也是如此。在 409 年左右，沮丧的不列颠人向拉文纳派出行省代表团，请求霍诺留四面楚歌的中央政府提供援助，但他们被要求自己想办法。这一回复在主要的行政中心引发叛乱，在文献中被描述为不列颠人赶走了他们的罗马长官——这个受人欢迎的故事不仅被写进了像马歇尔（H. E. Marshall）的《我们的岛国故事》（*Our Island Story*，1905年）这样的爱国作品及其现代衍生物里，也出现在受人尊敬的学术作品中。

事实上，不列颠的证据与高卢和西班牙的是一致的，但用不同的方式做了描述：面对帝国中央无法解决的危机，行省人民不得不选择自卫和自治，无论他们是否乐意。在帝国的上层结构得到恢复的地方，就像高卢和西班牙大部，地方自治时期看上去就像一段不幸的插曲；而在尚未恢复的地方，它作为民众对罗马的起义被铭记。甚至在帝国统治得到恢复的地方，这个过程也是缓慢的，并不总是受到热情欢迎，就像君士坦丁三世死后的余波所表明的。

我们已经看到君士坦提乌斯和乌尔菲拉斯是如何终结这场篡位的。不久，格隆提乌斯继他昔日的同僚去世之后也死去了：逃回到西班牙和他的臣属马克西姆斯的宫廷后，他遭遇了自己余下追随者的叛乱，后者点燃了他避难的房子。陷入绝境的他杀死了妻子和最后的忠仆，然后用匕首自杀。马克西姆斯逃到了加利西亚的汪达尔人那里，后来将在那里第二次（不走运地）试图篡位。

但霍诺留的这些胜利并不意味着高卢局势的平息。就在君士坦丁的政权垮台之时，莱茵河流域爆发了又一场高卢人的叛乱。很难不去想象这些叛乱之间存在某种连续性，尽管文献中没有明确证实。但显然，很大一部分的高卢精英不希望恢复来自阿尔卑斯山以南的统治。这次新叛乱的中心是个叫约维努斯的人，以及他的兄弟塞巴斯提亚努斯和萨卢斯提乌斯，他们是一个可能与君士坦丁政权有联系的贵族氏族的成员。生活在第二日耳曼尼亚的约维努斯家族可能帮助那位篡位者镇守北方，无疑与附近的边境军阀关系密切：一位名叫贡提亚里乌斯（Guntiarius）的勃艮第酋长和一个叫戈阿尔（Goar）的阿兰人被提到是关键的支持者。与无疑也存在类似同盟的不列颠和西班牙相比，在约维努斯的叛乱中，我们可以更清楚地看到当地精英乐意同新的地区势力讲和，以便巩固他们自己在当地的地位。约维努斯的称帝并非徒劳，事实上对君士坦提乌斯和乌尔菲拉斯而言足够危急，两人在411年末逃到了阿尔卑斯山以南。

在那里，阿拉里克的继任者阿陶尔夫正在意大利面临着艰难的选择。他本身是个强大的贵族，与曾破坏了阿拉里克和霍诺留之间最后一次和平谈判的哥特将军萨鲁斯为敌。尽管在411年的大部分时间里，阿陶尔夫和他的追随者们都没有受到侵扰，但意大利对他们来说并非可持续的长期落脚点。如果不是出于别的理由，这是因为阿陶尔夫身边有前篡位者普利斯库斯·阿塔鲁斯和皇帝的妹妹加拉·普拉基狄娅，他将很快与后者结姻，作为狄奥多西王朝统治的另一个中心点。于是，在411年年末或412年初，阿陶尔夫和他的追随者带着他们从罗马抢来的所有财富，顺着沿海道路进军。这笔钱无疑足够让他们购买途中的供给，值得指出的是，他们进入高卢是有序的军队调动，而非破坏性的入侵。

来到纳尔波高卢后，阿陶尔夫听从阿塔鲁斯的建议（后者的政治无能没有显示出改善的迹象），考虑支持约维努斯对付显然与他敌对的君士坦提乌斯。无论这样做有什么吸引力，在萨鲁斯被发现参与了莱茵河流域的叛乱后，任何关于结盟的进一步想法都破灭了。阿陶尔夫追捕并杀死了萨鲁斯，宣布支持约维努斯，但当后者封自己的兄弟塞巴斯提亚努斯为共治皇帝时，他又返回了。他转而推翻了该政权，塞巴斯提亚努斯被杀，首级被送往拉文纳，而约维努斯则被活着送给霍诺留，于途中被处决，可能是在413年初。忠于拉文纳的官员们现在开始计划对他的支持者（很可能还有君士坦丁的）进行大清洗，直到413年6月实行大赦为止。尽管为与高卢贵族和解做了这样和那样的努力，两个地区的元老级精英之间的友好关系已经被破坏，而且双方越来越多地将彼此视为一群外国人，与自己几乎没有任何共同利益。

高卢的叛乱并不是意大利政权在那年面临的唯一威胁。在迦太基，阿非利加卿赫拉克里亚努斯蠢蠢欲动。他靠背叛斯提里科获得了这个职位，而且他长期以来都是奥林皮乌斯的盟友，通过让阿塔鲁斯和阿拉里克得不到阿非利加的粮食而帮助打败了他们。君士坦提乌斯的突然掌权引发了他的嫉妒，让他有了可以瞄准的目标。拉文纳一开始试图安抚他，他被指定为413年的西部执政官。但这并不够，在所谓的执政官任期开始不久，他就公开叛乱，切断了对意大利的粮食供应。尽管有人称他自立为皇帝，但他没有打造钱币的事实否定了这种说法；他不想取代霍诺留政权，而是想控制它——接替斯提里科、奥林皮乌斯和目前的君士坦提乌斯。

413年春，海面刚可以通航，赫拉克里亚努斯就率领一支舰队前往意大利，但被君士坦提乌斯的副将马里努斯（Marinus）击败，当这位反叛的阿非利加卿败逃时，前者将他赶回了迦太基。在那里，眼见没有现实的成功途径，赫拉克里亚努斯的支持者不久便杀死了他，而马里努斯对迦太基城进行了大清洗。现在，他本人也和阿非利加教会与贵族中强大但鲜为人知的人物发生了冲突。9 月，他被召回意大利并免职。赫拉克里亚努斯被免去执政官职务，他的财产被没收，给了君士坦提乌斯，作为对其效忠的奖赏。在非常短的一段时间内，霍诺留成为对西部皇位的唯一主张者。在当时，这本身就是一场胜利，但大部分西部大区接连出现称帝行为，显示了一种根深蒂固的军阀割据模式，这将成为 5世纪剩下时间里的特点。

暴力镇压约维努斯对安抚高卢贵族或使其与拉文纳和解没有什么作用，一些高卢精英现在与加拉·普拉基狄娅和阿陶尔夫建立了友好的同盟。两人认定，是时候为人们提供狄奥多西家族的另一个选择，来对抗仍然没有孩子的霍诺留的不稳定且无能的宫廷。纳尔波高卢长久以来都是高卢最富有和城市密度最高，也是受之前十年的内战和入侵破坏最小的部分。它将是新政权的大本营。413 年 9 月，阿陶尔夫和普拉基狄娅进驻纳尔波［Narbo，今纳博讷（Narbonne）］，阿基坦的托洛萨［Tolosa，今图卢兹（Toulouse）］也站在他们一边。相反，马西利亚［Massilia，今马赛（Marseille）］仍然忠于拉文纳，击退了阿陶尔夫派去占领当地的军队，而阿雷拉特则牢牢控制在霍诺留政府的手中。不过，确立领地的大本营只是第一步：414 年 1 月 1 日，当君士坦提乌斯在意大利庆祝自己第一次担任执政官时，普拉基狄娅和阿陶尔夫在纳尔波举行了盛大的婚礼，由普利斯库斯·阿塔鲁斯发表婚礼致辞。普拉基狄娅要么已经，要么很快将怀孕，她一心想要成为皇帝的母亲。为了避免还存在任何怀疑，这个孩子将被取名为狄奥多西。

统治王朝的一位无可争议的合法成员同在罗马西部活动的最出色的将军之一的结盟对弗拉维乌斯·君士坦提乌斯构成了直接

威胁，后者与狄奥多西二世的东部政权的关系同样正在变糟——当年的东部执政官从未在西部得到承认。事实上，普拉基狄娅和阿陶尔夫远比霍诺留面对过的任何篡位者要更危险。霍诺留唯一的优点是他的合法性，除此以外没有别的品质。普拉基狄娅（特别是有男嗣的普拉基狄娅）几乎肯定将吸引许多只是因为没有更好的选择才支持霍诺留的人效忠。

君士坦提乌斯率先采取行动，他向阿雷拉特进军，全力对付新政权最大的弱点，即无法为军队提供充足的给养。海军的封锁阻止了用船将物资运到纳尔波，而阿陶尔夫既不能让他的追随者足够分散，自己养活自己，也不能获得足够的食物来让他们集中在一个地方，并保持战斗力。看到支持者开始动摇后，他扶植了自己的皇帝——又是普利斯库斯·阿塔鲁斯——认识到如果普拉基狄娅的孩子是个男孩，就可以将此人抛弃。这个倒霉的贵族现在接受了哥特人主教西格萨利乌斯（Sigesarius）的洗礼，成为相似论派基督徒，却第二次被证明无法赢得忠心。高卢人支持的天然中心是普拉基狄娅，而非阿陶尔夫。采取任何严厉措施来获得补给将马上导致消除那种支持，于是夫妇俩放弃纳尔波，前往狄奥多西王朝皇帝的诞生地西班牙。阿塔鲁斯再次被废，留在高卢给君士坦提乌斯对付——接下去的两年间，他被囚禁在拉文纳，然后在凯旋式上公开展示，折磨致残后流放到第勒尼安海上的里帕里岛。这是霍诺留在位上（将继续磕磕绊绊地延续近十年）最后一次面对严重的篡位行动。

在东部，霍诺留的侄子狄奥多西二世将被证明同样长寿且无能，但他有一个能干得多的政权支持自己。当他的父亲在 408 年去世时，狄奥多西只有 7 岁，摄政权落到了宫廷官员手中。甚至在阿卡狄乌斯还活着的时候，这个孩子就已是别人的工具：他受洗的那天，在他母亲欧多克西娅皇后的精心排演下，加沙主教向襁褓中的狄奥多西请命，请求他关闭该城的马尔纳斯宙斯（Zeus Marnas）的神庙。抱着婴儿的官员晃了晃他的脑袋，表示同意，请命就这样被批准了（除非像有些人所辩称的，整个故事是 6 世纪编造的——如果是这样，它也是个看似合理的故事）。

从出生的那周一直到去世的那天，狄奥多西的大部分决定都是别人为他做的。自阿卡狄乌斯去世时掌权的辖区长官安忒米乌斯继续留任多年，他的长期掌权与西部万花筒式的权力更迭形成了鲜明反差。照看小狄奥多西的是波斯人宦官安提俄库斯（Anthiochus），他已经担任了一段时间这个男孩的老师，而东部帝国自从阿卡狄乌斯死后或多或少地平安无事。财政稳定的君士坦丁堡能够无视边境上偶尔的风声，或者至少能花钱解决，还有一支新的庞大舰队在多瑙河上巡逻。东部与波斯人的关系也相当好，金口约翰担任主教时频发的教会分裂也已经成为往事。事实上，东部的国家财政要比西部的好得多，以至于 414 年 4 月，在安忒米乌斯担任辖区长官的后期，他能够在整个东方辖区免除 40 年的欠税。

也许相比狄奥多西一世和阿卡狄乌斯的统治时期，现在——狄奥多西二世幼年时——君士坦丁堡更加转变为东部帝国的真正首都，在规模和城市面貌的奢华上超过了安条克和亚历山大里亚。鉴于该城的建立时间要短得多，这是了不起的成就。它的防御也越来越令人生畏：高耸的新城墙——今天被称为安忒米乌斯墙，以纪念那位下令修建它的辖区长官——封锁了城市中心所在的半岛。尽管位于今天城中一个让游客觉得有些危险的区域，城墙仍然给人留下十分深刻的印象，能让该城在面对困扰色雷斯及巴尔干其他地区的暴力威胁时坚不可摧。当该世纪晚些时候此城建起沿海的城墙后，就更加如此了。此后不久，在位于安忒米乌斯墙以西 60 千米的色雷斯地区又建起了长墙（Long Walls），即便是真正的大军在接近该城时也会在那里不得不分开前进，面临分散的危险。

414 年，在平静的表面下，东部政府发生了静悄悄的革命：安忒米乌斯死了，狄奥多西从前的老师和侍从也被罢免。现在，他的姐姐普尔克里娅，一位与她在西部的姑姑同样野心勃勃的公主接管了对他的照看和教育。414 年 7 月 4 日，普尔克里娅被封为奥古斯塔，为了确立与她父亲阿卡狄乌斯的政权的延续性，她还将退休的前辖区长官奥雷利亚努斯召回担任旧职。复职后的奥雷利亚努斯并没有任职太久，但同样是被普尔克里娅任命的政务总管赫里翁（Helion）任职超过了 10 年，直到 427 年。与把策略建立在婚姻和生下继承人之上的普拉基狄娅不同，普尔克里娅发誓守贞，并要求姐妹们也这样做：在成为奥古斯塔前一年，他在圣索菲亚大教堂"为自己的贞洁和弟弟的皇权"奉献了一座祭坛。这很好地概括了她的政治计划。她的弟弟狄奥多西将是王朝命运的唯一承载者，但她可以从一个表面上没有个人野心的位置影响国事。她既不会被丈夫的派系用来追求对立的利益，本人也不会成为反抗的焦点，而是通过她在幕后对弟弟的个人控制来维持强大的影响力。

5 世纪的教会历史学家索卓门努斯（Sozomenus）已经认识到这是刻意的政治策略，普尔克里娅是他最喜欢的人物之一。她真心地对扶植正统信仰感兴趣，让君士坦丁堡的宫中满是僧侣和圣人，并鼓励她弟弟对神学产生了类似的热情。一定程度上是因为普尔克里娅，一定程度上是因为她成功唤醒了狄奥多西本人的兴趣，后者的统治以君士坦丁堡对宗教的投入规模，以及皇帝家族在城市面貌中的主导角色著称，该城的整个街区都按照玛丽娜和普尔克里娅公主的名字命名。对宗教的这种资助是皇室女性践行政治野心的新方式，这一定程度上是意外的结果，因为皇帝和他的宫廷已经开始或多或少地常驻于同一个地方。整个 5 世纪前十年的后期，普尔克里娅都在处理弟弟的事务，直到帮助安排了他与埃利娅·欧多基娅（Aelia Eudocia）的婚事，然后才自立门户。

与此同时——就如一位钦佩的作者所说的——君士坦丁堡市区成了一座巨大的教堂，被其统治者的虔诚包裹。这种虔诚的强烈程度后来将结出喜忧参半的果实——就像在之前的统治中那样，正统信仰与帝国政治的结合可能是有毒的。随着君士坦丁堡的主导地位日益明确，亚历山大里亚和安条克变得越来越嫉妒，催生了当地人口的分裂倾向。与波斯的关系也直接或间接地因为君士坦丁堡政权虔信的严格性而变得紧张。在回顾霍诺留政权漫长的最后阶段后，我们将在下一章开头讨论这些问题。

处决赫拉克里亚努斯和流放普利斯库斯·阿塔鲁斯标志着在未来的几年内，西部都不会再有重要的篡位事件——被格隆提乌斯提携的短命皇帝马克西姆斯在霍诺留统治的最后时期再次试图篡位，但与谋反的发起地西班牙大区一样，这基本是个次要情况。考虑到一部分高卢贵族怀有多深的敌意，那里总是更让人担忧。不过，在 414 年将阿陶尔夫和普拉基狄娅刚刚建立的政权驱赶到西班牙后，君士坦提乌斯成功地将他们边缘化。他们孩子的出生可能意义重大，但这个婴儿——被寄予厚望地取名为狄奥多西——出生后不久就夭折了，被用银棺盛殓，葬在了巴尔基诺。只要阿陶尔夫的皇帝梦还存在可能性，他的敌人就会克制自己，但在婴儿狄奥多西死后，普拉基狄娅的丈夫就死在了刺客的刀下。他在某个未知的日子巡视马厩时遇害，尽管消息在 415 年 9 月 24 日已经传到了君士坦丁堡。刺客是个仆人，曾经忠于阿陶尔夫的仇人。长期以来，人们一直猜测这个仇人就是两年前被阿陶尔夫所杀的强盗将军萨鲁斯。让这一猜测得到印证的一个事实是，萨鲁斯的兄弟西格里克（Sigeric）现在掌握了对阿陶尔夫群龙无首的追随者们的领导权。这个选择并非共识，西格里克不到一周也遇刺了。一位名叫瓦利亚（Wallia）的新领袖接过了这支曾经洗劫罗马的破败军队的军事控制权。

虽然普拉基狄娅在西格里克非常短暂的掌权期间遭遇了刻意的公开羞辱，但在这一特定的政治局面中，她仍然是唯一最重要的人物，这不是因为她在当时掌握的微不足道的资源，而且是因为她的身份。虽然她再也没有机会建立能够真正威胁到她哥哥的王朝权力根基，但与阿陶尔夫的结盟为她留下了由哥特支持者构成的长期基础，凭借他们，她可以确保自己的个人独立。于是，她成了瓦利亚和君士坦提乌斯间谈判的焦点，后者决心利用普拉基狄娅为自己达成目的，而不仅仅是消除她构成的威胁。这位统兵长官提出为瓦利亚和他的人马提供他们需要的食物——如果他们放弃普拉基狄娅，从而为君士坦提乌斯进入皇帝家族铺平道路。

在几个月的紧张谈判后——在此期间，瓦利亚的哥特人被迫以高昂的价格向西班牙其他地方的汪达尔人军阀购买食物——他们发现罗马国家现在为他们提供了丰富的给养，但要价也很明确：赶走从 411 年起在半岛上安家的阿兰人、汪达尔人和苏伟维人。

在未来的几代人里，这种对半独立军阀的受薪吸纳将成为西部皇帝的主要生命线——但回报将越来越少。在416年和417年的作战季，瓦利亚的人马怀着真正的热情执行了自己的任务。他们的作战取得了巨大成功，成功摧毁了独立的阿兰人战团和将巴埃提卡作为主要活动区域的西林汪达尔人。这些西林人从历史上消失了，而幸存的阿兰人则和被称为阿斯丁人（Asdings）的其他汪达尔人一起逃到加利西亚，这意味着后来的汪达尔人领袖会自称"汪达尔人和阿兰人的国王"。普拉基狄娅被送回她哥哥在意大利的宫廷。417年1月1日，君士坦提乌斯第二次担任执政官，同一天与普拉基狄娅成婚——这得到了她哥哥的同意，但没有得到她本人的同意。在君士坦提乌斯的野心中扮演一个支持角色从来都不是她计划的一部分，在哥特人中的特权将让她总是拥有比大部分古代晚期女性——甚至大部分古代晚期的公主——更大的行动自由。

与此同时，高卢仍然平安无事，尽管没有证据表明，莱茵河流域的兵力得到了任何有意义的加强，或者规范化的行省政府已经回到了贝尔加北部行省或低地日耳曼；事实上，到了415年左右，对高卢北部许多地区的实际层面上的抛弃似乎很可能已是既成事实，特别是那些今天位于索姆河以北和莱茵河以西的亚眠以外的地区。关于法兰克人征服或渗透的传统叙事夸大其词，但整个地区的统治似乎下放到了城市层面，而依然健在的各种出身的城市精英和军阀为地方权力展开竞争。已经失去了控制北方领土能力——除了定期的军事入侵外——的意大利政权采取切实行动恢复其在高卢其他地方的威望和权力。特雷维里及其周边的地区政府被重新建立，尽管并未完全恢复元气。即便如此，这仍然是监督（即便并不总是控制）莱茵河中游边境地区两岸的事件的基本元素。不过，高卢辖区的治所没有被迁回特雷维里，而是留在位于南部腹地的阿雷拉特，暗示中央政府面临的限制。

随着这个世纪的流逝，我们本已糟糕的材料质量更是大大下降，但名为《百官志》的文献是一份特别有用的文本。我们现有的版本是文艺复兴时期抄录的一份中世纪早期抄本，后者抄录的则是罗马晚期的豪华抄本，据说描绘了西部和东部帝国的行政体系。我们今天看到的豪华插图本由一系列档案馆文献构成，而相关文献的西部部分在 5 世纪 20 年代中期偶尔有更新。在这些更新中，我们见证了亲兵野战军缩水为君士坦提乌斯及其部属唯一的职业军队，以及莱茵河和多瑙河上游的指挥权被分包给掌管小股地方部队的地区指挥官，这些部队能够进行监督并维持治安，但并不真正控制或管理它们的地区。比如，在阿尔根托拉图姆（Argentoratum，今斯特拉斯堡）设立单独的指挥部就正是这种模式的证据，在莫古恩提亚库姆也有类似的独立指挥部。在 5 世纪 10 年代后期，以及之后的几十年里，治理主要边境城市周围土地的这种方式为军队管理和残留的、有限的民事政府提供了框架；随着时间的推移，这些要塞城市变得像是帝国政府在充斥着军阀——意大利人、高卢人、哥特人、法兰克人、阿兰人、阿拉曼尼人和勃艮第人——的混乱世界里的孤岛，然后它们自己最终也成为军阀割据的另一种中心。

南部高卢给君士坦提乌斯和意大利人带来了一系列不同的挑战——那里在之前差不多十年的入侵和内战中遭受的损失要小得多，而且一直由某个帝国政权管理。因此，从中央政府的角度来看，恢复秩序可以预防未来南部高卢贵族中篡位的发生，在与对君士坦丁三世和约维努斯的镇压同时出现的大清洗之后，这些贵族中有许多人仍有充分的理由感到不满。

于是，为了确保自己得到南部的支持和效忠，君士坦提乌斯监督设立了新的地区性咨议机构，名为七行省议事会（Concilium Septem·Provinciae），每年在阿雷拉特开会，让南部高卢的精英们有了向中央当局主张自身利益、发泄不满，以及提出自己所关心问题的渠道。议事会将仅代表南部各行省：毗邻比利牛斯山的诺维姆波普拉纳、西部的两个阿基坦行省、南部的两个纳尔波行省、东南部的维埃纳行省以及与意大利大区接壤的海滨阿尔卑斯行省。

与在北部放权给军政府一样，七行省议事会无疑是中央政府权威削弱的标志。意大利政权事实上承认，只有在阿非利加、意大利、南部高卢和西班牙部分地区，或许还有伊利里亚的几个角落才能维持完整的文职政府。我们基本上不清楚这对其他西部行省居民的日常生活的影响，但这至少意味着司法管理的崩溃，它具有了越来越多的半官方特征，或者说它落入了当地教士和强权者之手。对帝国政府来说，领土收缩的后果是无法恢复此前存在的税基，就像其他因素一样，这将让西部帝国走上一条与东部截然不同的致命道路，后者的税基和货币供应量都从未受到威胁。

从意大利的视角来看，最糟糕的也许是一种猜疑，即高卢人永远无法再次证明自己值得信赖，而且面对新统治秩序的建立，高卢人再次开始抱怨。这解释了为何在 418 年，君士坦提乌斯要动用一件潜在的武器：瓦利亚的哥特人。当时，瓦利亚已经成功扫除了塔拉科、巴埃提卡、卢西塔尼亚和迦太基省（伊比利亚半岛五个行省中的四个）的军阀，为恢复帝国统治铺平了道路。

在主要的行省城市，我们看到了帝国文官行政管理的新证据。汪达尔人和苏伟维人仍然控制着加利西亚的部分地区，但与不列颠和高卢西北部一样，该行省位于罗马世界的最边缘，不具备足够的战略或经济价值使其收复变得至关重要，因此瓦利亚被要求停止作战，驻守第二阿基坦［今天法国利穆赞以西的阿基坦和普瓦图-夏朗德（Poitou-Charentes）地区］。在那里，他的人马可以被迅速调动，压制七省任何地方有关篡位的窃窃私语。

三十年后，这个定居点已经发展为帝国土地上的半独立王国，以托洛萨为实际上的都城，但在 418 年，这并非意料中的结果。事实上，阿拉里克将自己的追随者与帝国政府的联系规范化的梦想最终由瓦利亚实现了——但他在协议生效前就去世了。接替他成为哥特人——方便起见，我们现在可以称他们为西哥特人（Visigoth），尽管这个名字是年代错乱的——首领的是一个叫狄奥德里克（Theoderic）的人，据说是阿拉里克的外孙。在随后几十年的政局中，他将被证明是个非凡的人物，但在 418 年，当霍诺留还活着的时候，他就像莱茵河边境的军务卿和将军一样忠于拉文纳政权。高卢贵族们被他们中间强大的驻军所震慑，在差不多一代人的时间里平安无事。

君士坦提乌斯完全有理由感到高兴。现在，他显然成了国家的主导力量，而且我们对围绕着他的宫廷各派系所知甚少这个事实暗示，没有谁能够挑战他的支配地位。5 世纪 20 年代登场的那代指挥官——阿斯特利乌斯（Asterius）、博尼法提乌斯（Bonifatius）、阿埃提乌斯（Aëtius）和卡斯提努斯（Castinus）——现在正在逐步晋升，尽管从我们掌握的有限材料中很难追踪他们的职业路径。

君士坦提乌斯似乎还实现了阿陶尔夫没能做到的事，即成为皇位继承人的父亲。417年末或418年初，普拉基狄娅生下了女儿尤斯塔·格拉塔·霍诺里娅（Iusta Grata Honoria），有朝一日她将像母亲一样熟练地耍弄帝国政治的游戏。差不多一年后，419年7月2日，加拉又生下儿子瓦伦提尼安。我们无法看到随后发生的宫廷阴谋，但阴谋无疑是存在的：421年2月8日，君士坦提乌斯被提拔为奥古斯都，普拉基狄娅升为奥古斯塔，他们刚出生的儿子瓦伦提尼安成为"最高贵的男孩"。我们被告知，霍诺留对这一安排有敌意，非常不情愿地接受了对君士坦提乌斯的提拔。在君士坦提乌斯生前，东部将不会承认这一事实。

不过，霍诺留可能比材料暗示的更愿意容忍君士坦提乌斯的一个理由是他本人显然无法赢得效忠。418年，在自己的庇护者格隆提乌斯垮台前曾短暂统治过塔拉科行省，后来逃到西班牙蛮族军阀的营中避难的篡位者马克西姆斯重新登场，他再次称帝，这次是在加利西亚。一个叫阿斯特利乌斯的西班牙贵族被任命为西班牙卿（comes Hispaniarum）并被派往塔拉科，在那里，我们听到关于他卷入了巴洛克式的教会丑闻的大段描述，包括巫术书籍和秘密信奉普里斯基里亚努斯主义的指控。阿斯特利乌斯的主要任务是镇压马克西姆斯，但也要与相互争斗的汪达尔人和苏伟维人交战。后一项作战的影响是不明确的：汪达尔人的军队丢下与自己为敌的苏伟维人，转而攻击阿斯特利乌斯，然后进入刚刚摆脱了其军阀的巴埃提卡。相反，前一项作战取得了令人瞩目的成功。马克西姆斯被擒，押回意大利。阿斯特利乌斯接替君士坦提乌斯成为"国公"，后者于421年9月2日去世，距他的继任者在西班牙的胜利后不久。霍诺留无须长时间忍受他不受欢迎

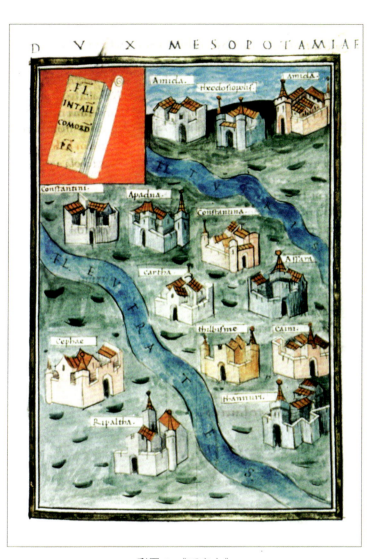

彩图 1 《百官志》

彩图2 科普特埃及的修道院圣徒

彩图3 加拉·普拉基狄娅陵墓，拉文纳

彩图 4 阿尼基乌斯·佩特罗尼乌斯·普罗布斯的象牙双连记事板

彩图 5 巴尔贝里尼象牙板

彩图 6　米兰的安布罗斯的镶嵌画

彩图 7　君士坦丁堡的安特米乌斯城墙

彩图 8　阿拉里克二世凹雕宝石

彩图 9　来自多玛尼亚诺宝藏的老鹰胸针

彩图 10　圣卡特琳娜修道院的全能者基督像，西奈

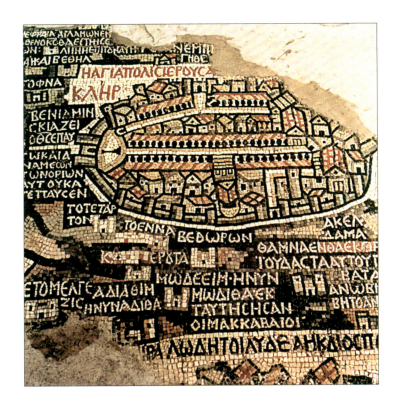

彩图 11　马达巴地图

彩图 12 狄奥多西银盘

彩图 13 霍诺留宝石

彩图 14 马克西米亚努斯宝座

彩图 15　梵蒂冈维吉尔抄本

彩图16　尤尼乌斯·巴苏斯的石棺

彩图17　伊斯坦布尔福音书作者

彩图 18　一名阿尔汉"匈人"

彩图 19　巴西里乌斯纪念牌

彩图 20 霍斯老拱门，泰西封

彩图 21　卡斯图洛圣餐盘

图 22　希拉吉索姆里约金章

彩图 23　来自菲英岛的吊饰

彩图 24　圣库库法特，葡萄牙

彩图 25　科布里奇银餐盘

彩图说明

1.《百官志》

在4世纪和5世纪的帝国，首席文书负责编修名为 laterculum maius 的大名单，它包含帝国体系中的每一位官员。5世纪时（可能是5世纪20年代在意大利），两份这种名单的通行抄本——分别来自东部和西部，年代稍有不同——被重新抄录为带插图的豪华抄本。对于它们可能起到什么纪念意义，我们只能进行猜测。不过，由于没有真正的通行抄本存世，这个被称为《百官志》的豪华版本是我们现有关于帝国东西部军队和文官行政组织的最佳证据之一。每个主要部门的文职机构，以及每位高级军队指挥官麾下的部队都被列出，而各个部门或指挥官职务则配有代表性物品或地点的插图。在上图的例子中，美索不达米亚将军（dux Mesopotamiae）的页面上可以看到该地区驻军的堡垒，而该地区本身则用从画面中穿过的底格里斯河和幼发拉底河表示。我们现有的《百官志》的原抄本在中世纪失传，但就像许多古代晚期的拉丁语文本一样，9世纪的加洛林文艺复兴将其内容从湮没中拯救。名为施派尔抄本（Codex Spirensis）的9世纪版本本身也在17世纪失传，但文艺复兴时期已经有了它的几个副本。上图中的博德利图书馆抄本是威尼斯人文学者彼得拉·多纳托（Pietra Donato）在1436年委托制作的，被认为最忠实地还原了失传的施派尔抄本中的插图。

2. 科普特埃及的修道院圣徒

位于今天埃及吉萨省的塞加拉（Saqqara）是孟菲斯的墓地，孟菲斯从公元前3000年开始便是埃及法老们的首都。在几千年的时间里，它继续被用作墓葬区。在晚期罗马，数以千计的基督教僧侣在那里和埃及沙漠边缘的其他地方定居，进行祈祷和从事养活他们的社群所需的艰苦劳动。这些僧侣中有的成为名人，他们用各种宗教主题装点自己的修道院。图中两个长胡子的人物，一个举起双手祈祷，另一个手持圣书，头顶的光环表示他们是圣徒，可能是圣耶利米修道院的创始圣徒。壁画是20世纪初在一名僧侣的房间里发现的，现在保存在开罗的科普特博物馆。画像浓重有力的线条和对圣徒严格死板的正面描绘是古代晚期埃及绘画的特色，这尤其与科普特语（书面埃及语俗语）和官方的希腊语一起成为祈祷语言有关。

3. 加拉·普拉基狄娅陵墓，拉文纳

从5世纪初到450年去世，狄奥多西一世皇帝的小女儿加拉·普拉基狄娅是5世纪政治中一个强有力的人物。随着那个世纪的深入，皇帝宫廷越来越多地驻扎在拉文纳，而不是罗马或梅狄奥拉努姆（今米兰），该城因此遍布供宫廷和皇帝家族使用的建筑，其中无疑包括呈完美的十字形状、被认为是她陵墓的建筑物——虽然不一定是为这个目的设计的，也可能并非真是她的埋葬地（关于她被埋在那里的证据不早于9世纪）。建筑由砖砌成，中央的拱顶被方塔包围，四个耳堂上方都有半圆形拱顶，上面有精美的马赛克装饰，包括好牧人基督、四福音书作者以及各位圣徒和殉道者。后来有人说，当加拉在5世纪40年代退出政治生活后，她让人把自己的兄长霍诺留和去世已久的丈夫君士坦提乌斯三世的遗骸移葬到拉文纳。有人认为，在巴尔基诺去世的她和阿塔乌尔夫的第一个孩子、夭折的狄奥多西也被埋在那里，或者她准备那么做。与城中的其他几处纪念建筑一样，该陵墓对古代晚期和拜占庭早期的图像艺术研究者特别重要，帝国东部行省的大量此类作品——在那里曾经远比在意大利常见——在8世纪和9世纪的圣像破坏运动中被毁。

4. 阿尼基乌斯·佩特罗尼乌斯·普罗布斯的象牙双连记事板

罗马官员能够期待的最高荣誉是担任执政官。尽管完全是象征性的——自从罗马共和国终结后，执政官就没有任何特别的权力——但执政官职务仍然是公职生涯的顶点，因为每年只有两名正选执政官，而皇帝常常自己垄断该职。罗马人不像我们一样以连续的数字纪年，而是用"某人和某人担任执政官的那年"来表示；因此，用自己的名字来给1月1日开始的新一年命名是巨大的特权。元老和各等级的官员都可能会纪念自己就任，但在384年，狄奥多西皇帝颁布诏令，仅限执政官使用纪念性的象牙双连记事板。两块外侧雕刻着精美图案，内侧空白或刻有较简单图案

的象牙板用转轴连在一起。尽管外形上为写字用的蜡板，但这些豪华的象牙制品是用于纪念展示的，作为礼物送给新执政官的家人和密友。保存在意大利北部的阿奥斯塔（Aosta）的阿尼基乌斯·佩特罗尼乌斯·普罗布斯（406年执政官）的象牙双连记事板是留存下来的此类物件中唯一描绘和提到在位皇帝的（霍诺留）。阿尼基乌斯家族是罗马的大贵族之一：这位406年执政官的父亲和两位兄长也担任过此职，其中后者共同担任了395年的执政官。普罗布斯在象牙板上将自己说成是皇帝的仆人（famulus），皇帝被描绘成身着全副甲胄（足够反讽的是，霍诺留从未涉足过战场）。他一手托着圆球，上面是胜利女神，另一只手举着皇帝旗帜（labarum），顶端是基督的象征（chrismon，希腊字母 chi 叠加在字母 rho 上），旗帜上有"以基督之名愿你常胜"（In nomine Christi vincas semper）的字样。

5. 巴尔贝里尼象牙板

这件象牙板雕现藏卢浮宫，由五块用榫卯连接的饰板拼成（右侧的纵向饰板遗失），年代为5世纪或6世纪。板雕发现于17世纪，

是教皇使节弗朗切斯科·巴尔贝里尼（Francesco Barberini）藏品的一部分。与执政官象牙双连记事板不同，我们不清楚该饰板的用途，尽管它显然描绘了骑在马上的罗马皇帝在践踏蛮族，一个在帝国钱币上常见的主题。他的肩头上方飘浮着带翅膀的胜利女神，人格化的大地在他脚下奉上自己的果实。中央饰板是晚期罗马艺术的杰作，马匹几乎被塑造成立体的。周围的牙板为浅浮雕，顶部的描绘了基督和他的天使们，底部则是蛮族乞怜者在纳贡，左侧的军官穿着与皇帝同款的军用斗篷（paludamentum）。尽管我们无法认定这里所描绘的皇帝的身份，但这件牙雕是古代晚期皇帝象征的全面目录——普世的统治、永恒的胜利、基督教的虔诚和神明的保护。

6. 米兰的安布罗斯的镶嵌画

安布罗斯是4世纪最有影响的拉丁教士之一。在君士坦丁儿子们的内战中，这位意大利贵族的家族站错了队，但他还是在帝国公职体系中官运亨通，先是担任行省总督，后来又被梅狄奥拉努姆人民拥立为主教。为了担任此职，他迅速地跳过了所有低级别

的教士品级。他接受的是古典教育，熟稔贵族政治，也是个坚定的尼西亚派基督徒，能够将希腊神学中的复杂理念化用到拉丁语的语境中。他还是政治手腕的大师，几次通过威胁或真正拒绝皇帝领受圣餐来迫使他们做出重大让步。这幅安布罗斯像来自6世纪时为纪念传说中米兰的守护圣徒维塔利斯而建造的拉文纳圣维塔莱（San Vitale）教堂，后者是（同样来自传说的）圣徒格尔瓦西乌斯和普罗塔西乌斯的父亲，安布罗斯发现了他们的遗骸，从他们据说会行使的神迹中获得了巨大的人气和权力。

7. 君士坦丁堡的安特米乌斯城墙

在阿卡狄乌斯和狄奥多西二世统治时期，安特米乌斯从405年（他是当年的执政官）到414年担任东部辖区长官。随着西部官廷的政局变得日益分裂和不稳定，君士坦丁堡统治的延续性显得越来越不寻常。作为维持东部首都文官统治稳定性的其他许多措施之一，安特米乌斯下令建造高大的城墙，将城市中心所在的半岛区域隔离开来。一整道幕墙从普罗滂提斯海延伸到金角湾，上面分布着塔楼和一座堡垒。城墙厚6米，高12米，由砖石灰泥砌成，表面覆盖石灰岩条石，墙上每隔60米左右矗立着共计96座方形或八角形塔楼，按照地势不同，最高的有20米。城墙的功能是使该城不受色雷斯和巴尔干其他地区暴力的影响，它们确实做到了这点，特别是当5世纪40年代末又加建了第二道幕墙和护城河后。

8. 阿拉里克凹雕宝石

阿拉里克二世统治着托洛萨的哥特王国，控制阿基坦、纳尔波高卢和西班牙部分地区，直到507年在沃格拉杜姆（今武耶）的战场上阵亡。这块指环上镶嵌的蓝宝石现藏于维也纳艺术史博物馆，很可能被用作印章，也许是归属于王国的公共档案馆。蓝宝石是最坚硬的宝石之一，以古代的技术特别难以加工，因此无论怎么说这件物品的罕见和珍贵都不为过。宝石上的人像让人想起钱币上的皇帝像，铭文"哥特人的国王阿拉里克"（ALARICVS REX GOTHORVM）同样采用钱币模具雕刻者（celatores）的风格。不过，使用民族名称是罕见的，大部分5世纪的国王在官方语境下只是自称rex，即"国王"，并不具体说明他们是什么或谁的国王。

根据刻字的意大利风格推测，这枚印章是阿拉里克的岳父，意大利的东哥特国王狄奥多里克委托加工的。如果是这样，这份礼物可能想要强调一位强大得多的统治者对弱小亲戚的支持：阿拉里克当时陷入了同法兰克国王克洛维斯紧张的外交对峙，这场对峙将以阿拉里克之死和他的王国被征服告终。

9. 来自多玛尼亚诺宝藏的老鹰胸针

这枚 12 厘米长的胸针采用名为景泰蓝的风格，宝石和半宝石被巧妙地镶嵌进金属框架中。在这件器物中，石榴石被镶嵌进设计精美的黄金框架，将贵族和军队领袖的传统象征老鹰同基督教十字架结合起来。这种类型的便携金属制品在古代晚期非常流行，无论是在罗马帝国内，还是在边境的蛮族中。黄金和石榴石凿刻在所谓的"多瑙河风格"中尤其常见，该风格源于 5 世纪时文化糅杂的罗马巴尔干军事区。这枚胸针是 19 世纪在多玛尼亚诺（Domagnano，位于圣马力诺）发现的宝藏的一部分，包括耳环、项链部件和而其他几枚胸针，现在分散在几个博物馆。这批宝藏

很可能是一位哥特贵妇的陪葬品：尽管属于典型的 6 世纪意大利陪葬品的类型，但它们的质量要高得多。

10. 圣卡特琳娜修道院的全能者基督像，西奈

这幅圣像长 84 厘米，宽 46 厘米，用色蜡画在木头上。这是已知最早的"全能者基督"（Christ Pantocrator）的圣像。画像中还有关于基督本性的重要神学讯息。他的左半边脸（观看者的右侧）描绘了他的人性，右半边脸更加抽象，目光更犀利，描绘了他的神性。圣像保存在位于西奈山脚下，由查士丁尼皇帝在 548 年建造的圣卡特琳娜修道院，很可能是在君士坦丁堡绘制的：有人推测，这是原来挂在皇城青铜门上方，在 8 世纪的圣像破坏运动中被毁的那幅行神迹的基督圣像的复制品。虽然无法证实这点，但圣像已经成为经典，许多个世纪以来在希腊东正教世界中被复制。

11. 马达巴地图

这幅镶嵌画（这里展现了细部）是约旦马达巴（Madaba）圣乔治教堂地面的一部分，是已知最早的圣地的地图画，很可能可以

追溯到 6 世纪 50—75 年。画面中央的城池旁注有"圣城耶路撒（冷）"（hagia polis ierousa[…]）字样。地图位于教堂半圆形后殿，朝向东方，因此描绘了图中各座城市和建筑真正的方位。学者已经辨认出地图中出现的许多纪念碑建筑，包括圣墓教堂和查士丁尼的育神者教堂。地图是 19 世纪被重新发现的，保存在 8 世纪的地震中倒塌的老教堂的废墟中。尽管有的部分损坏严重，但在可以查验的部分中，地图的准确性使其成为关于从黎巴嫩到埃及的拜占庭帝国地理的非常重要的文献。

12. 狄奥多西银盘

银盘（missoria）是皇帝在重要场合（登基五周年或十周年纪念）赐给高级官员的大型礼仪性银盘。它们既标志着接受者的地位，也是储存财富的一种手段——用于制造这件银盘的白银超过 15 公斤。1848 年，它被发现埋在梅里达（奥古斯都老兵殖民市，晚期帝国时西班牙大区的治所）附近的阿尔门德拉莱霍（Almendralejo）的一片田野中，银盘被对折，同其他银器放在一起——它显然是作为银块被

埋的，可能是在 5 世纪的混乱形势下。银盘很可能在君士坦丁堡铸造，年代和图像存在争议。就像其传统的名字所反映的，最可能的解释是，银盘描绘了狄奥多西一世皇帝将象征官职的象牙双连记事板交给一位高级官员，他的两旁是年轻的皇帝瓦伦提尼安二世和阿卡狄乌斯，以及手持长矛和椭圆形盾牌的皇帝卫队成员。狄奥多西的威严与其他人物的区别体现在光环和他身处中央凹室的布局。画面下方装饰着表示丰饶的传统象征。如果这种认定是对的，那么这件银盘很可能是为了庆祝 388 年狄奥多西登基十周年而铸造的，随着一位在西班牙任职的高级官员被带到那里。这是已知描绘了皇帝的仅仅 19 枚仪式性银盘之一，但帝国各地发现了各种巨大的镀金银盘，作为保持手头现金储备的一种有用和实际的方式。

13. 霍诺留宝石

以其首任拥有者命名的罗斯柴尔德宝石被认为描绘了霍诺留和他的第一任妻子，大国公斯提里科之女玛利亚。这可能是给某位特别受宠的宾客的礼物，甚至是西部皇帝宫廷赠送东部的。这枚缠

丝玛瑙雕刻成的宝石现在被镶嵌在后来安上的金银掐丝框架中。从衣物风格和两个人物头部的比例来看，它可能是古代晚期对一枚帝国早期（尤里乌斯-克劳狄乌斯王朝）宝石再加工而成，也可能构图只是在刻意追求古典化。无论如何，皇帝桂冠中央的宝石上有醒目的十字，表示描绘的是个基督徒。这枚宝石上的图像（不同于霍诺留之父狄奥多西的银盘）反映了帝国早期将皇帝及其亲属视作真正的凡人家族，而非像帝国晚期那样更喜欢远离任何形式的自然主义，表现严格等级形象。

14. 马克西米亚努斯宝座

马克西米亚努斯是达尔马提亚人，在查士丁尼统治时期成为拉文纳主教，之前是当地教会的执事。他的主教职务同几座教堂的建设有关，包括克拉塞（Classe）的圣阿波利纳雷（San Apollinare）教堂和圣维塔莱教堂，那里保存有一些已知最精美的古代晚期镶嵌画：其中之一描绘了马克西米亚努斯本人站在皇帝的左手边。这件象牙主教宝座（cathedra）是现存古代晚期最非同寻常的雕刻作品之一，高近5英尺，宽2英尺，

四面都有精美的装饰。宝座很可能在君士坦丁堡制作，使用了一些特别雕刻和一些原有的象牙板，兼有君士坦丁堡和亚历山大里亚风格。在许多植物装饰和葡萄藤涡卷中间，座椅正面的五块牙板上描绘了四福音书作者和施洗约翰，反面则饰有福音书场景。两侧的牙板上描绘了《创世记》中约瑟生平的场景：约瑟作为法老谋士的角色有时被用来象征主教作为皇帝谋士的角色。

15. 梵蒂冈维吉尔抄本

古代晚期有两部维吉尔插图抄本存世，即梵蒂冈维吉尔抄本（Vergilius Vaticanus，Vat. lat. 3225）和罗马维吉尔抄本（Vergilius Romanus, Vat. lat. 3867），现均藏于梵蒂冈图书馆。在原先的大约440页中，梵蒂冈抄本有76页羊皮纸存世，包括50幅插图。它们堪称我们现有关于很少留存下来的古代抄本插画的最重要证据。梵蒂冈抄本的插图都带有红色边框，人物众多，背景是写实风景，颜色从灰色到粉色、紫色和蓝色，让人感受到距离和开阔空间。抄本文字采用优美的通俗体大写字母，很可能是在意大利完成的，也许是在罗马。这里的插图展示

了第 33 页背面的一部分，描绘了迦太基女王狄多在献祭。有一些奴隶在侍奉她，其中一个手持斧子，表明他是仪式上的宰牲者（victimarius）。图像以罗马人的献祭场景为基础，即由长官主持献祭仪式，但真正宰杀牺牲的是一名经过特别训练的奴隶。不清楚该抄本是如何从中世纪留存下来的，尽管它在加洛林王朝时期的法兰西就为人所知，在 16 世纪时已经回到罗马。

16. 尤尼乌斯·巴苏斯的石棺

这具石棺是为 359 年的罗马城长官尤尼乌斯·巴苏斯所造，他在任职当年去世，获得了公共葬礼的罕见荣誉。这是早期基督教雕塑最著名的作品之一，按照当时的标准高度写实，而且非常大，长度超过 2 米。雕刻成立体形态的柱子之间的格子里描绘了新约场景和之前旧约中预示的场景。许多人物也采用极其突出的高浮雕或半立体形态。从左到右，上半部分的常见是献祭以撒（预示基督被钉十字架），彼得被捕，基督坐在圣徒彼得和保罗之间，审判耶稣和比拉丢在洗手。在下半部分，我们看到约伯坐在粪堆上（预示着耶稣殉道），亚当和夏娃

（预示着堕落的人被基督的受难所拯救），耶稣进入耶路撒冷，但以理在狮穴中（预示着耶稣复活），以及保罗被捕。石棺背面没有装饰，使它可以被靠在墙边和壁龛中，两侧则是长久以来石棺上标准的经典图像。尽管很可能是在罗马雕刻的，但学者们早就从雕刻者偏爱在人物身上使用写实的垂褶中看到了希腊化元素。沿着石棺顶部的铭文译文为"尤尼乌斯·巴苏斯，最显赫者，他活了42 年又 2 个月，在担任城市长官时和刚刚受洗（neofitus）后去见了上帝，9 月朔日前第 7 日（8 月25 日），优西比乌和许帕提乌斯担任执政官的那年。"虽然石棺是在 1597 年发现的，但直到 1951年，一块棺盖残片才被重新找到，上面刻着关于葬礼和缅怀死者的哀歌体对句诗。

17. 伊斯坦布尔福音书作者

这件精美的圆形雕像描绘了四福音书作者之一，或者可能是个使徒。虽然作品可能早在 4 世纪中期就雕刻完成了，但更可能是 5世纪君士坦丁堡制作的。人物穿着希腊平民的标准衣物，即在短袍外罩着斗篷。他波浪形的头发向前梳理，像基督教圣徒一样留

着短须，而非受异教徒哲学家（和尤里安皇帝）影响的长须风格。他拿着抄本，学者们因此认为他是福音书作者。对一件晚期帝国的雕塑来说，它的雕刻工艺在敏锐和人性上非常突出，与更常见的高度风格化和静态效果形成了鲜明的反差。

18. 一名阿尔汉"匈人"

4世纪时，各个草原游牧民族都自称继承了古代匈奴的遗产，后者的帝国在数百年前被汉朝摧毁。这些民族有的被称为胡诺伊人（拉丁语和希腊语对其草原邻居的称呼）、希奥尼泰人（拉丁语和希腊语对波斯帝国的中亚臣民的称呼）、匈纳人（梵语）和胡恩人（粟特语），这些几乎肯定是同一个土著词汇的不同写法。出现在欧亚草原上的匈人没有留下记录，也几乎没有任何物质证据，而那些占据萨珊帝国东部和贵霜王国故地的则大量铸造钱币。因此，我们对他们的了解要多得多。我们已知的最早的东匈人群体是基达里人，第二个群体叫阿尔汉人，他们挑战了基达里人对犍陀罗的控制。图中的银德拉克马描绘了5世纪的阿尔汉统治者金吉拉（Kinghila）。背面的图像主要是萨珊式的，有一座醒目的拜火庙，尽管铭文采用婆罗米文字，而统治者的肖像有着明显拉长的头部（通过颅骨变形实现），这是该时期游牧精英所青睐的。

19. 巴西里乌斯纪念牌

5世纪和6世纪时，城市长官（有时还有辖区长官）会颁发邮票大小的纪念牌（tesserae），祈求皇帝身体健康，并提及长官做过的事或取得的成就。这些纪念牌用青铜制成，微微高起的带状部分刻着镀银的字母。它们的用途是个大谜团，我们并不知道它们是干什么用的，或者为何制作。铭文的风格与钱币上的一致，但它们不可能是钱币的度量衡（exagia），就像常常有人提出的那样。现存或有明确证据表明存在的纪念牌大约有25件，可能是长官赞助的重要活动的邀请函或入场券。图中的例子写着SALVIS DD/ NN ALBIN/VS FECIT // BASILI/ VS REPA/RAVIT，意为"祝我们的君主健康，阿尔比努斯制作，巴西里乌斯修复"。这里指的长官是阿尔比努斯（493年执政官）和巴西里乌斯（541年执政官），最后一位担任执政官的非皇族。

20. 霍斯老拱门，泰西封

霍斯老拱门（Taq-e Kesra）位于巴格达西南35公里的小城萨尔曼帕克（Salman Pak），是帕提亚和萨珊时代的泰西封城在地面之上唯一留存的部分。尽管萨珊王朝的权力基地在伊朗的法尔西省，泰西封仍然是国王在美索不达米亚的主要驻地，因而成为罗马入侵的目标，就像353年尤里安的那次。霍斯老拱门是王宫建筑群的一部分，很可能是朝见大殿之一，拱门足足高37米，墙壁底部厚约7米。学者们对其建造年代存在争议，有人认为是3世纪，也有人认为是5世纪或6世纪，无论如何，这是古代留存下来的最大的拱门建筑。虽然在过去二十年间伊拉克的战火中幸免于难，但在2019年的修缮中，拱门的一部分坍塌。

21. 卡斯图洛圣餐盘

这件透明的绿色玻璃圣餐盘直到2014年才被发现，直径22厘米，是迄今发现的基督最早的形象之一，描绘了他威严地坐在圣徒彼得和保罗之间。他一手拿着镶嵌珠宝的十字架，另一手拿着福音书。人物被置于棕榈树构成的框架内，代表了天堂的不朽。在图像的上方，chi-rho标志两边是字母alpha和omega。盛放圣餐的餐盘和盛放圣酒的圣杯是圣餐仪式的基本器具。这件圣餐盘是在西班牙南部的卡斯图洛（Castulo）考古遗址的一间房屋里发现的，考古学家认为发现地建筑是座早期教堂。上面雕刻的装饰让人想起来自4世纪意大利的例证，几乎肯定是在罗马或附近的作坊中制作的。

22. 希拉吉索姆里约金章

在哈布斯堡王朝的希拉吉索姆里约（Szilágysomlyó），即今天罗马尼亚的希姆莱乌锡尔瓦涅伊（Şimleul-Silvaniei），一批庞大的金银窖藏的两个部分相隔一个世纪被先后发现（1797年和1889年）。重量超过8公斤的共计73件器物现在被维也纳的艺术史博物馆和布达佩斯的匈牙利国家博物馆分别收藏。瓦伦斯的这件黄金吊饰是在第一批窖藏发现的7件器物之一。它是376年在罗马打造的索里杜斯的放大版，当时瓦伦斯成功修复了同他的侄子格拉提安和瓦伦提尼安二世宫廷的关系。放大版的索里杜斯不仅被用来奖励高级官员和将军，还是支付给边境蛮族领袖的赏金。在那里，它们常常被装上环，可以作为项链佩戴，有时还被镶上金框，就像这里的例子。这些改造表明，罗马器物如何可以被重新利用，成为权力象征和财富储备，以及在帝国社会的边缘，通货和金银块的界线如何变得模糊。鉴于希拉吉索姆里约窖藏的规模，学者们认为那是该地区的某个贵族家族（猜测是格普人）在一到两代人的时间里积累起来的，在5世纪或6世纪延绵不绝的战事中被埋藏。

23. 来自菲英岛的吊饰

斯堪的纳维亚与帝国相距遥远，不过在许多个世纪里，罗马的奢侈品一直通过欧洲大陆的蛮族政体来到那里。尽管有来自瑞典和丹麦的武士在5世纪的帝国西部充当雇佣兵，但斯堪的纳维亚的罗马奢侈品进口基本上停止了。当地设计的威望物（源于罗马模板）取而代之，变得流行起来，特别是图中这种被称为吊饰的东西。这些形如金币，像箔一样薄。吊饰最早被和丹麦菲英岛上的古默遗址联系起来，在5世纪大量出现，上面有神话图案、风格化的统治者像和精美的动物造型。对于它们是作为一种政治展示还是真正作为通货交换存在争议，但图中这件特别精美。上面描绘了一个高度风格化的人头，两侧是甚至更加风格化的动物，包括鸟和马。对吊饰上的卢恩文有多种转写，但许多人认为那是在向奥丁祈祷。

24. 圣库库法特，葡萄牙

这些宏伟的砖拱门是圣库库法特（São Cucufate）别墅立面的一部分，位于今葡萄牙的阿连特茹（属于罗马的卢济塔尼亚行省）。该地区以湿润的冬季，酷热的夏季，以及由花岗岩形成，相比其他作物更适合橄榄和葡萄生长的贫瘠土壤著称。与今天不同，那里在古代富饶而人口稠密，就像圣库库法特的发展所证明的。4世纪时，一座庞大的新别墅在一片1世纪以来坐落着小农舍的土地上建造起来了。这座4世纪的别墅没有采用早前时代典型的列柱廊平房形式，而是双层结构，生活区所在的上层由巨大的筒形拱券支撑。西侧立面的两端是图中的两道拱门装饰，与别墅的主厅垂直，留存至今的仍有6米高。想要到达别墅的入口，需要登上与立面等长的庞大墩座。别墅的全部可居住空间超过800平方米，使其成为卢济塔尼亚绝对最大的别墅建筑群，即便我们不考虑仍然留存的浴场和巨大的泳池（natatorium）。相反，我们只发现了别墅生产区很少的痕迹，包括工人的生活区，以及管家的居所。圣库库法特无疑是一个元老家族的居所，很可能在6世纪时被抛弃，废墟的一部分在中世纪成为一座小教堂。

25. 科布里奇银餐盘

这件银餐盘（lanx）是1735年在泰恩河畔的科布里奇发现的窖藏的一部分，也是其中已知唯一仍然存世的。银餐盘重近5公斤，是已知4世纪最精美的银器之一，在细节和精细程度上可以与同样保存在大英博物馆中，与它齐名的米尔登霍尔（Mildenhall）宝藏中最精美的器物相媲美。一些4世纪的此类器物上的戳记表明，圣库卿手下的御工银匠（argentarii comitatenses）在器物铸造完成后和装饰之前负责银的质量。不清楚科布里奇银餐盘是在哪里制作的，阿非利加和小亚细亚都是可能的地点。从左到右，主画面描绘了两名女神在交谈，狄安娜拿着弓，密涅瓦戴着头盔，手握长矛；两位女神的身份存在争议；最后是神庙入口处的阿波罗，他手拿着弓，脚边放着里拉琴。画面下方是狄安娜的猎狗、倒地的鹿、祭坛和狮鹫兽。在晚期帝国的精英中，大型银器是储存和展示财富的最流行方式。

的共治皇帝，而马克西姆斯现在加入了"僭主名录"（catalogus tyrannorum），其中的成员曾被霍诺留镇压。422 年 1 月 23 日，他在为庆祝霍诺留登基三十周年举办的庆典上被示众，当年是霍诺留第 13 次担任执政官，而狄奥多西则是在东部第 10 次担任此职。

霍诺留对共治者之死无动于衷，而军队高级指挥官们却蠢蠢欲动。君士坦提乌斯的支配地位阻碍了任何明确的继承者的崛起，但现在，继任的步骑兵统兵长官不仅对西部帝国的稳定，也对皇位继承十分重要。阿斯特利乌斯在成为"国公"后去世，甚至可能死在君士坦提乌斯之前，于是弗拉维乌斯·卡斯提努斯被任命担任此职。他遭到了普拉基狄娅的反对，后者青睐她自己的支持者博尼法提乌斯，而卡斯提努斯的地位因为一场失利而几乎马上被削弱。422 年，他亲自率军对巴埃提卡的汪达尔人作战，遭遇惨败；他可能遭到了由狄奥德里克提供，与普拉基狄娅个人结盟的西哥特辅助军的掣肘。

不过，卡斯提努斯还是足够强大，他把博尼法提乌斯从亲兵指挥官的位子上赶走，迫使后者流亡阿非利加。不过，当他抵达那里时，普拉基狄娅将这一既成事实合法化，博尼法提乌斯被任命为阿非利加卿，这个角色将让他拥有同从前的吉尔多和赫拉克里亚努斯相同的权威，以及制造麻烦的能力。但在 423 年已经可以看到，普拉基狄娅在君士坦提乌斯死后和博尼法提乌斯流亡后地位岌岌可危，当时她的支持者——其中许多是哥特人，从她在纳尔波和巴尔基诺上位起，就构成了她的私人卫队——与她日益疏远的哥哥的支持者展开了激烈的巷战。此事对普拉基狄娅在拉文纳的地位造成的损害让她决心逃往君士坦丁堡，在那里，她可以寻求自己的侄女普尔克里娅和侄子狄奥多西的政权支持自己对付哥哥。当消息传来，霍诺留于 423 年 8 月 15 日去世时，她和她的孩子霍诺里娅与瓦伦提尼安已经在接受东部首都的虔诚氛围了。霍诺留一直是个无能的皇帝，他死后的余波也并不更让人可喜。这种与东部宫廷的力量所形成的反差不能再鲜明了。

第8章

狄奥多西二世的统治

狄奥多西二世的统治下出现了好几个现代人会和拜占庭——最初是一个18世纪的贬义名称，指在古拜占庭城址上建立君士坦丁堡后的说希腊语的东部罗马帝国——历史联系起来的刻板印象。这一称呼意味着那个时期和当时的人被认为不同于且不及之前的罗马帝国——也不同于与其同时代，作为想象中的欧洲现代性基础的拉丁中世纪文化，后者据信更有活力。希腊-罗马对近东文化的旧有成见——文化上停滞的独裁统治、奴隶般的性格、非理性和野蛮的宗教热情——被结合应用到说希腊语的罗马帝国，用刻意贬低的方式将其东方化。

相反，在今天，40年来古代晚期——作为一个具有无限多样性和创造性的场地——研究的繁荣（不可避免地）更多专注于东部的发展，而非政治上四分五裂和迅速瓦解的西部。不过，机警的读者会注意到——也许松了口气——在上一章和接下去的各章中，各种宫廷和军队官员的名号数量已经减少。这种流畅的印象并非幻觉，而是材料造成的：虽然我们拥有一些相对详细的叙事性描述——主要是教会史，以及仿古典风格的史书片段和编年史中零散的通告——但使4世纪下半叶的政治运作具体化的那类铭文越来越少。法典证据也减少了，然后在 5 世纪 30 年代末的一连串立法后逐渐消失。

幸运的是，使用法律、书信和铭文证据进行"三角定位"，连同叙事证据，让学者们可以详细重建那些 4 世纪后期得势者的人脉，进而了解政府运作的方式。当它们相对缺失时，我们对 5 世纪的了解也变少，特别是在西部，但在东部也是如此：长期以来控制帝国政治生活的宫廷、御前议事会和军队高级指挥官都变得更加不透明。三次教会大会（431 年和 449 年在以弗所，451 年在迦克墩）的庞大卷宗中隐藏着关于宫廷政治极为详细的信息，让我们对请命和回复，审判和异议的日常运作有了史无前例的了解，但它们仅仅涵盖了 50 年统治中的不到 5 年。我们可以根据它们揭示的统治风格进行外推，还可以根据伟大的《狄奥多西法典》和对其进行补充的《新法》（novellae）的内容对君士坦丁堡的立法活动取得一种即时性的认识，但越来越难发现和说明一段时期内的改变。

一定程度上因为这一证据上的空白，即便是学者也很难逃脱对拜占庭旧有的刻板印象——"不朽智力的丰碑"，就像叶芝所说，但没有太多的具体行动。对历史学家来说，政治不稳定要比政治稳定好写得多，而稳定正是小狄奥多西宫廷的特点。局面看上去停滞的部分原因是，即便到了成年之后，皇帝仍然既缺乏对帝国一以贯之的愿景，也没有那种可能会严重打乱帝国活动的一时之兴。但皇帝的这种缺乏兴趣并没有引发派系的公开斗争，或者造成某个受垂青者占据支配地位，或者导致出现一系列对立的强势人物——就像西部的霍诺留，或者东部阿卡狄乌斯的未成年时期那样——尽管当时的人在不同的时候可以察觉到普尔克里娅和欧多基娅皇后的操纵，以及宦官内侍总管克吕萨菲俄斯（Chrysaphius）在一段时期里对皇帝决定的影响。

不过，他的统治看上去最大的悖论——个人非常弱势的皇帝如何在将近 50 年的统治中没有受到篡位者或王朝对手的挑战和威胁——事实上可以用宫廷官僚和御前议事会的高级文官成员内部存在高度的和谐来解释。他们中许多人的家族的崛起可以追溯到君士坦提乌斯二世统治时期。此外，他们大多没有与更广大帝国的军人和元老贵族建立起相互交织的婚姻关系，基本上保持了文官和君士坦丁堡的思维方式，这意味着个人矛盾很难影响他们本质上的共同利益，即一个遵循一贯和统一路线的有序且稳定的政府。他们的另一个类似的共同利益是让潜在的军队强人——像阿尔达布利乌斯（Ardaburius）、阿斯帕尔（Aspar）、普林塔（Plintha）和普罗科皮乌斯这样的将领——更加远离对权力的控制，不像在西部被证明可能的那样；好在他们都没有弗拉维乌斯·君士坦提乌斯或斯提里科那样的战术天资和指挥才能，而且除了极少数例外，他们都没有机会赢得大规模的胜利——从而激发他们对更伟大事业的雄心。换而言之，我们可以看到，其政权的稳定是相当真实的，即便并不总能将其归功于某个个人。

就像我们在上一章中所看到的，414 年是某种意义上的转折点：长期担任辖区长官的安忒米乌斯去世，年迈的奥雷利亚努斯被召回担任此职，宦官内侍总管安提俄库斯被黜，赫里翁被任命为政务总管，而狄奥多西的姐姐普尔克里娅崭露头角，在那年控制了对他的教育，将其推向她本人更喜爱的神学研究方向。她和后来与她为敌的狄奥多西之妻，皇后埃利娅·欧多基娅对正统信仰和教会权威的话题有着相似程度的兴趣，狄奥多西统治期间将召开多次盛大的教会大会。不过，尽管无疑受皇帝宫廷中的热情所鼓舞，这些年里的宗教骚动也自发地在东部世界的其他地方上演。

在现代人看来，狄奥多西统治初期最令人震惊的教会事件并没有来自宫廷，甚至并没有来自皇城，而是来自亚历山人里亚。该城一直很容易发生骚乱，在帝国盛期，几位皇帝都觉得用大量暴力来惩戒亚历山大里亚人是有益的。这种程度的普遍动荡意味着该城从未发展出像安条克和东部其他许多大城市特有的那种强有力的城邦政府——在亚历山大里亚，帝国官员对于城市生活的运转和结构远比在其他任何地方重要得多。这点很关键，因为它让亚历山大里亚成为君士坦丁堡之外，唯一一个几乎没有其他权威网络在帝国官场和主教机构之间进行干预的东部城市。结果就是——甚至从亚历山大里亚的阿塔纳修斯的时代开始——亚历山大里亚主教们拥有的对当地的主导权是其他任何主教都无法想象的，甚至是罗马主教。

在狄奥多西二世统治伊始，亚历山大里亚教区掌握在主教西里尔（Cyril）手中，此人是古代名声最不好的教士之一，是个像阿塔纳修斯一样凶猛的斗士，但他领导的教会已经变得强大和富有得多。在 4 世纪中期的北非教会，基督教的虔诚和对正统信仰的强制执行可以被用来掩盖纯粹的流氓行为——多纳图斯派的"环教堂者"对斗殴和街头冲突的兴趣不亚于对自己所谓的僧侣职业的兴趣。西里尔在埃及利用了类似的暴徒，但规模更大，创立了本质上是准军事力量的"救护队"（parabalani）。这些身强力壮的"在俗兄弟"是从城市穷人中招募而来，受雇收留街头的病人和穷人，给予其关怀和安慰，但他们同时也是当年的圣战恐怖分子，就像马加比家族在他们的时代一样。"救护队"可以被派上街头打击那些西里尔认为是信仰之敌的人——犹太人、异教徒和持对立神学观点的基督徒。

因为像亚历山大里亚这样庞大的城市还不是完全的基督教城市。除了当地的众多犹太人，那里还有繁荣的异教徒社群——基督徒可以向其中的哲学家求学，而且该社群天然倾向于各种形式的非基督教一神论。非常不同寻常的是，该时代最令人激动的老师是个女性。她名叫许帕提娅（Hypatia），是之前一位叫忒翁（Theon）的哲学家和数学家之女。她的学说没有被以文字保存下来，通常被认为属于新柏拉图主义，且源自另一位埃及人，伟大的普罗提诺的传统，但她和父亲似乎将自己的许多时间用于证实像托勒密的天文表这样的科学经典文本，并对其进行更新。她在亚历山大里亚是个强大而有影响力的人物，属于新任帝国官员会尽早和经常拜访的当地大人物。不仅其他异教徒曾向她求学，在后来的基督教文献中，她还是个拥有虔诚美德的人物（据说她一直是贞女，为了拒绝一个可能成为丈夫的人，她把自己的月经布扔向对方，以证明他所声称爱恋的肉体实际上是什么）。作为强有力的象征性人物——异教徒、女性和思想权威——她（可能意外地）被卷入了亚历山大里亚总是会发生的那种暴力事件。

皇帝长官俄瑞斯忒斯（Orestes）是个受洗基督徒，但他是君士坦丁堡人，在亚历山大里亚是外来者。415 年来到该城时，他发现那里陷入了因为西里尔主教围捕和驱逐城中犹太人的决定（这只能用一场大屠杀来描述）而引发的冲突。当俄瑞斯忒斯决定介入，试图平息此事必将导致的动乱时，西里尔的"救护队"和来自尼特里亚山的修道院盟友突然来到该城，在随后的骚乱中，俄瑞斯忒斯本人也受了伤，几乎被处私刑。他的回应相对克制，仅仅处死了为祸最多的肇事者，但这让西里尔更加恼怒。两人被证明无法和解，俄瑞斯忒斯向君士坦丁堡传话，意图让这位不可理喻的主教离开他的教区。

在这场对峙中，有传言说这位皇帝长官听从了许帕提娅的意见，后者阻止他与主教和解。这个传言极不可能是真的：这位60岁的异教徒哲学家多年来深谙城中致命的政治斗争，应该懂得远离一场基督徒间为如何处置犹太人而发生的冲突。无论如何，真相不会影响原教旨主义者的信念，"救护队"很高兴有借口攻击一个与他们的整个世界观格格不入的人：她是个异教徒，教授了许多基督徒（他们应当更明白事理），她还是个女人，在女性服从是一种基督教责任的年代，她却在男性中享有权力。

一群西里尔的支持者被亚历山大里亚教会中一个叫彼得的读经人激怒，他们结队绑架了许帕提娅，把她带到城中众多教堂中的一座。在这里，他们使她蒙受羞辱，剥光了她的衣服，然后用屋顶的瓦片把她砸死。从她那个时代的教会历史学家，到查尔斯·金斯利（Charles Kingsley）乏味和虚构的三卷本小说，再到名为《城市广场》（Agora）的新电影，这位被害的女哲学家不断吸引着想象，既因为她的独一无二，也因为她骇人的死亡方式。她对某些人来说是原始女权主义偶像，对另一些人来说是正直异教徒的榜样，她还被作为希腊哲学旧世界消亡的象征。

事实上，在亚历山大里亚，新柏拉图主义学者的学说一直流传到了6世纪的查士丁尼时代，但许帕提娅被粗暴杀害表明，希腊文化在广大希腊人口中越来越边缘化：她的思想和性别让她特别离经叛道，但所有那些与她有着相同信仰的人也都在他们自己的国家成了外来者。一百年前，哲学家和主教竞相让统治者接受他们对事件的叙述和解读，但那全都变了。帝国的话语是基督教，还没有任何观点可以调和深受异教一神论影响的旧哲学学说与狄奥多西帝国好斗的基督教。旧有的哲学流派仍然吸引着好学者，但无论在公共和公民的投入程度上，还是在一个越来越关心基督教神学细微问题的思想环境中，它们都被边缘化了。

如果许帕提娅是旧世界终结的象征，那么众皇帝中最虔诚的基督教徒狄奥多西的妻子就是对未来的截然相反且同等的象征。她尽其所能地介入亚历山大里亚的事务，但西里尔的善辩有意利用了宫廷的虔诚，最初要求惩罚他的"救护队"的命令被撤回，他们的人数事实上还增加了。416 年，获得任命时已经垂垂老矣的奥雷利亚努斯离任了，可能是去世了，他的继任者莫纳克西乌斯（Monaxius）管理宫廷事务直到 420 年。尽管 417 年时，狄奥多西已经成年，但宫廷内部的统治显然仍掌握在普尔克里娅手中，而外部行政则由莫纳克西乌斯和御前议事会掌管。通过普尔克里娅，皇帝找到了合适的新娘，皇帝家族中只有后者被允许生育子嗣。

421 年，一位雅典智术师——名叫莱昂提乌斯（Leontius）——的女儿来到君士坦丁堡，为与兄弟们关于遗产继承的争端提出诉讼。她的姑姑嫁给了狄奥多西的圣库卿阿斯克勒皮俄多图斯（Asclepiodotus），因此能够安排她与普尔克里娅见面，后者接手了她的案子。这个姑娘原名阿特纳伊斯（Athenaïs），跟随父亲熟读希腊文学，她对书呆子皇帝来说可能是个有吸引力的伴侣——同时，她体面但并非贵族出身的社会地位将确保她不会对普尔克里娅构成挑战。皈依基督教后，她改名为埃利娅·欧多基娅，于

421 年 7 月 1 日嫁给了皇帝。普尔克里娅本人自立门户，但不清楚她的影响力是否有任何大幅度的减弱。

欧多基娅——422 年被封为奥古斯塔——将另一种学问带到了宫廷，这种学问对非纯粹神学的，但显然仍然是基督教的事情更加友好：她本人的诗歌作品之一是一首荷马集句诗，用摘自荷马的成对的半行诗句讲述了《创世记》和福音书中的故事。集句诗——从荷马的希腊文或维吉尔的拉丁文中摘录半行，用它们来讲述截然不同的故事——是古代晚期的一种流行体裁，是贵族用来炫耀其博学的聪明游戏，很明显，它应该曾是欧多基娅在宫廷留下自己存在印记的方式之一。

如果说东部帝国的精神和社会世界发生了改变，那么不变的一点就是罗马帝国的历史仍然不时受到发生在世界另一边事件的影响，有时还很剧烈。里海之门与帕尔米尔高原之间的骚乱不可避免地波及波斯帝国，伊朗东部边境地区——从巴克特里亚到兴都库什山，再到贵霜——的叛乱和分裂倾向同样如此，无论当地被贵霜-萨珊傀儡王朝，或是某个匈人氏族统治。这反过来又影响到波斯人对罗马帝国的态度和关系。当咄咄逼人，以不同的形式在欧亚草原上起起落落的游牧民族联盟逼近高加索山时，他们可以对罗马和波斯的核心领土产生直接的影响。这就是为何阿卡狄乌斯深受憎恶的宦官大臣欧特罗皮乌斯要亲自征讨亚美尼亚的匈人，以及为何罗马和波斯可能真的曾决定共同承担在高加索山主要山口驻军的开支。这方面的证据年代较晚，但符合雅兹底格德一世的宫廷同阿卡狄乌斯和狄奥多西二世宫廷总体上非常好的关系，而且似乎有可能，皇帝们同意资助位于达里尔或德尔本德山口，名为比拉帕拉赫（Biraparakh）的重要波斯要塞的维护费。

对北方草原世界的持续关注，影响的不仅是波斯国王的政治活动，还有萨珊国家的意识形态和自我设想。简单来说，5 世纪时，波斯君主的意识形态变得更加彻底的伊朗化，同时也保留了一些早前时代的美索不达米亚和希腊化色彩。国王和王朝的使命被越来越多地描绘成英勇的伊朗人与无法和解的敌人"图兰人"（Turanian）间的斗争——后者是《阿维斯塔》（Avesta）中对草原游牧民族的称呼，这部古代伊朗的伟大史诗最初通过口头传播，但正是在萨珊王朝中后期形成了正典文本。Kay（英雄）这个新的国王尊号同样源自《阿维斯塔》传统，它在这个时期被加入官方头衔，以史诗时代的神话中的伊朗人的后裔身份来主张合法性。

5 世纪中期，雅兹底格德二世统治时期对基督徒和其他非琐罗亚斯德教徒的重新开始的迫害同样可能源自这种关于国王权威和职责的更加明确的宗教观念，尽管那只是推测。无论如何，值得注意的是，虽然罗马帝国一直将波斯放在其意识形态体系的中心，直到自己停止存在都始终将这个东方邻居视作最大的对手，但后期的萨珊意识形态实际上将罗马和波斯视作"世界的两只眼睛"，是与野蛮的草原世界的混乱（即图兰人的势力）相对抗的文明力量。

实际上，经历了沙普尔二世的继承者沙普尔三世和巴赫拉姆四世的动荡统治后（两人都无法牢牢地控制王位），雅兹底格德一世为波斯王位带来了相当程度的稳定。阿卡狄乌斯的去世没有威胁到罗马和波斯已经维持了几十年的和平，一份年代晚得多的材料中提到，狄奥多西二世的摄政者们甚至寻求让雅兹底格德起誓支持宝座上的孩子皇帝。此外，雅兹底格德还允许基督崇拜在波斯帝国享有更大的自由，一位新的主教，泰西封和塞琉西亚的以撒（Isaac）成为波斯教会的领袖。事实上，该时期繁荣的叙利亚文化应该被理解为一种跨境现象，它具有创造性，而且越来越独立于希腊文化——正是在它的阴影下，叙利亚文化在 4 世纪里发展了起来。

在这个世纪更晚的时候，罗马帝国之外的基督徒社群发展的一个结果将变得清晰。当时，通过把失利一方的许多成员流放到波斯和东方的地点，罗马叙利亚教会中日益激烈的神学争论得到了一部分解决。不过，为了避免将罗马-波斯的关系描绘得过于美好，我们应该记住，在一个其统治者的琐罗亚斯德教信仰与罗马帝国的基督教一样具有排外性的帝国，其他宗教的存在总是被勉强地容忍。这尤其适用于基督教，无论是当与罗马的关系恶化，还是波斯境内的基督徒威胁到马兹达祭司［得名于琐罗亚斯德教二元宇宙的善主神阿胡拉·马兹达（Ahura Mazda）］的主导地位时，他们都很容易受到迫害。这发生在雅兹底格德统治晚期，当时基督徒——可能受到埃及和东部罗马部分地区打压非基督教的鼓励——捣毁了一座火庙。这招致了一段时期的镇压，它延续到 420 年雅兹底格德死后，一直到他的继任者巴赫拉姆五世的统治开始后很久。这场迫害反过来又引发了几十年来两大帝国的第一场战争。

421 年，一支罗马野战军经由亚美尼亚北部进入波斯的美索不达米亚，向尼西比斯发动攻击，然后被巴赫拉姆亲自指挥的军队打败。但君士坦丁堡还是在 9 月 6 日庆祝了胜利，并于第二年发起了新的行动。战局再次对罗马人不利，至少一开始是这样，但接着，波斯国王的精英部队"不死者"（Immortals）遭到一个叫普罗科皮乌斯的下级军官（可能仅是位无职责的将军或卿官）

伏击，在一场奇袭中被击退。这次逆转以及来自多瑙河和高加索的坏消息意味着双方将选择议和。条件之一似乎是断绝波斯的基督徒和帝国的基督徒间的关系，这一决议是在 424 年在塞琉西亚-泰西封举办，由达迪朔（Dadisho）主教主持的大会上做出的。

这位通过自己的胜利帮助带来和平的普罗科皮乌斯是瓦伦斯统治时期那个同名篡位者的远房后裔，娶了长期担任辖区长官的安忒米乌斯的女儿。现在，作为对其成功的奖赏，他成了东部野战军的步骑兵统兵长官，并获得"国公"的荣誉头衔。后来，他的儿子将成为皇帝。与此同时，与波斯的和平或多或少不间断地延续到 450 年狄奥多西去世，除了 440 年短时间的一段冲突，因为波斯国王们重新将注意力转向东北边境和草原上的游牧民族图兰人。

让狄奥多西的大臣们决定在 422 年议和的动机是匈人对巴尔干的入侵。入侵者打到了色雷斯，引发的威胁足以促使召回一部分美索不达米亚的军队。发起 422 年入侵的匈人国王很可能是鲁瓦［Rua，有时也被称为鲁吉拉（Rugila）］，在他的统率下，一小群匈人武士精英似乎对喀尔巴阡山盆地以及欧亚草原最西缘——沿多瑙河下游和黑海——的各个蛮族政治组织建立了霸权。与基达里人和阿尔汉人一样［当时，他们在伊朗东部和中亚的霸权正受到另一群名为嚈哒（Hepthalites）的匈人挑战］，这些欧洲匈人们都声称自己继承了古老匈奴传统的遗产。凭借它，他们声称拥有可以上溯许多个世纪的帝国理想，无论他们中是否有人真能将自己的血统追溯到鄂尔多斯或阿尔泰。

如果像许多人那样，称鲁瓦的霸权为一个匈人帝国，就过度夸大了他或他的同辈能稳定控制或动员他们臣民的能力。更常见的情况下，他们会掠夺其中的一部分人，索取纳贡或保护费，同时与更强大的藩属建立战略同盟或为其创造战略机会。在不同的时间，鲁瓦和他的继任者可以动员其他草原游牧民族——各个阿兰人部落是最重要的——以及定居程度更高的哥特人、鲁吉人（Rugi）、赫鲁利人（Heruli）、斯基里人（Sciri）和格皮德人（Gepids）的军事贵族政权，尽管在大多数情况下，我们并不清楚他们这样做是凭借什么机制；同样不清楚的是，支持鲁瓦的核心区域在哪里——最可能的是位于多瑙河弯的匈牙利草原——以及他的控制到底向东延伸了多远。现代学者有时会自信地推断匈人拥有统一的等级体系，能够协调多瑙河沿岸、黑海和高加索（有时甚至是伊朗东部）的战略，但这得不到文献证实。我们看到的更可能是一种在草原游牧民族中常见的共享霸权的形式，一直持续到现代早期。无论如何，在5世纪30和40年代，鲁瓦的匈人将让君士坦丁堡的宫廷付出巨额开支，并永远颠覆巴尔干行省在帝国盛期的体系。

帝国的边境上需要定期关注的其他地方是它的沙漠边区。当然，埃及是个特例，因为尽管基本上不可能被正规军事力量占领，但该地区可居住和可进行常规管理的部分或多或少以窄条的形状沿着尼罗河向上分布，延伸了几百千米。上埃及的最南端与亚历山大里亚和地中海边的核心地区相距遥远，而底比斯行省特别容易受到生活在毗邻沙漠中的诺巴德人（Nobades）和布莱米人（Blemmyes）的袭击。为了用更加常规化的方式应对这一问题，并将平民更多的该省北部同南部分隔开，底比斯在狄奥多西的统治后期被分成两个行省，这一安排延续到了6世纪。现在，上底比斯的总督获得了统一的民事和军事管辖权，这一安排与西部的弗拉维乌斯·君士坦提乌斯统治时期对莱茵河流域的处理不寻常地相似。这暗示，对可控但无法解决的问题采用的行政方法——作为帝国政策的一部分——非常广泛地传播了。

上埃及官职的合并似乎明显改善了同沙漠部落的关系，因为在狄奥多西的继任者马尔西安（Marcian）的统治期间，时任底比斯将军弗洛鲁斯（Florus）同布莱米人签订了长期协定，让他们可以定期在罗马的菲莱（Philae）城中的一座伊西斯（Isis）神庙供奉他们崇拜的女神。当然，我们习惯于把波斯和欧洲的莱茵-多瑙河边境视作帝国政策的主要目标，但像这样的小插曲让我们看到了帝国疆域的辽阔，而且几乎每段边界上都面对着挑战——它也让我们认识到，对边境上的共同体来说，他们的日常经历、面对的挑战和暴力的可能性也许都非常相似，无论他们是在底比斯还是高卢。我们只是因为自己的回顾性认知和历史负担，才将更大的重要性赋予欧洲。

对于君士坦丁堡的政治——就像通常情况下该时期其他任何地方的一样——我们掌握的是零星和高光形式的信息，而不是连续的叙事，因为在材料的数量减少的同时，它们的性质也继续发生着变化，平衡与验证这些证据的可能性变得有限。我们在上一章中看到，普拉基狄娅和霍诺留支持者之间的骚乱引发了如此血腥的巷战，以至于普拉基狄娅被迫带着孩子们离开意大利，前往君士坦丁堡寻求支持。在那里，她和她的侄女与侄子的宫廷获悉了霍诺留的死讯。接着，在 423 年 12 月，又有消息传来，一个叫约翰（Iohannes）的宫廷官员被拥立为皇帝。此人曾是首席文书，但不是什么更大的官，因此可能是其他人的掩护性人选。看起来，在获悉叔叔的死讯后，狄奥多西最初很可能想要从他在君士坦丁堡的宫廷统治整个帝国，没有试图任命西部的副皇帝，但这种无名之辈的篡位大大改变了他的计划。问题的关键与其说是保护王朝，不如说成了保护正皇帝——狄奥多西在霍诺留去世的那天获得了这一职位——任命副皇帝的权力。

普拉基狄娅和她在东部的亲戚突然有理由齐心协力。东部宫廷姗姗来迟地承认了君士坦提乌斯三世被提拔为奥古斯都的合法性，也接受普拉基狄娅成为奥古斯塔和瓦伦提尼安成为"最高贵的男孩"（东部宫廷此前同样拒绝承认）。虽然还是个孩子，但瓦伦提尼安被安排与狄奥多西二世和欧多基娅之女李基尼娅·欧多克西娅订婚，后者的名字来自她的祖母，阿卡狄乌斯最后那些年里的奥古斯塔。李基尼娅·欧多克西娅生于 422 年，即普尔克里娅安排她的弟弟与曾经的阿特纳伊成婚的一年后。婚约当然要许多年后才会实现，但对王朝的两个分支来说，这标志着清晰和统一的路线。确保达成同盟后，东部集结了陆军和舰队，帮助普拉基狄娅和她的儿子重返拉文纳的宫廷。普拉基狄娅和瓦伦提尼安被先一步送往塞萨洛尼卡，424 年 10 月 23 日，狄奥多西的政务总管赫里翁在那里宣布瓦伦提尼安为副皇帝。在狄奥多西的整个统治时期东部最有权势的两名将军，阿尔达布利乌斯和阿斯帕尔父子分别统率舰队和野战军——我们在下一章将看到他们取得的巨大成功。

长期来看，意大利的胜利将在西部引发对持续内战的恐惧，但在短期内，这的确非常值得庆贺。瓦伦提尼安于 425 年被拥立为奥古斯都，他的姐姐尤斯塔·格拉塔·霍诺里娅像母亲加拉一样成为奥古斯塔，而狄奥多西——他因为生病，选择不亲自前往在罗马的加冕礼——率领自发的感恩队伍穿过君士坦丁堡的街道庆祝胜利。阿尔达布利乌斯因为这场胜利而获得了担任 427 年执政官的荣誉，他的同僚是辖区长官希埃里乌斯（Hierius）。事实上，他和儿子阿斯帕尔建立了一个军人王朝，将在几代人的时间里继续行使权力，多次与皇帝家族联姻，还不止一次差一点就自己披上了紫袍。在东部，5 世纪 20 年代仍然是相对和平的时期，特别是与我们将在下一章中考察的动乱不断的西部相比。

对皇帝宫廷来说，比边境动乱更让人不安的是，君士坦丁堡的威望不可阻挡的崛起让安条克和亚历山大里亚主教们更加为自己的地位高声疾呼——两地的主教拥有更长和更伟大的深入探究神学的传统，使他们这样做相对容易。神学争论——总是从真正的信仰问题开始，它们的正确答案对于提出它们的人来说具有迫切的必要性——几乎总是被卷入主教及其在政府中的盟友和伙伴网络的个人政治中。到了 5 世纪 20 年代，同质论派和相似论派间关于圣父与圣子关系的争论已经持续了整整一个世纪。在北非，卡伊基里亚努斯派与多纳图斯派之间永无止歇、可以上溯到 4 世纪 第二个十年间的争端，在君士坦丁开始将注意力转向这一问题的百年之后仍未完全解决。虽然这些争论可能是典型的，但此外还有几十种神学争论，对它们更感兴趣的是基督教的学者，而不是罗马帝国的史学家。5 世纪 20 和 30 年代的东部的争端无法那么容易被放在一边，因为它们对基督教在罗马世界之外的发展方式，以及两个世纪后，希腊教会的内部政治在伊斯兰征服中扮演重要角色的情形产生了巨大的影响。

与二十年前金口约翰的经历一样，5 世纪 20 年代的问题始于428 年 4 月 14 日，一位著名的安条克人受皇帝征召担任君士坦丁堡主教。这位布道者叫聂斯脱利（Nestorius），也许这并不是巧合，因为当时金口约翰恰好此时开始被尊为圣人。聂斯脱利将一种极为安条克式的立场带到了君士坦丁堡，有关基督身上的人和神的相对角色——换言之，不是基督与圣父的关系，而是他道成肉身的方式。如果尼西亚大会已经确认他与圣父在实质上是同一的，基督怎么会是人呢？

鉴于古代社会总体上的厌女倾向和许多早期基督教思想中强烈反女性的色彩，也许并不意外的是，问题的中心是基督与他的母亲玛利亚的关系——或者说是她与他的关系。聂斯脱利坚称——可能是在皇帝的首肯下这样做的——玛利亚并非"育神者"（Theotokos），而是"育基督者"（Christotokos）。玛利亚和对她的崇拜在一百年前曾几乎无人知晓，当时君士坦丁皈依了基督教，让帝国政府负责推行正统信仰。但在之后的一个世纪里，她成了巨大的崇拜和代祷（intercessory）力量的焦点，而作为对她的尊称，已经出现的术语正是"育神者"。相反，"育基督者"这个术语强调基督的人性，专注于他由人类女性所生的凡人和肉身性质。玛利亚生的是耶稣，是受膏的基督，而不是神子。

亚历山大里亚一直反对这种安条克神学，在381年狄奥多西召开的君士坦丁堡大会上，正是亚历山大里亚担任了真正正统信仰的仲裁者。5世纪时，由于西里尔长期担任亚历山大里亚的宗主教（他的主教任期长得令人吃惊，从412年一直到444年），聂斯脱利的安条克立场与亚历山大里亚立场的不可调和性大大加剧了。在本章的前文中，我们看到了他对那些自己不认同的人采取暴力行动的倾向，以及他的"救护队"在杀害许帕提娅和公开伤害皇帝长官后只受到相对较轻的惩罚。一位与他意见不合的安条克人成了君士坦丁堡的宗主教——这是西里尔无法忍受的，就像他并不真正接受 381 年的大会授予君士坦丁堡教区至高无上的地位。他指责聂斯脱利为异端，声称基督的人性和神性不可分割，它们形成了一种个人性的"实质合一"（hypostatic union），因此虽然人性和神性是不同的，它们也是不可分割的。这否定了聂斯脱利的观点，即玛利亚只孕育了基督的人性，而非他的神性；在西里尔看来，她是不可分割的"育神者"，而不仅仅是"育基督者"。两方面都向西部宗主教，罗马主教克勒斯提努斯（Celestinus）求助，后者站在了亚历山大里亚一边，因为他永远无法容忍君士坦丁堡与罗马平起平坐的主张。

430 年 1 月 10 日，狄奥多西隆重庆祝了自己登基三十周年，在当年或前一年，他和欧多基娅生了一个名叫阿卡狄乌斯的儿子。但宗主教之间的争论已经在皇城的街头引发骚乱。皇帝决定召开大会，裁决对聂斯脱利神学的反对引起的问题。大会决议仍然是解决此类争端的常规方式，但狄奥多西特意没有在君士坦丁堡，而是在亚洲城市以弗所召开此次大会。在那里可以期待更高程度的中立性，当然也没有那么多派系暴力的威胁。

431 年的复活节主日，即 4 月 19 日之后不久，聂斯脱利出发前往以弗所，同行的有内务卿康狄迪亚努斯（Candidianus）统率的庞大的宫廷部队。6 月，西里尔和他的那派人开始从亚历山大里亚赶到，整件事在充满暴力的氛围中进行。经过七次会议，耗时许多个月——其间西里尔的支持者拒绝与聂斯脱利的支持者交流，举行了实际上是他们自己的独立会议——事情才得到解决：聂斯脱利遭到斥责，罪名是他提出将基督的性质分为人的和神的，但西里尔也被短暂罢免。

普尔克里娅似乎在争取对聂斯脱利学说的谴责的过程中扮演

了关键角色，她已经对狄奥多西曾表现出的独立感到不满，后者曾将一位她不认同的新主教召到君士坦丁堡。431 年 10 月 25 日，西里尔更愿意接受的教士马克西米亚努斯成为君士坦丁堡主教。聂斯脱利被短暂允许回到他在安条克城外的修道院，然后流亡上埃及，在那里待到 450 年去世。通过重金贿赂君士坦丁堡的教士和廷臣，西里尔迅速恢复了权力。后来，尽管第一次以弗所大会的部分决议在狄奥多西统治时期得到了撤销，但聂斯脱利从未被恢复名誉。他最忠诚的追随者在波斯边境的埃德萨（Edessa）定居下来。在 486 年举行的大会上，波斯帝国的教会正式接受了他的教义——他终其一生都坚信那是完全正统的信仰。489 年，当埃德萨的聂斯脱利派被芝诺皇帝驱逐后，这场与罗马教会的正式决裂得到了确认。在随后的几个世纪里，波斯基督徒向更广大的欧亚大陆出口的正是聂斯脱利神学，这对后来的中亚史非常重要。

如果说聂斯脱利争端是 5 世纪 20 和 30 年代后期的重大事件之一，那么汇编《狄奥多西法典》也同样如此。早在一百多年前，帝国政府就试图处理自己制造的大批法律裁决和公告的累积。在戴克里先时期，法学家格里高利和赫尔默根尼亚努斯（Hermogenianus）就曾试图收集来自帝国前三个世纪的帝国法律：他们希望在司法管理中引入一些系统化，帮助法官们确定哪部法律适用哪个案子，而非依靠他们所在地恰好能找到的文件。虽然此后仍有大批法律颁布，但似乎没有人试图将它们归档、整理，或者保留那些具有或不具有法律效力的文件集。

狄奥多西二世的时代已经见证了其他的系统化尝试，用一种同时将实用文件纪念碑化的方式来固定它们的形式。我们已经讨论过一份相当普通的工作文件的豪华版本，来自该时期的《百官志》，但名为《普伊丁格图表》（*Peutinger Table*）的有插图的道路地图册（这是我们能找到的最接近一份留存下来的罗马地图的册子），以及涵盖从马医到军纪的各种技术论文也同样属于那个时代。人们仿佛意识到帝国的两个部分在某一层面上已不再统一，于是写下了对于理想化过去的固定的描述，以便声称什么都没有改变。

于是，429 年 3 月 26 日，皇帝下令让辖区长官安提俄库斯·库宗（Antiochus Chuzon）领导的委员会收集、编辑和刊印截至他本人时代的所有普遍适用的法律，然后由选自法学家著作的注疏加以补充。这一美好的意图在复杂的现实面前没能实现：适用于如此大规模计划的档案根本就不存在。相反，委员会成员们尽其所能地寻找皇帝公告，无论是否能够找到——来自迦太基的公告似乎数量惊人，可能源于一系列阿非利加代执政官总督的档案。435 年，官方决定将这项工作限制在收集从君士坦丁到项目完成日期（最后是 438 年）之间的所有普通法。法律按照主题编排，共计 16 卷，按照专题"条目"划分，原法律的文本被打散，根据内容归入不同的条目下。此外，4 世纪立法的大部分序言和补充性冗语都被删去，正如我们从留存下来的少数其他材料——它们保存了最初形式的完整法律文本——中看到的。更加令人困惑的是，《狄奥多西法典》的编撰者以法定的执政官年表作为基准，这意味着究竟是哪位皇帝颁布了哪项法律可能会被掩饰。

不过，尽管有各种明显的缺陷——而且对粗心的历史学家设置了许多陷阱——《狄奥多西法典》不仅是我们有关晚期罗马国家结构的最好材料，也是关于为那个国家效劳的个人的最好材料，因为它保留了法律的约束对象和他们的职位，通常还有这些法律是何时颁布和／或收到和张贴的。如果没有《狄奥多西法典》，我们对 4 世纪和 5 世纪初的政治斗争的了解将变得不可能。当《狄奥多西法典》在 438 年发布，并得到君士坦丁堡和罗马元老院的公开赞誉时，它旨在作为在帝国官员面前提起诉讼时可以引用的唯一法源。

当然，继续有新法律颁布，其中许多保存在了查士丁尼皇帝发起的 6 世纪法律汇编中。尽管有了狄奥多西的委员们的努力，查士丁尼仍然觉得自己帝国的法律状况不能令人满意。当查士丁尼时代编撰的帝国立法和司法注疏在中世纪盛期被重新发现时，它们将改变西方法律的历史。不过，我们不能低估狄奥多西的项目的规模，还有它在保存可以被引用或执行的法律，以及在某种程度上将其体系化方面的重要性。此外，作为帝国意识形态统一性的体现，它保护了东西部罗马人之间在现实中正迅速消退的身份认同感。

5 世纪 30 年代不仅见证了以弗所大会和《狄奥多西法典》的颁布，也见证了瓦伦提尼安和李基尼娅·欧多克西娅的婚姻，在那个十年里，帝国也开始真正感受到匈人的影响。就像我们已经看到的，鲁瓦是第一个真正重要的匈人领袖，他在 422 年发起的突袭让东罗马采取了用收买来解决多瑙河威胁的政策，甘愿付出任何看上去能够维持的价钱。那一年，他接受了每年 350 磅黄金的贡金，或者我们可以合理地称之为保护费。因为阿非利加的事件——我们将在下一章中盘点汪达尔人的入侵和征服——这位匈人酋长在 434 年有机会扩大他的掠夺范围。主要的亲兵野战军已经被派往西部，协助意大利政府维持对西地中海的控制，因此鲁瓦再次威胁入侵巴尔干，这一次他试图索取更高的金额，更重要的是，他还要求交还自己的敌人，他们从他的霸权统治下逃入了罗马帝国。狄奥多西的宫廷不愿这样做，因为它无疑需要从这些反抗的部族中为帝国军队征兵。弗拉维乌斯·普林塔率领的使团前去同鲁瓦谈判，但由于这位国王的突然去世，以及他的侄子布雷达（Bleda）和阿提拉（Attila）的继任，形势暂时缓解，直到他们对自己的蛮族臣民建立起了他们叔叔曾有过的同等程度的权威。但当东部大军再次前往西部对付汪达尔人时，匈人将再次以武力介入巴尔干地区。

此时，瓦伦提尼安三世同李基尼娅·欧多克西娅举行了期待已久的婚礼。437 年夏天，西部皇帝和他的部属前往君士坦丁堡，437 年 10 月 29 日，两人结婚。为了表示纪念，特别打造了带有"幸福婚姻"（FELICITER NVBTIIS）的索里都斯。随后，夫妇俩返回瓦伦提尼安在拉文纳的西部驻地。作为对这场婚姻和两半帝国的联合的公开感恩，欧多基娅奥古斯塔前往耶路撒冷朝圣，并为君士坦丁堡的皇帝教堂收集圣物。她途经安条克，在那里向市议会和民众发表了一场加入了荷马史诗元素的演说，并在市议会厅中获得了一座黄金塑像，作为对她的敬意。回到君士坦丁堡时，她也受到了类似的祝贺，但随后，宫廷阴谋突然出现，造成了痛苦的结果。

狄奥多西的皇帝内侍总管，宦官克吕萨菲俄斯成功地让自己越来越受到皇帝的信任，就像皇帝内侍总管常常做到的那样，但皇后从耶路撒冷归来可能让她有机会重新确立自己的地位。因此，克吕萨菲俄斯挑起了两位奥古斯塔之间的不和。他首先利用欧多基娅的嫉妒，指出她没有自己的皇帝内侍总管，而皇帝的姐姐普尔克里娅却有：当皇后就此向狄奥多西施压时，她被告知，由于普尔克里娅出身皇族，这个区别是正确合理的。接着，欧多基娅——可能又是在克吕萨菲俄斯的怂恿下——提出，她的对手应该被任命为女执事（deaconess），这将使后者永远不会碍事。普尔克里娅抢先阻止了这一招，表面上退归城墙外几英里处的七里营宫殿，但保留了皇帝部属中自己的许多效忠者。

随着普尔克里娅被排挤到安全距离之外，欧多基娅可能以为自己是胜利者了。她安排一位长期盟友，埃及诗人，从437年起担任君士坦丁堡城市长官的弗拉维乌斯·陶鲁斯·塞琉古斯·居鲁士（Flavius Taurus Seleucus Cyrus）同时担任东方辖区的长官。如此多的权力集于一人的确史无前例，几乎等于皇后发动了一场隐形政变。不过，居鲁士确实很受欢迎，据说竞技场中出现了支持他的示威。城中一个由他重建的市区被以他的名字称呼，他在那里建了一座著名的"育神者"教堂。他还是东部的帝国行政文化日益希腊化的一个非常早期的例子。在整个帝国东部，法律和行政用语一直是拉丁语，无论希腊语在多大程度上仍然是普通人的多数语言以及最好的高级文化语言。法律可能被译成希腊语公开发布，但具有法律效力的是拉丁语版本。但是，居鲁士用希腊语发布政令，一个世纪后的一位可信的古事作家明确这样告诉我们。这种创新在当时没有太多吸引力，但标志着未来将要发生的事：不到一百年后，东部新法律的语言将从拉丁语变成希腊语。

居鲁士积累起来的权力优势——加之他与欧多基娅的关系——无疑加剧了对他的反对，牵头者似乎又是克吕萨菲俄斯。441年年末，狄奥多西罢免了居鲁士，可能是因为害怕这位长官的人气。他的财产被没收，并被强迫接受圣职——他很讨厌这样——随后被任命为弗里吉亚偏远小城科图埃乌姆（Cotyaeum）

的主教。这是刻意的惩罚，因为据说该城居民杀害了不下四任主教，很可能是因为他们表达了对聂斯脱利派的同情。不过，居鲁士适时展现了他的反聂斯脱利派态度，平安度过了自己的主教任期，在狄奥多西死后回归公共生活，一直活到那个世纪后段。

但在 441 年，居鲁士不得不接受惩罚，因为克吕萨菲俄斯已经干掉了他的庇护者欧多基娅。我们现有的故事年代较晚，而且包含民间传说元素（比如，在主显节的庆祝活动中秘密赠送苹果），这想必表明当时的人很少真正了解宫廷的封闭世界中发生了什么。故事暗示欧多基娅与政务总管保利努斯情投意合，而小阿卡狄乌斯的生父是谁也遭到质疑。无论此时的真相如何——这点无法确认——欧多基娅的继续出现都让狄奥多西无法忍受。她归隐到耶路撒冷，保留了奥古斯塔的头衔，接下来的十六年里在该城开展了慷慨的慈善工作和虔诚的建筑工程。保利努斯被处决，阿卡狄乌斯这个可能令人尴尬的继承人在大概 439 年或 440 年自然死亡，从来没有被封为恺撒，更别提奥古斯都了，因为同时期人的掩盖，他几乎被从历史记忆中抹去。

不过，尽管对手消失了，普尔克里娅并没有恢复权力。相反，宫廷事务现在似乎完全掌握在克吕萨菲俄斯手中。事实上，一种比较可靠的传言称，在狄奥多西统治的最后十年里，皇帝签署文件时甚至都不看一眼。也许这是真的，但我们在 5 世纪 40 年代的宫廷中无疑看不到杰出的行政官员，就像在皇帝统治的前三十年里那样。不过，御前议事会继续像在 5 世纪 30 年代那样提供了治理、法律和政策上的一致性，这同样是真的。接着，在 446 年，君士坦丁堡元老院第一次被带入了立法的正式流程，因此它不再仅仅是起草法律公告和判决的议事会——特别是财务官及其部属——而是出现了完整的议政程序，让东部元老以在西部早已名存实亡的方式专注于皇城。

狄奥多西统治的最后岁月受到新的匈人入侵和重新开始的教会争论的冲击，这归根结底源于对聂斯脱利争论不尽如人意的裁决。早在434年，普林塔和他的使团就与布雷达和阿提拉兄弟达成协议，不再接受逃亡的匈人，同意赎回罗马战俘，并将每年交给两兄弟的保护费翻番，达到700磅黄金——这可能反映了现在有两位平等的国王，而不是一位。东部宫廷可以心平气和地考虑这样的数额，表明其总体经济状况的稳定，与苦苦挣扎的西部形成了反差。

5世纪30年代后期，布雷达和阿提拉巩固了他们对多瑙河以北的各个游牧和定居人口的霸权，尽管并不完全清楚他们控制的全部范围。接着，在439年，汪达尔国王盖瑟里克（Gaiseric）成功占领了迦太基。东部机动军队的一多半被派去阿非利加，同瓦伦提尼安的西部政权共同应对这一威胁。几乎与此同时，阿提拉和布雷达兄弟宣称帝国违反了435年条约的条款，然后他们占领了多瑙河边境的几座城市，包括被夷为平地的维米纳基乌姆（Viminacium）。马尔古斯（Margus）、辛吉杜努姆和多瑙河对岸的要塞君士坦提亚（Constantia）都被占领，并严重受损。441年，西尔米乌姆陷落，大部分居民沦为奴隶。这是惊人的损失——西尔米乌姆在整个3世纪和4世纪都是一个皇帝的住所，也是巴尔干军事防务的枢纽和东西部之间主要的转运点。多瑙河不再是有意义的边境，而从实际角度看，潘诺尼亚和达契亚大区暴露于匈人的攻击之下，无论阿提拉和布雷达选择何时发难。事实上，这个世纪剩下的时间里，在大部分潘诺尼亚的和许多达契亚的行省中，很难确定帝国文官政府多大程度上仍在继续运作，即便是当归来的亲兵野战军让阿提拉和布雷达撤回多瑙河以北之后。

445 年，布雷达去世，很可能是被他弟弟下令谋杀的。446 年，阿提拉声称皇帝拖欠了支付给匈人的钱，表示如果不支付 2100 磅黄金，就要发动入侵。狄奥多西政府拒绝了这一要求，因为东部边境平安无事，也许能够应对一场巴尔干战争。阿提拉准备在 447 年的作战季发动入侵。帝国的回应被一场大地震意外地打乱，地震摧毁了君士坦丁堡的许多防御工事。阿提拉军据说洗劫了 70 座城市，但没有进入遭到地震破坏的色雷斯地区，而是北上马尔基亚诺波利斯，然后再次沿多瑙河而上，前往潘诺尼亚。他们被一支帝国野战军阻截，伤亡惨重，但最终击溃了罗马对手。

帝国政府再次被迫谈判，同意支付 6000 磅黄金来赔偿所谓的拖欠，并将每年的纳贡增加到 2100 磅黄金。匈人国王还要求在多瑙河沿岸空出宽 5 天骑程，长达数百千米的地带作为缓冲区。就我们所知，狄奥多西的大臣们同意了这一条件，这可能让罗马失去了还在该地存在的驻军——肯定不会太多；但没有证据表明有大规模的人口迁移，多年的劫掠和匈人的勒索很可能已经大量消耗当地的人口。无论如何，和平似乎得到了维持，尽管可能只是因为对阿提拉来说，巴尔干行省的骨头上已经几乎没有什么肉了。447 年之后，他将注意力转向了西部。

尽管匈人的冲击对巴尔干的帝国当局造成了巨大的破坏，但更引人注目的是东部有能力连年支付大笔黄金，但没有导致自身破产，或引发统治危机。相比之下，教会争端是对帝国控制能力的持续威胁，无论是在国都和大都会，还是在最富有行省的乡村地区。在经历了时长前所未有的主教任期和几乎前所未有的暴力后，亚历山大里亚的西里尔于 444 年去世。他的继任者狄奥斯科鲁斯（Dioscorus）认为对安条克的聂斯脱利神学的铲除还不够彻底，针对基督拥有二种性质（physis）的可能，他提出了一种极为简单的反对意见。在君士坦丁堡，欧图刻斯（Eutyches）接受了狄奥斯科鲁斯的观点，此人是一所城市修道院的修士大司祭，也是宦官克吕萨菲俄斯的密友。他遭到君士坦丁堡主教弗拉维亚努斯的反对，后者支持以弗所大会之后设计出的公式，该表述在理论上终结了聂斯脱利争论。448 年，弗拉维亚努斯谴责欧图刻斯为异端，但后者请求罗马主教利奥（Leo，或译良）介入。

利奥的观念——自己的职位所蕴含的权力能够评判基督徒信念的正确与否——远远超出了他前任们的观念。从利奥开始，我们可以把罗马主教视作他们后来的身份——"教皇"，他们主张一种教会中精神权威的主体（preponderance），该主张常常被其他人接受。与此同时，和以往一样，罗马更愿意与亚历山大里亚站在一起，反对君士坦丁堡或安条克，于是利奥爽快地答应了。经过审查，他认定君士坦丁堡的弗拉维亚努斯是对的，欧图刻斯的确持有异端观点，但只有他，即利奥才能做出裁决。狄奥斯科鲁斯推动召开大会，以证明他和他的门徒的观点是正确的，但欧图刻斯拥有像内侍总管克吕萨菲俄斯这样的盟友，这起到了很大作用。狄奥多西要求在 449 年召开大会，地点仍然在以弗所。

不顾利奥的反对，大会于 8 月召开，由亚历山大里亚的狄奥斯科鲁斯主持。利奥的代表提交了他的"大卷"（Tomus），必须承认，这部神学作品继续证明，作为哲学或神学微妙性的语言载体，拉丁语不如希腊语。不出意料，争论双方的希腊主教都认为罗马的文件毫无价值。狄奥斯科鲁斯战胜了任何潜在的反对力量，获得了100多名主教的支持，在帝国士兵的严密监视下，他们认定欧图刻斯为正统，而弗拉维亚努斯应该被免除其君士坦丁堡主教的职位。决议被不出意外地执行，其他几个拒绝接受他被罢免的安条克支持者也遭到流放。

在意大利，愤怒的教皇利奥说服拉文纳的宫廷与其在君士坦丁堡的高级伙伴交涉。与他的堂兄一样软弱，似乎还要更愚蠢些的瓦伦提尼安三世同意了——但没有效果。拉丁人可能会谴责第二次以弗所大会是"强盗大会"，但正皇帝坚持其标准的亚历山大里亚派的表述方式：基督的一性（one nature）化身为上帝与基督的一人（single person）。狄奥斯科鲁斯不出意外地将罗马的利奥革出教门。如果还是在4世纪的往昔，一位皇帝可能会试图迫使另一位皇帝让给他制造麻烦的教士就范。但现在不会这样了，因为西部政局几近完全失序，而且双方没有心情打一场内战。

事实上，如果不是一系列奇怪的历史意外，事情很可能就此平息。普尔克里娅——我们不知道她是怎么做到的——设法让克吕萨菲俄斯倒台，普尔克里娅回到弟弟的宫廷，重新确立了自己的地位。接着，在450年7月28日，狄奥多西坠马，他摔断了腰，伤重不治。这给东部帝国的政局带来了新的难题，因为瓦伦提尼安作为正皇帝的权力永远没有可能在君士坦丁堡得到承认：东部宫廷认为西部是我们现在意义上的"失败国家"，前者定期给予它援助，同时意识到真正的解决方案会被证明完全无法找到。

"卿官"马尔克里努斯（Marcellinus comes）写于6世纪的编年史中保存了来自君士坦丁堡政权官方公告的大量信息，暗示狄奥多西在临终时指定了继任者。狄奥多西奄奄一息时，普尔克里娅和当他遭受致命伤时在场的大人物们制定了一个计划来挽救局面。阿尔达布利乌斯之子，宫廷中地位最高的军人阿斯帕尔并不寻求让自己成为皇帝，而是为他的副手，一个名叫马尔基亚努斯（Marcianus，英语中习惯上称之为马尔西安）的色雷斯军官争取到了皇位。接着，普尔克里娅嫁给了马尔西安，尽管这场婚姻很可能有名无实。瓦伦提尼安的西部宫廷拒绝承认，认为这是篡位。5 世纪 50 年代初颁布的西部法律的标题中会略去东部皇帝的名字。虽然严格说来，瓦伦提尼安的态度非常正确，但就东部的公众情绪而言，与普尔克里娅的婚姻让马尔西安成为狄奥多西家族的合法成员。奥古斯塔本人在 450 年 8 月 25 日为她的配偶加冕——婚礼随后于 11 月 25 日举行——后者在统治伊始处决了失宠的克吕萨菲俄斯。新的黎明就此宣告到来，它最初的行动将与教会有关。

就像我们已经看到的，第二次以弗所大会被罗马主教利奥斥责为"强盗大会"，主要是因为大会无视他提出的神学公式（"大卷"）。在东部，大会也遭到一些主教的厌恶，他们正确地认识到，那是亚历山大里亚的西里尔的一性论被与他同样专横的继任者狄奥斯科鲁斯强加给整个东部教会。在这里，我们无须纠结于它所提出的复杂的神学细节问题，但马尔西安召开的大会的文件是我们关于 5 世纪的宫廷惯例和教会政治最丰富的材料之一。沿袭前任的政策，马尔西安决定，至少应该在另一场大会上讨论利奥的"大卷"，会议将在东部举行，教皇也会参加。在为大会做准备的过程中，君士坦丁堡的阿纳托利乌斯——尽管是在狄奥斯科鲁斯和亚历山大里亚人的影响下才登上宗主教宝座的——同意接受教皇的"大卷"。利奥再次选择抵制召开大会，但马尔西安无视这些抗议，会议于 451 年秋天在君士坦丁堡召开，尽管为了减少骚乱的风险，会址被移到博斯普鲁斯海峡对岸的迦克墩。

这次大会后来被接受为第四次大公会议（继尼西亚、君士坦丁堡和第一次以弗所大会之后），也就是说，大会的决议对整个教会拥有普遍效力——直到今天，西方的天主教会和东方的东正教会都仍然承认这点。足足有 600 名主教参加了迦克墩大会，经过许多个月的争论，终于达成了让几乎每位主教，甚至许多认为其从根本上是错误的主教都接受的妥协性的公式——这也是政治上的妥协。西里尔的一些作品和利奥的"大卷"被认定为包含了正确的教义，但信经声明让两人都不满意：只有一个基督，但他具备两种不可分离、不可分割和无法改变的性质，每种性质都保存在它们作为一个人和一种本质的联合之中。

许多现代读者会觉得，这番话是官样文章——包括那些将迦克墩信经作为正统教义的教会中的虔信成员。那是因为在当时，它完全是模棱两可之词：这种表达给安条克人的观点留下了很大的空间；它似乎排斥了亚历山大里亚人最极端的信条，同时又让那些如此选择的人相信，这个公式不过是体现了他们观点的微妙之处；它还允许支持教皇至高地位的拉丁人宣布胜利——东部人可以随意忽略它。狄奥斯科鲁斯被大会罢黜，他的继任者被帝国军队强加于桀骜不驯的亚历山大里亚。大会对埃及和巴勒斯坦许多基督徒的忠诚造成了持久的伤害，他们继续坚持西里尔和狄奥斯科鲁斯的一性论神学（很快被它的敌人们称为 monophysitism），这一伤害将在东部帝国的宗教生活中留下持久的伤痕。大会让帝国政府不得不强制推行一种它的许多臣民永远无法接受的教义，因此在亚历山大里亚和安条克，以及圣城耶路撒冷，马尔西安的继承者们将要面对为反对迦克墩和解而爆发的大规模暴力活动。在叙利亚、巴勒斯坦和埃及，对迦克墩公式的抵制差不多势头不减地持续了几个世纪，在每个地区的多数地方，群体观点仍然顽固而倔强地保持着一性论。这个事实的影响将延续几个世纪，特别是在阿拉伯人征服期间和之后——两个世纪后，它导致帝国都城失去对东部大部分地区的控制。

迦克墩大会还为未来希腊和拉丁教会的关系埋下了更多的隐患，因为大会的第 28 条教规正式确认，君士坦丁堡拥有与罗马相同的特权和权威——这意味着现在，古老得多，而且在早期教会中重要得多的安条克和亚历山大里亚教会在其所能主张的正式权威上将明确从属于君士坦丁堡。同样新崛起的耶路撒冷教区——并非古老的教会所在地，而是因为自君士坦丁的统治以来帝国朝圣者的数不清的赞助，才被提升到远远超越其历史的地位——现在同样被设定为独立教会，不再附属于安条克。八十年后，在查士丁尼皇帝统治时期，这个所谓的"自治教会"（autocephaly）的身份将让耶路撒冷被承认为"宗主教区"（patriarchate），与罗马、君士坦丁堡、亚历山大里亚和安条克并列。

马尔西安政权的另一个重要特征本来很可能产生比实际中的更严重的后果：他决定停止靠收买来维持多瑙河边境的和平。这样做既是为了显示自己的威望，也是为了财务谨慎而故意采取的做法，此举将为他的前任所展示的正统美德添加一些实质性的东西：在后来的皇帝查士丁尼的统治时期，他仍然因为给国库留下了大量财富而受到赞美。尽管受到冒犯，阿提拉还是选择不做出回应，他已经认定，再也不能从巴尔干榨出什么油水了。普尔克里娅于 453 年去世，鉴于她的年龄，她与马尔西安的婚姻自然没有孩子。她把个人财富都留给了君士坦丁堡的穷人。457 年 1 月，等到马尔西安跟随她走进坟墓时，他将是狄奥多西王朝最后一位统治者。普尔克里娅的侄子瓦伦提尼安已于 455 年在意大利遇害，那是这一政权的顶点，它既不像狄奥多西二世的政权那样与世无争，也不如后者成功。

在君士坦丁堡，军队高级指挥官们以几十年来在西部已经成为惯例的方式确立了自己的地位，担任军政官的下级军官利奥被他的庇护者弗拉维乌斯·阿斯帕尔扶植登上了皇位。完全不清楚为了实现这一结果，阿斯帕尔究竟在宫廷中使用了什么手段，因为有个叫安忒米乌斯的候选人在许多方面都更加出色：他与东部的文官和军人精英都有血缘关系，是成功参与了 421—422 年波斯战争的普罗科皮乌斯将军的儿子；他还是那位伟大的辖区长官，405 年执政官安忒米乌斯的外孙。沿着高级军官之子们的惯常职业路线，他在低级军官行列中逐步晋升，直到被马尔西安注意到，后者将自己的女儿埃利娅·马尔基娅·欧菲米娅（Aelia Marcia Euphemia）嫁给了他。我们不知道两人的成婚时间，但由于安忒米乌斯非常突然地以相当高级的指挥官身份［色雷斯卿（comes per Thracias）］出现在 453 年的文献中，这次提拔可能与他的成婚有关。他获得了担任 455 年第二执政官的荣誉（瓦伦提尼安是西部的第一执政官），在马尔西安去世时担任着亲兵长官并拥有"国公"的荣誉头衔。

因此，利奥的继位一开始看上去像是某位手握大权的长官为了将另一位长官赶下台而上演的宫廷政变，他采用了久经考验的方法，让一个地位足够低，无法构成威胁的军官来担任这个官职。或者统兵长官们可能怀着完全一样的目的达成了交易。在接下去的十五年里，阿斯帕尔一直是东部军队中的首要人物，而在新皇帝登基后，安忒米乌斯的生涯并未遭受挫折。那个世纪的晚些时候，后者将试图统治西部帝国的残垣断壁。这是瓦伦提尼安三世漫长而令人沮丧的统治留下的，而他的统治以其王朝在西部的灭亡告终。

第 9 章

普拉基狄娅、阿埃提乌斯
与瓦伦提尼安三世

就像我们已经看到的，霍诺留于 423 年 8 月 15 日去世。不久之前，普拉基狄娅被赶出了拉文纳。没有人接过君士坦提乌斯的领导权，于是西部经历了事实上的过渡摄政时期。狄奥多西二世或那些自诩代表他的人很可能希望单单从君士坦丁堡统治整个帝国，但这从来就不是一种现实的可能性。到了 12 月，有人采取了行动，首席文书约翰在拉文纳被拥立为奥古斯都。

不清楚这一举动的背后究竟是谁：现存材料中仅仅提到这场政变的两名支持者。一个是步骑兵统兵长官卡斯提努斯，我们上一次提到此人时，他对西班牙汪达尔人的作战失败了，将普拉基狄娅的部属博尼法提乌斯从意大利赶到阿非利加，后者在那里成为阿非利加卿；另一个是弗拉维乌斯·阿埃提乌斯，这是个来自默西亚的下级军官，出生在杜罗斯托鲁姆，当时大约 30 岁。他的父亲高登提乌斯（Gaudentius）参加过狄奥多西一世征讨欧根尼乌斯的战争，后来被斯提里科打入冷宫：高登提乌斯还受宠时，阿埃提乌斯曾作为出身高贵的人质在匈人中生活，在多瑙河对面的匈人政治组织中仍然有很广的人脉。父子二人利用约翰篡位的机会成功实现了之前没能做到的事：高登提乌斯被任命为亲兵长官，而阿埃提乌斯（之前担任过将近十年的亲兵扈卫，但尚未获得晋升）现在成了宫廷管事（cura palatii），一个在官阶上与内务部队的军政官相当的参谋职务。我们无法还原罗马元老院的态度，但除了拉文纳的廷臣，一定存在某些支持基础，我们必须猜测他们与卡斯提努斯有合作：为约翰打造的全部索里都斯都来自拉文纳，但在罗马也打造了许多铜币，证明他在那里受到认可。

就像我们所看到的，王朝挑战者的登基促使君士坦丁堡政权支持自己被流放的亲属：带着约翰皇帝肖像的拉文纳使者被拒之门外，并遭到流放。狄奥多西最终承认已故的君士坦提乌斯三世为合法皇帝，瓦伦提尼安为"最高贵的男孩"，加拉·普拉基狄娅为奥古斯塔。狄奥多西的女儿李基尼娅·欧多克西娅与瓦伦提尼安订婚，东部军队占领了萨洛纳（Salona），并在塞萨洛尼卡建立基地，瓦伦提尼安在那由狄奥多西信赖的政务总管赫里翁封为恺撒。普拉基狄娅和瓦伦提尼安随军一路前往萨洛纳，在那里，阿尔达布利乌斯率领的舰队将大部分军队运到意大利。另一部分军队由阿尔达布利乌斯之子弗拉维乌斯·阿斯帕尔统率，经由西尔米乌姆（当时还没有毁于阿提拉的匈人）前往阿奎莱亚，几乎没有遇到有组织的抵抗。普拉基狄娅和她的儿子驻扎在阿奎莱亚，直到战事结束。424 年，卡斯提努斯担任了西部执政官，但在东部不被承认，统兵长官维克托尔是东部唯一认可的执政官。获悉东部入侵的消息后，阿埃提乌斯前往潘诺尼亚，计划招募一支由匈人组成的军队，尽管我们不清楚这些是自由雇佣兵，还是鲁瓦国王送来的士兵。当阿尔达布利乌斯从萨洛纳起航时，他在这些谈判中已经取得了良好的进展。

运气站在了约翰一边，至少是暂时的，因为一场风暴让舰队遭受重创，阿尔达布利乌斯也在登陆时被俘。现在，约翰手里有了极好的谈判筹码，他决定将它留到自己拥有一支真正的军队撑腰之时——直到阿埃提乌斯带着士兵归来。尽管计划听上去很合理，但它还是失败了，因为阿尔达布利乌斯在意大利军队中很有人气，他还成功买通了拉文纳的驻军，同时派信使前往阿奎莱亚，鼓励阿斯帕尔发动全面入侵。阿斯帕尔的军队来到了拉文纳城外，但由于他们主要由骑兵组成，而非在海难中被打散的步兵部队，他们很难通过突袭占领该城，也没什么机会将其守军引到战场上。不过，有个当地的牧羊人——据说是这样——引导阿斯帕尔的一支部队穿过围绕该城的沼泽，然后城门就为他们打开了。东部的宣传声称，这归功于狄奥多西个人的介入和他的祈祷：上帝派出了他的一位天使指引东部军队实现目标。阿尔达布利乌斯的巧舌和其许诺的巨大奖赏是更可能的原因。

无论如何，约翰在宫中被俘，被押送到阿奎莱亚，在那里被奥古斯塔处死——不过先被砍掉双手，坐在毛驴上绕着竞技场示众。由于卡斯提努斯的追随者数量太多，不便对其下手，他遭到流放，不久死去。此时，阿埃提乌斯带领着（一些人声称）6 万匈人赶到。即便是这个数字十分之一的力量也足以对东部军队带来大麻烦，后者在遭遇多次海难后仍然处于混乱的状态。阿埃提乌斯认识到自己的优势，拒绝缴械，尽管他曾经支持的对象已经战败。他要求在新政权中担任要职——如果被拒绝，他将自己把战争继续下去。这是二十年前阿拉里克率先采用过的模式，在西部日益被接受为通往权力的最快道路。普拉基狄娅接受了他的要求，封阿埃提乌斯为统兵长官，并出钱收买了匈人，让他们在没有享受到战斗乐趣的情况下回了家；阿埃提乌斯的儿子卡尔皮里奥（Carpilio）与他们同行，作为皇后为他们的良好行为而交出的人质。

从阿奎莱亚出发，这批形形色色的胜利者前往罗马。425 年10 月 23 日，瓦伦提尼安恺撒被宣布为奥古斯都，就像在塞萨洛尼卡那样，为他加冕的仍然是代表狄奥多西的东部政务总管赫里翁。有带 VICTORIA AVGG（"两位奥古斯都的胜利"，即狄奥多西和瓦伦提尼安）字样的钱币发行，背面是戴着皇冠的皇帝踩着人头蛇的画面，代表被打败的篡位者。作为这场胜利的终极缔造者（尽管在海上遭遇了不幸），阿尔达布利乌斯获得了执政官职位的奖赏，成为 427 年的第二执政官，同僚是狄奥多西手握重权的东方辖区长官弗拉维乌斯·希埃里乌斯。

在罗马的这次称帝是埃及底比斯的奥林匹奥多罗斯所著史书的高潮。奥林匹奥多罗斯担任过使节，有着像上一代人中的阿米安所特有的那种旅行者的好奇。他撰写的史书涵盖了 407—425年［更确切地说，他称之为《历史素材》（*Materials for History*），因为他拒绝进行修昔底德式的打磨，使其行文变得又经典又含糊，而是更喜欢在新奇的或技术性的希腊词汇能够更好表达他的意思时使用它们］。他在 427 年时已经完成了这一作品，使其成为古代世界里最接近即时历史的东西，从现存的残篇中能够迅速看出的叙事弧线表明，在他看来，东部总能做出西部曾没有做出的正确选择——王朝的自制；负责任地生育继承人；对蛮族的无礼行为进行短暂而锐利的震慑——因此，家族的东部分支需要拯救西部分支。但他的叙事并不乐观，不像一些学者所想象的那样：虽然他称赞了君士坦丁堡对其无助的拉文纳亲属的仁慈关怀，但他现存的最后一段残篇（保存在一份过于缺少想象力，以至于不可能被重新编排过的材料中）是关于阿埃提乌斯带着匈人军队抵达意大利，准备发动战争——但如果被赋予高阶官职，他就愿意不那么做。这并非偶然；奥林匹奥多罗斯在意大利长期动乱期间就在那里，知道问题多么棘手。他把阿埃提乌斯来势汹汹的军阀作风描绘成未来暴力的前兆，就像在普拉基狄娅母子虚幻的胜利后，暴力实际上将吞没西部帝国。

尽管可能只在一定程度上是虚幻的：普拉基狄娅将被证明善于约束潜在对手以及潜在的支持者的暴行；瓦伦提尼安三世将在没有受到严重篡位挑战的情况下统治三十年。这仅仅是因为，到了他统治的最后——或者说，到 5 世纪 40 年代初加拉不再活跃于政坛时——皇帝头衔已经几乎不再值得篡夺，其权力已经因为将军们的争斗而被彻底挖空，为了在帝国机器中占有一席之地，他们每个人都愿意破坏它的一部分。等到 455 年瓦伦提尼安去世时，帝国的这种空心化已经成为公开的秘密，当三十年来连合法的王朝都对此无能为力时，他皇位的多名竞争者也没有真正的机会来改变什么。

尽管如此，尽管西部帝国最后的五十年催生了各种令人感伤的抒情式沉思，但需要记住的是，帝国的垮台并不是不可避免的，要对导致这种结果负最大责任的人——遍布西部帝国的军阀和小国王，无论是否得到帝国的认可——并不想摧毁他们为之展开争夺的政治体系。毁灭只是他们争斗的副产品。425 年，普拉基狄娅可能曾与阿埃提乌斯短暂讲和，但她无疑不信任他。瓦伦提尼安的登基仪式举行后不久，东部野战军班师，此时担任步骑兵统兵长官的并不是阿埃提乌斯，而是弗拉维乌斯·君士坦提乌斯·菲利克斯（Flavius Constantius Felix），我们对此人的背景一无所知，但想来是个受东部高级指挥官们和普拉基狄娅本人信赖的高级军官。

阿埃提乌斯被任命为骑兵长官，并被派往高卢。我们很难从相互矛盾的材料中确定随后的几年间他在那里的活动，但他与狄奥德里克为阿雷拉特的控制权发生了冲突——后者最初可能试图阻止约翰的军队夺走纳尔波高卢，而当普拉基狄娅同阿埃提乌斯议和后，他仍不愿意放弃对它们的控制。5 世纪 20 年代后期，我们知道在第二贝尔加发生了战事，战火最远烧到索姆河，并沿着莱茵河中游扩散，很可能在莫古恩提亚库姆附近，两次可能都是面对一个或另一个法兰克人军阀。差不多同时，5 世纪前十年中恢复的对西班牙的控制因为汪达尔人在巴埃提卡的存在而受到挑战。汪达尔国王贡德里克（Gunderic）与加利西亚的苏伟维人之间的持续矛盾也引发了公开冲突，我们知道该大区的治所奥古斯都老兵殖民市不止一次受到威胁。当贡德里克于 428 年去世后，他的弟弟盖瑟里克继任汪达尔国王，继续哥哥的战争。与此同时，在阿非利加，博尼法提乌斯与各个摩尔人部落交战，尽管我们在细节上并不了解这导致了什么。

菲利克斯对他的下属和他们的野心疑心重重，他很可能有充分的理由这样做。他们每个人显然都在密谋向另一人发难，他还可以假定，他们都对自己图谋不轨。我们无法厘清宫廷政治，但看上去至少在 427 年左右，博尼法提乌斯受到被撤换的威胁，他拒绝卸任，打败了菲利克斯派来逼他就范的军官们。428 年，普拉基狄娅的一名哥特人支持者弗拉维乌斯·西吉斯乌尔图斯（Flavius Sigisvultus）被任命为阿非利加卿，取代博尼法提乌斯的位置。他成功占领了迦太基和希波等重要的沿海城市，但博尼法提乌斯继续违抗让他卸职的命令。接着，在 429 年，趁着菲利克斯忙于对付博尼法提乌斯，阿埃提乌斯发动了针对这位统兵长官的哗变，菲利克斯和他的妻子帕杜西娅（Padusia）都被杀害。

由于身边没有可靠的盟友，普拉基狄娅和宫廷各部门别无选择，只能接受阿埃提乌斯接替菲利克斯担任最高统兵长官。西吉斯乌尔图斯被召回意大利，很可能是为了代表普拉基狄娅制衡阿埃提乌斯，博尼法提乌斯因此再次控制了阿非利加。不过，与此同时，汪达尔国王盖瑟里克决定乘乱入侵阿非利加。他和全部追随者（包括他们的女眷和孩子）从西班牙出发，由廷吉塔尼亚沿岸而行，前往恺撒利亚毛里塔尼亚和西提菲斯毛里塔尼亚——在那里开始真正的征服行动。后来的一份材料——为了纪念相似论派的汪达尔人对尼西亚派的迫害——声称，盖瑟里克对本族人口做了统计，发现有 8 万人要登船转运。这个数字本身并不是难以置信的，但它是我们拥有的唯一此类证据，我们也没有特别的理由认为它是准确的。为了回应这一新的威胁，博尼法提乌斯被重新纳入官方的军阶体系，恢复了阿非利加卿的合法头衔，受命与盖瑟里克交战。

盖瑟里克入侵了努米底亚，430 年 5 月左右，博尼法提乌斯在那里被打败，然后率军逃往希波，盖瑟里克随即包围了那里。这座城市坚持了一年，在此期间，长期担任当地主教的奥古斯丁最终在 8 月 28 日老死。431 年 7 月，盖瑟里克放弃了，当时他被迫抵御东部宫廷派来的军队。就像我们在上一章中看到的，伟大的将军阿尔达布利乌斯之子弗拉维乌斯·阿斯帕尔前往西部，试图第二次拯救摇摇欲坠的西部政权。他和博尼法提乌斯会师，与盖瑟里克发生激战，他们在战斗中被击散。不清楚东部军的残兵遭遇了什么，但博尼法提乌斯退往意大利，任由盖瑟里克攻占希波，并接着开始降服努米底亚的内陆地区，然后向治所迦太基发动进攻。

阿埃提乌斯担任了 432 年的执政官——他能够举办执政官赛会这个事实暗示，他在征战莱茵河流域时获取了大批战利品——但很快又和普拉基狄娅发生争吵。她罢免了他，任命自己的属下博尼法提乌斯为统兵长官。鉴于后者在阿非利加的失利，他不是阿埃提乌斯的这一事实就足以使自己受到认可。当然，阿埃提乌斯不会接受被替换，就像五年前博尼法提乌斯所做的那样。正是这种毫无意义的矛盾削弱了西部国家的治理能力。432 年，博尼法提乌斯与阿埃提乌斯在意大利的土地上开战。到这时，如果不求助于雇佣兵军阀（或"盟友"，用词可以很灵活），双方可用的兵力都很少。主要的战役在阿里米努姆附近打响，阿埃提乌斯败北，逃到了达尔马提亚，但博尼法提乌斯在战斗中受伤，不久伤重不治。他的女婿弗拉维乌斯·塞巴斯提亚努斯随即被任命为步骑兵统兵长官，而阿埃提乌斯回到匈人那里，想要集结一支能让他夺回权力的军队。

他在 433 年做到了这点，带着一队匈人雇佣兵再次出现在意大利，对帝国宫廷提出威胁，要求官复原职。显然，他在宫中既有敌人也有盟友，尽管我们同样不了解任何细节，但塞巴斯提亚努斯被罢免并流放，阿埃提乌斯恢复了统兵长官的职务，获得"国公"的荣誉头衔，还娶了博尼法提乌斯的遗孀佩拉吉娅（Pelagia）。匈人再次得到了报酬，回到鲁瓦的领地。434 年，随着自身权力的稳固，阿埃提乌斯决定与盖瑟里克谈判，他认定后者过于强大，无法消灭，却也许能成为对付其他对手的盟友。一位之前担任过私库卿，但当时职务不明的文官行政人员特吕格提乌斯（Trygetius）被派去同汪达尔国王谈判。在 435 年 2 月中旬达成的协议中，汪达尔人将希波交还给帝国政府，但被允许继续控制两个毛里塔尼亚行省以及努米底亚的部分地区。双方都不可能认为这一安排会是永久性的，但它让至关重要的对运粮船队的控制权暂时掌握在帝国手中。

这又意味着阿埃提乌斯会继续控制意大利，即便他还没有控制高卢——现在他正把注意力转向后者。在解决了阿非利加事务的同一年，他再次寻求匈人的帮助，这次是为了对付莱茵河上游的勃艮第人。在一些当地贵族的积极配合下，勃艮第人新生的王国开始从以莱茵河畔的波尔贝托马古斯（Borbetomagus，今沃尔姆斯）为中心的区域扩展到卢格杜努姆诸行省。由于被意大利政府无视，再加上除了特定的高卢人职位，高卢人似乎被排除在帝国统治体系的官职之外，这些贵族变得比以往更加不满。就像我们在上一章中所看到的，阿埃提乌斯的老盟友鲁瓦已经于 434 年去世，现在所需的军队来自他的两个侄子阿提拉和布雷达：436年或 437 年，勃艮第人的军事力量被全面摧毁，他们的国王贡达哈尔（Gundahar）和数以千计的勃艮第士兵在战斗中阵亡。这些事件以严重扭曲的形式进入传说，最终在 12 世纪的中古高地德语史诗《尼伯龙根之歌》（Nibelungenlied）和后来瓦格纳的《尼伯龙根的指环》（Ring Cycle）的时而令人赞叹，时而让人难熬的表演中得到了经典的表现。

437 年，瓦伦提尼安三世第二次担任执政官，他年满 16 岁，被带到君士坦丁堡，与狄奥多西和欧多基娅之女李基尼娅·欧多克西娅举行了婚礼。两人回到拉文纳后不到一年，他们生下一个女儿，按照孩子的外祖母，东部奥古斯塔的名字，孩子被起名为欧多基娅。第二年，次女普拉基狄娅诞生。差不多一年后，阿埃提乌斯的婚姻带来了一个儿子，高登提乌斯。阿埃提乌斯无疑计划通过婚姻安排来主导皇位继承——就像斯提里科曾对霍诺留做的那样——要是他能够控制周围跌宕起伏的政局的话。他面对的难题是那个世纪早些时候被释放的各方势力，以及狂热的情绪——他本人曾经根据形势所需，利用它进行那种攻击和退出帝国权力结构的政治活动。不过，就像可以预见的，5世纪40年代初，小普拉基狄娅与高登提乌斯订婚，为霍诺留最终对斯提里科所持的那种苦涩的怨恨埋下了伏笔。

对阿埃提乌斯来说，更紧迫的问题是他下级军官们的野心。5世纪30年代后期，当阿埃提乌斯仍然是"国公"和最高统兵长官时，其他将军们被称为统兵长官，从前作为下级将军头衔的"骑兵长官"消失了。在西班牙，统兵长官阿斯图里乌斯（Asturius，可能是我们已经提到过的那个镇压了马克西姆斯在加利西亚第二次篡位的阿斯特利乌斯的后人）对苏伟维人和一场史料中仅仅称之为强盗活动的行省叛乱发起征讨。由于在高卢西北部（大致相当于阿摩里卡的地区），也许还有其他地方，当地人口中有很大一部分人更愿意接受铁腕人物和军阀的统治，而非听命于帝国中央——这可能是因为，由于缺乏资金和忠诚的人员，帝国中央在治理方面再也完不成什么事情。事实上，与其说是统治，像阿摩里卡和西班牙北部等地的人民发现自己接受的不如说是惩罚性的征讨，它们表面上是针对蛮族而发起的，但也同样针对那些开始寻求自己的、当地的领导和司法管理资源的行省人口。409年过去四十年后，苏伟维人没有变成西班牙-罗马人，但也不是行省格局中的外来或异族元素。

高卢西南部的哥特人的情况也有所类似。我们看到，在之前的五十年间，高卢贵族更愿意无视狄奥多西王朝的控制，而从普拉基狄娅和阿陶尔夫的时代开始，他们还能在哥特人军队的帮助下这样做。当普拉基狄娅当时的丈夫君士坦提乌斯将哥特人安置在阿基坦时，他想要把他们作为对高卢人反叛的可能性的约束。他们无疑扮演了这样的角色，因为在整整一代人的时间里，高卢都没有发生篡位。但君士坦提乌斯不可能预见到的是，一些高卢贵族在多大程度上会觉得，狄奥德里克及其哥特人的势力是比来自拉文纳的统治更受欢迎的替代品。

形势混乱而模糊。像狄奥德里克这样的人物并无真正的先例：他显然得到合法任命，负责控制自己行使权力的地区，但他这样做的时候并不具备任何在帝国等级制度中受到认可的正式角色。要说他是统兵长官，却似乎没人这样称呼过他。与此同时，当在帝国边境内被使用，"国王"（rex）这个头衔只带有负面含义，尽管我们的一些材料称他为一位国王，狄奥德里克在任何甚至只是稍稍带有官方色彩的场合都不使用这个头衔。不过，尽管身份模糊，但他比意大利政权的任何代表都更接近当地，反应也更迅速，而且对于高卢西南和西班牙北部的贵族来说，他当然是比拉文纳更可靠的对话者。此外，他还按照传统路线维持着统治——税收、司法管理等等——这只可能在高卢元老和哥特军事精英达成了事实上的默契的情况下发生。一个事实显示了这一社会变革的规模，即至少在某些情况下，习惯法（称其为"日耳曼法"是夸大其词，但这无疑不是罗马法学家，甚至是来自行省的法学家所承认的经典罗马法）程序曾在被认定为哥特人的那些人中间使用，甚至闯入了需要对他们的争端做出裁决的哥特人和罗马人之间的关系。但这一切都非常含糊不清，就像在5世纪西部帝国更为边缘区域的许多东西一样。一百年前和一百年后，哥特人、法兰克人或罗马人之间的区别都可以以判定——现代历史学家也仍然能做到这点；5世纪中叶，尽管当时的人无疑做过这种区分，他们的标准似乎在迅速变化。因此，我们在"罗马人"和"蛮族"之间划出的任何界线都将是武断和不符合历史的。

此外，当中央政府决定对人们寻求当地的其他权威来源的行为采取敌对立场时，精微的区分并不重要。我们在对阿摩里卡、西班牙部分地区以及勃艮第人贡达哈尔的莱茵河中游地区的惩罚性征讨中已经看到了这点。在史料中，这些冲突被描绘成是法律镇压盗匪的力量，或者是罗马人在与蛮族作战，只有这样才是自然的，因为那是罗马作家思考时的知识类别。但更加现实和有用的角度是想象这样一个中央政府，它定期试图收回并利用边缘地区的税基，由于中央权力本身的作为（或者在更多的情况下是不作为），边缘地区正在螺旋式地与之脱离，寻求地方自立。中央会定期对这些地方自立进行打击：越容易到达（更接近意大利北部的机动军），中心化程度越高（即显然有一名军阀控制着该地区），对行省精英越有吸引力，阿埃提乌斯就越有可能向当地派兵，就像勃艮第人和哥特人所看到的。于是，436—437年，阿埃提乌斯成功的高卢统兵长官利托里乌斯（Litorius）统率着几支机动军和大量匈人雇佣兵征讨狄奥德里克。后来，他"征服了阿摩里卡人"，也就是"叛乱的"阿摩里卡行省的居民。439年，他再次向哥特人发动攻势，这一次于狄奥德里克在托洛萨的驻地附近遭遇大败。阿埃提乌斯对自己雄心勃勃的下属遭到羞辱感到高兴：为了保持他在中央的控制权，他希望自己的指挥官们像阿斯图里乌斯和梅洛巴乌德斯那样，既成功又不能太成功。

记住这点对我们至关重要，即无论阿埃提乌斯如何把自己想象成斯提里科和君士坦提乌斯的继承者，他也已经见识了远远更多的掌权铁腕人物失势的例子，而且他掌握的资源要比两人少得多，包括人力、物资和能支付给军队的现金。归根到底，更符合他利益的是与像狄奥德里克这样模糊和边缘的人物一起相处，而不是与身处军队体系中，其角色对所有人都清晰可见的对手共存——后者对匈人的势力很可能还有自己单独的安排，因为现在鲁瓦已经去世，阿埃提乌斯无法再把同他们的长期关系视作理所当然。于是，他任由被囚禁在托洛萨的利托里乌斯死去，作为一股支持高卢西南部的稳定的可靠力量，狄奥德里克没有受到打扰，直到阿埃提乌斯十多年后需要寻求哥特人的帮助来对抗阿提拉。

如果说狄奥德里克往往是容易控制的，那么盖瑟里克就不然了，虽然他确实是 5 世纪最老练的军阀。他与最强大的对手和盟友都保持着良好的关系——他的儿子胡内里克（Huneric）娶了哥特人狄奥德里克的女儿（不清楚名字）——但他最大的优势是手握舰队和阿非利加的一部分领土，两者不仅能对西部，也能对东部罗马帝国构成挑战。在地中海的任何地方，海盗行为都能构成威胁，但由于 500 年来这片内海对贸易来说是完全安全的，所以沿海城市对汪达尔人可能的行为没有做好准备。盖瑟里克还可以威胁每年从阿非利加到罗马的粮食运输，从而可能让整个西部帝国停止运作。最后，对他有利的是，许多罗马元老的收入来自他们在阿非利加的庄园，这让他们无法抛弃帝国政府同汪达尔国王的良好关系。

　　盖瑟里克轻易地强迫了 435 年条约的签订，让他掌握了两个毛里塔尼亚行省，这鼓励他尝试获取更多。他重新发起战事，想要夺取努米底亚和阿非利加代执政官行省的其他主要城市。439 年 10 月 19 日，迦太基被他的军队攻陷，他因而拥有了更多船只，可以用它们来制造灾难。到了 10 月，大海被封锁——汪达尔人像其他古代民族一样不愿意打破"封闭的海"（mare clausum）的古老传统——但他在下一年对意大利或其他重要地点发动进攻的前景让人恐惧。现存的一项瓦伦提尼安法令（他的第九项《新法》，于 440 年 6 月颁布）罗列了为守卫意大利而将做的准备，包括修缮罗马的防御工事，以及在统兵长官弗拉维乌斯·西吉斯乌尔图斯指挥下巡视海岸。与此同时，在君士坦丁堡，统兵长官阿斯帕尔受命组织一支军队和入侵舰队，来对付汪达尔国王。就像我们看到的，他动用了巴尔干大区的机动军，使得那里暴露在阿提拉的觊觎之下。440 年，盖瑟里克派他的舰队进攻西西里，包围了帕诺尔姆斯（Panormus），攻占了利吕拜翁（Lilybaeum）。当时的尼西亚派作家指责西西里的相似论派主教（除此之外，我们对他们所知寥寥）向"阿里乌斯派"的汪达尔人出卖了自己的城市。不能完全无视这种谣传，因为我们有清楚的证据表明，在处理与教会对手的争论时，西班牙的主教们会利用敌对的军阀。

　　440 年，意大利政府没有采取行动来保卫西西里，尽管 6 月 24 日发布的政令允许意大利平民拿起武器抵抗汪达尔人的入侵，并再次命令统兵长官西吉斯乌尔图斯守卫沿海城市。阿埃提乌斯从高卢返回，统率他的机动军为汪达尔人可能登陆意大利本土做好准备，但这从未发生。与此同时，东部的援助——在 6 月的诏书中曾被自信地预期——直到一年多后才到来。到了 9 月，拉文纳政府觉得有必要减轻西西里的税负，以补偿盖瑟里克造成的损失。事实上，直到 441 年，西部和东部才试图合作发动一场赶走汪达尔人的重大冒险。阿斯帕尔统率的入侵军队一路杀到西西里，但东部和西部宫廷间的争执以及匈人入侵巴尔干的威胁让他被召回。442 年，双方再次签订协议，不那么重要的黎波里塔尼亚和两个毛里塔尼亚行省被交还帝国控制，而努米底亚大部分地区以及整个拜扎凯纳（Byzacena）和阿非利加代执政官总督行省则给了盖瑟里克。

此举的重要性无论如何都不会被夸大，尽管有过一两次尝试，但该决定从未被推翻。这是帝国行省第一次被正式割让给波斯的众王之王（他的威望一直被认为与罗马皇帝的相当）以外的势力。此外，这并非简单地接受在帝国行省中的定居和事实上的自治——就像加利西亚的苏伟维人，阿基坦和纳尔波高卢的哥特人，甚至是曾经在西班牙的汪达尔人自己——而是割让了几个皇帝不再能指望获得收入和想要任命总督的富饶行省。帝国政府不仅割让了领土，而且承认这样做了，这成了真正重要的意识形态上的转折点。但甚至更重要的是此举对财政的可怕影响。

有人曾说，汪达尔人占领拜扎凯纳、阿非利加代执政官行省和努米底亚的值钱的部分折断了帝国的"税收脊梁"。确实是这样。运送国家补贴粮食的船队是将帝国经济维系起来的纽带，它们既出口粮食，也输出非洲出产的大批日用陶器和餐具。粮食船队背负了所有其他类型的商业活动。阿非利加代执政官行省的元老庄园是收入的主要来源，这些收入反过来又会流入帝国国库。因此，汪达尔人的定居标志着西部政府由此再也无法为它自己提供足够的资金。它还标志着地中海一体化经济的衰落的开始，尽管还需要 100 年才能完全感受到贸易下降的全部冲击。

虽然帝国税收体系的运作不会是任何人脑中有趣的阅读体验，但不应低估税收将罗马（特别是晚期罗马）帝国维持在一起的重要性。晚期罗马的模式不仅仅涉及包税人和罪人，就像《新约》中描述的：皇帝确定某一片土地的税率，由潜在的税金或贡金征集者按照这一数字进行竞价，并允许他们采取各种看上去可行的方法收集这些税款。恰恰相反，收取税款的整个业务完全由帝国官员负责，无论是来自皇帝的私人部门"私库"，还是更大的帝国预算部门"圣库"。

由于税款必须以黄金缴纳，而行省人口中只有相对有限的一部分人能够获得这种金属铸造的钱币，征税是将黄金回收至系统中的永恒循环。这在西部帝国特别重要，那里的皇帝没有获得新的黄金来源的机会，无法补充被私人利益从循环中抽走的部分。获得纳税所需黄金的机会并不均等，帝国官员拥有特权，让他们可以接触到获取这种铸币黄金的机会。这意味着行省间或同一行省内的地区间存在的套利可能性——从而让来自帝国部门的各种下级财政官员（rationalis）和执行吏（apparitor）穿梭往返——使得钱币随着军需品一同流动。这些官员在行省间往来所使用的公路也承载着贸易活动。边缘地区退出体系可能不会对中央政府造成可见的损失，但一切都建立在对北非的控制之上。那里的粮食生产的规模足够大，能够养活整个罗马，从而使其他大区能够维持它们自己的行省军事和文官机构。相应地，那里也是钱币通过税收体系流通最快的地方。

因此，阿非利加落入盖瑟里克之手是双重打击。这让帝国体系失去了非常庞大的收入来源，还把阿非利加的粮食供应变成了一项帝国国库的巨大负担。盖瑟里克无意让意大利失去北非充足的粮食，他自己的需求已经得到满足。相反，他想要将粮食卖给皇帝获利，从而在本质上让失去阿非利加的代价翻倍。粮食出口的延续——作为汪达尔国家的一项商业冒险——解释了为何依托于岁调的贸易活动在那个世纪中叶没有立即衰退，而是随着时间从 5 世纪进入 6 世纪，当经济和政治意义上的一体化的西部不复存在时才逐渐下降。

盖瑟里克的新国家的核心是阿非利加代执政官行省，他把迦太基作为自己的驻地。的黎波里塔尼亚和两个毛里塔尼亚行省理论上仍然属于拉文纳，但它们的经济价值远远不如盖瑟里克占据的阿非利加核心区域。445 年，为了讨好在外地主的利益，帝国政府同意了在它仍然控制的行省降低税负的请求，从而让自己失去了更多的收入。但是盖瑟里克继承的是一个高效且运作正常的政府。绝大部分的帝国统治机构都被新的统治者接管，留在汪达尔国王手中的那部分税收使他能够建立一支庞大得多的舰队，挑战帝国对地中海的控制——500 年来，自从"伟人"庞培在共和国最后的日子里肃清了地中海的海盗后，这种事还是第一次发生。

在汪达尔人控制的行省，存在当地精英和新统治者合作的大量证据，后者自己很快接受了罗马贵族的生活方式。非常引人注目的一点是，很少有考古学证据支持土地所有模式受到了破坏。当然会有难民，特别是我们在东部罗马到处都能见到他们：不愿接受新秩序的元老和市镇精英似乎认为，他们在东部的机会要比在西部好得多。与之类似，非常不清楚的是，意大利的在外地主多大程度上仍然控制着他们的庄园和从那里产生的收入，但没有大规模没收土地的证据。地位和权威受到巨大损失的唯一群体是阿非利加的神职人员，他们被在意识形态上致力于其相似论派信条的汪达尔人统治者大批驱逐。根据东部神职人员书信中提供的证据，阿非利加流亡者的足迹在该时期远至叙利亚。

让阿非利加是一个独立王国的感觉——这是帝国领土的割让，而非临时获得自治，却终究需要依附帝国的民族的定居——变得更强的是，这个代执政官行省实行了新的历法，它至少被一部分人和盖瑟里克的王家档案馆所使用。这可以追溯到439年10月19日，即迦太基被国王军队占领的那天。甚至更重要的是——很可能在签订442年的条约时就进行了谈判——瓦伦提尼安和李基尼娅的大女儿欧多基娅与盖瑟里克之子胡内里克订婚，就像我们看到的，后者已经娶了哥特人狄奥德里克的女儿。现在，他的第一任妻子遭到抛弃，被削掉耳朵和鼻子，回到了她父亲那里——这种刻意的羞辱只能由我们现已无从知晓的政治动机来解释。欧多基娅和胡内里克在瓦伦提尼安生前都没有完婚，但订婚的象征性力量是无法忽视的。

仍然完全不清楚阿埃提乌斯在这些谈判中可能扮演了什么角色，如果他是其中的驱动力量，那就甚至更难理解他希望从中获得什么。答案也许是试图制衡其他军阀，因为阿埃提乌斯实际上也是个军阀。他已经完善了为自己的目的绑架国家的手段，利用对罗马国家毫无忠心的外部力量来为自己作战。后来的传说——由希腊作家普罗科皮乌斯于6世纪首创，被本该更能分辨真伪的现代学者继续传播——认为他是"最后的罗马人"，是抵御不同蛮族及其首领的铁锤的壁垒。但事实上，他只是一个军阀，常常比大部分对手拥有更好的手牌。这是理解对盖瑟里克采取姑息策略的关键，与阿埃提乌斯、狄奥德里克和阿提拉一样，盖瑟里克掌握着对罗马毫无忠诚的军队。

与哥特人结盟总是更符合普拉基狄娅的，而非阿埃提乌斯的利益，后者一直主张把狄奥德里克视作潜在的威胁。同盖瑟里克结盟将这位哥特人领袖进一步打入政治冷宫，还创造了可以被用来对付阿提拉和布雷达的匈人的政治关系，阿埃提乌斯在后者那里从未享有他曾经与鲁瓦有过的那种特殊关系。由于他本人缺乏将决定性数量的士兵投入战场的能力，平衡其他军阀的风险和利益就成了他仅存的主要策略。从 442 年一直到瓦伦提尼安三世和阿埃提乌斯去世，盖瑟里克一直遵守着与帝国的和约，这个事实证明了和约的成功，即便就像阿埃提乌斯所做的其他许多事一样，它只是为他个人的短期利益而设计的。

普拉基狄娅此时的命运让这种分析显得更有可能。5 世纪 40年代初，她在宫廷的影响力几乎消失了。当瓦伦提尼安和李基尼娅·欧多克西娅越来越多地生活在罗马时，她却留在了拉文纳，当地还矗立着现在被描述为她的陵墓的建筑。该城仍然吸引着对晚期罗马和拜占庭艺术感兴趣的游客，因为那里保存着大多由希腊艺术家制作的镶嵌画装饰，而东部帝国的此类装饰在 7 世纪和8 世纪的圣像破坏运动狂潮中被毁。正是在普拉基狄娅隐退期间，拉文纳似乎实现了其真正的不朽形态，就像遭到流放，后来又丧夫的东部皇后欧多基娅在耶路撒冷安家，致力于为她积累珍宝那样。在拉文纳，加拉负责建造了许多教堂，包括圣十字教堂。至少从 9 世纪开始，一座曾经附属于该教堂的小型十字架形建筑就被认为是这位皇后的陵墓。传说她把自己的兄长霍诺留和去世已久的丈夫君士坦提乌斯移葬到那里，甚至有人认为，这座小教堂或"陵墓"是为了安葬她的第一个孩子，曾被阿陶尔夫和她给予很高希望的婴儿狄奥多西的遗骸而建的。沉寂多年后，她本人于450年去世，很可能被葬在兄长在罗马的陵墓。因此，5世纪40年代标志着阿埃提乌斯在意大利和高卢部分地区的真正掌权，即便不是在其他地方。

在意大利，阿埃提乌斯没有对手可言，弗拉维乌斯·西吉斯乌尔图斯似乎是一个忠诚的下属，而不是对手，他统率着瓦伦提尼安周围的亲兵部队，而阿埃提乌斯负责其他地方的事务。在行省，问题越来越多地变成希望能够说服高卢贵族接受帝国的控制和获得帝国的荣誉，而非接受为军阀和割据统治者效劳的职务，后者没有悠久的传统，声望较低，但离家更近，也更有权势。一部分高卢贵族对意大利当局的怀疑源自霍诺留统治时期的内战——许多贵族领袖在大清洗中失去了亲近的先人。与之类似，意大利人对最高帝国荣誉的垄断（执政官和城市长官）也给两个地区的关系带来了更大的裂痕。这造成了一种危险的模式，因为当帝国政府除了自己悠久的历史之外再提供不了什么时，每次向帝国直接控制之外的军阀割让土地都是在鼓励当地自立。除了特雷维里周围的岛屿以及像莫古恩提亚库姆这样重要的莱茵河流域城市，北部高卢的许多地区都处于帝国的有效治理之外，尽管它们不太可能真正脱离了当地精英的掌控。

鉴于对狄奥德里克的强烈敌意——后者可能是除盖瑟里克外唯一可以真正挑战他的军阀——阿埃提乌斯需要依靠别人来帮助自己。5世纪40年代初，阿埃提乌斯出兵讨伐狄奥德里克拥有巨大影响力的西班牙，先是由统兵长官阿斯图里乌斯，后来又由此人的女婿弗拉维乌斯·梅洛巴乌德斯担任统帅。梅洛巴乌德斯不仅是统兵长官，还是一位宫廷诗人，他赞颂了最高指挥官一生中的重要事件，包括三次担任执政官和高登提乌斯的降生。在其他地方，443 年，勃艮第王国的幸存者——几年前刚刚被摧毁，部分原因是它与卢格杜努姆行省的贵族关系过于密切——被安置在萨帕乌狄亚（Sapaudia），即日内瓦湖以北的昔日行省大塞夸尼亚[Maxima Sequanorum，尽管萨帕乌狄亚是萨伏依（Savoy）的词源，近代的萨伏依伯国和公国位于这个罗马地区以南]。

　　5 世纪 40 年代给我们的总体印象是相对和平的，尽管这在一定程度上是现有证据有限的结果：该时期有记录的大部分世俗历史来自编年史中的零星证据，其中许多的传播年代远远晚于事件本身，而更加丰富和时间上更接近的证据通常范围很有限。比如，西班牙主教许达提乌斯告诉了我们很多西班牙北部和西部行省的地区情况；通过他的作品，我们了解了帝国权威在半岛的逐步瓦解，苏伟维国王的继承情况，哥特国王狄奥德里克对半岛的道路和主要城市日渐加强的控制，以及西班牙"巴高达"（bagaudae）的崛起——常常被解读为农民反叛者或盗匪，但更应被理解为当地的西班牙-罗马人为抵制帝国政府的要求而组成的同盟，因为政府再也无法给他们带来值得拥有的东西。高卢教士普洛斯佩（Prosper）的地理视角不那么狭隘，但他对当时的教会论战的兴趣要远远超过宫廷政治和国家大事。除了摩尼教和阿里乌斯主义等教会论战的基本内容（前者再次受到当时帝国法律的谴责），有关围绕着"伯拉纠主义"（Pelagianism）——关于自由意志在救赎中扮演着什么程度的角色——以及利奥教皇介入东部的以弗所和迦克墩大会的余波的证据，要比该时期西部几乎其他一切事务的证据都丰富得多。

在拉文纳度过几年后，瓦伦提尼安和欧多克西娅夫妇于450年初前往罗马。同年，皇帝的母亲普拉基狄娅在拉文纳去世，他的堂兄狄奥多西二世则死在了君士坦丁堡——东部没有人向他征求过关于继承权的意见，尽管现在他是正皇帝。整整两年后，西部宫廷才同意承认普尔克里娅选择的马尔西安。

450年还发生了一桩涉及瓦伦提尼安的姐姐尤斯塔·格拉塔·霍诺里娅的严重丑闻。与狄奥多西王朝的许多公主一样，她没有结婚，以免制造出皇室旁支，后者可能会反过来产生威胁在位皇帝的野心。加拉·普拉基狄娅是这一规则的例外，她的例子恰恰无法让人放心，因为她和阿陶尔夫试图在高卢建立敌对的狄奥多西家族支系，后来她的第二任丈夫又不受欢迎地称帝。当时，霍诺里娅人生的大部分时间在弟弟的宫廷度过，不为我们所知，她的同时代人也不一定了解，尽管她从425年后不久便获得了奥古斯塔的头衔。

449年，她开始谋划政变。政变细节并不清楚，被后来的宣传所掩盖，但据说她与自己的代理官（她的庄园的管理者之一），一个叫欧根尼乌斯的人发生恋情。我们对此人的其他情况一无所知，但如果没有更大不忠行为的暗示，这桩韵事本身不会引起这样的风波。瓦伦提尼安发现此事，他断绝了两人的关系，将欧根尼乌斯处决，并软禁了霍诺里娅。接着，他安排她与巴苏斯·赫库拉努斯（Bassus Herculanus），一个无能但无可指摘的元老订婚，并指定后者为452年，即两年后的执政官。霍诺里娅四处寻找盟友，求助于一支肯定会让她哥哥感到不安的势力：匈人国王阿提拉。她把自己的戒指寄给了他，可能想要提出联姻。阿提拉无疑是这样描绘的。

就像我们已经看到的，阿提拉杀害自己的兄长布雷达，在 5 世纪 40 年代独自控制了潘诺尼亚和多瑙河对岸的匈人。虽然在将近十年的时间里，他一直成功地向东部帝国勒索保护费，但 450 年马尔西安的登基和纳贡终止是他没有预见的外交难题。因此，霍诺里娅的提议对他来说是意外之喜——这也证明了她的选择的智慧；毕竟，阿埃提乌斯不太可能会帮她，狄奥德里克的介入马上会引起他的反对，盖瑟里克则已经与王朝的主要分支联姻。在能够靠私人资源统率一支可观军队的大军阀中，阿提拉无疑是最有希望的。

这个计划本来可能奏效。阿提拉要求得到他的"新娘"，还有西部帝国的一部分作为嫁妆。瓦伦提尼安大怒，多亏加拉·普拉基狄娅在他去世前不久的介入，他才没有处决自己的姐姐。如果不是阿提拉对瓦伦提尼安的不妥协做出了令人吃惊的无能反应，霍诺里娅的政变本来还是有可能成功的。尽管有时他被认为具备"领导秘诀"——在后来的历史记忆中扮演着无所不能的蛮族恶棍角色，而且被某些在其他方面并不糊涂的历史学家赋予了过高的重要性——但阿提拉是个好政治家，却不是优秀的将领。阿埃提乌斯清楚阿提拉可能带来的威胁——毕竟，他一再依赖匈人雇佣兵的支持。阿提拉组织起一支大军——由他的臣属民族组成——的能力很可能要超过除了波斯国王之外的罗马世界当时所有的统治者的能力。如果能够巧妙地部署，它们的合力可能是毁灭性的；但就像波斯军队，战斗人员的核心——匈人贵族、臣属君主和酋长的扈从——只占缺乏军纪的步兵总数的一小部分，后者的价值仅仅在于规模。人数非常重要，精英部队的高效也从未被怀疑，但军队变成乌合之众的风险永远存在。

　　阿提拉没有威胁或使用精心挑选的军队来加强对帝国的施压，而是协同格皮德人、潘诺尼亚哥特人、鲁吉人、斯基里人、赫鲁利人和其他许多民族的部队，于 451 年向高卢发动大规模入侵。不清楚他为何选择了高卢而非意大利，尽管有人认为当时他试图保持与盖瑟里克的良好关系，后者与高卢的狄奥德里克的矛盾广为人知。4 月初，大军进入贝尔加，不久占领了迪沃杜鲁姆（Divodurum，今梅斯），向南并向西朝卢瓦尔河谷进发，沿途获得了一些当地军阀的支持。

　　阿埃提乌斯率领自己的作战军离开意大利，并动员了贝尔加的法兰克人和萨帕乌狄亚的勃艮第人中的君主盟友。他派高卢元老埃帕尔基乌斯·阿维图斯（Eparchius Avitus）前往托洛萨寻求狄奥德里克的援助，后者已经集结了自己的兵力。6 月初，哥特人的进攻将阿提拉从奥雷利亚努姆（Aurelianum，今奥尔良）赶走，他向莱茵河流域撤退——他的同盟可能已经开始瓦解，无法抑制的对丰富战利品的渴求限制了合作的可能。阿埃提乌斯和哥特国王的联军将撤退的阿提拉逼到一个位于特利卡塞斯（Tricasses，今特鲁瓦）附近，古代作者们称之为卡塔拉乌尼亚平原（Catalaunian plains）的地方。［这场战役有时也被称为沙龙（Châlons）之战］大量兵力被投入战场——这可能是整个世纪最大的一次交战——证据表明双方都有相当大的伤亡。阵亡者中身份最高的是狄奥德里克国王本人，但总体结果是匈人惨败。狄奥德里克之子托里斯蒙德（Thorismund）急于赶回托洛萨，来确保自己能战胜成年的弟弟狄奥德里克和弗雷德里克（Frederic），夺得继承权。阿埃提乌斯的兵力太少，只能扫荡入侵者军队的残部。随着阿提拉退回多瑙河对岸，他在今天的匈牙利草原重新集结。

这一年在和平中结束，意大利神职人员忙于回应东部围绕着以弗所和后来的迦克墩大会的争议。当皇帝宫廷几乎不相互承认时——452 年初，双方都不承认对方的执政官——教会和解会被证明非常困难。那一年，霍诺里娅的预定配偶弗拉维乌斯·巴苏斯·赫库拉努斯接过束棒，成为西部执政官，而霍诺里娅本人则从我们的视线中消失了：鉴于她故意引发的危机，再加上母亲普拉基狄娅已死，无法再行庇护，她很可能已被悄悄处决。阿提拉继续索要他的嫁妆，于 452 年入侵意大利。他再次表现出缺乏远见——阿奎莱亚被包围和洗劫，梅狄奥拉努姆也被攻占，但就像常常发生的那样，意大利的气候让入侵者付出了代价。当罗马贵族的使团〔包括执政官格纳狄乌斯·阿维埃努斯（Gennadius Avienus）、前长官特吕格提乌斯、罗马主教利奥〕与阿提拉商谈撤兵条件时，匈人王的军队已经开始分崩离析，粮食也存在短缺。这场入侵最重要的结果可能是促使瓦伦提尼安宫廷承认马尔西安的登基，452 年 3 月 30 日，后者的皇帝像被庄严地接受。

第二年，阿提拉去世，还没来得及决定接下去采取什么行动。在与自己刚娶的新娘，一名臣属君主的女儿寻欢时，他因为大出血于当晚去世。谋杀的传言自然开始扩散（通过 12 世纪的史诗《尼伯龙根之歌》和其后来的瓦格纳的衍生物进入了现代文化）。匈人的势力几乎立刻灰飞烟灭：454 年，在潘诺尼亚的内道河（Nedao）附近，阿提拉的儿子们和他的臣属民族展开了一场带有传奇色彩的战役。匈人的垮台尤其给东部帝国的政局注入了新的不稳定因素，因为一批昔日的匈人臣属试图逃离多瑙河以北分崩离析的混乱局势。匈人的入侵破坏了高卢，但更糟糕的是导致那里变得不稳定。对许多高卢-罗马人来说，这不可辩驳地证明了托洛萨的哥特国王们可能要比意大利的皇帝和他的全部统兵长官更加可靠和有价值。但托洛萨的情况已经不同于狄奥德里克统治时期了。

托里斯蒙德和阿埃提乌斯发生争执，双方元气大伤的军队展开了一场草草了事的交战，但这位哥特国王更需要担心的是自己的兄弟们，而不是帝国的统兵长官。453 年，他被狄奥德里克和弗雷德里克谋杀，前者控制了哥特王国——现在，我们必须开始认为那是帝国土地上独立的政治力量，而非地位不明确的帝国藩属。狄奥德里克二世（我们将这样称呼他）不仅是哥特军阀，也是高卢贵族，与纳尔波高卢和阿基坦的许多大元老家族关系良好。同时代的西多尼乌斯·阿波利纳里斯写的一封恭维信中将这位国王描绘成完美的绅士：他像所有手握大权者一样脾气暴躁和喜怒无常，但肯定不会比任何将军的缺点更多。这番描述中可能有不少中肯之处。狄奥德里克拒绝延续同阿埃提乌斯的对抗（他的父亲和兄长都死于这种对抗），他将成功地统治十多年，在许多年里第一次为西班牙行省带来稳定。

但接着，阿埃提乌斯于 454 年 9 月 21 日死去——是被皇帝亲手谋杀的。无论这是出于瓦伦提尼安的一时沮丧，还是对这位大将军的恐惧，抑或是长期郁积的憎恨在这位国公进入老年时终于能够爆发，这都是一个错误。阿埃提乌斯前来罗马与皇帝讨论帝国的财政——由于潜在的税收来源一个接一个地枯竭，财政状况越来越糟。当国公将一些文件交给皇帝审阅时，后者拔出剑，指控他的将军谋反，亲手砍死了对方（已经被他的宦官，内侍总管赫拉克利乌斯制服）。

有后来的材料暗示，赫拉克利乌斯同瓦伦提尼安的最终继承者佩特罗尼乌斯·马克西姆斯一起谋划了这场阴谋，这一点仍然存疑。但确定无疑的是，阿埃提乌斯遇害没有像五十年前斯提里科被处决后那样造成惊人的影响。也许只是因为，意大利再也没有足够庞大的野战军能对这场谋杀做出有重要影响的反应。也许36 岁的瓦伦提尼安在那位国公掌权的最后岁月里真正开始为皇帝的形象赢回了一些尊敬。不过，清楚的一点是，阿埃提乌斯足够成功地打压了下属的野心，没有人能够取代他的统帅地位。我们也没有像在 5 世纪 20 年代和阿埃提乌斯本人崛起的过程中那样看到敌对的下级军官间的混乱。相反，材料陷入了某种沉默，直到 455 年春天瓦伦提尼安在阅兵场上遇害。比起阿埃提乌斯之死，狄奥多西王朝的灭亡更加速了西罗马政体的最终瓦解。

第 10 章

无人注意的灭亡

455 年 3 月 16 日,瓦伦提尼安皇帝骑马前往卡皮托山北边不远处的战神校场练习射箭。他的卫队中包括阿埃提乌斯曾经的两名保镖奥普提拉(Optila)和特劳斯提拉(Thraustila)。奥普提拉砍死了瓦伦提尼安,特劳斯提拉杀了他的首席扈卫赫拉克利乌斯。这可能只是报复行动,也可能是由元老佩特罗尼乌斯·马克西姆斯唆使的,后来他将戴上特劳斯提拉和奥普提拉离开战神校场时拿走的皇冠。罗马陷入了混乱。没有显而易见的继任者,因为尤斯塔·格拉塔·霍诺里娅已死,也没有野心勃勃的将军可以依附的年长公主,就像五年前马尔西安对普尔克里娅所做的。并不乏有野心的将领,包括马约里安(Majorian)、马尔克里努斯、里基梅尔(Ricimer)、贡多巴德(Gundobad)和许亚格里乌斯(Syagrius)——他们在阿埃提乌斯掌权期间主要是相对下级的军官,在 5 世纪 50 年代后期逐渐成为权力的真正竞争者——但他们都不在场。佩特罗尼乌斯·马克西姆斯在场,而且作为阿尼基乌斯这个罗马大家族的成员,他以富有著称。他可以花钱为自己买到皇位,也这样做了。瓦伦提尼安遇刺两天后,马克西姆斯被拥立为皇帝,并在 3 月 17 日得到了顺从的罗马元老院的认可。他

娶了瓦伦提尼安的遗孀欧多克西娅，还将自己的儿子帕拉迪乌斯
（Palladius）提拔为恺撒，让他同欧多基娅公主订婚。

当然，欧多基娅早已同汪达尔国王盖瑟里克的儿子胡内里克
订婚，不管是盖瑟里克还是君士坦丁堡的马尔西安都不可能容忍
马克西姆斯。无论瓦伦提尼安的遗孀欧多克西娅是否向盖瑟里克
求助，就像某些材料暗示的，或者他只是抓住了摆到面前的机会，
他都在闻讯后马上派舰队进攻意大利。另一些汪达尔舰队控制了
科西嘉岛、撒丁岛和巴利阿里群岛，根据 440 年的协议被归还给
拉文纳的两个毛里塔尼亚行省现在也重新被占领。瓦伦提尼安遇
害不到两个月后，盖瑟里克本人就抵达了意大利。罗马陷入了混
乱，爆发了针对那位导致汪达尔舰队兵临城下的软弱皇帝的暴动。
马克西姆斯试图逃跑，但遭到暴徒攻击，被飞掷的屋瓦砸死。5
月 31 日，他的尸体被当街肢解，帕拉迪乌斯恺撒也被追捕杀死。
6 月 3 日，北非军队控制了该城。

我们听说宫殿的财富被洗劫，神庙和教堂的财宝被夺走，帝
国国库也被席卷一空。在众所周知被运往迦太基的财宝中，有公
元 70 年提图斯的征服军队从耶路撒冷圣殿掠夺来的大金灯台。与
410 年阿拉里克临时起意的匆忙劫掠不同，盖瑟里克的劫掠有条
不紊。这并不意外——那个哥特人是个没有根据地的将军，当时
走投无路，而这位汪达尔人是一个繁荣而复杂的政体的国王，统
治着仍然是罗马西部最繁荣的部分。455 年的洗劫实际上是有组
织地将一个大城市的财富掠夺到另一个大城市。两周后，当盖瑟
里克离开意大利时，他掳走了瓦伦提尼安的遗孀欧多克西娅、她
的女儿欧多基娅和普拉基狄娅，以及阿埃提乌斯之子高登提乌斯，
后者在前一年父亲被害的劫难中幸存下来。不久之后，盖瑟里克

将试图把他自己的候选人推上皇帝宝座。

在意大利，洗劫的震动，迟迟不离开的汪达尔军队，以及马克西姆斯政权的全面失败都导致帝国政府的剩余部分陷入瘫痪。将军们都不在场，而且此时官员们可能觉得最好等待时局的变化——马尔西安也许会介入。但事实上，从高卢来了一位新皇帝。埃帕尔基乌斯·阿维图斯是马克西姆斯的统兵长官之一，这个高卢-罗马贵族在439年担任过该辖区的长官，然后在争取狄奥德里克一世支持对付阿提拉的过程中扮演了重要的角色。阿维图斯受马克西姆斯之命向托洛萨的盟友宫廷宣布后者登基的消息，他于455年春天来到那里，及时避免了狄奥德里克二世和他的弟弟弗雷德里克之间的内战。当马克西姆斯被杀的消息传来时，他仍在那里调停这两位哥特王室的成员。

在狄奥德里克的怂恿下，阿维图斯称帝，得到早就对意大利当局没有了感情的高卢贵族的支持。7月9日，阿雷拉特的高卢行省大会拥立他为他们的皇帝。阿维图斯的盟友狄奥德里克将他的主力部队带到西班牙，重新确立了对那个行省的控制；在仅仅一年多点的时间里，他彻底摧毁了苏伟维人的王国，以阿维图斯的名义将半岛上的主要城市掌握在自己手中。高卢皇帝迅速奔赴意大利，于9月末翻越阿尔卑斯山，在罗马受到了谨慎的欢迎。456年1月1日，他在那里第一次就任执政官。他的女婿西多尼乌斯·阿波利纳里斯向他宣读的颂词既是一篇让人回想起更幸福时代的胜利主义的精彩之作，又微妙地警告了意大利贵族不要再轻视他们的高卢亲戚：意大利人曾有过机会，但他们搞砸了；高卢人现在将纠正一切。

但事实并非如此。元老院和意大利宫廷接受这位来自阿尔卑斯山对面的外来者只是因为没有更好的选择，他没有做任何努力来让他们与自己合作，这不仅愚蠢，而且最终是灾难性的。他的所有高级官员几乎都是从陪伴他从阿雷拉特前往罗马的人中任命的。城市长官维提乌斯·尤尼乌斯·瓦伦提努斯（Vettius Iunius Valentinus）可能是个罗马贵族，他让人在城中各处刻上自己的名字，以纪念他负责的修复工作，但此人是个少有的例外。军队的情况同样如此：下级军队指挥官职务留在里基梅尔、雷米斯图斯和马约里亚努斯等意大利人手中，他们都曾为阿埃提乌斯效力，而高级统兵长官都来自高卢，皇帝的私人军队则由狄奥德里克的军队提供。瓦伦提尼安死后，阿埃提乌斯的另一些将军——比如马尔克里努斯——实际上不为任何人效力，没有动力与新的高卢政权合作。

456 年初，军务卿里基梅尔成功地将盖瑟里克的军队赶出了西西里，为此，阿维图斯不得不将他提拔为正统兵长官，作为雷米斯图斯的同僚。然后，这对皇帝的人气毫无帮助，无论是在军队中还是罗马民众中。仍能感受到上一年的洗劫造成的匮乏，食物非常短缺，阿维图斯的高卢军队被视作占领军，遭到憎恶，特别是当他坚持要求罗马人交出屋顶上的青铜用于铸币。他明智地决定在复活节回到高卢，在阿雷拉特过了节。不过，他无疑听说了谋反的传言，因为他回到了意大利来维护自己的地位，这次是在拉文纳。

9 月末，他出于某种未知的原因处决了统兵长官雷米斯图斯，导致里基梅尔和皇帝的内卫卿马约里亚努斯（我们称其为马约里安）公开反叛。这非常危险。在宫廷部队和野战军公然叛变的情况下很难保住皇位，无论他们的人数已经下降了多少。阿维图斯被里基梅尔的军队追击，围困在普拉肯提亚（Placentia，今皮亚琴察）。他遭到废黜，被任命为该城的主教。他的孩子们被送回高卢，但他本人很快被处死，据说里基梅尔和马约里安下令将他饿死。

西部再次面临没有皇帝的局面，而且可能爆发更多的战争。在镇压苏伟维王莱基亚尔（Rechiar）在加利西亚的最后抵抗时，强大的哥特王狄奥德里克获悉了盟友的死讯［456 年 12 月初，他占领了苏伟维人在布拉卡拉奥古斯都市（Bracara Augusta，今葡萄牙布拉加）的驻地，在那个月底俘虏并处决了莱基亚尔］。杀害阿维图斯的凶手们一定很想知道他会如何做出回应。他们也同样重视阿非利加的盖瑟里克的反应，因为他宫廷的宾客中有狄奥多西王朝的合法公主。在东部，马尔西安对最新事态的不满并不亚于他对阿维图斯登基的不满，他从未承认后者的合法性。但 457 年 1 月 26 日，马尔西安去世了。自 363 年尤里安之死以来，东部和西部皇位第一次都没有显而易见和直接的合法继承人。

马尔西安没有儿子，只有一个女婿安特米乌斯。后者被任命为 455 年的执政官，同僚是西部皇帝瓦伦提尼安，这同样标志着阿提拉的入侵迫使西部宫廷接受同东部的和解。但对宫廷和东部高级指挥官们来说，安特米乌斯的声望过于危险；与西部当时的情况不同，在东部，宫廷官员和亲兵的共同利益可以确保过于强大的人不会掌控宫廷。尽管具有强大政治才能的强人弗拉维乌斯·阿斯帕尔成为马尔西安政权的领导人物，就像他的父亲弗拉维乌斯·阿尔达布利乌斯在狄奥多西二世统治时期那样，但他推举了重锤标枪兵部队的军政官利奥，后者没有个人真正的权力基础。这正是一百年前让瓦伦提尼安一世登上王位的那种政治考虑：

一群高级军官选择了地位相对较低的军官（瓦伦提尼安被披上皇袍时也只是个军政官），以确保对立派系的平衡——但与瓦伦提尼安一样，利奥将被证明拥有自己的想法和一定的才干。

在被军队和君士坦丁堡的元老院拥立为皇帝后，由于他的合法性仍然存在一些问题，利奥还寻求君士坦丁堡主教阿纳托利乌斯的认可——这是那位宗主教第一次在此类事务上被征求意见。这是在不确定时期的明智预防之举，旨在迎合大批城市民众的情感，他们的仪式日历现在被密不可分地同教会典礼联系在一起。通过比西部同僚先行一步，利奥利用西部皇位的空白期为自己赢得了事实上的正皇帝地位。马尔西安去世时，东部持续的教会冲突仍完全没有解决，利奥忙于此事，只能将西部交给那里并不非常有效的当局。

马约里安和里基梅尔都没有准备好采取决定性的行动，而是在 456 年末和 457 年初同对他们统治的各个潜在的挑战者和解——北非的汪达尔王国、高卢的勃艮第和哥特王国、遭到伤害和背叛的南部高卢贵族以及高卢北部剩下的强人和军阀。来自东部宫廷的象征性认可为他们铺平了道路：2 月 28 日，利奥封里基梅尔为西部"国公"，从而将他与东部"国公"阿斯帕尔和安特米乌斯联系起来，并任命马约里安为统兵长官。这对让马约里安采取进一步行动已经足够，457 年 4 月 1 日，他自封为恺撒。此举意味深长，会让利奥觉得需要进行回击。最终，马约里安自觉地位还不够稳固，无法采取决定性的行动，他等了很久，直到 12 月 28 日才让自己成为奥古斯都。在现存的描述中，我们有一些事后经过修饰的叙事作为证据，它们告诉我们，他被军队拥立，由利奥册封。几乎可以肯定，是他自己在拉文纳做出了这个决定，以显示他在西部统治的主要中心继位成为合法的皇帝。

利奥无力反对，史料中开始出现马约里安同盟的组成者：拉文纳的宫廷官员；里基梅尔和意大利军队；担任高卢统兵长官的高卢-罗马将军埃吉狄乌斯（Aegidius，与马约里安一样，他在阿埃提乌斯当政时期是个下级军官）；哥特人狄奥德里克，代表最后一个需要与之和解的利益群体。其中显然没有卢格杜努姆的贡狄奥克（Gundioc）统率的勃艮第人，以及阿非利加的盖瑟里克。458 年初，一个名叫彼得（Petrus）的书信官率军攻打卢格杜努姆——由诗人和宫廷文职官员担任指挥官极其荒诞，但也再次显示了西部治理的彻底崩溃。被包围的贡狄奥克和里昂民众被迫向意大利政权臣服；当年晚些时候，马约里安和狄奥德里克亲自率领各自军队炫耀了武力，然后达成和解。与此同时，随着卢格杜努姆周边事态的解决，贡狄奥克和他的家人（已经是中部高卢贵族的亲密盟友）被接受为意大利军队中的军官。于是，剩下的只有汪达尔人了，在这点上，西部和东部可能想要合作，因为利奥希望确保地中海的安全，而马约里安希望重新控制阿非利加的粮食供应。

狄奥德里克完全把西班牙视作自己的势力范围，抢在马约里安攻击阿非利加的计划之前，他派将军库里拉（Cyrila）率军进入巴埃提卡和西部行省。在加利西亚和西班牙西北部，分崩离析的苏伟维贵族残余势力为当地权力展开争夺，与彼此和加利西亚的行省民众发生冲突，但基本上被皇帝和哥特国王无视。460 年，马约里安亲自从高卢出兵，翻越比利牛斯山，进行了一些象征性的征讨，但主要是为了监督组建一支用于征讨盖瑟里克的入侵舰队。我们很难重现这一切究竟是如何进行的，因为尽管继续有法令颁布，但似乎很少征税。据我们所知，这支舰队主要是通过由西班牙行省市议会提供的强制劳动力组建的：这些行省现在已经习惯于在很多时候自行其是，不仅仅是在偏远的加利西亚，那里帝国法令已经完全停止执行，甚至连哥特人的管理也是时断时续。

5 月，西部的入侵舰队已经集结完毕，但这已经让盖瑟里克有了足够长的时间来察觉和采取行动：与皇帝不同，这位国王拥有颇具战斗力的常备海军，他将他们从迦太基派往新迦太基（今西班牙东南部的卡塔赫纳），焚毁了停泊着的大部分皇帝的船只。盖瑟里克再次证明，东西部的帝国当局都不是他的对手。失望的皇帝回到高卢，希望在西班牙的失败后重新确立他在那里和意大利的权威。他在高卢一直逗留到 461 年开始后很长时间，然后返回意大利。抵达德尔托纳［Dertona，今皮埃蒙特的托尔托纳（Tortona）］时——利古里亚阿尔卑斯山的意大利一侧的第一个重要歇脚点——他遇到了里基梅尔。

8 月 2 日，在德尔托纳，国公罢免了他的长期盟友和一同推翻阿维图斯的密谋者。五天后，马约里安在伊拉河岸边被处决。又一段没有皇帝的空白期开始了，直到 11 月 19 日才有了新的皇帝，绰号"塞尔彭提乌斯"（Serpentius）的利比乌斯·塞维鲁（Libius Severus）被推上皇位。塞维鲁是个来自卢卡尼亚的元老，他的高级地位足以让他遵循当时的风尚，即使用一个绰号（他的绰号意为"像蛇一样的"）。除此之外，我们只知道他是里基梅尔的选择，在他登基时没有征求君士坦丁堡的意见，后者也从来没有承认过他。那些还在统兵的阿埃提乌斯时代的元帅不仅拒绝承认塞维鲁，现在还都意图取代里基梅尔成为西部的头号军阀。

462 年初，马尔克里努斯从西西里逃到达尔马提亚海岸，在那里开始准备入侵意大利。马约里安的高卢统兵长官埃吉狄乌斯在高卢也做了同样的事，那里的正规军部队仍然效忠于他，而不是里基梅尔派来对付他的将军阿格里皮努斯（Agrippinus，除此之外，我们对此人一无所知）。狄奥德里克在托洛萨等待时机，准备用他的巨大力量支持这场竞赛的赢家，而盖瑟里克则利用利奥与西部政府的公开决裂开始与东部宫廷开展友好接触，因为西部政府不承认利奥作为正皇帝的权威。

462 年初，作为和解的姿态，欧多克西娅皇后以及她的女儿欧多基娅和普拉基狄娅被从迦太基送往君士坦丁堡，让盖瑟里克可以保留欧多基娅同他的儿子胡内里克的婚约。在高卢，阿格里皮努斯说服狄奥德里克站在塞维鲁和里基梅尔一边，而不是支持埃吉狄乌斯。他的要价是纳尔波港，虽然阿格里皮努斯因为这些努力而被罢免，但狄奥德里克还是率军出征卢瓦尔河，在奥雷利亚努姆被埃吉狄乌斯打败。哥特国王的弟弟弗雷德里克在战斗中阵亡，在接下去的几年里，此事将对哥特人的王位继承产生重要的影响。

此战也打乱了埃吉狄乌斯入侵意大利的计划，让一位更有能力的新将军登上了舞台：463 年，里基梅尔提拔自己的姻亲，勃艮第国王贡狄奥克为高卢统兵长官。贡狄奥克继续对埃吉狄乌斯作战，后者则向盖瑟里克派出使者，寻求结盟。464 年或 465 年，提议还没有得到回应，埃吉狄乌斯就情况不明地遇害。他剩下的军队——曾经是高卢机动军，现在完全是私人军队——分裂成两派，分别效忠埃吉狄乌斯之子许亚格里乌斯，以及埃吉狄乌斯的一位将军同僚，法兰克人基尔德里克（Childeric）。许亚格里乌斯撤到卢瓦尔河以北，他有时被想象成在那里统治着一个"许亚格里乌斯王国"，包括该地区的部分法兰克人口。事实上，他成了北高卢众多强人中的一员，他们的支配权从未超过一小片变化不定的土地，对当地的乡村民众既保护又掠夺；直到五十年后，这些小指挥官中才会有人能够聚集足够的权力和权威，将一块可观的高卢领土置于自己的控制之下，并试图对它进行管理。与此同时，除了特雷维里及其周边的内陆地区可能是个例外，卢瓦尔河谷以北的高卢终于加入不列颠的行列，成为一个没有任何一类政府与帝国当局存在合法联系的地方。

现在，与阿非利加一样，南部高卢和西班牙许多地区成了前帝国土地上的王国，他们的统治者比意大利和普罗旺斯以外的任何地方的帝国政府行使更多的权力，征缴更多的税收，施行更多的法治。也就是说，虽然罗马帝国的古老修辞仍然存在于这个时代的文学作品中，且我们的许多史料中仍然把"蛮族"和罗马人的对比作为解释框架，但同样清楚的是，在狄奥德里克、盖瑟里克和贡狄奥克控制的土地上，大多数精英人口更喜欢当地君主宫廷的确定性和真正的高效，而不是另一种可能下的意大利帝国政府的反复无常和无能。盖瑟里克一贯采取依靠才能和寻求投机相结合的做法，他利用同利奥的结盟，通过每年的海军远征无情骚扰着意大利。马尔克里努斯没有同帝国宫廷结盟，尽管显然通过利奥的使者弗拉尔科斯（Phylarchus）同君士坦丁堡保持外交接触。他试图建立自己的王国，于 464—465 年率领自己的舰队在西西里同汪达尔人的战船开战，对盖瑟里克取得了胜利，确立了这位强盗海军元帅在分崩离析的西部政局中的强有力地位。

政治混乱的程度，以及它提供的潜在利益和暴力的机会不仅体现在大事上，也体现在小事中：该时期少数有确切时间的事件之一是里基梅尔在阿尔卑斯山脚下的贝尔加蒙（Bergamum）附近打败了一个名叫贝奥尔格尔（Beorgor），除此以外我们一无所知的阿兰人"国王"。贝奥尔格尔是谁，他为谁而战，为何要与里基梅尔交战——我们对这一切都没有证据。但此事在非常真实的层面上表明，5 世纪 60 年代初多么类似于一场大混战。尽管控制着一位无权的皇帝，里基梅尔控制的其他东西却非常少。

465 年 11 月 14 日，塞维鲁死去，无人哀悼。利奥再次成为事实上唯一的皇帝，尽管在东部的政治修辞中，他一直是唯一的皇帝。我们对 466 年的事件很不了解，事实上，我们的政治史材料中几乎没有什么能确定是属于那一年的。但等到塞维鲁去世时，里基梅尔终于愿意认真考虑同东部皇帝合作，以实现一定程度的稳定：他其他的尝试都没能奏效，因此同东部和解是最后仅剩的选择。利奥身为唯一奥古斯都的情况持续了一年多，这段时间里，东部和西部宫廷似乎一直都在谈判，后者可能是由拉文纳剩下的文官组成的。利奥自己在东部面临着足够多的问题，因此在 466 年，他比过去更愿意向西部宫廷示好。

就像我们所看到的，利奥登基得益于他的地位要低于那些国家里的大人物们。这些人之一是国公安特米乌斯，后者是马尔西安皇帝的女婿，因此总是能对利奥的王朝构成挑战。将他送到西部担任副皇帝可以一举彰显安特米乌斯的显赫地位，满足他任何可能的虚荣，并让他不再碍事。里基梅尔显然动了一番嘴皮，467 年 3 月 25 日，安特米乌斯在君士坦丁堡被提拔为恺撒。接着率领一支东部大军前往意大利。4 月 12 日，在一个距离罗马"三个里程碑"，名为布隆托泰（Brontotae）的不明地点，安特米乌斯被拥立为奥古斯都。

强盗海军元帅马尔克里努斯统率着他的一部分军队，现在东部皇帝已经把他提拔为国公。这一提拔无疑意味着里基梅尔本人（他也是这样理解的）的权威将受到挑战，表明安特米乌斯不会是任何人的傀儡。不过，想要巩固安特米乌斯在多变的西部政治中的地位，光有血统还不够，对汪达尔人的胜利将能够把里基梅尔、马尔克里努斯、安特米乌斯和东部宫廷的利益统一起来。所有人一致同意合作，向盖瑟里克发动大规模的联合攻击。然后是一场联姻：里基梅尔娶了安特米乌斯之女阿吕皮娅（Alypia）。

第二年年初，安特米乌斯在罗马第二次当选执政官，那里将是他的主要驻地，而里基梅尔更喜欢拉文纳。阿维图斯的女婿西多尼乌斯·阿波利纳里斯率领高卢使团前来意大利欢迎新皇帝，发表了自己的第三篇皇帝颂词，这次是献给安特米乌斯的。为此，他获得了担任城市长官的奖赏。高卢阵营的许多人对这位新皇帝则不那么满意，认为他将是意大利带给他们的又一次失望。466年，狄奥德里克二世在托洛萨被他的弟弟欧里克（Euric）谋杀，导致高卢的局势变得复杂。弗雷德里克在与埃吉狄乌斯作战时阵亡后，狄奥德里克没有让欧里克分享王国统治权，引发了后者的野心和怨恨。新国王受到一部分贵族的欢迎，尽管那些像西多尼乌斯一样对帝国的复兴以及恢复高卢和意大利贵族之间的和谐平等抱有渺茫希望的人不喜欢他。

不过，那些讨厌安特米乌斯甚至要超过塞维鲁或马约里安的人把欧里克视作一个机会。468年，高卢辖区长官，曾在数位皇帝手下已两度担任辖区长官的阿尔万杜斯（Arvandus）建议欧里克从"希腊皇帝"手中夺取对高卢的控制。这个阿尔万杜斯出身低微，但凭借自己的行政能力获得成功，同时招致许多当地贵族的敌意。他们中有一些是西多尼乌斯的近亲，他们和其他人借机指控这位长官贪污。对阿尔万杜斯不利的证据包括他写给欧里克的信，他坦然承认了自己是这些信的作者——他没有追求皇位，因此认为自己很安全，不会被指控为叛国。他错了。

审判在罗马元老院进行，城市长官西多尼乌斯明智地缺席，阿尔万杜斯被以叛国罪判处死刑。西多尼乌斯和其他几名元老进行了干预，使他被改判为流放，但此事说明了这个世纪混乱的效忠情况。这不再是上个世纪的地区性派系斗争，甚至也不是霍诺留宫廷里的争斗。这是一场全面的政治合法性危机，每个人都参与其中，没有一个王位候选人不言而喻地比其他候选人更加合法，政治游戏中什么是和什么不是被允许的做法之间的所有界限都消失了——或者似乎已经消失了，直到你发现自己在某个场合站在了所有人的对立面。

欧里克将仍然是南部高卢最强大的军事力量，得到了大量高卢人的支持。我们的材料保留了像西多尼乌斯这样的反对者的声音，但他们只是高卢贵族中的少数，很快彻底成为失败的一方。对未来、对与意大利即将到来的决裂更有远见的是像阿尔万杜斯这样的人，他们的声音没有流传下来。欧里克从未与安特米乌斯和意大利政权和解，但在468年，他仍然可以被忽视，因为所有人的注意力都放在对汪达尔人的联合远征上。

3月，大海刚一通航，舰队就出发了，两支从君士坦丁堡，一支从意大利，带着东西帝国常规部队的很大一部分。雇佣兵的数量无疑也很可观，有来自远至瑞典厄兰岛（Öland，那里留存有大量支付给他们的金币）的部队为帝国而战。由军务卿赫拉克利乌斯和马尔苏斯统率的一支东部舰队在的黎波里塔尼亚登陆，占领了主要城市，并从陆路向迦太基进发。利奥的小舅子巴西里斯库斯（Basiliscus）统率那支更大的舰队向西西里进发，与马尔克里努斯率领的意大利舰队会师，后者已经将盖瑟里克的海军驻军赶出了撒丁岛和西西里。马尔克里努斯和巴西里斯库斯在西西里进行了商谈，后者前往邦角（Cape Bon），在迦太基附近下锚，要求盖瑟里克投降。汪达尔国王拖延时间，他参加谈判，声称正在考虑和约条款；相反，他准备了自己的海军和一小支火攻船队，派他们冲向东部舰队，彻底烧毁了其一半的舰船，迫使巴西里斯库斯可耻地逃走。

　　我们将在下一章详细讨论这场惨败在东部的余波。在西部，它让新皇帝在自己的第一个执政官之年开始时怀有的巨大希望变成泡影。除了安特米乌斯的失意，此事带给里基梅尔的唯一慰藉是马尔克里努斯在西西里遇害。又一个对手出局了。在随后的几年间，安特米乌斯和里基梅尔的关系逐渐恶化，尽管很难将稀少而零星的证据拼合起来。

　　470 年，里基梅尔的亲信，在他的要求下被封为国公的罗曼努斯在罗马被安特米乌斯审判和处决。作为回应，里基梅尔选择开战，在梅狄奥拉努姆组织起一支军队。提基努姆的主教，一个名叫伊庇法尼乌斯（Epiphanius）的充满魅力的圣人促成了和解，但没能持续太久。在高卢，除了少数对帝国还有怀旧之情的贵族外，几乎所有人现在都投靠了附近最有影响力的当权者，无论是欧里克、勃艮第人贡多巴德——里基梅尔的亲戚，严格说来是意大利政权下合法的高卢统兵长官——还是卢瓦尔河以北土地上的各个军阀。471 年，现在不仅对自己的势力，也对自己在许多高卢-罗马人眼中的合法性感到自信的欧里克包围了阿雷拉特。守卫那里的是忠于意大利政府的驻军，安特米乌斯派了一支由他自己儿子安特米奥鲁斯（Anthemiolus）统率的小部队去解救高卢的治所，但又一次失败。安特米奥鲁斯在战斗中阵亡，欧里克占领了阿雷拉特，作为"合法"帝国一部分的高卢现在更多存在于理论上而非现实中。

被皇帝的日益增加的无力感所驱使，虽然他本人能做的也多不了多少，里基梅尔决定除掉这个现在被他不屑地称为"歇斯底里的加拉提亚人"的希腊皇帝。贡多巴德任由忠于中央政权的高卢人自行其是并被欧里克控制，自己前往意大利与舅舅里基梅尔会合。472年2月，他们一起将安特米乌斯围困在罗马。在君士坦丁堡，意大利的纷争让利奥有机会干掉另一个他讨厌的对手，同时又能声称自己是在帮助西部的副皇帝。

阿尼基乌斯·奥吕布里乌斯（Anicius Olybrius）是瓦伦提尼安三世之女普拉基狄娅的丈夫，罗马城的元老，还是阿尼基乌斯家族的成员。他曾和妻子一起在汪达尔人中流亡，与盖瑟里克和胡内里克建立了良好的关系，后者是瓦伦提尼安另一个女儿欧多基娅的女婿，因而也是奥吕布里乌斯的连襟。当盖瑟里克将狄奥多西王朝的公主们送到君士坦丁堡时，他们的家庭成了对利奥的潜在威胁，正如曾经的安特米乌斯那样。利奥派奥吕布里乌斯前往意大利，表面上是为了调停里基梅尔和西部皇帝之间的矛盾，尽管摆脱此人无疑也同样重要。两个计划都适得其反——里基梅尔没有同安特米乌斯谈判，而是于472年4月拥立奥吕布里乌斯为皇帝，继续围攻罗马。当罗马城最终陷落时，安特米乌斯被俘虏，于7月11日被处决。西部皇位再次只剩下一个竞争者，但与里基梅尔之前扶植的人选一样，奥吕布里乌斯在东部不被承认。

不过，这很快变得无关紧要，因为里基梅尔于 8 月 19 日去世，仅仅比他憎恨的敌人安特米乌斯晚了一个月。当时还在意大利的贡多巴德接替里基梅尔成为国公和意大利的高级统兵长官，并任命自己的弟弟，勃艮第王子基尔佩里克（Chilperic）为高卢统兵长官。除了在勃艮第人的领地上，他在高卢不太可能被承认是统兵长官——欧里克总是怀有敌意。对这两位王子兄弟来说不幸的是，他们的皇帝在当年也去世了，于 11 月 2 日死于水肿。

现在已经变得司空见惯的皇位空白期随之到来：一个只能保证痛苦和过早的、很可能还是暴力的死亡的头衔几乎没有了什么价值。贡多巴德的意大利军队、拉文纳的宫廷班子和罗马的元老贵族进行了协商，正皇帝利奥没有被征求意见，因为他在职能上对西部政局无关紧要。473 年 3 月 3 日，之前在我们的材料中没有出现过的内卫卿格吕克里乌斯（Glycerius）最终被拥立为奥古斯都。欧里克的军务卿文肯提乌斯几乎立即率军入侵意大利，贡多巴德的将军辛迪拉（Sindila）和阿拉（Alla）打败并歼灭了他们，同时杀死了文肯提乌斯；同一年，在一个叫韦迪米尔（Vidimir）的人率领下，一支东哥特军队从潘诺尼亚攻击意大利北部平原，但被意大利当局收买，转而前往高卢，在那里被吞没在军阀混战中。现在，就连在意大利本土最低程度维系帝国统治的前景也变得不明。

474 年 1 月 18 日，利奥在君士坦丁堡去世。就像我们将要看到的，他的将军芝诺娶了利奥的女儿阿里阿德涅（Ariadne）。他们的孩子利奥于 467 年出生，472 年被封为恺撒，473 年 11 月 17 日，他在外祖父病重时被提拔为奥古斯都。当利奥在 1 月去世时，芝诺面前已经没有了障碍。474 年 2 月 9 日，7 岁的皇帝任命父亲为共治皇帝，将其提拔为奥古斯都。这意味着芝诺现在是君士坦丁堡的实际统治者。小皇帝利奥二世将于 474 年 11 月去世，看上去是死于自然原因，但芝诺的皇位受到利奥的遗孀维里娜（Verina）和他的小舅子巴西里斯库斯的不断挑战，就像我们在下一章中将会看到的。

西部很快感受到了东部政权更迭的后果。利奥去世时没有承认格吕克里乌斯，而他的继任者芝诺延续了东部越来越多的先例，将潜在的麻烦送到西方。在芝诺面临的诸多可能的挑战中，有一个是尤里乌斯·奈波斯（Julius Nepos），他是已故雇佣军领袖马尔克里努斯的外甥，也是利奥侄女的丈夫。据说利奥已经计划让奈波斯成为西部皇帝，但利奥二世和芝诺在现实中这样做了。看到这些，并意识到自己支持的短命的帝国政权没有前途，贡多巴德返回高卢，接替父亲成为勃艮第王。这标志着重要的里程碑：半个世纪以来，本来可以称王的人更偏爱统兵长官的头衔和权力。贡多巴德向我们表明，现在不再是这样，这是我们所能找到的帝国威信在西部已经下降到了何种程度的最具决定性的证明。

奈波斯从达尔马提亚沿岸发起远征，他绕过意大利，在波尔图斯登陆，于 474 年 6 月在那里被拥立为奥古斯都，然后向罗马进军。格吕克里乌斯的大部分军队随贡多巴德去了高卢，他没有抵抗就投降了，被流放到达尔马提亚的萨洛纳，成为该城的主教。奈波斯试图改变前任们的战略，将西部的不同派系集结为某种同盟。他任命阿维图斯之子，西多尼乌斯·阿波利纳里斯的小舅子埃克狄基乌斯为高卢统兵长官，还试图与欧里克和盖瑟里克议和（与后者的谈判是同君士坦丁堡合作进行的）。年迈的汪达尔国王现在更关心维护自己的继承计划，而不是折磨意大利当局，因此和约很快就达成了。奈波斯与欧里克的协议终于承认了哥特王国现在的样子：昔日帝国土地上的独立政体。欧里克对西部和南部高卢大部分地区的控制被接受，作为回报，他允许忠于奈波斯的军队驻守阿雷拉特和马西利亚。现在已经被任命为阿尔维尼城〔Civitas Arvernorum，今奥弗涅大区的克莱蒙费朗（Clermont-Ferrand）〕主教的西多尼乌斯·阿波利纳里斯认为这是对高卢人的忠诚的痛苦且背信弃义的回报。他没有注意到，他的贵族同僚中很少有人与他一样对失落的帝国理想抱有热情。

不过，意大利人和高卢人对帝国权力碎片的争夺仍在继续，当意大利政府将阿雷拉特也交给了欧里克时，埃克狄基乌斯去了意大利，但立即发现自己在那里力不从心。他退归高卢，另一名统兵长官俄瑞斯忒斯取代了他。475 年 8 月，这位新长官同样迅速地与皇帝闹翻。奈波斯逃到达尔马提亚，君士坦丁堡方面仍然认为他是合法的奥古斯都，但他再也没有涉足过意大利。475 年10 月 31 日，俄瑞斯忒斯在拉文纳立自己年幼的儿子罗慕路斯为皇帝，但发现实际统治是不可能的。问题在于，几乎没有剩下可供统治的帝国。意大利的税基寥寥无几，俄瑞斯忒斯的支持主要基于少数对他个人效忠的士兵。剩余的常规军曾拒绝为格吕克里乌斯或奈波斯作战，现在发生哗变，要求获得土地来养活自己家人，因为他们无法再得到足够的军饷。

领导叛乱的是个叫奥多阿克尔〔Odoacer，有时被称为奥多瓦卡尔（Odovacar）〕的人。他没有推出自己的皇位人选，或者挑战俄瑞斯忒斯的统兵长官之职，而是宣布自己为意大利国王，从意大利北部的要塞城市提基努姆向拉文纳进军。俄瑞斯忒斯试图反抗，两军在普拉肯提亚相遇，俄瑞斯忒斯被俘，于 476 年 8 月

28 日被杀。奥多阿克尔的军队继续向最初的目标拉文纳进发，负责守卫那里的是俄瑞斯忒斯的兄弟保卢斯。9 月 4 日，该城陷落，保卢斯和他的兄弟一样遭遇了横死的结局。他们名义上的皇帝，年幼的罗慕路斯——史称罗慕路斯·奥古斯都鲁斯（"罗慕路斯，那个小奥古斯都"）——被废黜。不过，奥多阿克尔没有处决他，而是将他送回坎帕尼亚的家族庄园生活。罗慕路斯家族和逃亡的奈波斯看上去都构不成多少威胁。

奥多阿克尔的这种考虑被证明是对的。就像我们将会看到的，在格吕克里乌斯、奈波斯、俄瑞斯忒斯和奥多阿克尔轮流争夺权力的那些年里，芝诺打败了自己这边的篡权者。东部奥古斯都对西部的更多纷扰没有任何兴趣。当奥多阿克尔和罗马元老院派使团前往君士坦丁堡，对其权威表示认可时，他们代表的不是任何皇帝，而是他们自己。他们不再需要皇帝。芝诺继续承认达尔马提亚的奈波斯是合法的西部奥古斯都，但没有做任何事来帮助他恢复在意大利的权力；奈波斯也没有妄想独自冒险试试运气。虽然可能很难相信，包括罗马元老院本身在内的西部贵族发现，他们不再需要一位罗马皇帝。凭着现存的帝国统治机制，他们可以处理自己的事务，而且足够好地履行职能，皇帝的个人存在对统治已经无关紧要。事实上，竞争权力所剩无几的皇帝头衔不言自明地会带来麻烦而非好处。也许甚至更加引人注目的是，芝诺和奈波斯都能够认识到这种新的制度谎言的智慧。他们承认奥多阿克尔的政权是合法的，后者反过来也以芝诺和奈波斯的名义铸造钱币，但他事实上的独立未受挑战。帝国政府的基本结构在意大利保留了下来：辖区长官继续管理公共和文官事务，奥多阿克尔负责总体指挥，罗马元老院获得的权力要超过许多个世纪以来它所行使的。不过，奥多阿克尔很难将权力投射到意大利以外，这表明在 5 世纪 40 至 70 年代间，帝国统治的上层结构已经多么彻底地消失了。

在不到一代人的时间里，行省变成了王国。其中一些由军事精英和昔日的罗马地主贵族的稳定同盟统治，在这些地区——意大利、汪达尔人的阿非利加、哥特人的西部高卢和西班牙东北部、勃艮第人的东部高卢——罗马政府的统治机器继续非常有效地运行；只是那里不再与其他地方的帝国政府机器联系在一起。但在其他王国，权力被移交给城市和市镇精英之手，就像在塔拉科行省东北部以外的西班牙许多地区那样。在另一些地方，权力落入了敲诈勒索的军阀和地主贵族手中，他们的统治不仅有行政管理，也收取保护费：在高卢北部和日耳曼尼亚，无论是在许亚格里乌斯还是法兰克小君主统治下，统治体系消失了，需要在未来的几个世纪里在废墟上重建——只有留存下来的主教区继续保留了一些罗马行政习惯的影子。在不列颠，到了 5 世纪后期，就连教会体系也已消失了。

地名最好地显示了保持帝国印记（无论范围多么有限）和没有保持的地区之间的差别。在西班牙、意大利和高卢南部的大部分地区，罗马城市的名字以它们的罗曼语形式留存至今，如果没有 7 世纪的阿拉伯人征服，阿非利加的情况也会如此。但在不列颠以及纳尔波和阿基坦以北的高卢，罗马的城市名字消失了。它们在 4 世纪已经可以看到的地区变化中被前罗马时代古老的部落名 ［现代法国的首都巴黎，罗马时代的帕里西人卢特提亚（Lutetia Parisiorum），今天被称为巴黎，而不是卢泰斯（Lutèce）］取而代之，或者被语言学上是日耳曼语的新名字所取

代。这只是大致的评估，但意味深长。西部帝国的后罗马时代的
王国是需要另一本书来说明的主题。不过，本章和上一章中描述
的事件中有另一个故事在很大程度上被忽略，西部帝国在其中与
东部截然不同：基督教会的角色。利奥和芝诺在东部的统治非常
清楚地体现了这种差别。

第 11 章

狄奥多西王朝之后

马尔西安于 457 年 1 月 26 日去世，从未承认高卢皇帝阿维图斯。尽管后者现在已被废除和杀害，但还没有其他人对西部皇位提出主张。不过，尽管西部的继承局面已经开始沦为一场自由混战，东部仍然在可以看出是 4 世纪的治理模式中运作：军队高级指挥官、文官行政体系和宫廷官员之间的多边讨论。

在阿卡狄乌斯和狄奥多西二世统治时期，更多的统治机器已经集中到君士坦丁堡庞大的宫殿区内，相比皇帝通常在战场上选出的时代，让文官和宫廷官员获得了更大的影响力。这是对军人的一种遏制，但阻止某个过于强大的将军崛起的还有对东部军队权力的另一种内在的限制。但是在西部，自从斯提里科的时代以来，往往有一位将军的地位要超过其他所有人，一群狡猾的部下会图谋取代他的位置，而在东部，长久以来都有两位亲兵长官。他们各自统率着自己驻扎在国都附近的野战军。设置两名亲兵长官削弱了军队对政治的影响力，而固定的宫廷使得其文官制度比西方的更复杂和更加根深蒂固。最后，东部贵族相对弱势，他们更依赖国家机器而非庞大的土地财富，这些都是强有力的稳定力量——西部的大人物们在合适的时候能够违抗或无视政府，而东部的贵族权力需要其持有者持续参与官僚统治体系。因此，东部政治偏爱妥协胜过暴力，而在西部，最好的结果往往是通过暴力冲突达到的。

因此，当马尔西安去世后，宫廷官员、文官行政人员和亲兵高级指挥官找到了一个妥协的人选：巴尔干军官利奥，名为重锤标枪兵的亲兵野战军部队的一名军政官。他与两名亲兵长官之一的弗拉维乌斯·阿斯帕尔有交情，但并非那位伟大将军的傀儡。如果是那样，他将无法获得如此广泛的认可：将军们、主教阿纳托利乌斯代表的帝国教会、政务总管马尔提亚里斯为首的宫廷官员和其他部门一致认可他。457 年 2 月 7 日，利奥在七里营的宫殿被拥立为皇帝，此后在该城进行了游行。这看上去很像基督教的礼拜仪式，标志着皇帝一职重新神圣化的又一个阶段。利奥还没有孩子，这也许是他当选的原因之一，但他有两个女儿，长女名叫阿里阿德涅，次女叫莱昂提娅（Leontia），两人都在利奥成为皇帝前后出生。利奥的妻子维里娜将被证明是宫廷中的又一位强势人物，到下一任统治者的时期还是如此。

利奥接手了可以上溯到狄奥多西二世时代的教会乱局，第一次和第二次以弗所大会，以及后来 451 年的迦克墩大会都完全没能达成持久的共识。我们可能还记得，神学问题非常复杂。对许多亚历山大里亚教士来说，431 年时将以弗所的聂斯脱利革出教门还不够，他们继续要求对他们主教西里尔的基督的单一神圣性质的观点进行极端的解读。随后，亚历山大里亚教义在 449 年的第二次以弗所大会上的全面胜利不仅疏远了许多东部主教，也疏远了拉丁教会，特别是罗马的利奥。后来，在 451 年的迦克墩大会上，马尔西安推动并通过的神学决议实际上没有解决什么问题。

也就是说，许多觉得支持迦克墩表述是政治上的权宜之计的人并不相信它在神学上真正的正确性。

坚定的亚历山大里亚派（因为他们对基督具有单一的神性和人性的信仰而被他们的对手称为一性论主义者）否定迦克墩大会的观点，认为这完全错误。亚历山大里亚的大部分人口和大批暴力的埃及僧侣倾向于严格的一性论教义。457 年，一听到马尔西安去世，他们就在亚历山大里亚设立了一位对立主教，来挑战迦克墩派的宗主教普罗特里乌斯（Proterius）。此人名叫提摩太·阿伊鲁洛斯（Timothy Aelurus，"猫儿"提摩太），他是西里尔和狄奥斯库鲁斯教义的真正信奉者，还一丝不苟地模仿了他们的暴行。

457 年的耶稣受难日，提摩太一派在普罗特里乌斯的洗礼堂里杀害了普罗特里乌斯。这起丑闻是新皇帝利奥面对的第一个难题。皇帝是迦克墩派，但当提摩太派使团来到君士坦丁堡，要求召开新的大会，重开教义辩论时，他愿意倾听：后者声称，迦克墩大会显然没有解决神性的问题。利奥没有做出决断，而是致信许多重要的主教，包括罗马、安条克和耶路撒冷的，向他们询问召开另一次会议是否明智。他们一致反对这个想法，于是利奥将提摩太流放到帝国在克里米亚半岛上的偏远边哨，直到利奥死后，他才被允许返回。不过，迦克墩大会造成的希腊教会内部的裂痕将持续到这个世纪结束之后很久。

除了教会事务，我们对利奥统治初年的了解意外地少，但可以通过宫廷职位的担任者对宫廷结构有所了解。阿斯帕尔家族官运亨通，他的儿子阿尔达布利乌斯追随父亲的脚步跻身高级指挥官，成为东方统兵长官，而且早在 447 年就担任了执政官。他的另一个儿子帕特里基乌斯担任了 459 年的执政官，被许婚给莱昂提娅公主，最终还获封恺撒，赢得了非同寻常的荣耀；第三个儿子赫尔梅内里克（Hermeneric）将担任 465 年的执政官。维里娜皇后的家族也非常得势，她的弟弟巴西里斯库斯掌握着高级指挥权，最终将统率 468 年那次对阿非利加的灾难性入侵。不过，在没有叙事材料的情况下，很难弄明白政治生活的日常节奏。直到 5 世纪 60 年代，当一场对皇位的意外威胁提供了一系列证据时，我们才开始详细了解帝国中央的事件。但在边境地区，利奥的统治从一开始就充满风波，并将持续他的整个统治时期。

经过狄奥多西和马尔西安时代的长期和平，新皇帝面临着日益动荡的东部边境，是时候短暂地重新把目光投向更广大的欧亚背景。5 世纪的波斯成了更加稳定，不再那么有侵略性的帝国。自从 379 年沙普尔二世死后，它就停止了不断的扩张，其稳定建立在国力之上。根基深厚的波斯贵族提供了一支庞大野战军的核心，能够将众王之王的权威投射到远超他实际控制地区之外的地方。琐罗亚斯德教祭司构成了庞大的行政官僚队伍，负责监督帝国的财政和法律运作，而马兹达火庙管理土地，扮演银行和财库的角色。波斯国王铸造高纯度的银德拉克马，比其他任何钱币都更宽更薄，在它们上面，每位在位的君主都能通过他们精致而独特的头饰而被识别。到了 5 世纪，这种萨珊国王通货已经成为整个中亚和南亚许多地方的标准交易工具，被在萨珊帝国边境发展起来的较为短命的政体信任并广泛仿制（其薄薄的形状和图案最终被 7 世纪的拜占庭统治者采用，尽管是金币，而后来欧洲各地的中世纪钱币发行者则采用银币形式）。

5 世纪时，就像新近在伊朗的考古工作开始显示的，美索不达米亚和胡齐斯坦（Khuzestan）——波斯湾顶端的伊朗地区——

的人口要比近代之前的任何时代的更加稠密，这得益于国家出资的大规模灌溉。与此同时，西北部和东北部边境的建设也加强了，国家主导的人口迁移和强迫安置游牧民族耕种新开垦的耕地为军事基地提供了支持。

由此带来的经济稳定程度意味着，萨珊国王可以不诉诸征服战争来维持王朝的稳定。确实，在大多数情况下，通过审慎地暗杀继承人对手，就连继承危机也可以避免，尽管有一些例外，比如卑路斯试图反叛他的哥哥奥尔马兹德。对罗马世界来说，这意味着东部边境紧张形势的普遍缓解，5 世纪上半叶，那里享受了长期的平静。事实上，我们已经看到，雅兹底格德一世同君士坦丁堡的关系如此之好，以至于阿卡狄乌斯可能考虑让这位国王来担保皇位继承人狄奥多西二世的继位。一位希腊教会史学家暗示，亚美尼亚锡尔万的主教马鲁塔深深打动了雅兹底格德，以至于后者考虑皈依基督教；虽然这不太可能，但 410 年，国王还是允许在泰西封召开了波斯土地上的第一次基督教大会。

直到雅兹底格德统治的末期和巴赫拉姆五世的统治伊始，对波斯土地上的基督徒的迫害才重新开始，导火索是基督徒捣毁了一座火庙，可即便到了那时，双方还是避免一触即发的公开战争。当然，两大帝国之间仍然存在真正的矛盾，比如对于高加索的控制，虽然这些矛盾有时会因为外来事件而恶化，但有时也会缓解，因为双方都要应对各自的挑战。就像东部皇帝一直不得不考虑 5 世纪的巴尔干这个无法愈合的伤口，波斯国王也面临着东北边境上的草原游牧民族的大患。

4 世纪 70 年代，贵霜对沙普尔二世的短暂臣服并没有让波斯的东部边境在不断变化的匈人政体面前变得安全——先是基达里人和阿尔汉人，后来是嚈哒人（Hephthalites）。这些嚈哒人是 4 世纪匈人迁徙到中亚南部时出现的众多部族之一，一度似乎与其他"匈人"共处，在曾经组成贵霜王国的各个地区分享着统治权。但到了 5 世纪 30 或 40 年代，嚈哒人赶走或降伏了他们的各个对手，在一百年间的大部分时间里，他们形成了一个可怕的掠夺国家，5 世纪中叶的历任波斯国王们都不得不对他们严阵以待。雅兹底格德二世和卑路斯一世（特别是后者）总是更关注他们的东部而不是西部边境。

在曾经的苏联中亚地区发现的最大一批萨珊钱币窖藏是来自今天塔吉克斯坦的杜尚别窖藏（Dushanbe Hoard），几乎完全由 399—457 年间发行的同质钱币组成，上面都打有用于当地交易的戳记。它们只能是向萨珊王朝控制范围以外的匈人群体贡金的一部分——估计是为了说服杜尚别地区的一些小国王制衡靠近萨珊王朝边境的嚈哒人。具有讽刺意味的是，尽管在萨珊王朝的众多内乱中，卑路斯有一次曾逃到嚈哒人那里寻求庇护，但他也是在今天阿富汗赫拉特的一场战役中死于嚈哒人之手的，这是他在那处边境参与的三次大战中的最后一次。469 年，在这三次大战的第一次战斗中，卑路斯之子卡瓦德（Kavadh）被嚈哒人俘虏，支付巨额赎金后获释。与 4 世纪匈人的挑战相比，嚈哒势力在伊朗东部边缘的巩固甚至更加将萨珊王室的意识形态从一种希腊化、美索不达米亚和伊朗象征主义的混合体永久变成了极其波斯模式的，并在神学上是琐罗亚斯德教的概念，将伊朗人的善和有序的世界与图兰人混乱和邪恶的虚无——现在以嚈哒匈人为象征的草原帝国——对立起来。

重新定义萨珊的身份，使它与草原而非罗马世界形成更鲜明的对比，这让两大帝国在必要时进行合作变得更加容易。这点对亚美尼亚无疑非常重要，那里在文化上既是伊朗的，也是希腊化的，常常是争夺的对象。5 世纪时，波斯对该王国（尽管现在信奉基督教）的控制没有怎么受到罗马人的挑战，而罗马和波斯长期以来争夺的北高加索同样越来越多地处于波斯的影响之下。

　　在历史上，北高加索被苏拉姆山脊（Surami ridge）分为西部的科尔奇斯（Colchis）或拉齐卡地区和东部的伊贝利亚地区。由于西部毗邻黑海，许多个世纪以来，那里不仅与希腊化和罗马世界，也与亚美尼亚人和波斯人相互交流。伊贝利亚更容易从南部和东部进入，尽管它在 4 世纪时一直在罗马的势力范围内，但到了 5 世纪初，该王国完全成了波斯诸王的附庸。5 世纪 50 年代，拉齐卡国王古巴泽斯（Gubazes）试图效仿伊贝利亚抛弃同罗马的盟约，寻求波斯的庇护。君士坦丁堡出兵阻止，废黜古巴泽斯，拥立他的儿子。对藩属国的这种争夺并没有影响在共同防务的棘手问题上更普遍的合作精神。

　　把守高加索山口成本高昂，453 年后阿提拉帝国的解体和由此引发的草原上的混乱导致防御更加困难。作为回应，波斯人开始改造高加索的基础设施，由罗马皇帝帮助支付开支。几千年来，游牧和转场畜牧一直是伊朗历史的组成部分，新近的学术研究表明，在伊朗高原人口较多的地区，游牧民族与定居的城市和农业共同体共存的方式具有长期的连续性。一直到近代，伊朗统治者会周期性地试图让他们的游牧人口定居化，5 世纪便是一个这样的时期。

　　一定程度上是作为防御措施，5 世纪初的国王们开始将来自伊朗中部的游牧民族重新安置到东北和西北边境，就像几百年前第一位帕提亚国王阿尔萨息曾出于同样目的重新安置了游牧的马尔迪人（Mardi）。与新的灌溉系统配套的是各地的要塞城镇中心，其中最重要的是阿拉克塞斯河［Araxes，今阿拉斯河（Aras）］河谷的乌尔坦卡拉西（Ultan Qalasi），这条河流经木干（Mughan）草原，注入今天伊朗西北端的里海。与之类似，在附近位于阿塞拜疆境内的米尔（Mil）草原上，考古学记录显示，在雅兹底格德一世和巴赫拉姆五世统治时期出现了人口爆炸。在他们的继任者雅兹底格德二世和卑路斯一世统治下，守护从北面进入伊朗草原的山口的要塞防御被大大加强，特别是在罗马人资助下建成的德尔本德长城，雅兹底格德一世新建的比拉帕拉赫要塞可能就在那里。虽然我们对里海以北和乌拉尔山以南的事件一无所知，但高加索军事基础设施的集中扩张似乎很可能是阿提拉匈人帝国崩溃和嚈哒人在东方确立新统治的副产品：5 世纪中期的草原变得动荡，因为赢家和输家都在寻找新的土地安身。

只有在书面材料留存下来的时候，才能找到直接的因果关系证据，而此类材料大多与巴尔干有关。它们显示了阿提拉欧洲帝国的毁灭对罗马的利益造成了多大的伤害。随着阿提拉在 453 年突然去世，以及第二年他的孩子们在内道河畔的惨败，他昔日的臣民突然摆脱了一个暴力和掠夺成性的霸主的压迫。这让他们可以自由地相互争斗，他们也马上就这样做了。他们的冲突很快在蛮族世界中催生了全新的政治集团。在接下去的一百年间，我们第一次听说了保加尔人（Bulgars）或斯克拉维尼人（Sclaveni，即斯拉夫人）等新的蛮族群体，这在一定程度上无疑是匈人在欧洲崩溃的结果。这些新政体是如何形成的，当地人和移民的成分如何，这些都将是学界长久争论的话题。虽然如此，在我们已知曾经臣服于阿提拉的各个群体中，斯基里人和格皮德人似乎很成功，他们继续拥有多瑙河对岸最好的土地，阿提拉的个人追随者曾经驻扎在那里。几个哥特人群体——其中之一由瓦拉米尔（Valamir）、狄奥德米尔（Theodemir）和维迪梅尔（Vidimer）兄弟领导，另一个由特里亚里乌斯（Triarius）之子，绰号"斜眼"（Strabo）的狄奥德里克领导——的处境就不那么好了，他们被敌对的小国王赶到了名义上仍然由君士坦丁堡控制的巴尔干的部分地区。

当然，阿提拉肆虐了巴尔干的大片土地，夺走了那里的可移动财富，包括奴隶，还破坏了帝国的基础设施。4 世纪的各个行省究竟是在何时脱离帝国控制的问题存在争议：一些学者提出，在找到政府对某地区失去控制的明确证据之前，我们可以认为帝国行政体系继续存在；另一些人则认为，在没有帝国继续存在的明确证据时，我们必须认为特定行省已经脱离了。相比之下，后一种最小主义的解读似乎更有可能。如果我们遵循这一思路，那么西部和东部帝国很可能在 5 世纪 30 年代就失去了潘诺尼亚大区的四个行省（第一和第二潘诺尼亚、瓦雷利亚、萨维亚），到了 5 世纪 50 年代前后失去了河畔诺里库姆（Noricum Ripense，今天奥地利位于多瑙河和阿尔卑斯山之间的地区）。从潘诺尼亚和达契亚大区交界处的西尔米乌姆一直到色雷斯大区的黑海沿岸，多瑙河以南的大片土地一直是蛮族军阀的游乐场。唯一被君士坦丁堡牢牢掌控的巴尔干地区是第二默西亚以南的色雷斯诸行省，以及马其顿和亚该亚大区。

5 世纪 50 年代中期，瓦拉米尔和"斜眼"狄奥德里克都试图在罗马土地上找到自己的位置，因为他们和他们的追随者不能再依靠从前作为匈人帝国特权步兵部队的地位。马尔西安给予瓦拉米尔和他的兄弟们在潘诺尼亚定居的权利，并每年为他们的部队提供补贴，但当利奥停止这一做法时，他们入侵了君士坦丁堡仍然统治着的巴尔干行省，夺取了亚得里亚海沿岸的一些城镇，包括重要的港口杜拉基乌姆［Dyrrachium，今阿尔巴尼亚的都拉斯（Dürres）］。461 年，瓦拉米尔最终接受了议和条件：他的侄子，狄奥德米尔之子狄奥多里克（Theodoric）被送往君士坦丁堡，作为让他的父亲和叔叔守规矩的人质。在那里，他培养出了对希腊-罗马高雅文化的兴趣，使他成为那一代国王中最精明的外交家。利奥同意每年向瓦拉米尔进贡 300 磅黄金——以东方的标准来说，这是非常少的。另一方面，"斜眼"狄奥德里克则在色雷斯部分地区统率着一支由帝国政府提供补贴的私人军队，制衡在他北面和西面的瓦拉米尔。

对瓦拉米尔和"斜眼"狄奥德里克的安排表明，东部帝国的边境政策现在包括了一些制衡手段，就像已经成为西部长期命运的那样，但一个根本性区别使它能够更持续性地发挥作用。不仅东部帝国的财政能够经得起周期性的勒索，而且与西部不同，即便是关键将领和廷臣中的动荡也不会导致政局失控。466 年，一场毁灭性的大火——传言说是魔鬼扮成拿着蜡烛的粗心老妇人的模样放的火——烧毁了君士坦丁堡中的成片地区，包括原先广场上的元老院和其他许多公共建筑。大火烧了三天，阿斯帕尔因为在危机中的威严领导而大受赞誉，他亲自带着水桶在城中奔走灭火。与利奥皇帝的反差尤其让他获得赞美，后者退到金角湾对岸的离宫。

不过，在做出这些英勇之举后不久，这位大将军的威望就遭受重创。他的儿子，当时长期担任东方统兵长官的阿尔达布利乌斯被控伙同波斯国王阴谋反叛利奥。一个名叫弗拉维乌斯·芝诺（Flavius Zeno）的伊索里亚军官发现了谋反信，把它们带到宫廷交给利奥。利奥没有像预期的那样以血腥的方式应对，而是将阿尔达布利乌斯传唤到宫廷，在政务总管帕特里基乌斯主持的御前会议上审理了他的案子，他的父亲阿斯帕尔也参加了。利奥甚至给了阿斯帕尔关于自己儿子的命运的发言权。面对肯定是无法辩驳的证据，阿斯帕尔明智地同意将阿尔达布利乌斯流放。他本人保留了在政府中的高位，如果同样的情况发生在西部纷争不断的将军们中间，这是不可想象的。

虽然阿斯帕尔没有马上权威扫地，但发现他儿子阴谋那个人因此获得了奖赏。芝诺来自小小的多山行省伊索里亚，那是戴克里先从帝国早期的奇里乞亚行省（位于今天土耳其的东南部）中划分出来的。伊索里亚人以猖獗的强盗行为著称（一定程度上名不虚传），现代学者有时会夸大到称他们为"内部的蛮族"，是帝国边境内的异邦人。不过，他们的家乡对法律和秩序构成了挑战是毋庸置疑的，想要在首都获得成功，伊索里亚人需要看得见的同化努力。比如，芝诺在参军时将名字希腊化，抛弃了他的本名塔拉西科狄萨（Tarasicodissa）。告发阿尔达布利乌斯后，他被任命为内卫卿，负责皇帝本人的卫队，包括名为禁军（Excubitors）的宫廷部队，在随后的三百年间，他们将成为帝国政治中一支强大的力量。

除了上述升迁，还有与利奥长女阿里阿德涅的皇室婚姻。我们不知道芝诺是否需要抛弃他的第一任妻子阿卡狄娅（与他生有一子，也叫芝诺），还是当时她已经去世。无论如何，两人成婚。

467 年，这对皇室夫妇生了一子，按照他外公的名字取名利奥。新任东方统兵长官约尔达尼斯接替了失宠的阿尔达布利乌斯，芝诺则被迅速提拔为色雷斯统兵长官，接替皇帝的小舅子巴西里斯库斯（后者被指派负责对盖瑟里克的汪达尔人发动大规模远征，那是当时正与西部共同策划的行动）。

与阿斯帕尔支持者的矛盾和阿提拉可能继承者之间的持续冲突让芝诺在色雷斯的任期变得复杂。蛮族冲突的局面不断变化。5世纪 60 年代后期，哥特人兄弟瓦拉米尔、狄奥德米尔和维迪梅尔摧毁了斯基里人的庞大同盟，但瓦拉米尔在战场上阵亡，与阿斯帕尔关系密切的狄奥德米尔成了兄弟们的领袖。狄奥德米尔之子狄奥多里克仍然在皇城，与那位将军在一起。差不多同时，阿提拉仅存的儿子，一度逃到黑海北岸的邓吉济克（Dengizich）开始看到有机会恢复父亲的权威，向色雷斯发动袭击。试图抵挡这些进攻时，芝诺面临了哗变的威胁，足以迫使他逃到小亚细亚的迦克墩。他被另一位将军弗拉维乌斯·阿纳加斯提斯（Flavius Anagastes）接替，后者将继续在阿斯帕尔及其家族的覆灭中扮演重要的角色。

但那是将来的事，阿斯帕尔家族在阿尔达布利乌斯谋反后显然没有受到重罚，也许是因为利奥需要他所有最优秀的将军们参与自己的宏大计划和东部对西部事务的最后一次重大干预：对汪达尔人的胜利远征，复兴在新奥古斯都安特米乌斯统治下的西部帝国。我们已经看到，经过最初的成功，这个计划进行得多么糟糕：安特米乌斯在意大利受到欢迎；被利奥授予国公头衔的雇佣兵首领马尔克里努斯在撒丁岛和西西里岛打败了汪达尔人的驻军；东部军务卿赫拉克利乌斯和马尔苏斯从盖瑟里克的军队手中夺取了的黎波里塔尼亚。但接着，盖瑟里克摧毁了由维里娜的弟弟巴西里斯库斯统率的帝国主力舰队，毁掉了一场据说耗资 6.4 万磅黄金和足足 70 万磅白银的远征。

如此规模的灾难很难被接受，在君士坦丁堡不可避免地出现了谋反传言，有的指向巴西里斯库斯，另一些指向阿斯帕尔。令人惊讶的是，后者平安无事，就像两年前他在儿子倒台后那样，但巴西里斯库斯就没有那么幸运了。他不得不到圣索菲亚大教堂中避难，直到维里娜的请求为他赢得了公开宽恕。不清楚此后他是否保住了统兵长官之职，但现在他无疑被阿斯帕尔和芝诺边缘化。后者娶阿里阿德涅，已经是皇族的一员，阿斯帕尔现在也获得了相同的特权。在竞技场中的骚乱者要求下，他的儿子，459 年的执政官帕特里基乌斯同意抛弃自己的相似论派信仰，接受迦克墩正统信仰。470 年，他被利奥封为恺撒，并娶了刚刚达到适婚年龄的莱昂提娅。这是精明的政治手腕，将阿斯帕尔和芝诺留在身边，让他们在宫廷中，而不像在西部会发生的那样在战场上展开斗争。

现在，巴尔干成了可以通过代理人展开宫廷斗争的舞台。469 年，狄奥德米尔同格皮德人和鲁吉人发生冲突，后者担心自己遭受与斯基里人相同的命运。御前议事会对于支持哪一方存在分歧。阿斯帕尔主张支持自己的哥特代理人，但他的建议没有被采纳，皇帝选择支持狄奥德米尔的敌人。不过，狄奥德米尔证明自己是更好的将军，在位置不明的波利亚河［Bolia，很可能是今天匈牙利的伊佩尔河（Ipel）］畔的某地打响的战役中击败了格皮德人及其盟友。这场胜利后，他控制了那些巴尔干昔日的要塞城市，从西尔米乌姆经过辛吉杜努姆（今贝尔格莱德），一直到奈苏斯（今尼什）。尽管皇帝不愿意看到这些，但不得不忍受，人质狄奥多里克被放回他父亲那边，以表示帝国的善意。

同年，帝国在这个混乱的地区取得了罕见的成功：试图重建父亲阿提拉昔日势力的邓吉济克失败了，在多年袭击帝国领土后，他现在试图为罗马人效劳。相反，他被俘虏和处决，首级在君士坦丁堡被示众，作为利奥权力的证明。

征服邓吉济克的是色雷斯统兵长官阿纳加斯提斯，他认为自己的大功没能获得足够的奖赏。对这一职场上的不满火上浇油的是，他觉得自己遭受了人身侮辱：东方统兵长官约尔达尼斯不仅是阿纳加斯提斯的对头，还是他长期的敌人〔若干年前，阿纳加斯提斯的父亲阿尔内吉斯克鲁斯（Arnegisclus）杀了约尔达尼斯的父亲约翰〕。当他在东部的对头被提名为 470 年的执政官时，这位色雷斯统兵长官气坏了。作为回应，他在 469 年末发动叛乱，派兵占领了色雷斯的几处要塞，与中央政府为敌。宫廷派出的使者很快安抚了叛乱者，但在为了让自己安全地官复原职而进行的谈判中，他试图将自己的叛乱归咎于阿斯帕尔失宠的儿子阿尔达布利乌斯，声称是后者的花言巧语怂恿他这样做的。

无论这一指控是否属实，利奥都无法忍受这家人第二次反叛的传言。471 年，阿斯帕尔家族的大部分成员在君士坦丁堡皇宫被杀，大清洗的受害者包括阿斯帕尔本人、帕特里基乌斯恺撒、阿尔达布利乌斯和他们的好几个亲密支持者。小儿子赫尔梅内里克向东逃到了伊索里亚，在那里娶了芝诺众多私生子之一的女儿。利奥死后，他最终在宫廷中获得了新的角色。因为屠戮了阿斯帕尔一家，利奥获得了"屠夫"（Makelles）的绰号。现在，皇帝仅剩的女婿芝诺取代了阿斯帕尔在宫廷的地位。在阿斯帕尔一家遇害引发骚动时，他明智地离开皇宫，在自己的家乡镇压伊索里亚强盗。现在，他接替阿斯帕尔成为亲兵长官，他和阿里阿德涅生的幼子利奥于 472 年被封为恺撒。

在巴尔干，狄奥德米尔于 471 年去世，由他雄心勃勃的儿子狄奥多里克继任，为了区别他和"斜眼"狄奥德里克，我们将只称他为狄奥多里克。这两位哥特人是亲戚，尽管并不清楚究竟是什么关系，他们很快陷入了习惯性的争斗。短期内，"斜眼"给政府带来的麻烦最多，他要求获得阿斯帕尔担任过的统兵长官一职，从而在御前议事会中也占据一席之地。遭到拒绝后，他袭击了色雷斯一些较大的城市，包括阿卡狄奥波利斯（Arcadiopolis）和菲利普波利斯。但芝诺和巴西里斯库斯负责君士坦丁堡的防务，迫使"斜眼"走上了谈判桌。与此同时，皇帝的健康越来越可见地恶化。473 年末开始的一场重病表明他可能活不长了，当年 10 月，他被说服让 6 岁的外孙，阿里阿德涅和芝诺的孩子利奥成为他的共治皇帝。第二年 2 月 6 日，他在君士坦丁堡宫中去世，这意味着年幼的利奥二世现在成为正皇帝（自从二十年前瓦伦提尼安死后，除了安特米乌斯，没有西部皇帝被承认是共治皇帝的合法成员）。

宫廷官员、维里娜和巴西里斯库斯的派系、大将军们和芝诺本人一连三天开会讨价还价，最终达成协议，并寻求君士坦丁堡元老院的象征性同意。接着，474 年 2 月 9 日，年轻的皇帝在竞技场中的大批公众面前封其父亲为共治皇帝。那年年底前，这位 7 岁的皇帝将病故。11 月 17 日，芝诺成了唯一的皇帝。

第 12 章

芝诺与阿纳斯塔修斯

从统治伊始，芝诺面临许多方面的反对。盖瑟里克几乎立即就派出一支舰队攻打希腊，夺取了伊庇鲁斯的港口城市尼科波利斯。君士坦丁堡元老塞维鲁率领的使团（他为此被授予了国公的荣誉头衔）与这位老去的国王达成了和平协议。来自尼科波利斯的罗马人质——他们是盖瑟里克的私人财产——被免费释放，其他汪达尔人也被鼓励将他们的人质卖给这位使者。现在，国王还允许迦太基的尼西亚派享有一定的崇拜自由。这标志着迦太基和君士坦丁堡之间漫长冲突的终结。塞维鲁使团达成的"永久"和平事实上将持续超过半个世纪，直到 6 世纪 30 年代，东部皇帝查士丁尼以很勉强的借口摧毁了汪达尔王国。在巴尔干，"斜眼"狄奥德里克再次发动叛乱，但被芝诺的伊索里亚同乡，将军伊鲁斯（Illus）击败并收买。我们的材料中还记录了同波斯和在叙利亚沙漠边疆上的问题，但描述极其模糊。让芝诺最为担忧的是宫廷里的阴谋。

保留了奥古斯塔头衔的太后维里娜组织了针对自己女婿的阴谋。同谋者是她的弟弟，声誉从未从 468 年对汪达尔人的灾难性作战中恢复过来的巴西里斯库斯，以及他们的外甥，色雷斯统兵长官阿尔马图斯（Armatus）。巴西里斯库斯还与芝诺的伊索里亚战友伊鲁斯和他的兄弟特洛孔德斯（Trocondes）结盟，前政务总管帕特里基乌斯（可能还是维里娜的情人）也参与了该阴谋。

芝诺获悉了这场密谋——不清楚他是如何做到的——并及时逃走。他带着侍卫和亲信渡海到了迦克墩，于 475 年 1 月前往伊索里亚。虽然维里娜希望由帕特里基乌斯当皇帝，但巴西里斯库斯贿赂宫廷建制派选择了他自己，他在宫中被宣布为皇帝，并得到了君士坦丁堡元老院的拥护。帕特里基乌斯被处决，阿尔马图斯被任命为亲兵长官之一，伊鲁斯和特洛孔德斯则率领野战军前往伊索里亚追逐芝诺。巴西里斯库斯选择伊庇尼科斯（Epinicus）担任辖区长官，在内侍总管乌尔比基乌斯（Urbicius）的庇护下，这个弗里吉亚人文书在利奥统治时期担任过私库卿和圣库卿。巴西里斯库斯封自己的妻子芝诺尼斯（Zenonis）为奥古斯塔，他们的儿子马尔库斯为恺撒，向他的太后姐姐表明，她事实上将不被允许行使她明显渴求着的权力。盟友帕特里基乌斯死后，维里娜退归自己的宫中，继续断断续续地设计诡计，但现在是为了芝诺的回归。

在伊索里亚的伊鲁斯和特洛孔德斯兄弟与他们昔日的战友芝诺交战的同时，巴西里斯库斯接见了亚历山大里亚的一性论主教"猫儿"提摩太派来的使团，后者在获悉利奥的死讯后从克里米亚的流放地回归。现在，他说服皇帝攻打亚历山大里亚一性论者痛恨的迦克墩派定居点。相比他发动政变这个事实，这更加让巴西里斯库斯失去了君士坦丁堡坚定的迦克墩派人口的民心，他被迫离开该城，因为宗主教阿卡基乌斯（Acacius）用黑布将圣索菲亚大教堂盖住，敦促信众哀悼他们的信仰遭到了一位异端皇帝的亵渎。也许并不意外的是，很大一部分人口现在开始鼓动芝诺回归。

伊鲁斯和特洛孔德斯最初作战顺利，芝诺的兄弟朗吉努斯（Longinus）也被伊鲁斯俘虏，后者将他囚禁于自己在伊索里亚的庄园里。但宫廷阴谋（可能是伊庇尼科斯和乌尔比基乌斯发动的）促使伊鲁斯和特洛孔德斯同那位合法皇帝和解，让后者返回都城，废黜巴西里斯库斯。巴西里斯库斯的亲兵长官阿尔马图斯被派去阻止他们从小亚细亚返回，但很快就被收买，他被承诺将获得宽恕并终生担任统兵长官，他年幼的孩子还会被提拔为恺撒。阿尔马图斯选择不公开叛变，而是允许芝诺和伊鲁斯沿着另一条道路与自己擦肩而过，从而让芝诺在 476 年 8 月兵不血刃地进入君士坦丁堡。巴西里斯库斯、泽诺尼斯、马尔库斯和他们的家人被俘，送往卡帕多西亚的皇帝庄园，在那里被处决。就像承诺的那样，阿尔马图斯的儿子在尼西亚被封为恺撒，但他的父亲几乎马上被控反叛并遭到处决，而那个孩子被授予圣职，关进了修道院。

接着，在重新掌权后不久，芝诺接见了意大利统兵长官奥多阿克尔派来的使团，后者归还了西部皇帝的身份象征，提出以芝诺的名义作为意大利国土统治。芝诺似乎认识和信任奥多阿克尔，也许是因为后者的兄弟奥努尔弗斯（Onoulphus）在东部军队服役，几个月前刚刚受命处决了阿尔马图斯。芝诺找到一条完美的妥协路径：他继续承认尤里乌斯·奈波斯是西部的合法皇帝，但没有着手助奈波斯恢复对意大利的真正统治，俄瑞斯忒斯在差不多一年前将他从那里赶走。相反，奈波斯留在了达尔马提亚，而他的皇帝统治的假象被所有人用心地维护着。

芝诺无法为奈波斯做太多，即便他有意如此。虽然比起巴西里斯库斯，都城民众更喜欢他，但他在军中不受欢迎，担心发生哗变。因此，在 476 年之后，他拒绝率军与"斜眼"狄奥德里克交战。我们有关于 5 世纪 70 年代后期巴尔干情况的详细证据，尽管相当混乱。在那里，君士坦丁堡、"斜眼"和狄奥德米尔之子狄奥多里克之间有过变化不定的结盟和背叛，它们太过错综复杂，也过于无趣，在这里不便讨论。在某个或另一个时候，"斜眼"和狄奥德里克分别获得过国公的头衔和名义上的罗马军阶中的指挥官职务。因此，当"斜眼"看上去威胁更大时，狄奥多里克就被封为国公和统兵长官。后来——很可能是 478 年——两人一度短暂和解，合力逼迫芝诺提供更多的资源。此后不久，两人的地位颠倒，狄奥多里克成为敌人，"斜眼"则获得了名义上的统兵长官职位。帝国对巴尔干的控制变得更多是名义上的，而非实际上的。事实上，只有色雷斯的几个城市，伊利里亚辖区长官的治所塞萨洛尼卡，以及希腊半岛仍然处于帝国的统治下。巴尔干的其他地区被留给地方自治。在一些人口凋零的地方，古老的田地系统不再有人耕种，当地更大的基础设施也开始崩溃。

　　更奇怪的是，虽然芝诺在利奥宫廷中扮演过支配者的角色，他却似乎没有学会避免被人夺走风头。在伊索里亚流亡的 20 个月无疑削弱了他的权威，现在伊鲁斯和芝诺一起支配着公共事务。手握大权的内侍总管乌尔比基乌斯和辖区长官伊庇尼科斯制衡了伊鲁斯的权力，但当芝诺于 478 年任命后者为政务总管后（还担任了同一年的执政官），他在宫廷事务的各个方面都扮演了直接角色。他利用自己的新职位与维里娜勾心斗角，后者反过来也和伊庇尼科斯一起谋害他。当阴谋被发现后，伊鲁斯逼迫皇帝罢黜了辖区长官，将他作为俘虏移交给自己。479 年末，伊庇尼科斯和伊鲁斯达成交易，前者得到官复原职的承诺，条件是背叛维里娜。

伊鲁斯用退归伊索里亚来勒索芝诺，后者需要他统率巴尔干的军队来对付"斜眼"和狄奥多里克——除非把维里娜交给他，否则他就不回来。

芝诺再次屈从于他的大臣的意愿；维里娜被送到奇里乞亚的塔尔索斯，她在那里出家成为修女，然后被囚禁在政务总管在伊索里亚的庄园。但利奥家族的锲而不舍变得更加引人注目：479年，又发生了一起针对芝诺的政变，这次的发起者是已故皇帝安特米乌斯之子，利奥和维里娜的小女儿莱昂提娅（曾是阿斯帕尔之子帕特里基乌斯的妻子）的丈夫马尔基亚努斯。马尔基亚努斯和弟弟普罗科皮乌斯召集了一批亲兵部队为自己效力，他们冲向皇宫，控制了城市，尽管还没有控制皇帝。但伊鲁斯连夜从博斯普鲁斯海峡对岸的迦克墩集结了自己由伊索里亚士兵组成的庞大的私人军队，第二天，君士坦丁堡的街头发生了一些混战。伊鲁斯和他的部属胜出，马尔基亚努斯和莱昂提娅被俘，普罗科皮乌斯则投奔"斜眼"狄奥德里克，接着又逃到罗马，后来被下一任皇帝召回，担任了515年的执政官。莱昂提娅和马尔基亚努斯都被下令出家，放逐到偏远的卡帕多西亚的修道院，但后者第二年逃脱，从对现状不满的前王朝支持者中集结了一支军队，占领了安库拉。他在那里被伊鲁斯的兄弟特洛孔德斯包围，再次遭擒并被囚禁。

花了几年时间，再加上以被伊鲁斯支配为代价，芝诺才确保皇位有了一定程度的安全，但接着他需要处理475年利奥死后注定会爆发的教会冲突的残局。就像我们已经看到的，利奥很乐意支持迦克墩协议，但芝诺刚刚逃离君士坦丁堡，巴西里斯库斯就召回了被流放的亚历山大里亚主教"猫儿"提摩太和安条克的

"染工"彼得（Peter the Fuller），让他们回到自己的教区。面对君士坦丁堡的骚乱和芝诺复辟的再次威胁，巴西里斯库斯取消了最初采取的亲一性论派政策。但当巴西里斯库斯被废黜和处决后，芝诺不得不决定该怎么对付一性论派，在巴西里斯库斯统治下取得的短暂成功提高了他们的期望。

"猫儿"提摩太于 477 年去世，接替他的是迦克墩派的"软帽"提摩太（Timothy Salophaciolus），但与温和的迦克墩派君士坦丁堡宗主教阿卡基乌斯一样，"猫儿"的副手"哑嗓子"彼得（Peter Mongus）也是芝诺最重要的教会顾问之一。482 年，他们说服芝诺致信埃及教会，介绍新的政策。这篇文本即所谓的芝诺《合一诏书》（Henotikon），很可能出自阿卡基乌斯或他的某个教士，旨在通过谴责聂斯脱利派和极端的一性论派，并肯定尼西亚和君士坦丁堡的学说中包含了真正的教义来调和舆论。因此，迦克墩教义被从正统记录中排除，其记忆被除名毁忆。一性论派主教很高兴接受《合一诏书》，但迦克墩派认识到，它隐含地谴责了迦克墩大会的神学表述。

对阿卡基乌斯来说，这是非常好的结果。"哑嗓子"彼得现在成为亚历山大里亚主教，《合一诏书》引发了希腊和拉丁教会的众多分裂中的第一次：当时的罗马主教辛普利基乌斯拒绝承认皇帝有权就教义事务做出裁决，认为罗马主教在教义真实性问题上拥有最高权威。在辛普利基乌斯主持的罗马主教大会上，阿卡基乌斯和"哑嗓子"彼得都被革出教门。这场所谓的阿卡基乌斯分裂（当然是拉丁帝国方面对此事非常典型的理解）证明，东部和西部教会日益意识到与彼此的深刻差异。它还表明，罗马主教区在主张自身观点时变得越来越自信，因为它不再需要与驻罗马的皇帝打交道，或者同帝国官僚斗争。

481 年还带来了其他新闻："斜眼"狄奥德里克的意外去世。自从"斜眼"计划支持马尔基亚努斯的政变以来，他的军队就一直分散在色雷斯各地，不时袭击那里的城市。481 年，他再次向君士坦丁堡进军，既无法被击退，也无法被收买。经由埃格纳提亚（Egnatia）返回色雷斯途中，他从马背上摔下，掉在一名手下的枪尖上，不久伤重不治。虽然在杀害了至少两名叔叔后，他的儿子雷基塔克（Recitach）继承了他的部属，但他缺乏父亲的自信或战术才能，而且远没有父亲那样难以被控制。现在，狄奥德米尔之子狄奥多里克成了巴尔干唯一真正的威胁。几年后，他将杀死雷基塔克，吞并后者的部属。

尽管巴尔干的压力得到了缓解，皇帝的总体地位仍然不够稳固。从母亲维里娜和妹妹莱昂提娅的失势和倒台中幸存的阿里阿德涅皇后现在加入了阴谋反对伊鲁斯者的行列，她说服自己的丈夫干掉此人。芝诺本人不会采取行动，但容许她这样做。481 年，有人企图在竞技场要伊鲁斯的命。他逃过一劫，但被刺客斯波拉基乌斯（Sporacius）的剑割掉了一只耳朵，后者是内务部队的一名指挥官，被阿里阿德涅收买行刺。斯波拉基乌斯当场被杀。人们对阴谋的源头有所怀疑，但从未有人承认：伊鲁斯辞去了宫廷中的官职，要求担任东方统兵长官，芝诺欣然授予他此职，很高兴让他离开都城。

此后的几年中，君士坦丁堡的芝诺支持者和安条克的伊鲁斯支持者之间一直在冷战，公开战争似乎注定将在某个时候爆发。最终，是伊鲁斯挑起了战端。他把马尔基亚努斯从在卡帕多西亚的监狱中放出，派其前往意大利向奥多阿克尔求助。伊鲁斯还把太后维里娜从囚禁她的修道院释放，怂恿她把国公莱昂提乌斯加冕为皇帝，后者是君士坦丁堡的一名受人尊敬的元老，在他的拉拢下离开了芝诺。这场叛乱在东部很受欢迎，特别是在对芝诺的《合一诏书》怀有敌意的迦克墩派中。但战事对伊鲁斯不利。芝诺向小亚细亚派出了斯基泰人约翰统率的亲兵部队，还有从巴尔干哥特人和其他蛮族群体中招募的大批雇佣兵，包括阿斯帕尔的小儿子赫尔梅内里克统率的一支部队。与此同时，芝诺的兄弟朗吉努斯成功从伊鲁斯关押他的监狱逃脱。伊鲁斯全面战败，逃往自己位于伊索里亚山间的刻利斯（Cherris）的城堡。在那里，老阴谋家维里娜最终死去，而伊鲁斯和莱昂提乌斯把他们的篡位幻想继续维持了足足四年——直到 488 年，刻利斯的供给才最终耗尽，结束了围攻。伊鲁斯、莱昂提乌斯和他们剩下的支持者被立即处决。

488 年是芝诺可以在一定程度上不受干扰地统治的第一年——维里娜一派及其诸多分支最终被打败。巴尔干的战事现在也结束了。狄奥多里克的士兵们很好地与伊鲁斯划清界限，芝诺允许他们的领袖带着追随者前往意大利安家，他们将在奥多阿克尔的地盘上统治，直到芝诺认为是时候亲赴那里。芝诺的举动相当忘恩负义，因为奥多阿克尔曾坚定拒绝了伊鲁斯的示好。但芝诺最需要的是和平，如果这两位对立的国王想要在西部帝国的废墟上一决雌雄，那只会对芝诺有利。他是否曾有过重新占领西部帝国的意图很值得怀疑，但东部霸权这一权宜的假象让各方面都保住了亟需的面子。狄奥多里克和他的追随者们，包括数以万计的士兵、随营人员和他们的家属途经辛吉杜努姆和西尔米乌姆向意大利进发。在西尔米乌姆，他打败了一支格皮德人的军队，在城中安顿下来。489 年，他的哥特人入侵意大利。随后的四年间，狄奥多里克和奥多阿克尔争夺着半岛的控制权。

因此，芝诺统治的最后几年远不像最初几十年那么险象环生，尽管当他在 491 年 4 月 9 日去世时，围绕着《合一诏书》的争议仍未结束。没有发生政变。相反，4 月 10 日，守寡的阿里阿德涅身着皇帝斗篷，从竞技场的皇室包厢向聚集在下方的君士坦丁堡公民致词。诉状官宣读了她的讲话，宣布任命一位新的辖区长官，承诺会在芝诺的葬礼后宣布元老院、宫廷部门长官和亲兵高级指挥官的一致意见。被选中的人是宫廷肃静卫（silentiarii）的首领之一阿纳斯塔修斯（Anastasius），此人年届六旬，还不是元老，但他是皇后的长期亲信。他似乎持有非正统的宗教观（有种几乎没有根据的说法称，他的母亲是摩尼教徒；她更可能是相似论派，因为其家族来自伊庇鲁斯的杜拉基乌姆，属于长期以来认同这种神学的拉丁巴尔干的一部分），尽管他曾被认为是安条克主教的可行人选。他还曾试图在君士坦丁堡布道，但此举激怒了该城的主教欧菲米俄斯（Euphemius），后者现在坚持要求阿纳斯塔修斯签署承认正统信仰的声明，然后才会同意任命。

4 月 11 日，阿纳斯塔修斯身着皇袍，被士兵们托举在一面盾牌上，由君士坦丁堡宗主教加冕。他承诺给平民和军队大笔赏赐。接着，5 月 20 日，他娶了阿里阿德涅，从而让自己获得了一定的王朝合法性。所有人都似乎很高兴，只有芝诺的伊索里亚亲戚除外，他们本来期待的是由已故皇帝的兄弟朗吉努斯继任。在芝诺的伊索里亚卿（comes Isauriae），伊鲁斯同父异母的弟弟里林吉斯（Lilingis）的率领下，伊索里亚爆发了叛乱。许多身居高位，被阿纳斯塔修斯赶出君士坦丁堡的伊索里亚人也参与了叛乱，他们被指在竞技场煽动叛乱，支持芝诺的兄弟朗吉努斯。许多伊索里亚人被流放，包括芝诺的老政务总管，卡尔达拉的朗吉努斯，此人很快将成为叛乱的领导者。芝诺的兄弟朗吉努斯被要求出家，然后流放到底比斯，那是帝国境内距离君士坦丁堡最为遥远的地方。

492 年，阿纳斯塔修斯派出"驼背"约翰（Ioannes Gibbus）和"斯基泰人"约翰统率的军队讨伐里林吉斯，前者是亲兵长官之一，后者是东方统兵长官，从伊鲁斯败亡后就一直担任此职。从属部队由阿里阿德涅的亲戚第欧根尼亚努斯（Diogenianus）、尤斯提努斯（未来的查士丁皇帝）以及一些哥特人和匈人高级盟友统率。在弗里吉亚的科图埃乌姆，他们对庞大的叛军取得了压倒性的胜利——伊索里亚人在多山地形中开展游击战的能力要远远强于阵地战。里林吉斯在科图埃乌姆阵亡，但叛军在其他指挥官的领导下继续战斗了六年，由另一位［塞利努斯（Selinus）的］朗吉努斯从海上提供给养。

卡尔达拉的朗吉努斯一直坚持到 497 年才被打败，他的首级被挑在杆子上在君士坦丁堡示众，而塞利努斯的朗吉努斯坚持到了 498 年才在奇里乞亚的安条克被俘。两名取胜的统兵长官都获得了担任执政官的奖赏，"斯基泰人"是在 498 年，"驼背"是在 499 年。从利奥的统治以来一直为该地区的叛军提供庇护的伊索里亚著名的山间要塞现在被夷平。许多伊索里亚普通士兵被解除武装，重新安置在色雷斯那些因为哥特人和帝国军队多年来的冲突而荒废的地区。同样被安置在那里的还有一个新的"斯基泰"蛮族群体，名为奥诺古尔人（Onogurs）——这是几个被统称为保加尔人的群体之一。493 年的一次奥诺古尔人的袭击甚至导致色雷斯统兵长官尤里安阵亡，而君士坦丁堡的骚乱严重到皇帝雕像被推倒和在街上拖拽。

随着时间从 5 世纪转入 6 世纪，奥诺古尔人、库特里古尔人（Kutrigurs）和乌提古尔人（Utigurs）成为巴尔干和平的可怕挑战者，支配着从多瑙河一直到顿河的草原上的其他蛮族群体，激发了类似于一代人之前波斯国王们在高加索展开的那种军事基础设施建设。阿纳斯塔修斯特别出资兴建了长城（按照这位皇帝的名字，也被称为阿纳斯塔修斯长城——尽管个别部分很可能要追溯到利奥统治的时代）。长城位于君士坦丁堡以西大约 60 千米处，从普罗滂提斯海边的塞莱姆布里亚（Selymbria）外不远处延伸到黑海边的波迪玛（Podima），构成了一条 50 千米的防线，将色雷斯半岛同不断威胁色雷斯其他地区的危险隔绝开来。

与如此规模的大部分防御工事不同，长城的目的是防御，而不是仅仅通过自己的存在来阻遏和分散敌人的兵力。砖石城墙有 3 米多厚，将近 5 米高，每隔一定距离有突出的塔楼和堡垒；这一工事还安排有自己的指挥官，从属于亲兵长官。事实上，它的距离过长，无法有效地防御，但在长城存在的两百年间，它的确足够长时间地阻碍了入侵军队，让真正的战事远离君士坦丁堡，即便当长城本身被攻破时。不过，长城还没有完工，就发生了奥诺古尔人的更多大举入侵：499 年，伊利里亚统兵长官阿里斯图斯（Aristus）同他四分之一的机动军一起被杀；502 年，城郊再次被袭击和劫掠，这次没有遭到抵抗。不过，袭击者再次突破长城要等到足足十五年后。

到了那时，东部边境也开始出现新的敌情，而在国内，阿纳斯塔修斯的宗教政策面临着巨大的反对。尽管最初有同阿里阿德涅的婚姻作为掩护，但皇帝并不受欢迎。498 年的骚乱导致皇帝雕像被推倒，以抗议监禁一名受欢迎的赛车手，皇帝禁军也在竞技场开了杀戮，但真正将他的统治拖入泥潭的是一场基督教论战。

阿纳斯塔修斯同君士坦丁堡主教欧菲米俄斯的关系迅速恶化，两人从一开始就因为宗主教怀疑皇帝信仰的正统性而不和。欧菲米俄斯是迦克墩派，对阿纳斯塔修斯公开表示支持的《合一诏书》怀有很深的敌意。但阿纳斯塔修斯本人同样不支持《合一诏书》，而是偏爱关于基督本质的一性论观点，随着他年事渐高和受到安条克宗主教塞维鲁的极端一性论影响，这种倾向变得更加明显。除此之外，就像每当要更换皇帝时常常会发生的，东部各地的教士都竞相重开已经结束的神学讨论，诋毁他们的教会敌人。

首先是彼得，然后是阿塔纳修斯，亚历山大里亚的主教们开始了自己惯常的计谋，他们知道皇帝同情一性论。他们指责欧菲米俄斯是聂斯脱利异端，怂恿皇帝召开大会。496 年，皇帝在君士坦丁堡这样做了。在会上，芝诺的《合一诏书》被奉为国家的神学法律，欧菲米俄斯被认定为聂斯脱利异端，流放到欧卡伊塔（Euchaita）。他被马克多尼乌斯取代——此人同样是迦克墩派，但为了和平和权力愿意接受《合一诏书》。马克多尼乌斯别扭地与皇帝勉强相处了大约十年，但各方仍然激烈地拒绝妥协，而支持《合一诏书》意味着与拉丁教会的继续分裂。马克多尼乌斯一方面被斯图狄翁（Studion）修道院极端的迦克墩派僧侣攻击，他们为了贯彻自己的意志习惯于诉诸宗教暴力，而且对这位愿意接受《合一诏书》的主教怀有无法消除的敌意。另一方面，他又被亚历山大里亚的一性论主教及其在整个帝国的众多同情者〔最重要的是弗里吉亚的耶拉波利斯富有魅力的主教菲洛克塞诺斯

（Philoxenus）］所唾弃，他们——正确地——认为，马克多尼乌斯完全不认同他们神学的任何部分。在阿纳斯塔修斯统治的末年，这些争论将趋于白热化。

不过，在此之前，东部边境的动员重新引发了同波斯的冲突，用了三十年才得以解决。阿拉伯边疆并不直接与波斯接壤，但受到双方代理势力的争夺。与其他地方一样，在阿拉伯，罗马和波斯的势力促使相邻部落组成更大和更复杂的政体，如果没有帝国挑战者的刺激，它们无法达到这样的组织水平。沙漠阿拉伯人——或撒拉逊人（Saraceni），罗马人如此称呼他们，以示同帝国行省中的定居阿拉伯人的区别——分成几个大的同盟或部落。其中包括希拉（Hira）的拉赫姆人（Lakhmids），位于波斯的美索不达米亚和胡齐斯坦附近；萨利赫人（Salihids），他们是罗马的长期盟友，负责守卫帝国军队当时已经抛弃的戴克里先边境线；还有戈兰高地的嘉比亚（Jabiya）新崛起的加撒人（Ghassanids）势力。在更南边的阿拉伯中部有阿尔哈里特［al-Harith，希腊语作阿雷塔斯（Arethas）］统治的庞大的金达（Kindite）王国。

加撒人或巴努加撒人［Banu Ghassan，阿米安称其为阿萨尼塔人（Assanitae）］通常是基督徒和皇帝的藩属，拉赫姆人更多是波斯的藩属。但在现实中，这种清晰的划分往往会被打破。因此，498 年入侵幼发拉底行省的是阿尔努曼（al-Numan）统率的来自希拉的拉赫姆军队（被幼发拉底将军欧根尼乌斯打败），而随后几年间带来最多麻烦的是帝国边境上的加撒人。498 年，嘉巴拉·埃尔-哈里特［Jabalah el-Harith，希腊语作阿雷塔斯之子嘉巴拉（Gabala）］率领的军队袭击了叙利亚和巴勒斯坦，502 年再次发动大规模突袭，一直打到腓尼基亚。那一年，阿纳斯塔修斯同金达人阿雷塔斯以及离得更近和更危险的加撒人阿雷塔斯议和，前者的儿子数年来断断续续地侵扰着罗马行省。此后，金达人和加撒人一直是罗马的盟友，在罗马与波斯矛盾加深的时候——502 年，双方几十年来第一次开战——维护着两者之间的沙漠边疆。

这场争端从 483 年就开始发酵了，当时芝诺停止了罗马资助高加索山口防御的补贴，理由是波斯人没能将约维安在 120 年前的 363 年割让的尼西比斯交还给罗马人控制。363 年的条约中不太可能真的包含任何此类条款——这仅仅是芝诺的借口，但阿纳斯塔修斯还是一口咬定。不仅如此，他还夺取了红海边的亚喀巴湾里的伊奥塔贝岛（Iotabe）的控制权，在利奥失去该岛之前，那里曾是罗马的海关边哨。罗马和波斯人都依赖的印度洋海上贸易通过伊奥塔贝岛进入大陆上的克吕斯马（Clysma）；海关关税对美索不达米亚的防务预算也很重要。我们现有来自阿拉伯半岛五个地方的重要海关法令，暗示在红海的这一行动被阿纳斯塔修斯视作其行政计划的关键部分。显然，对波斯来说，沿着沙漠商队线路和在阿拉伯沙漠中重新开始活动是和停止对高加索的补贴一样令人恼火的挑衅。但波斯的虚弱暂时保住了和平。

这种虚弱几乎完全是由匈人给波斯东部边境带来的威胁造成的。我们已经提到，484 年众王之王卑路斯在赫拉特同嚈哒人作战时阵亡。此后，他的弟弟巴拉什（Balash）在动荡中统治了四年，然后被卑路斯之子卡瓦德废黜和刺瞎双眼。至少从他在 5 世纪末的统治初期来看，卡瓦德一世几乎和阿纳斯塔修斯一样在自己的贵族中不受欢迎。对当时的情况有两种可能的理解。与阿纳斯塔修斯一样，卡瓦德非同寻常的宗教倾向可能是摩擦的原因。

在 5 世纪的伊朗，对高度制度化和非常富有的琐罗亚斯德教祭司以及他们的火庙网络出现了禁欲主义的反对浪潮。其中有位祭司马兹达克（Mazdak）提出一种改良神学，在保留正统马兹达主义的神学二元论的同时，他将社会焦点从祭司和他们正确施行仪式转向对普通民众的关怀。与某些形式的禁欲基督教一样，马兹达克主义关注良好和俭朴生活的重要性，禁止杀戮，坚持素食主义和再分配多余的财富。不清楚这种新的信仰为何吸引了卡瓦德；事实上，有人暗示，马兹达克主义的整个叙事（事实上，其信源并不是同时代的）是虚构的，旨在掩盖卡瓦德重新分配财富，削弱贵族独立权力基础的行动——更广泛地分配大贵族的私人财产，更好地巩固王国政府的权力。无论如何，祭司和贵族对国王深怀敌意，认为他挑战自己的权威，并威胁到他们的财富，开始策划反对他。

496 年或 497 年，大贵族们发动政变，废黜了卡瓦德，扶植他的弟弟扎马斯普（Zamasp）登上王位。后来的故事解释了卡瓦德如何从狱中逃脱，跑到嚈哒人中流亡，几十年前被俘虏时，他就认识他们。499 年，他率领嚈哒军队夺回王位，在清洗了一批废黜他的贵族后，他再次要求罗马皇帝恢复对高加索山口的防务补贴。被阿纳斯塔修斯拒绝后，他发动入侵，于 502 年占领了罗马亚美尼亚边境上的狄奥多西波利斯，经过殉道者城（Martyropolis，该城向他投降），然后南下包围阿米达，于 503 年 1 月攻陷该城。当卡瓦德军队中的嚈哒人和拉赫姆人小队四散到卡雷和埃德萨的土地上展开劫掠时，亚美尼亚将军欧根尼乌斯从卡瓦德留下的寥寥无几的守军手中夺回了狄奥多西波利斯。随着冬天的临近，战争陷入了短暂的僵局。与此同时，在波斯，战争的爆发为迫害犹太人提供了借口，其中许多人逃往叙利亚，增加了当地的一性论派人口，加剧了困扰阿纳斯塔修斯统治后半段的神学问题。

当时，皇帝的东方统兵长官是那一代中最有权势的人物之一弗拉维乌斯·达加莱弗斯·阿雷奥宾杜斯（Flavius Dagalaiphus Areobindus），他的父亲和祖父也都是执政官。其父达加莱弗斯担任过 461 年的执政官，而同样叫弗拉维乌斯·阿雷奥宾杜斯的祖父曾在 434 年任职，同僚是大将军弗拉维乌斯·阿斯帕尔。阿斯帕尔的孙女，阿尔达布利乌斯（447 年执政官）的女儿戈狄斯提娅（Godisthea）是达加莱弗斯的妻子，使得阿雷奥宾杜斯成为地位最高的宫廷和军人世家的一部分。同阿尼基娅·尤里安娜（Anicia Juliana）结婚进一步提高了他的地位，阿尼基娅是短命的西部皇帝奥吕布里乌斯的女儿和瓦伦提尼安三世的外孙女（母亲是普拉基狄娅）。

503 年，阿米达陷落后，阿雷奥宾杜斯和他的军队与亲兵长官帕特里基乌斯和皇帝的外甥许帕提乌斯（Hypatius）统率的野战军会合。三人组成了一支非常庞大的军队，对叙利亚行省的生产造成了很大的压力。这支军队不是非常有效，因为三名指挥官无法合作，无疑是嫉妒某个人的成功会掩盖其他两人的光芒——如果阿纳斯塔修斯对军事更有经验，他本可能预见到这点。需要借调政务总管刻勒尔（Celer）来协调这些军队，他们随后于 504 年迅速夺回了阿米达，入侵和肆虐了波斯领土，屠杀了所有 12 岁以上的男性人口。

由于尼西比斯仍然掌握在波斯人手中，罗马人决定在达拉［Dara，被改名为阿纳斯塔修波利斯（Anastasiopolis）］附近建造一座新的要塞，取代尼西比斯成为帝国最东面的前哨。505年，避免战火重燃的是嚈哒人对卡瓦德的东北部边境的又一次袭击，这促使他寻求议和。罗马人做出了积极回应，因为扎尼人〔Tzani，来自今天的格鲁吉亚，被很久之前的希腊作者称为马克罗内人（Macrones）〕趁两大帝国分心之际入侵了罗马的本都行省。506年，皇帝和众王之王达成了七年的停火协议，尽管实际上持续的时间要长得多。

我们的材料中对随后五年的记载很少，因此很难写出叙事性历史，尽管巴尔干的冲突无疑仍在继续：一个叫蒙多（Mundo）的格皮德人强盗依靠打劫所获的赃物的支持，向第一默西亚的居民索取保护费。此外，我们还知道阿纳斯塔修斯开展了行政改革，特别是创造了一种有效的新铜币，对财政产生了重要影响。这些改革中的重要人物包括阿纳斯塔修斯的东方辖区长官波吕卡尔普（Polycarp），此人曾是辖区长官麾下的秘书（scriniarius），皇帝在登基后不久提拔了他；还有他的圣库卿，帕弗拉格尼亚人约翰（Iohannes the Paphlagonian）；另一位秘书马里努斯（在他的统治后期被提拔为东方辖区长官），据说此人是皇帝最重要的谋士。无论如何，阿纳斯塔修斯致力于精简开支，花了很大的力气压制完全合法、被称为 sportulae 的献金：有望出任某职的官员为了获得自己的职位需要支付这笔钱。在军队中，他试图消灭靠行贿获得的未经授权的提拔，以及军需负责人扣押物资、制造虚假的短缺，迫使士兵为本应发放给他们的物资付费。位于赫勒斯滂海峡亚洲一侧的阿布都斯（Abydus）和博斯普鲁斯海峡上的希埃隆（Hieron）的海关哨所不仅是为了带来收入，也是为了防止非法商品（比如武器和酒）被运入黑海，再从那里到达乌克兰草原上的蛮族手中。他还对一些税收内容做了规范和重新安排，特别是将许多实物税变成支付黄金。这避免了浪费，因为实物税主要在大军集中的地方才有用，除了用船，很难被有效地运输。498年，五年税被废除，部分原因是没收伊索里亚叛军的财产为此提供了资金，这为皇帝赢得了巨大的赞誉。

阿纳斯塔修斯还修改了征收岁调的方法，废除了主要由市议员（curiales 或 bouletai）负责在他们的土地上征收岁调的制度。原因可能是帝国官员购买曾经属于市议员家族的土地，导致市议员阶层普遍流离失所，后者不像官员那样容易得到黄金通货，被迫出售土地。由市议员监督岁调实际上已经变得不可能，通过将这项任务交给一批新的官员［称为征收人（vindices）］，阿纳斯塔修斯仅仅是在承认，无法再像治理一个过度扩张的古代城邦那样治理帝国。与此同时，这还削弱了罗马国家的权力，因为征收人实际上只是包税人，通过竞价取得交付实物税的合同。两百多年来，罗马还没有存在过类似的安排；尽管东部没有发生那种毁灭了西部帝国权力的大出血，但对岁调的新安排显然标志着国家统治能力的衰退。

另一方面，阿纳斯塔修斯的货币改革则截然不同。君士坦丁统治时期引入金索里都斯让罗马国家的经济有了坚实和可持续的基础，但完全无助于改善小规模交易的经济。相反，将几乎一切与纯度很高的金币挂钩意味着，其他任何类型的通货的价值都是可替代的，可以在不同的地方即时套利，特别是向政府交税时（只能用黄金）。在他的圣库卿，帕弗拉格尼亚人约翰的鼓动下，阿纳斯塔修斯所做的是引入了稳定的铜币制度。铜币在名义上与金索里都斯挂钩，但它们的铸造数量如此之大，在小规模交易中无须参考黄金通货就能流通。除了面值 40 努米（nummus）、尺寸较大的贱金属钱币，一同流通的还有 3 种尺寸较小的钱币，面值分别为 20、10 和 5 塞斯特斯（sestertius）。上面都用简单可辨的数字标记了它们的面值。

这意味着从 498 年到 7 世纪末，帝国在两百年来第一次有了可用的零钱，因为奥勒良以及后来戴克里先和四帝时期的货币改革摧毁了早期帝国的币制体系。与之类似，由于货币经济的基础现在变成了贱金属而非金银，它很容易发生贬值，被（国家或其他任何人）掺假和裁边，因为它不具备固有价值。征税仍然需要金币，因此对那些无法获得它们的人仍然是负担，对能够获得它们的官员则是获利的来源。不过，在地方层面恢复有效的货币经纪不失为重要的成就。事实上，518 年阿纳斯塔修斯去世时，这位皇帝的各项经济改革为国库留下了大笔盈余。

在回到阿纳斯塔修斯统治的末年，以及那些年里重新爆发的教会斗争前，我们将把目光转回到帝国曾经的那些西部行省，那里现在是由诸王国和混乱组成的杂烩拼图。

第 13 章

西部王国

选一个罗马帝国灭亡的时间：是奥多阿克尔废黜罗慕路斯，安排他舒服地退隐的 476 年？是合法的东部正皇帝承认的最后一位西部皇帝奈波斯去世的 480 年？是当伦巴第藩属国王们的军队入侵意大利，摧毁了 555 年后由查士丁尼皇帝付出了巨大的经济和社会成本，短暂恢复的东罗马霸权的 568 年？是威尼斯总督哄骗轻信而贪婪的十字军洗劫君士坦丁堡的 1204 年？还是该城陷落于征服者穆罕默德，我们今天所说的奥斯曼帝国的建立者的 1453 年？这是个猜谜游戏：很有趣，但归根到底毫无意义。

到了 5 世纪 70 年代，在罗马或拉文纳是否还有人身穿紫袍几乎已不重要。那个人是谁无疑也无关紧要。整个拉丁西部的贵族都已经放弃了帝国政治——高卢南部的那些只是最近才这样做的，而其他所有人在几十年前甚至更久就如此了。他们认为，过去五十年间（这段时间里，宫廷和外围行省的军阀斗争已经架空了国家机构）出现的地方权力中心无疑会给自己带来更好的前景。对于那些相信是"外部蛮族"摧毁了罗马帝国的现代历史学家来说，一些军阀是第一、第二或第三代移民这点非常重要：民族本质主义，以及有时甚至是近乎种族主义的假设深深植根于大众和学术文化中，以至于寻找外来的坏人从未失去吸引力。但史料告诉我们，对 5 世纪的西部人来说，打跑强盗和维护产权的当地大人物是西班牙人、潘诺尼亚人、法兰克人还是哥特人的孙子事实上无关紧要。与之类似，大部分 5 世纪的西部人相信，无论相隔多远，他们仍然生活在一位皇帝的统治之下，身处一个罗马人的帝国中。直到 6 世纪，查士丁尼的东部政权才开始推行罗马西部已经灭亡的概念。在此之前，5 世纪 70 年代的事件——特别是 476 年的那些——被杰出的意大利史学家阿纳尔多·莫米利亚诺（Arnaldo Momigliano）称为"无声的灭亡"（caduta senza rumore）。

奥多阿克尔和狄奥多里克在意大利的统治非常清楚地显示了这个事实，而汪达尔人的阿非利加、哥特人的高卢和西班牙、法兰克人的北部高卢的历史也在不同程度上证明了这点。它们和其他更小的"帝国的王国"的历史相互交织且彼此影响，但我们可以从意大利开始，按照顺时针方向围绕曾经的西部帝国及其不断变化的周边地区，对它们的历史加以盘点。就像我们看到的，是奥多阿克尔将军领导了针对俄瑞斯忒斯和罗慕路斯父子的政变。奥多阿克尔从里基梅尔担任国公的时候就开始在意大利野战军中服役。他的父亲埃德科（Edeco）曾是阿提拉的高级廷臣。与在匈人崩溃的余波中失去机会的许多人一样，他谋求在帝国里获得一席之地，还带着一些很可能是妻子家族部属的斯基里人。

430 年左右出生的奥多阿克尔开始为帝国服役时还是个年轻人，他和弟弟奥努尔弗斯无疑在大将里基梅尔和阿斯帕尔的麾下非常成功（尽管有时仍存在这样的断言，即奥多阿克尔于 5 世纪 60 年代在高卢统率过一支撒克逊人军队，但这种说法是对十更晚期史料的误读）。当两人登上历史舞台时，他们已经身居要职，奥多阿克尔是扈卫成员，奥努尔弗斯是高卢统兵长官，先是作为反叛者阿尔马图斯的部属，后来成为处决他的刽子手。476 年 8 月，当奥多阿克尔推翻俄瑞斯忒斯后，他决定不作为统兵长官和国公，而是作为"国王"统治。在这点上，他沿袭了接替里基梅尔成为国公的贡多巴德不久前的先例：意识到格吕克里乌斯的政权完全没有未来时——事实上，不再可能出现一个可行的帝国政权——贡多巴德回到高卢，满足于国王头衔与对勃艮第的部分统治权。在西部皇帝手下任职已经变得没有意义，最好作为国王统治，尽管有史料称奥多阿克尔是被"赫鲁利人"（可能是野战军中的一支蛮族部队）拥立为王的，但他仅仅自称"国王"，没有说明是哪里或谁的国王。

他的使者将皇帝标志送回君士坦丁堡，解释说芝诺一位皇帝对整个帝国已经足够。罗马元老院承认奥多阿克尔是意大利合适的保卫者，因此使者请求皇帝封奥多阿克尔为国公。芝诺同意了，尽管他提醒所有相关人员，奈波斯仍然是西部皇帝。奥多阿克尔很乐意接受这种谎言，直到 480 年奈波斯去世；在他统治的很长时间里，他还以芝诺的名义铸造钱币。甚至在他开始以自己的名义发行银币和铜币后（背面有他名字的起首字母），他还是从来没有攫取铸造金币的特权。

奥多阿克尔的统治一直延续到 493 年，这段政治历史几乎是空白。当 480 年奈波斯被害后，他以此为借口将达尔马提亚并入意大利，但总而言之，他试图避免与统治高卢和阿非利加的强大国王们发生冲突，对东北部边境——诺里库姆和潘诺尼亚——也采取同样审慎的外交政策，还没有哪位统治者能结束那里蛮族军阀混战的局面。不过，在统治的后期，他发动了对诺里库姆的鲁吉亚（Rugia）国王菲勒特乌斯（Feletheus）的征服战争，摧毁了一个在阿尔卑斯山以北已经存在了差不多三十年的小王国——除了它曾在那里，我们对其所知寥寥。奥多阿克尔还与意大利的元老贵族密切合作。

从瓦伦提尼安三世的统治后期到后来的弱势统治者时期，罗马元老院享有了越来越独立于皇帝的地位，并出现了相应的文化复兴。这是罗马的纪念铭文的最后一个大繁荣时期；也是现存的象牙双连记事板（diptych）——带铰链的雕刻精美的象牙板，由执政官在开年就任时颁发——被集中发现的时期。同样在该时期集中发现的邮票大小的铜板用同样的方式纪念元老们的城市长官任期，他们的名字被镀上银。在奥多阿克尔的统治下，阿尼基乌斯家族、德基乌斯家族和元老院其他最显赫的名字年复一年地装点着西部执政官的记录，而在之前的几十年间，短命的皇帝们将元老排除在了这个国家的最高荣誉之外，自己垄断了执政官。元老们的自信的另一个标志是，当时发行了背面空白处有 SC 字样的铜币，表示元老院决议（senatus consultum），从而在两个多世纪后恢复了元老院铸造铜币的权利。讽刺的是，没有了皇帝后，意大利和罗马本身反而更繁荣了。

489 年狄奥多里克的东哥特人的入侵没有摧毁这种普遍的和平与繁荣。那年 8 月 30 日，在今天斯洛文尼亚的索查河沿岸，狄奥多里克击溃了奥多阿克尔的野战军，尽管他们之间的战争又延续了四年。得益于意外留存下来的史料，我们可以用在这里不必赘述的细节盘点每年一系列并不具决定性的战斗。493 年 2 月，被围困在拉文纳的奥多阿克尔在该城主教约翰的斡旋下接受了休战。3 月 5 日，拉文纳向狄奥多里克打开城门。十天后，在庆祝缔结和约的宴会上，狄奥多里克亲手杀死了奥多阿克尔。他的妻子苏尼吉尔达（Sunigilda）和儿子特拉（Thela）也遭残杀，一同被杀的还有这位已故国王的数百名追随者，包括他的弟弟奥努尔弗斯。

控制了意大利后，狄奥多里克显示出自己成了敌对的西部诸王间的外交大师。盖瑟里克的继任者们缺乏他们父亲的政治天赋，而且在奥多阿克尔去世前，狄奥多里克已经把贡塔蒙德（Gunthamund）国王的小股汪达尔人驻军赶出了西西里。几年后，他强迫这个非洲王国纳贡，同时把自己的妹妹阿玛拉弗里达（Amalafrida）嫁给了国王特拉萨蒙德（Thrasamund），以示尊重。他本人娶了克洛维斯（Clovis）的妹妹，法兰克公主奥多弗雷达（Audofleda）。与这些联姻一起，礼物馈赠建立了一个范围广大的附庸关系网络：正如皇帝曾赏赐边境的首领和领主大量金币，将它们用金线串起后作为项链，狄奥多里克也在欧洲中部和北部各地（甚至是不列颠诸岛）分发一种新式头盔［德语称为"扣盔"（Spangenhelm），由铁片制造，用铁箍扣在一起］。这种礼物会伴着带着书信的使者，这些书信保存在古代晚期统治的伟大丰碑之一，卡西奥多鲁斯的《书信集》（Variae）中。

奥多阿克尔统治时期出生的马格努斯·奥雷利乌斯·卡西奥多鲁斯·塞纳托尔（Magnus Aurelius Cassiodorus Senator）并非出身罗马的元老贵族，而是来自一个曾经从东部迁往意大利的家族——可能是当加拉·普拉基狄娅和瓦伦提尼安三世在拉文纳登基的时候。他的祖父是瓦伦提尼安三世时期的军政官兼文书，曾作为阿埃提乌斯之子卡尔皮里奥带领的使团的成员拜访了阿提拉；

他的父亲在奥多阿克尔统治的初期担任过圣库卿和私库卿，但及时更换门庭，在狄奥多里克统治下度过了漫长的生涯，先后担任行省总督和意大利辖区长官。

这两位同名先辈的儿子和孙子出生在布鲁提乌姆（Bruttium）。那里的家族庄园有着一个种马场，以出产的战马闻名。他接受了传统教育，天生能言善辩，还很年轻时（可能是在 507 年）就成为财务官，在五到六年的任期内为狄奥多里克起草法律和公告，最终于 514 年担任执政官。与此同时，他还是自己的家乡卢卡尼亚和布鲁提依（Lucania et Bruttii）行省的节度使，并接替元老和哲人波依提乌斯（Boethius）担任统兵长官，后者在狄奥多里克统治晚期因为叛国罪被监禁。他在狄奥多里克的孙子和继承人统治时期继续担任此职，后来又成为辖区长官，直到东哥特人的政权开始衰落为止。他最终逃亡到了君士坦丁堡，在那里将他为哥特国王们起草的书信精心整理为庞大的书信集，旨在为自己的行为辩护，将东哥特意大利的早期岁月描绘为深刻且可敬地罗马式的，同时为其回归西部帝国（可能是在皇帝的庇护下）奠定基础。

虽然卡西奥多鲁斯事后出于明显的政治目的而编撰了《书信集》，但这些信透露了大量有关哥特人外交运作的情况，更重要的是，它们显示了狄奥多里克想要表达的统治观。在最初的几十年间，书信强调的是"文明"（civilitas），这个古老的拉丁语词语涵盖了庞大的语义范围。在《书信集》的语境中，它表示哥特人和罗马人都在一个有序、"文明"的国家中效力，哥特人作为士兵和军官，罗马人作为执法官和纳税人。两个群体间的界线并不固定（据说狄奥多里克曾说，"富有的哥特人举止像罗马人，贫穷的罗马人模仿哥特人"，而通过忠诚的军事服役，一些"罗马人"显然可以被接受为"哥特人")。但总体的效果是弱化双方关系中任何对立的地方，消除征服者和被征服者的二元身份，专注于让哥特人和罗马人一起效忠于狄奥多里克本人。这样做狄奥多里克可以把那些本来同样有资格主张获得国王权威的对立哥特氏族边缘化，将意大利的地方贵族和罗马的元老世家一起纳入政府。重要的是，狄奥多里克和他的大臣们发现了一种统治语言，它显然是后帝国式的，但能够让那些其核心身份仍然依赖于身为罗马帝国的一部分——无论多模糊——的人满意。

6 世纪的前两个十年显然是狄奥多里克权力和权威的顶峰，在这个时期，对其统治的整体满意度与其王国领土的扩张及其外交影响力的延伸齐头并进。504 年和 505 年，他在第二潘诺尼亚征战，将横穿伊利里亚的陆上道路的这一要冲重新确立为意大利的缓冲带，并决定性地打败了自阿提拉的帝国覆亡以来就主宰着西尔米乌姆周围地区的格皮德人。他把女儿特乌德哥托（Theudegotho）嫁给了高卢的西哥特国王阿拉里克二世，把另一个女儿奥斯特罗哥托［Ostrogotho，也称阿雷亚格尼（Areagni）］嫁给了勃艮第王子西吉斯蒙德。507 年，当法兰克国王克洛维斯决定征服南部高卢时，这两场联姻都没能拯救阿拉里克二世，但狄奥多里克确保他的外孙，阿拉里克和特乌德哥托的儿子阿玛拉里克（Amalaric）继承了西哥特王国的剩余部分，并亲自将普罗旺斯并入意大利。更成功的是，他的外甥女阿玛拉贝尔加（Amalaberga）同图林吉亚人（Thuringian）赫尔曼尼弗雷德（Hermanifred）的联姻在他的整个统治期间一直维护了易北河中游的和平，将东哥特人的势力投射到一个罗马皇帝们大多无视的地区。515 年，他把又一个女儿阿玛拉松塔（Amalasuntha）

嫁给了一个名叫弗拉维乌斯·欧塔里库斯·基里加（Flavius Eutharicus Cilliga）的西班牙-哥特贵族，想要由此将东西哥特王国联系起来。518 年，当东部皇帝阿纳斯塔修斯以极高的年龄去世时，狄奥多里克最初与他的继任者查士丁一世保持了良好的关系：君士坦丁堡的新皇帝象征性地收养了欧塔里库斯，与他共同担任了 519 年的执政官。同元老院的关系总体上也不错，而且尽管本人是相似论派，狄奥多里克还是被当作一个诚实的中间人，在罗马教会的派系纷争中受到信任。

但他的统治没有很好地结束。弗拉维乌斯·欧塔里库斯于 522 年或 523 年去世，就像当确定的接班人死去时常常发生的那样，围绕着潜在的替代人选出现了各种派系。其中之一是狄奥多里克的外甥，他的妹妹阿玛拉弗里达之子狄奥达哈德（Theodahad），但后者出生在 480 年左右，远远早于她嫁给汪达尔国王特拉萨蒙德。另一位潜在的继承人是阿玛拉松塔和欧塔里库斯之子阿塔拉里克（Athalaric），他当时显然还是个小孩子。罗马的一些元老试图代表非常博学而有教养的狄奥达哈德，请求东部政府介入继承计划。老国王获悉此事后勃然大怒，他这样做是正确的：正如在每一个罗马统治的时代里，对继承权投机都是叛国行为。不明智到为这次通信做出辩护的元老们被监禁和处决，其中包括哲人阿尼基乌斯·曼利乌斯·波依提乌斯［在被处死前最后的囹圄生活中，波依提乌斯写下了《哲学的慰藉》（Consolation of Philosophy），这是跻身世界文学正典的少数几部拉丁语哲学作品之一］。狄奥多里克一直牢牢掌控着自己的宫廷和外孙阿塔拉里克的继位（由他的母亲阿玛拉松塔安排，后者作为摄政者足足统治了八年），直到 526 年去世。534 年，阿塔拉里克之死引发了继承危机，导致帝国入侵意大利，那将是本书最后一章的主题。

如果现在把目光从奥多阿克尔和狄奥多里克的意大利转向阿非利加，我们同样可以看到非常有效的治理的相似图景，尽管对象是个小得多的王国。汪达尔人在我们数量最庞大的史料中（以及许多现代作品中）的恶名很大程度上源于他们是相似论派基督徒，以及他们的国王愿意流放吹毛求疵的尼西亚派教士。在现实中，阿非利加精英与迦太基的新政权相处得很好，盖瑟里克曾是5世纪西部最成功的政治家。在西部军阀中，只有他觉得不必加入帝国政府，而是满足于保持距离，利用国王和将军们的小（以及不那么小的）矛盾来为自己、他的军队班底和非常忠诚的阿非利加民众谋利。为了意识到这是多么不同寻常，我们可以回想一下，就连阿提拉这样的大恶徒也很想成为帝国的一部分：若非如此，他不会那么认真地对待霍诺里娅的提议。

盖瑟里克是和阿提拉一样的机会主义者，但他的机会主义在创造力上要强得多。除开同心怀忿恨的尼西亚派教士的矛盾，阿非利加民众很快就同汪达尔人和解，主要出于两个原因。首先，相比行省人口，汪达尔人的数量非常少。虽然在其他所有的西部王国也是这种情况，但这个事实在阿非利加更为重要，因为（除了沙漠边境地区和山区），并没有当地的大人物生活在那里：真正富有的阿非利加地主都生活在意大利。对汪达尔人同行省人成功合作的第二个解释是第一个解释的必然结果：由于阿非利加的很大一部分土地归意大利元老或者皇帝的私库和圣库所有，有足够的土地可以分配，不会伤害到有一定地位的当地人。对于在橄榄园中辛勤劳作的农民来说，为他提供生活物资和评价他表现的是私库的财务官还是汪达尔人将军的执行官能有什么区别？显然没有，这意味着那些的确住在阿非利加的罗马地主能够继续生活下去，不会像我们在西部其他地区看到的那样被没收土地。

盖瑟里克统治着由汪达尔人、阿兰人、哥特人和罗马人组成的混合精英［尽管直到他的儿子胡内里克时才采用了"汪达尔人和阿兰人的国王"（rex Vandalorum et Alanorum）这个头衔，反映了在415—418年的哥特战争之后，幸存的西班牙阿兰人被吸收进了他的追随者中］，而汪达尔人的宫廷是模仿皇帝宫廷组建的。盖瑟里克及其继任者们从迦太基布尔萨山（Byrsa hill）上的前代执政官总督宫，以及分布在阿非利加代执政官行省和努米底亚行省各处的庄园进行统治，喜欢像罗马元老一样在那里骑马和打猎。在行政方面，代执政官总督和大区长官属下的许多部门在继续运作，尽管我们缺少该王国税收制度的证据。国王们并不铸造金币，但允许在市镇层面上铸造小面值的新铜币，这既保持了地方经济的货币化，又代表了一种自国家中央管控的后撤。盖瑟里克对临时行政安排的依赖也显示了类似的收缩：他和后来的国王们习惯于向行省派出"卿官"和"家臣"（domesticus，并非从前帝国时代的扈卫，而是"家庭仆从"），一件件地处理问题，而不是依赖常规化的官僚程序。起始于439年10月19日（最初夺取迦太基的时间）的新的汪达尔人时代被公布，这似乎对王国的社会生活产生了较小的影响。

在王国的中心区域，国王通过地主和庄园管理者实现控制，因为与西班牙和高卢南部的城市不同，阿非利加的城市失去了自己大部分的行政职能，主要作为主教区继续存在。除了迦太基本身，公共建筑和公共铭文的习惯在不到一代人的时间里消失了。有公共浴场继续被使用的证据，但别的就很少了。不过，非常奇怪的是，汪达尔人统治的阿非利加是罗马世界中负责皇帝崇拜的祭司职位唯一留存的角落，尽管到了 4 世纪末，这些职位在西部许多地区已经消失了。盖瑟里克可能利用鼓励皇帝崇拜来强调连接他的王朝和狄奥多西王朝间的合法性纽带，他通过让自己的儿子娶了帝国的公主实现了这点。除了皇帝崇拜，强有力的拉丁文学文化也留存了下来：5 世纪后期，诗人德拉孔提乌斯（Dracontius）留下了大量诗篇，而利托里乌斯、菲利克斯和弗洛伦提努斯（Florentinus）的诗作与一些早得多的诗人的一样优美，后者的作品于 6 世纪 30 年代在迦太基被编成诗选，称为《拉丁诗选》（Anthologia Latina）。

477 年 1 月 24 日，盖瑟里克去世，由长子胡内里克继承，此人非常爱交际，在君士坦丁堡和拉文纳的宫廷广为人知。他登基时年纪已长，曾经娶过狄奥多西王朝的公主欧多基娅。胡内里克以对尼西亚派的迫害而闻名，但他的行动虽然暴力，却很短暂。对王国的未来更重要的是他对王室旁系的坚决清洗，登基后不久，他就除掉了自己的弟弟特乌德里克（Theuderic）及其所有的后代。484 年，贡塔蒙德继承了胡内里克的王位，前者当时是盖瑟里克男性后代中最年长的。

盖瑟里克曾需要奋力拼搏来让自己站稳脚跟，抵挡帝国解除其职位的尝试，但在利奥和安特米乌斯重新征服的企图遭遇惨败后，持续的外部威胁的消失使得王国的军事防备出现了下滑。武士民族在奢华面前会变得软弱和腐败的概念是我们在最早的世界文学中就能找到的陈词滥调，像普罗科皮乌斯这样的 6 世纪作家无疑将其用于汪达尔人。但在此处，这并非全无道理。汪达尔驻军在 491 年被狄奥多里克赶出了西西里，而且在胡内里克和贡塔蒙德统治时期，汪达尔军队输掉了与一些无名的摩尔人领袖的一系列交锋。由此导致的局面是，汪达尔国王们控制着迦太基和海岸边的富饶的农业区，但对内陆地区的统治只剩下了一种假象。

军事上的虚弱在特拉萨蒙德的统治中也很明显，他在 496 年继承了兄长的王位。他向意大利的狄奥多里克纳贡，这既为他赢得了与意大利国王的妹妹阿玛拉弗里达的联姻，又让他重新赢得了在西西里岛上的落脚点，将那里作为前往汪达尔人的卫星领地撒丁岛（从盖瑟里克的时代开始，汪达尔国王们就把撒丁岛作为处置被流放的敌人和顽固的尼西亚主教的方便的倾倒场）的中转站。但这场联姻也带来了新王后的哥特卫队，据说有 5000 人之众。无论这还意味着什么——也许特拉萨蒙德觉得，他们的存在有助于减少他对自己贵族的依赖——它剥夺了他的一件久经考验的政治武器，即迦太基断绝罗马粮食供应的能力，因为有了如此庞大的哥特军队坐在王国的门槛上，他永远也做不到这点。

这场联姻没有带来男嗣，因此当特拉萨蒙德在漫长的统治后去世时，继任者是盖瑟里克在世后代中最年长的一位，即他的孙子，欧多基娅和胡内里克之子希尔德里克（Hilderic），他生于 5 世纪 60 年代的某个时候。希尔德里克在东部长大，皈依了母亲信仰的尼西亚派基督教。523 年，他回到汪达尔王国统治，第一时间就将尼西亚派基督教合法化。他还试图终结叔叔对东哥特人同盟关系的依赖，下令处决阿玛拉弗里达，并屠杀了剩下的哥特卫队。这是个错误，疏远了那些本可能支持他的人，让反对者团结在一位挑战者周围。希尔德里克的堂弟格里梅尔（Gelimer）受命率军驱赶摩尔人入侵者，但他反而同摩尔人国王古恩范（Guenfan）结盟，向迦太基进军，废黜并囚禁了希尔德里克，并因此为东部皇帝查士丁尼在 533 年的入侵提供了借口。

查士丁尼还将干涉西班牙，这次利用的是西哥特人统治精英内部的危机，他们在 6 世纪初失去了自己昔日的高卢政体的大部分土地。但在此之前，伊比利亚半岛和卢瓦尔河以南的高卢的历史自阿陶尔夫和加拉·普拉基狄娅的时代开始就密不可分。从阿兰人、汪达尔人和苏伟维人在霍诺留治下的混乱斗争中翻越比利牛斯山以来，帝国对西班牙行省的有意义控制充其量只是零星的。约 420 年之后，西部偏远地区和西北部的人们变得自治，史料中开始使用"加利西亚人"（Callaeci），而非"西班牙人"或"罗马人"。

弗拉维泉（今葡萄牙沙维什）主教许达提乌斯的编年史向我们展示了一个世界：掠夺性强人（苏伟维人等）、仍然由从前的市议会统治的独立城市、在神学和政治方面争执不休的主教们在其中激烈竞争。我们可以看到一系列苏伟维人国王试图——但总是失败——将他们的权威投射到加利西亚以外，投射到卢西塔尼亚南部和巴埃提卡的更加富饶的城市地区。我们还可以看到从坎塔布里亚东部边缘到比利牛斯山西部出现了独立的瓦斯科尼亚（Vasconia）最模糊的轮廓，而且人们还不断从低地迁移到可防御的山顶。不过，尽管得益于许达提乌斯，我们对该地区有了非同寻常的详细了解，但更广大的世界对他的加利西亚人和苏伟维人的世界几乎不感兴趣，他们在自己的、混乱的和微区域的（microregional）命运中自生自灭。那些我们没有许达提乌斯作为引导的西班牙地区同样如此：只有当高卢南部的哥特人冲击到西班牙的历史时，它才显得与这个衰落的帝国的其他部分存在联系。

为了寻找现代民族的起源，以及认为哥特人永远是与一切罗马的东西格格不入的"日耳曼人"外来者这种错误的想法，阿基坦和纳尔波行省的哥特国王的野心被大大夸大。5世纪的事件可能与法国后来的样子有着真实的联系（虽然可能性很小），但如果认为阿陶尔夫和他的继承者们永远不同于他们生活在其间的罗马人，那就不可能错得更严重了。许多高卢贵族都乐于配合阿陶尔夫和普拉基狄娅的梦想，即建立一个新的狄奥多西王朝来挑战无用的霍诺留，而第一位狄奥德里克同时也是高卢强人中最强大的，地位也最稳固。在大多数情况下，阿埃提乌斯觉得狄奥德里克要比他自己部下中许多野心勃勃的投机分子更受欢迎。接下来，狄奥德里克二世总体说来是意大利宫廷的可靠盟友，史料中（有些是刻意恭维）把他描绘得很像是罗马贵族。他先后资助和支持了埃帕尔基乌斯·阿维图斯的政权，并以帝国征服者的名义摧毁了苏伟维人在西班牙的王朝，面对马约里安和利比乌斯·塞维鲁将西部帝国重新整合起来的尝试，他被证明是个谨慎的盟友（他很可能是里基梅尔的远方表亲，不清楚这个事实在他的政治考量中扮演了什么角色）。但在整个这一时期，实用主义意味着罗马人和蛮族的二分法存在于我们史料的框架性修辞中，而非它们所揭示的政治实践中。

狄奥德里克的弟弟，也是杀害他的凶手欧里克的名声要比其他哥特国王的更负面，有时他被刻画成无情的扩张主义者，致力于征服整个高卢，推翻罗马在西部的统治。但与汪达尔国王们一样，上述形象受到神学派系斗争的影响，因为身为相似论派的欧里克流放了尼西亚派的主教们，怀疑他们领导了反对他统治的政治活动。阿维图斯的女婿，高卢文人，最终成为阿尔维尼城主教的西多尼乌斯·阿波利纳里斯也非常讨厌欧里克，由于他的缘故，有些学者仍然把欧里克和各路敌人之间的战事视作罗马人与哥特人的较量。事实上，西多尼乌斯和他的朋友们嫉妒卢格杜努姆行省的贵族以及他们同贡狄奥克和贡多巴德的勃艮第王朝的亲密关系。由于贡狄奥克和贡多巴德是里基梅尔和他的一系列傀儡皇帝的亲密盟友，完全可以理解西部高卢的一些贵族成员认同勃艮第-意大利同盟，而非接受欧里克和哥特人。同样，当贡多巴德对帝国政治的可行性感到绝望并返回高卢后，俄瑞斯忒斯顺理成章地与欧里克达成协议，将中央高原和普罗旺斯割让给后者，从而剪除了贡多巴德及其勃艮第政权的羽翼。这都是西部帝国最后的几十年动荡的一部分，尽管西多尼乌斯晚年哀叹他所出生的世界的沦丧，但在阿埃提乌斯和阿提拉的时代，它就早已无可挽回了。欧里克和贡多巴德在一个并非由他们所创造的新秩序中努力前进。

欧里克在自己统治的后期试图维持对西班牙哪怕是最薄弱的控制，尽管主要仅限于从奥古斯都老兵殖民市到托莱图姆（Toletum），再到地中海边的塔拉科的一些哥特要塞。哥特军队的活动区域可能比这更大，但在大多数情况下，位于卢西塔尼亚的昔日大区首府和塔拉科行省宏大的海滨治所之间的道路轴线是哥特人控制力的基础。在高卢，哥特人在卢瓦尔河谷的霸权一直受到挑战，尽管欧里克一直要强于为控制卢瓦尔河、塞纳河和斯海尔德河［Scheldt，埃斯科河（Escaut）］之间的土地而争夺不休的法兰克人、撒克逊人、布列塔尼人和罗马人杂乱无章的军队。对于勃艮第人，欧里克保持了冷淡的中立，双方都不希望以暴露自己背面侧翼的方式发生冲突，在欧里克的儿子和继任者阿拉里克二世时期，这种局面甚至更加明显。

但最终，是卢瓦尔河以北崛起的法兰克人打败了阿拉里克。

剩余的高卢北部的机动军被合并在阿埃提乌斯的副将们麾下——先是埃吉狄乌斯，然后是基尔德里克，最后是后者的儿子克洛维斯。不清楚这究竟是如何发生的，但到了490年左右，从北海到莱茵河的高卢北部领地出现了某种岌岌可危的统一，这是三代人以来的首次。

我们稍后将谈到克洛维斯，他的政治才能可以与盖瑟里克和东哥特王狄奥多里克相媲美。在这里，我们要简单提一下法兰克人对阿拉里克王国的试探性攻击。这些攻击从5世纪90年代开始，有时向南一直到达哥特王国的关键城市布尔迪加拉（今波尔多）。也许是因为克洛维斯尚未巩固自己的权力，他向哥特人提出议和（很可能是在503年），最终在安巴基亚［Ambacia，今天的旅游地昂布瓦斯（Amboise）］附近的一个卢瓦尔河上的小岛缔结和约。不过，尽管狄奥多里克努力维持和平，对立的高卢诸王们于507年再次开战，阿拉里克在沃格拉杜姆［Vogladum，今武耶（Vouillé）］的战场上阵亡。此后，高卢人几乎失去了他们的整个高卢王国，只剩下纳尔波高卢的一块土地，从比利牛斯山东部延伸到纳尔波，最终被称为塞普提马尼亚［Septimania，今朗格多克（Languedoc）］。在五十多年的时间里，在位和未来的哥特国王们试图在高卢政治中重新获得一席之地，但反而不知不觉地越来越植根于西班牙。

阿拉里克阵亡后，他成年的私生子盖萨里克（Gesalic）和还是孩子的阿玛拉里克——东哥特王狄奥多里克的外孙，阿拉里克娶了其女儿——对哥特王国的剩余土地展开争夺。狄奥多里克最好的将军迫使盖萨里克流亡，先是在汪达尔人的阿非利加，然后是勃艮第人的高卢，他的高卢东道主贡多巴德最终派人谋杀了他。

相反，阿玛拉里克得到强大的外祖父狄奥多里克的支持，后者证明自己是这位年轻继承人有用的摄政者。狄奥多里克将普罗旺斯并入意大利，从而确保了对通往利古里亚道路的控制，但允许阿玛拉里克在东哥特将军特乌迪斯（Theudis）的监督下统治纳尔波高卢和西班牙。特乌迪斯在西班牙积累了大量权力（他娶了一位非常富有的西班牙-罗马贵族的女儿），最终无视年事渐高的狄奥多里克的命令，拒绝在被征召时返回意大利。当阿玛拉里克成年并坚持要求亲政后，特乌迪斯只是留在了自己的领地上，任由阿玛拉里克疏远高卢贵族和诸法兰克国王（后一点尤为危险）。

511 年，克洛维斯的四个儿子继承了他的王国，当阿玛拉里克娶了已故国王一个（未具名的）女儿后，他们成了他的舅哥。她似乎遭到阿玛拉里克的虐待，召集兄弟们帮助自己。531 年，在阿玛拉里克的父亲在与法兰克人的战斗中阵亡后，他也在纳尔波附近被杀。此后，特乌迪斯统治着西班牙中部，没有与狄奥多里克或他的继承者们被一起提及。在我们的史料中，政治事件几乎是空白，但当特乌迪斯于 548 年遇害后，哥特王国与其说是个领土性国家，不如说是在争夺大大缩水了的王国财库和王位符号的少数几家贵族。

不过，6 世纪 20 年代之前，在西班牙和高卢，哥特王国看上去很像罗马。阿雷拉特的铸币场以皇帝的名义打造金币，同官方发行的帝国钱币一起流通。欧里克和阿拉里克的宫廷任用罗马人，罗马法研究也很发达。阿拉里克二世宫廷中的律师编辑和修订了《狄奥多西法典》，这是这部法律汇编在古代之后留存下来的主要原因之一。他们还对它做了法学注疏，显示出对维持罗马法律规则的强烈兴趣，但也认识到后帝国时代的国家和官僚体系已经大大缩水。与这部法律作品同时存在的还有活跃的文学活动，许多基督教和前基督教时期的古代文本最终是通过西班牙的哥特王国流传到中世纪和现代的。不过，就像在前西部行省中的其他地方一样，哥特王国的罗马性可能被夸大了。

学界对哥特定居点在早期阶段如何运作存在大量争议。瓦利亚和狄奥德里克一世的追随者们是否被安置在城市里，从公共收入中获得薪俸？还是说他们被安置在因人口流失和普遍混乱而荒废的土地上？是否有大规模没收高卢-罗马人财产的情况？答案是，我们不知道。没有证据表明存在大规模的没收，但基于税收再分配的其他理论也经不起推敲。当然，到了5世纪后期，哥特精英们拥有了王国的大量土地（理论上是三分之二），无论这种再分配是如何实现的。王国法律还显示了制度改变的范围。直到6世纪的最后几十年，哥特国王们一直从两个方面展开立法，一边按照罗马传统制定和解释法律，一边监督将曾经的哥特人习惯法进行法典化:《西哥特法》(*Lex Visigothorum*)或《法官广场》(*Forum Iudicum*)在5世纪后期（很可能）和整个6世纪推出过多版（但时间不确定），包含了大量不像是罗马帝国法律，而是其他蛮族的习惯法的材料。因此，哥特人的高卢和西班牙不仅是换了新管理者的罗马行省，而是正在被对于大部分人口来说完全陌生的外来习惯改变的社会性世界。拉丁中世纪就是这样开始的。

不过，在有一个方面，多数人口取得了完全的胜利：语言。哥特语在5世纪后期的王国仍被使用（欧里克有时会坚持说哥特语来欺负只会说拉丁语的人），但很快被局限于相似论派仪式上的祈祷语言。对于其他的一切，拉丁语均告胜出，它的口语形式开始朝着地区方言演变，成为葡萄牙语和加利西亚语、卡斯蒂利亚语和加泰罗尼亚语、奥克语和普罗旺斯语。不无讽刺的是，现代卡斯蒂利亚语中唯一流传下来的哥特语单词是"刽子手"（verdugo）。

类似的语言变化也发生在卢瓦尔河以北和罗讷河以东的法兰克和勃艮第地区，除了莱茵河-默兹河-斯海尔德河三角洲以南不远的地区外，这些地方在语言学上仍然属于拉丁语系。与哥特王国一样，但不同于法兰克人的领地，勃艮第人的土地上保留了大量的罗马行政遗产和书面记录的习惯。勃艮第王国常常被描绘成其他后帝国王国的穷亲戚。这在很大程度上是因为史料基础不足，即便是按照该时期的标准。我们不知道几位勃艮第国王之间的关系，有时甚至无法确定我们面对的是一个历史人物，还是两个同名的。不过，似乎清楚的是，到了 5 世纪中叶，贡狄奥克和基尔佩里克国王（对于他们的年代和关系有许多争议）已经在昔日的大塞夸尼亚（位于法国的贝桑松和瑞士沃州之间）这个阿尔卑斯山行省确立了相对稳固的存在。阿埃提乌斯和他的继任者们对他们或多或少表现出宽容，而第一卢格杜努姆和维埃纳行省的高卢-罗马贵族则把勃艮第人视作有用的盟友，无论是为了对付意大利的帝国政府，还是对付哥特国王控制的阿基坦和纳尔波行省的对头。

等到俄瑞斯忒斯的意大利政府允许欧里克和贡多巴德瓜分高卢时，勃艮第控制的地区以贯穿奥古斯都杜努姆（Augustodunum）、卢格杜努姆、维埃纳和瓦伦提亚（今奥顿、里昂、维埃纳和瓦朗斯）的一线为中心，但西面不到阿瓦里库姆（Avaricum，今布尔日），南面不到内毛苏斯-阿雷拉特-塞克斯提乌斯泉（Nemausus-Arelate-Aquae Sextiae）（今尼姆、阿尔勒和普罗旺斯的艾克斯）。

作为里基梅尔的外甥，贡多巴德从 5 世纪 60 年代开始一直在意大利政治中占有一席之地，但当格吕克里乌斯的政权摇摇欲坠时，他放弃了从意大利政治这个垃圾堆中抢救任何东西的尝试。473 年，他回到勃艮第人的领地，与三位亲戚［基尔佩里克、哥德马尔（Godemar）和哥德吉赛尔（Godegisel）——这个基尔佩里克是贡狄奥克的弟弟，还是另一位同名的国王存在争议］分享权力，但没有对王国领土进行明确的划分。他们不出意料地发生了冲突：哥德马尔突然从记录中消失了，贡多巴德杀死了基尔佩里克，哥德吉赛尔在 500 年前后逃到了法兰克人那里，后来率领法兰克人的军队杀回，但贡多巴德收买了这支军队——然后处决了哥德吉赛尔。

贡多巴德继续统治了十五年。他对敌对的罗马和勃艮第贵族展开大屠杀，并铲除了旁系亲属，为他自己的儿子西吉斯蒙德的继位做了准备。与哥特国王们一样，他颁布了许多法令。它们被他的儿子编成法典，于 517 年以《法令书》（*Liber Constitutionum*）之名颁发［后来被称为《贡多巴德法》（*Lex Gundobada*），因为它的内容的确是贡多巴德的］。在这些法令中，贡多巴德将自己置于一个向上五代可以追溯到某位吉比克（Gibich）的国王世系中，这是法律追忆期的上限，而 451 年阿提拉的败北则是诉讼时效的上限。由此，随着新的后帝国世界的诞生，高卢政治的历史框架被重写。

与同时代的哥特人一样，贡多巴德试图为自己王国的全体民众立法，但受挫于他的罗马和勃艮第臣民始终存在的差异。不仅他必须限制勃艮第人对罗马诉讼的干涉，还有几部法令对勃艮第人的土地继承做了规定，反映出定居时代土地再分配的复杂影响。

有时，我们几乎可以感受到国王的沮丧：勃艮第人对罗马法规定的宣誓证词的神圣性不以为然，这迫使贡多巴德允许比武审判的旧有惯例做法。通过此类微小的改变，古代的世界和世界观慢慢消失了。

贡多巴德同君士坦丁堡的皇帝建立了友好的远距离关系，当他于 516 年去世时，西吉斯蒙德不仅是国王，还是阿纳斯塔修斯的国公和统兵长官。在写给皇帝的一封信中，西吉斯蒙德自称"一族之王，不过是您的士兵"（gentis regem sed militem vestrum）。尽管开局良好，西吉斯蒙德的统治并不太成功。他娶了狄奥多里克的女儿，后来却因为谋害自己的儿子而引发了战争，后者的确是意大利国王的外孙。523 年，哥特人和法兰克人军队对西吉斯蒙德发起钳形攻势，各自夺去了小片勃艮第领土。西吉斯蒙德遭擒，被法兰克国王克洛多梅尔（Chlodomer，作为相似论派的西部国王中罕见的尼西亚派，他至今仍被天主教会尊为圣徒）处决。西吉斯蒙德的弟弟哥德马尔为他复仇，在法兰克人的土地上打败并杀死了克洛多梅尔，但 534 年，剩下的法兰克诸王消灭了勃艮第王朝，将其土地变成更广大的法兰克王国的一个附属单元。不同于我们简要描绘过的汪达尔、哥特和勃艮第王国的历史，法兰克王国有了一长串的子孙后代，而法兰克人最终以我们在下一章中将要考察的方式重塑了现代欧洲的版图。

第 14 章

法兰克人和帝国的边陲

6世纪20年代，法兰克人已经成为高卢政治中最强大的力量，当查士丁尼发动对东哥特王国的长期战争时，他们将是主要的受益者。法兰克人的成功实际上是一个历史悖论，尽管常常被认为不可避免：哥特和勃艮第国王们继承了那些最为富饶，受破坏最少和行政上最为稳定的帝国行省，但他们的统治在一两代人后就崩溃了。与此同时，法兰克人把在4世纪末本已边缘化，受到严重破坏，而且统治薄弱的北方行省打造成了后帝国时代最成功的王国。在传统的故事中，法兰克人从今天的比利时向南推进，先后进入了塞纳河流域和卢瓦尔河谷，但并不存在如此迅速和持续的法兰克人征服。北部高卢的历史很混乱。

在进入6世纪前后，有个法兰克军阀打败或拉拢了卢瓦尔河以北的每一个对手。他叫克洛多维库斯（Chlodovechus），英语区按照其法语拼法称之为克洛维斯，而非德语的克洛德维希（Chlodwig）。克洛维斯是另一位军阀基尔德里克之子，1653年，在图尔奈 [Tournai, 古罗马的图尔纳库姆（Turnacum）] 发现了后者装饰华美的坟墓。尽管墓中的财宝早已流散，但它们对近代早期法国的国家构建至关重要——拿破仑的加冕袍服上饰有曾经装点过基尔德里克的马衣的金蜜蜂的复制品。我们不知道为何基尔德里克被埋在像图尔纳库姆那么北的地方——也许这是他阵亡的战场——他的权力中心位于塞纳河和卢瓦尔河之间的某个地方。阿埃提乌斯掌权期间，他很可能是高卢野战军的一名军官。461 年马约里安被处决后，高卢机动军完全拒绝承认里基梅尔和他的新皇帝利比乌斯·塞维鲁，并在高卢统兵长官埃吉狄乌斯的率领下不断反叛。一个年代晚得多的故事声称埃吉狄乌斯被拥立为法兰克国王，但更可能的情况是，现在他的机动军中有太多人是从法兰克人中招募的，以至于事后看来，他可能被铭记为一个国王，而不是干掠夺勾当的将军。埃吉狄乌斯被刺杀后（很可能是在 464 年），他的士兵们似乎分裂成至少两派，一派由基尔德里克统率，另一派由埃吉狄乌斯之子许亚格里乌斯统率。

　　基尔德里克驻扎在卢瓦尔河和塞纳河之间，花了许多作战季包围卢特提亚，因此可能试图征服和占有巴黎盆地。许亚格里乌斯驻扎在更北面的地方，位于埃纳河（Aisne）畔的诺维奥杜努姆［今苏瓦松（Soissons）］。一些现代人的叙述仍然将许亚格里乌斯描绘成"罗马"的保卫者，把基尔德里克刻画成"法兰克"攻击者，但古代证据表明，他们只是众多军阀中的两个，拥有各自的私人军队，能控制的其他东西很少。军务卿保卢斯是另一个此类人物，他曾是埃吉狄乌斯的部下，与基尔德里克一起抵御卢瓦尔河上的撒克逊海盗。军务卿阿尔波加斯提斯同样如此，他在特雷维里统率着一小支部队，同勃艮第和哥特王国的重要贵族保持友好的通信。5 世纪 70 年代，有个叫里奥塔姆斯（Riothamus）的人从不列颠加入这场乱局。不清楚他是凯尔特酋长还是仅存的少数几支机动军的指挥官，但在低地不列颠逐渐被来自欧洲大陆的撒克逊人接管的过程中（见下文），他和他的人马是失败的一方。所有这些竞争者的力量太过均衡，无法压倒对方，他们致力于将自己标榜为合法的罗马军官，无论他们的血统或之前的生涯如何。基尔德里克死后，雷米（今兰斯）主教雷米基乌斯恭贺他的儿子和继承者克洛维斯成为第二贝尔加的统治者，这个罗马行省当时只剩下完全名义上的存在，由此可以看到他们仍然全都渴求的帝国框架。

我们对克洛维斯的理解基于极为零星的同时代证据，以及在6世纪末写作的图尔主教格里高利的回顾性历史。他笔下的克洛维斯已经是个传奇人物——结合了古典英雄、《旧约》中的族长和君士坦丁的特点，还是墨洛温王朝［得名于虚构的祖先墨洛维克（Merovech）］的真正缔造者。由于法国和德国的近代奠基神话都是从墨洛温高卢开始的，几个世纪以来，学者们一直在试图厘清克洛维斯统治的真实历史，尽管它几乎是不可复原的，而即便是最低限度的概述也会是对证据的过度解读。不过，无论克洛维斯在什么时候接替了基尔德里克，他都马上同许亚格里乌斯开战，双方都主张对昔日高卢机动军的法兰克人余部拥有统率权。克洛维斯最终胜出，将没有被他消灭的其他法兰克小国王变为自己的追随者。许亚格里乌斯逃到西哥特人那里，后者帮助克洛维斯处决了他。5世纪90年代是一段空白（常常被认为发生在496年的一场对阿拉曼尼人的胜利实际上并不能确定时间），尽管他很可能在这一时期娶了勃艮第公主克洛提尔达（Clothilda），并在此后介入勃艮第内战。不过，他的活动并不局限在昔日的帝国疆域内。除了黑森林的阿拉曼尼人，他还攻击了强大的图林吉亚王国，后者在阿提拉的帝国灭亡后在易北河畔兴盛起来，但并不见于罗马史料。

与东哥特王狄奥多里克广泛的外交努力一样，从克洛维斯的战争中，我们可以看到新的欧洲政治格局的发展，其核心位于阿尔卑斯山和比利牛斯山以北，远离地中海边的古代中心地区。既不能用罗马南方和日耳曼北方的二分法，也不能通过援引某些将迁徙部落与他们的祖居家乡联系起来的泛日耳曼精神来解释这个新生的欧洲。上述想法深深植根于现代历史记忆中，但它们并不正确。罗马帝国中最早的王国——汪达尔人的、法兰克人的、勃艮第人的和哥特人的——在民族和语言上是混杂的，是帝国不断的社会动荡的产物。他们之间没有共情的意识，没有"我们"蛮族同"他们"帝国的对立。不过，到了 500 年，在汪达尔人、法兰克人、勃艮第人和哥特人王国的统治精英中，有很大一部分人的一个或多个移民祖先是从多瑙河以北和莱茵河以东进入帝国的（无论是否通过和平的方式）。但并不都是如此。每个王国都有大批第一代移民。突然没有了帝国中心作为野心的基础，或者帮助重塑身份，这为昔日的帝国行省和蛮族世界之间建立更持久的联系打开了空间。后罗马时代的王国在民族和社会上是异质性的，但它们有理由恢复同中欧和北欧的接触，这些接触在罗马帝国还未衰亡时并不存在。

尽管如此，虽然克洛维斯在莱茵河对岸咄咄逼人的军事行动反映了这一新的现实，但他的王国的核心区域仍然位于昔日帝国的边境内。我们并不真正知道克洛维斯如何统治他的新王国。没有证据表明存在有意识的理念，就像我们在狄奥多里克的意大利所看到的。我们的确知道的一点是，克洛维斯的继任者们信仰尼西亚派基督教，而不是哥特人和汪达尔人的相似论神学。如果从基尔德里克墓周围献祭的大量马匹来判断，5世纪时，他们大多可能是异教徒。事实上，虔诚的图尔的格里高利告诉我们，克洛维斯没有受到相似论错误的玷污，从异教的罪恶皈依尼西亚正统。更有力和更早的证据则表明，克洛维斯的妹妹兰特基尔达（Lantechilda）从相似论派皈依了尼西亚派基督教，克洛维斯可能同样如此。我们可以猜测，他是在507年之前不久皈依的，认为高卢南部的尼西亚派主教们会支持与他们有相同信仰的人，反对相似论派的阿拉里克二世——他们的确这样做了。

摧毁阿拉里克在阿基坦的哥特王国是克洛维斯征服生涯的高峰。他用人生的最后三四年消灭了法兰克人中的王位竞争者。他还召开了一次教会大会，为卢瓦尔河和默兹河之间的土地立法，并颁布了所谓的《萨利克法约》（*Pactus Legis Salicae*）[克洛维斯的法兰克人被称为"萨利"（意为"盐"）法兰克人，以区别于莱茵河下游的"河岸"（Ripuarian）法兰克人]的第一个版本。不同于哥特人和法兰克人的法律文本，这部立法完全是非罗马的，用私人复仇权取代公诉，让家族和氏族负责许多在罗马法下属于帝国国家的职能。克洛维斯于511年去世，当时他已经将默兹河与莱茵河之间的从属王国交给长子特乌德里克执掌。尽管特乌德里克强烈要求接替父亲成为唯一的统治者，但他的继母，勃艮第的克洛提尔达有别的想法，坚持要求特乌德里克同她的三个儿子，即他同父异母的弟弟克洛多梅尔、基尔德贝特（Childebert）和克洛塔尔（Chlothar）分享遗产。他不情愿地接受了，这种分割遗产的方式也成为法兰克人的惯例。分封给王室继承人们的法兰克子王国[德语中生动地称之为"分王国"（Teilreiche）]拥有相对稳定的领土，对欧洲地理产生了持久的影响。位于卢瓦尔河和塞纳河之间，以巴黎和苏瓦松为主要城市的地区被称为纽斯特利亚（Neustria）。特乌德里克王国的核心部分成为奥斯特拉西亚（Austrasia），从阿登山脉和默兹河一直到莫泽尔河和莱茵河中游，在许多个世纪里都将是法兰克世界的中心。阿基坦保留了它罗马时的样子，沿着从图卢兹到波尔多再到普瓦捷的一连串城市发展开来，卢瓦尔河畔的图尔实际上成了阿基坦和纽斯特利亚之间的边境城市。最后，昔日的勃艮第王国——中世纪时是勃艮第公国和伯国——在534年被法兰克人征服后保持了它历史上的样子，里昂和日内瓦是那里的主要城市。

克洛维斯的直接继承者们的统治与他们父亲的几乎一样模糊不清，我们在这里也不考察墨洛温王室手足相残的争斗。在该世纪中叶之后（超出了本书的范围），当图尔的格里高利的叙述变得更加可靠时，法兰克人的势力已经在欧洲北部大大加强。东哥特王狄奥多里克的外交技巧已经随着他逝去，让法兰克国王们受到的约束大大减轻。他们摧毁了易北河畔的图林吉亚王国，将莱茵河以东的大片土地并入奥斯特拉西亚。当查士丁尼入侵意大利时，法兰克人夺取了东哥特人的普罗旺斯。后来，他们将北海沿岸的撒克逊人变成附庸，还袭击了丹麦人——这是史料中第一次提到这些斯堪的纳维亚人。

这个法兰克人世界的范围和习惯明显是后帝国的。没有什么比口头语言和书面文字更清楚地表明了这点。我们已经看到，拉丁语在后帝国时代的整个高卢（莱茵河–默兹河–斯海尔德河三角洲除外）如何仍然是政府和日常生活用语，但不清楚罗曼语和荷兰语/弗莱芒语/德语之间的分界线最早是何时出现的。（直到9世纪才变得明显，而且在比利时、阿尔萨斯和洛林至今仍然模糊）

情况很可能是，当罗马的基础设施在低地国家消失的同时，出现了足够多的人口迁徙，使得日耳曼语言取代了拉丁口语，即便书面拉丁语仍然是政府的语言。

当法兰克的帝国主义将书面拉丁语传播到莱茵河对岸时，它没能取代日耳曼口语。不过，即便在法兰克王国中那些继续说和写拉丁语的地区，也发展出了引人注目的文化差异，对未来意义重大。在卢瓦尔河以北，书面行政管理体系整个消亡，书面法律工具往往被口头和惯例做法取代。书面拉丁语的质量也急剧下滑。现代学者可以拿起哥特意大利和西班牙的拉丁文文件，相当容易地辨认它们的字体，认出内容所采用的帝国模板。相反，来自墨洛温王朝控制的北方地区的文件以扭曲的字体写成（有学者开玩笑说，抄工们把一个字母藏在另一个下面），采用不合语法和与发音近似的拉丁语，无意中显示了口语是如何改变的。到处都在发生同样的语言变化——但只有在卢瓦尔河以南，符合语法的书面拉丁语才与不断发展的罗曼语口语同时存在。书面语和惯用语之间的南北分界线大致沿卢瓦尔河展开，一直持续到近代早期。与罗曼语和日耳曼语口语之间的东西分界线一样，未来欧洲的轮廓已经开始形成。

查士丁尼的西部战争（我们将在下一章讨论）加速了这些和其他变化。不过，在回到君士坦丁堡之前，我将简单概述一下昔日帝国疆域以外的世界，这会让我们更好地看到古代世界是如何终结的。这个世界的一部分曾经被并入帝国的边境地区，比如不列颠和萨赫勒（Sahel），另一部分则没有，比如爱尔兰、易北河和斯堪的纳维亚。

我们可以从阿非利加边境说起，那里的汪达尔人小王国被摩尔人诸国王的新局势所环绕。摩尔人是中世纪和现代的柏柏尔人的祖先，从公元前 1 世纪开始就出现在罗马政治中。帝国时期，那些在罗马国家拥有巨大权力的人——最著名的是吉尔多和他的家族——同时也是在帝国的阿非利加沿海耕作区之外的山区和沙漠中的定居及游牧的摩尔人共同体的领主。即便到了 3 世纪和 4 世纪，我们也很难说清某些事情的发生是因为罗马的地方行政当局，还是通过当地酋长的惯例性权威。两者的分界线极其模糊，至少在城市和较大的农业村庄之外是这样。由于汪达尔人的国家远比之前的帝国弱小，摩尔国王和大人物的独立权力要明确得多。他们的王国横跨罗马城市文化欣欣向荣的肥沃地区和罗马国家监督但不治理的干旱高原之间的区域。

来自努米底亚奥莱斯山［位于今阿尔及利亚东部的巴特纳省（Batna）］的阿里斯（Arris），年代为 6 世纪初的一条铭文提供了一个此类王国的证据。铭文记录了将军（dux）和统帅（imperator）马斯提埃斯（Masties）的人生，他统治着摩尔人和罗马人，从未对这两个群体失信。学者们对"统帅"是否应该被解读为"奥古斯都"存在争议，这可能暗示了对罗马帝国已经灭亡的某种认识。不过，更重要的是在罗马阿非利加昔日核心地带的边缘，一个独立的国王如何宣称自己统治着摩尔人和罗马人（不仅是摩尔人部落）。普罗科皮乌斯向我们提到另一位这样的摩尔人国王安塔拉斯（Antalas），他统治着距离迦太基一两天骑程的拜扎凯纳。不过，来自恺撒利亚毛里塔尼亚［今阿尔及利亚西部的特莱姆森省（Tlemcen）］的阿尔塔瓦（Altava）的一条铭文为其中绝对是最为著名的王国提供了证据。铭文中提到的三名官员——一名长官和两名代理官——据说奉"摩尔人和罗马人的国王"（rex gentium Maurorum et Romanorum）马苏纳（Masuna）之名建造了一座要塞。由于该时期阿非利加最西面的几座城市都保存完好，不仅是阿尔塔瓦，还有遥远的廷吉塔尼亚的沃鲁比利斯（Volubilis），一些学者认为这位"两族之王"统治着非常庞大的帝国。更重要的是，上述摩尔王国的例子都代表了当地对帝国终结的成功回应：当帝国的上层结构凋亡时，它们提供了比较稳定的治理和经济繁荣。在这点上，它们与北部高卢等地区的不稳定和衰弱形成了鲜明的反差。

如果我们转向帝国的另一处边陲，来到英吉利海峡对岸，我们将激动地目睹一场社会革命，它在消除罗马行省的遗产方面要比昔日帝国任何其他地方的更加彻底。我们还将有史以来第一次发现关于爱尔兰海对岸事件的零星的真实证据。5世纪和6世纪时，几乎不存在关于那里的书面文献。我们有出自圣帕特里克笔下，用糟糕的拉丁文写成的几篇专论，还有高卢编年史中一些混乱的评点，以及《论不列颠的毁灭》（De Excidio Britanniae），由一个叫吉尔达斯（Gildas）的僧侣在某个存在争议的时间写成。学者们用这些零星证据建起了整座猜想的宫殿——即所谓的亚瑟王的时代——但一个冷静和最小主义的盘点将显示出我们知识的局限。

就像我们已经看到的，沿着从多塞特（Dorset）到亨伯赛德（Humberside）一线，4世纪的篡位者马格努斯·马克西姆斯可能将帝国的行政官员和士兵带回了该岛的低地地区。他很可能也是第一个将撒克逊雇佣兵招入不列颠部队的统帅。407年，君士坦丁三世将大部分剩余的野战军带到高卢，在他所引发的长期内战的过程中，霍诺留政府告诉一个不列颠请愿者的代表团，他们需要自己想办法。430 年左右，奥特西奥多鲁姆（Autessiodorum，今勃艮第的欧塞尔）主教日耳曼努斯（Germanus）前往不列颠进行反异端布道，可能遇到了皮克特人入侵英格兰中部地区的战争。最后一个行省代表团可能在 5 世纪 40 年代向阿埃提乌斯提出请愿。此后就再没有了。吉尔达斯提到了一些小国王，但我们只能认出统治过杜姆诺尼亚（Dumnonia，今康沃尔）的君士坦提乌斯。吉尔达斯的安布罗西乌斯·奥雷利亚努斯（Ambrosius Aurelianus）常被认为就是历史上的亚瑟王，但即便他真实存在过，也无法确定年代。不清楚克洛提库斯（Coroticus）——无疑是确有其人的统治者，帕特里克给他写过信——来自哪里［斯特拉斯克莱德（Strathclyde）只是猜测］。7 世纪和 8 世纪的文本对于我们关心的这个时期多少是在想象，比如所谓的《部落土地表》（*Tribal Hidage*）或比得（Bede）的教会史。

相反，我们不得不依赖考古学，后者暗示罗马在不列颠的行政体系从 4 世纪就开始收缩，并延续了好几十年。考古学还暗示，不列颠和今天德国的北海沿岸（即撒克逊人的家乡）存在经典的双向迁徙模式。从 4 世纪末开始，当地就出现了大陆风格，而明显的不列颠风格也几乎立即出现在撒克逊人的土地上。这否定了过去关于存在盎格鲁-撒克逊人蓄意入侵的说法，认为入侵者将罗马-不列颠和凯尔特人口驱赶到威尔士、康沃尔和坎布里亚。但这也无可争议地证明有从德国北部到不列颠的大规模人口流动。

对这一证据的最佳解释是，不列颠的帝国驻军招募的绝大部分是撒克逊人，就像北部高卢的机动军绝大部分招募的是法兰克人。后来，随着帝国统治的崩溃和消失，这些士兵中有一部分决定填补权力真空，将他们的控制范围从高地-低地分界线所在的边境地区向东和向南扩张。来自德国北部和荷兰的物质证据——定居点缩小，沿海农业遗址被抛弃——暗示这些年里当地的政治动荡，这有助于解释那里向不列颠的迁徙规模要比我们在高卢或巴尔干看到的大得多。

与此同时，随着军队人口扩散到不列颠的低地区域，残余的罗马贵族和从爱尔兰海对面来的移民间的矛盾造就了几个世纪后将在不列颠西部形成的凯尔特区。到了5世纪中叶，根据当地居民偏爱的花式金属器物的类型来划分，可以认定三大考古区域。其中一个区域的风尚与北海对岸的德国境内的密切相关，以东安格利亚、东米德兰（East Midlands）、林肯郡和约克郡为中心。另一个区域以当地按照旧日罗马军队风尚加工的精致器物为特点，集中在泰晤士河以南和埃塞克斯郡。第三个区域以塞文河入海口为中心，从德文郡和萨默塞特延伸到南威尔士。

如果这三个风格区域大致反映了政治和文化分区，那么它们向我们展示的并不是撒克逊人和凯尔特人之间的东西分界线，而是沿泰晤士河谷，在君士坦丁三世篡位后持续了超过半个世纪的南北分界线。事实上，一直到6世纪初都仍然有地中海的进口货物到达不列颠南部和西部，但在泰晤士河以北却极为少见。进口商品在东南地区消失的时间要早于西南地区，而与此同时，不列颠东南部的地区风格也越来越多地被吸收进了东米德兰和北部的风格。这暗示了在6世纪，英格兰东部和德国北海沿岸的双向迁徙和较为密切的联系仍在继续，事实上还加强了。

当然，语言是这场看上去显然是浩大的社会变革的另一个指征：罗马-不列颠拉丁语完全被古英语（盎格鲁-撒克逊语）取代，在前西部帝国的其他地方都看不到相似的情况。关于这反映了基督教和罗马城市文化在不列颠的弱势，还是说英语的移民数量大到不成比例，仍然存在争议。但这场变革的规模和独一无二则毫无疑问。

不列颠南部和东部地区的事件似乎主要与欧洲大陆有关，而发生在今天的威尔士北部、西米德兰、西北部和苏格兰的事件则需要与爱尔兰海对面的动向联系起来理解。在那里，4 世纪时发生了不为罗马观察者们所知的重大社会变革：新发明的欧甘（Ogam）字母被用于书写爱尔兰语。400 年左右，我们开始在威尔士南部和康沃尔发现带有爱尔兰人名的碑铭（拉丁文和欧甘文双语）。在更北面的地方，有证据表明爱尔兰人从阿尔斯特（Ulster）迁移到阿盖尔（Argyll），到了 6 世纪末，两者将作为达尔里亚塔王国（Dál Riata）被共同统治。促使这些移民从爱尔兰前往不列颠的原因很可能是原来更大的爱尔兰王国的崩溃（我们仍能通过晚近得多的传说知道它们，但无法还原其历史）。众多的环形堡垒（以各种盖尔语名称命名——如果是在内陆，称为 rath，如果是建在湖中，则称为 crannog）表明，爱尔兰分裂成了一个个新的小国。也许是在爱尔兰移民的影响下，在克莱德-福斯（Clyde-Forth）一线以北的不列颠也可以看到要塞增加的类似现象，而到了 5 世纪末，4 世纪时仍然活跃于索尔维河和克莱德河之间的皮克特人政体消失了。显然——我们还看到，在同时代的西班牙西北部，人们纷纷搬到山顶的村子里——较小和更加地方化的权力中心更为安全。

鉴于爱尔兰乃至大不列颠许多地区对于罗马帝国只有边缘价值，那里可以看到的社会剧变在多大程度上可能是西部帝国衰落的结果仍然是学者们争论的话题。这是个好问题，但在旧帝国边陲以外的其他许多地区，事件显然是由罗马国家的内爆引发的。比如在弗里西亚以及德国西北部及丹麦西南部的撒克逊人的土地上，罗马的贸易品在 5 世纪初消失了，定居点大大收缩，当地的墓地也被抛弃：突然失去了同一个经济稳定的帝国进行贸易和对其展开掠夺的机会，撒克逊大人物们无法再奖励他们的追随者，他们的权力开始崩溃。直到 6 世纪末，在本书的范围之外，我们才会看到该地区新的物质文化，影响这种文化的不仅是与不列颠的双向移民，也有易北河和斯堪的纳维亚半岛的发展。

与这些撒克逊人的土地不同，丹麦北部、挪威沿海和瑞典南部以他们在西部帝国崩溃前不曾经历过的方式被卷入了同前帝国行省的接触。斯堪的纳维亚同罗马帝国的接触长期以来都是间接的，通过更接近帝国边境的蛮族群体作为中介。甚至在这之前，斯堪的纳维亚的统治者就已经依靠来自帝国的高价值商品（特别是金属制品、大量的金索里都斯和来自帝国兵工厂的武器）来展示自己的地位和奖励他们的追随者。

随着来自厄兰德、斯堪尼亚（Scania）和日德兰等地的斯堪的纳维亚武士部队作为雇佣兵加入帝国军队，然后带着新的财富回家，这种情况在 4 世纪发生了变化。但就在这些斯堪的纳维亚人正为了报酬在帝国或前帝国的土地上作战的同时，斯堪的纳维亚的奢侈品进口也基本上枯竭了。有趣的是，这没有引发像撒克逊地区在失去了来自帝国的商品时遭遇的那种危机。相反，当地设计的（尽管源于罗马模板）新的威望物品开始流行，特别是一种吊饰片（bracteate）工艺品。这些形如金币的物件——像箔一样薄的小圆盘，最早被和丹麦菲英岛（Funen）上的古默（Gudme）遗址联系起来——在 5 世纪大量出现，上面有神话图

案、风格化的统治者像和精美的动物造型。对于它们是作为一种
政治展示还是真正作为通货交换存在争议，但显然是对在此之前
充当权威象征的罗马商品的突然消失而做出的成功回应。

我们不知道考古文化的这种改变代表了一个还是多个丹麦王
国，但它从丹麦诸岛传播到了大陆上的日德兰半岛，到了 6 世纪
时，那里第一次出现了有关丹麦国王的证据，提到他在与法兰克
人作战［他也是《贝奥武甫》中的许耶拉克（Hygelac）］。丹麦
人的扩张可能赶走了之前的日德兰居民，因为在该时期，与日德
兰北部有关的随葬品开始出现在挪威西南部沿岸，位于罗加兰的
北海耶伦（Jaeren）海岸上的遗址中。瑞典南部的斯堪尼亚的物
质文化的改变暗示了类似的变化，尽管并不相同：一个深受草原
游牧武士的艺术和仪式习俗影响的精英集团似乎取得了控制权，
就像在索斯达拉（Sösdala）埋葬的高度风格化的马具所显示的。
在厄兰岛上，窖藏的罗马索里都斯暗示，对立的军阀团体——他
们曾参加了帝国对汪达尔人的战争，以及里基梅尔和安特米乌斯
的内战——已经回国，他们彼此争斗，并陷入了僵局。在这里，
本书既不会详细考察这些改变，也不暗示任何此类现象是整个该
时期的特点，而是想要表明，西部帝国的崩溃伴随着其昔日疆域
之外数百千米处发生的社会变革，而且推动了这种变革。

这方面的另一个清晰的例子来自德国易北河中游的图林吉亚
王国。图林吉亚人最早被提到时是作为阿提拉的臣民，他们的崛
起无疑与他的帝国迅速崩溃有关。5 世纪后期，差不多同时代的
诺里库姆的圣塞维里努斯（Saint Severinus）的传记（通常被认为
非常准确，尽管有人认为那是非常巧妙的编造）提到，图林吉亚
人和鲁吉人在位于阿尔卑斯山以北的昔日的河畔诺里库姆行省为

战利品展开争斗。6世纪那个易北河畔的王国何时诞生则更难确定。不过，根据考古学证据，位于新生的法兰克王国边界附近的当地统治者们刻意同图林吉亚人结盟，并开始接受他们的物质文化。在更东面的波希米亚似乎发生了同样的事，那里的伦巴第人扮演了与西面的法兰克人同样的角色。图林吉亚国王赫尔曼尼弗雷德同狄奥多里克的外甥女阿玛拉贝尔加的婚姻同样证明了这个记载很少的王国在后帝国时代的重要性。

事实上，从他们的王国被法兰克人摧毁而导致中欧出现政治动荡可以看出图林吉亚人的重要性。伦巴第人曾是图林吉亚人的附庸和对手，但到了6世纪30年代，他们入侵了昔日的潘诺尼亚行省，以牺牲赫鲁利人和格皮德人为代价在那里站稳了脚跟。巴伐利亚人也在这时候第一次出现在我们的史料中。他们是生活在北面的图林吉亚人，西面的阿拉曼尼人和南面的东哥特意大利之间的缓冲地带的民族。作为一个拥有自己身份的可辨识民族，他们出现在东哥特人忙于防备帝国对意大利的入侵之时，但要晚于法兰克人消灭阿拉曼尼人和图林吉亚人的势力。

新的人群或"民族"出现的过程被称为民族生成（ethnogenesis），研究中世纪早期的学者近年来花了大量精力思考民族和政治身份是如何融合和转变的，或者有时在几十年乃至几个世纪后重新出现。我们在这里无须花时间讨论理论问题，但有必要注意5世纪和6世纪（尤其是后者）时欧洲的多个民族生成产生的历史影响：随着西部帝国彻底消失，被大规模整合进包容性的帝国身份的机会也不复存在。没有同样普世的东西存在或能够取而代之，因为没有哪个势力强大到足以使认同和同化具有吸引力，就像成为罗马人的可能性长期以来所做的那样。相反，人们通过提起他们的邻居来界定自身——通过他们不是谁。罗马往昔的点点滴滴帮助塑造和重塑了这些自我认知，继承者国王的军事理念同样如此。新的视觉交流方式的出现，习惯法取代罗马法的普世地位，特别是拉丁语作为通用语言的地位被取代，这一切都标志着有意义的文化断裂，对罗马往昔的任何意识形态上的记忆都无法掩盖这点，无论是在昔日帝国的疆域之内还是之外。

也许令人意外的是，同样的局面也出现在仍然同君士坦丁堡和那里的皇帝保持密切接触的地区。事实上，除了不列颠，巴尔干和黑海沿岸地区在文化和经济上要比帝国其他任何部分更快进入后帝国阶段。传统上，这被认为与民族生成，或者可能与斯拉夫人［希腊和拉丁语文献中称之为斯克拉维尼人（Sclaveni）］的迁徙有关，后者在 500 年前后首次出现，有时被和我们从 480 年左右开始看到的不同群体的保加尔人联系起来——奥诺古尔人、库特里古尔人和乌提古尔人。由于有关于保加尔人的袭击的最早证据来自巴尔干东陲，我们可以认为他们来自黑海以北的草原。而因为他们似乎主要骑马作战，罗马的作者们很快就将他们归入"斯基泰人"的刻板印象中，他们从无法追忆的时代开始就把这种印象用于草原武士。这让我们很难分辨保加尔人同其他马上游牧民族的区别，除了他们的部落名字。

斯拉夫人则完全不同。我们第一次听说他们是在 6 世纪的普罗科皮乌斯笔下，他表示他们生活在多瑙河左岸，即今天的罗马尼亚。语文学家对这一描述从来就不满意，基于语言学证据，他们提出斯拉夫语发端于今天波兰-乌克兰边境的沃里尼亚（Volhynia），或者是更东面的普里皮亚季（Pripet）沼泽，位于白俄罗斯和乌克兰之间的边境上——因此，在斯克拉维尼人出现在晚期古代文献中之前不久，必定发生过斯拉夫人向多瑙河的迁徙。没有充分的理由接受这一理论，因为完全没有关于大规模迁徙的书面或考古证据；唯一的论据是原始斯拉夫语最古老的共同词汇反映了沃里尼亚或普里皮亚季的植物、动物或气候。事实上，语言变化的机制并不那么简单。被称为斯克拉维尼人的民族群体很可能源于罗马尼亚、摩尔多瓦和乌克兰的河谷，来自上述三个国家被大量发掘的小型家族定居点。我们不知道这些人是否已经在说斯拉夫语；这可能后来才发生，在我们未知的历史形势下（毕竟，我们称之为法语的罗曼语得名于当初说日耳曼语的法兰克人）。

经历了6世纪40年代最远到达爱琴海边的塞萨洛尼卡和亚得里亚海边的杜拉基乌姆的毁灭性袭击后，查士丁尼的军队似乎足够成功地加强了多瑙河沿岸的防御，直到6世纪70年代都阻挡住了斯克拉维尼人的袭击。但在几百年的时间里，斯克拉维尼人一直作为一系列骑马的游牧精英——阿瓦尔人（Avars）和保加尔人，后者的文化和语言在中世纪时被斯拉夫化——的步兵和臣属出现。因此，可能最好像我们对待巴伐利亚人那样看待斯克拉维尼人，即把他们视作地区性农业人口，当周围旧有的政治格局被破坏时，他们发展出了更有意识的身份认同和更有坚定主张的新领袖。对斯克拉维尼人来说，契机很可能是保加尔人和阿瓦尔人（特别是后者）对君士坦丁堡在巴尔干的地位造成的破坏。

阿瓦尔人是范围大得多的欧亚历史上的一个现象，就像4世纪的匈人那样。尽管他们历史的主要阶段不属于本书的范围，帝国第一次注意这些人是在查士丁尼统治时期，通过558年一个前往君士坦丁堡的著名使团。他们被称为柔然人，中国史料中称他们为一个草原帝国的领导者，从 4 世纪到 6 世纪，他们的帝国从蒙古出发，绕过天山，延伸到中亚。在此之前，他们是鲜卑人的草原同盟中一个从属集团。柔然同由拓跋鲜卑在 4 世纪后期建立的中国北魏王朝保持着密切的联系，与南面和西面的嚈哒"匈人"也保持着关系。这意味着柔然处在将中国世界同南亚和伊朗，以及欧亚大草原上各个游牧共同体联系起来的网络的中心。按照中国史料的说法，柔然的统治者最早使用了"可汗"的头衔，此举将他们同匈奴人的遗产划清界限，后者之前一直是草原上最重要的政治威望的标志（匈奴首领称为单于）。6 世纪 50 年代，柔然的一个臣属民族起义，大败可汗。这些突厥人（Göktürks，"天突厥"即他们中文里的民族名称的现代土耳其语形式）很快将自己确立为草原世界的主导力量。

长久以来，传统上一直把柔然人被天突厥打败同阿瓦尔人突然出现在高加索山和黑海以北联系起来。这不是不可能。诚然，蒙古和天山的权力平衡受到严重破坏可能很容易激起一直波及喀尔巴阡山盆地的涟漪。我们不必把这些理解为大规模迁徙，而是草原联盟内部等级的迅速重整，如果等级中的下层群体有机会提高自己的地位，会伴随一些人口流动。我们有记录的第一位阿瓦尔人统治者［巴扬（Bayan）］自称可汗而非单于，这无疑表示他主张的是柔然的，而非匈奴的草原霸权传统，尽管并不一定表示他有柔然血统。查士丁尼用了一种历史悠久的方式同巴扬打交道：他贿赂这位可汗，让他攻击和征服乌提古尔人和库特里古尔人，将他从多瑙河下游引向喀尔巴阡山。我们不必关心阿瓦尔汗国未来在中亚的发展，但这个最早的阶段有两点很重要。

首先，东西欧亚大陆十字路口的稳定对大规模事件的发展有很大的影响。因为 6 世纪时，嚈哒人在帕米尔高原、兴都库什山和前贵霜王国拥有稳定的霸权地位，柔然同盟解体引发的混乱向西影响到了欧洲，而非向南波及伊朗边境地区。其次，柔然 / 阿瓦尔人在 6 世纪中期的到来标志着罗马帝国看待辽阔的欧亚内陆的方式发生了重要的改变。至少从 3 世纪开始，在三个世纪的时间里，那里的动态都对帝国产生了影响，无论是直接来自草原，还是间接通过它们对萨珊伊朗的影响。不过，虽然罗马皇帝有时会介入从高加索和克里米亚到阿拉伯、希米亚（Himyar，今也门）和埃塞俄比亚的地区，他们总是等待着欧亚草原的动态波及自己。

查士丁尼同最远以里海为基地的阿瓦尔人的直接谈判标志着一种对世界的新外交观的开始，它把草原视为罗马世界的一部分，必须像对待帝国边陲的定居文化一样小心管理。查士丁尼的直接继任者们派遣使团远赴天山，同突厥可汗会面并安排结盟，认为这股新势力不仅能遏制草原游牧民族，也能遏制霍斯老一世（Khusrau I）的波斯帝国。因此，当 9 世纪时欧洲的北部边陲通过东欧的河流体系同草原有了接触后，它发现那里早就有了拜占庭的外交网络，这是直接由帝国在 6 世纪的经历发展而来的。

第 15 章

从罗马到拜占庭

从 527 年到 565 年，查士丁尼的漫长统治标志着拉丁西部从古代到中世纪的最终转变，而同样的过程也在希腊东部开始。6世纪初的西部王国看上去已经明显是后罗马时代的事物，但查士丁尼战争造成的破坏，以及意大利东哥特王国的毁灭对法兰克人霸权的决定性推动完成了这一转变。东部人力的耗尽和国库的枯竭，没能止住巴尔干这个开放创口的流血，而埃及和叙利亚庞大的一性论人口的疏远为晚期罗马帝国在东部的崩溃拉开了序幕。

在查士丁尼成为唯一统治者之后不到百年，希拉克略皇帝（Heraclius，610—641 年在位）所统治的国家不能再被称为帝国。统治体系——已经被查士丁尼改造，部分变得个人化——已经凋敝，到他统治的最后，已经无法抵抗军事威胁，更别说镇压了。我们有理由开始把希拉克略及其继承者们统治的罗马世袭政体称为拜占庭帝国（得名于拜占庭古城，君士坦丁堡是在它之上新建的）。尽管拜占庭一词最初带有贬义，但 7 世纪的拜占庭政体同它在 6 世纪的前身截然不同（更别提 4 世纪或 5 世纪的了），使用不同的名称是正当的。那里说希腊语的居民自称 Rhomaioi（希腊语的"罗马人"），但他们只控制着小亚细亚、与君士坦丁堡接壤的色雷斯内陆，以及可以通过船只供给的少数几个地中海和巴尔干的前哨。查士丁尼没有创造这个拜占庭帝国，但创造了让它可以诞生的条件。

关于查士丁尼统治的材料数量庞大，远远多于阿纳斯塔修斯或他的前任和舅舅查士丁一世的。对于他统治期间的神学冲突，我们了解大量情况，其中一些材料可能出自皇帝本人笔下。这些材料和大批新的法令让我们罕见地看到了皇帝的想法：它们描绘了一个毫不松懈、废寝忘食的狂热者形象，对他来说，任何细节都不容忽视，他是古代版的西班牙菲利普二世，尽管可能没有后者礼貌幽默的火花。除了教义争论，我们还可以通过微小的（甚至是令人难以忍受的）细节追踪多条战线上的战事过程。得益于材料的丰富，感兴趣的读者可以找到几十种通俗历史和所谓的传记，以及几十种将普罗科皮乌斯的《战争史》披上现代外衣的军事史。下文的叙述将摒弃所有这些细节，而是专注于这位冷酷的理论家在四十年的统治中给帝国带来的转变的更大画面，无论是好是坏。焦点将放在罗马国家上：财政、军事和行政方面产生根本性变化的结果，无论是否有意。关于查士丁尼的希腊语罗马帝国还有另一个故事要讲，即关于它在一个充满创造力的新时代中的艺术、语言和文学的文化共同体；但在国家出资的纪念碑式建筑之外，这种繁荣遵循着与我们在这里主要关心的政治叙事截然不同的节奏。

古代普遍认为——后来也是如此——查士丁一世的统治只是他侄子的序曲，很少有人怀疑查士丁尼对舅舅统治下的政治的广泛影响。不过，在他继位的时候，查士丁面临的大部分问题都是阿纳斯塔修斯统治后期问题的延续。宗教是主要的导火索。就像我们看到的，芝诺的《合一诏书》在 496 年的君士坦丁堡大会上得到维护，尽管一性论派得势，将顽固的迦克墩派人物欧菲米俄斯罢免，马克多尼乌斯取代他成为皇城教区的主教。在所有的东部行省，一性论派教士被阿纳斯塔修斯明显偏爱他们的神学所鼓舞，尽管他公开做出接受《合一诏书》的姿态。6 世纪伊始，在弗里吉亚的希埃拉波利斯主教菲洛克塞努斯和充满魅力的布道者塞维鲁（后来的安条克主教）的带领下，一性论派教士不再接受《合一诏书》给出的妥协框架，而是开始要求教士们点名谴责一系列神学家和他们的作品，刻意提出一种把最温和的迦克墩派也排除在外的立场。

阿纳斯塔修斯觉得自己越来越被他们的观点说服，509 年，他坚持要求安条克的迦克墩派主教弗拉维亚努斯召开主教会议，为自己的正统性辩护，菲洛克塞努斯和其他一性论派作为旁观。尽管他重申了对《合一诏书》的拥护，并愿意指名道姓地谴责一些被一性论派憎恶的神学家，但这还不够。阿纳斯塔修斯让塞维鲁起草一份马克多尼乌斯愿意签署的信经，非常明确地谴责了迦克墩派信仰，以至于激怒了君士坦丁堡的僧侣和教士。长久以来比大部分迦克墩派更愿意妥协的马克多尼乌斯和他的修道院同僚们都认为，一性论派做得太过分了，但 511 年他被罢免，政务总管刻勒尔将他们逮捕并流放。同情一性论派的提摩太取代了他的职位，这进一步鼓励了叙利亚极端主义者。512 年 11 月，在安条克，菲洛克塞努斯等人发起骚乱，赶走了弗拉维亚努斯，让塞维鲁成为主教。与此同时，阿纳斯塔修斯授意提摩太在君士坦丁堡的祷词中加入一性论的表述。他得到的回报是 512 年 11 月 4 日（周日）在圣索菲亚教堂的一场骚乱，有数人丧生。

城市长官柏拉图请求从统兵长官帕特里基乌斯麾下的亲兵部队中抽调士兵。随后是对平民的惯常屠杀。不过，迦克墩派仍然拒不服从，在君士坦丁广场建立了临时的叛乱营地。他们在那里试图煽动篡位，拥立当时已经年迈的弗拉维乌斯·阿雷奥宾杜斯为皇帝，并推倒了阿纳斯塔修斯的雕像。刻勒尔率领自己的私人保镖同帕特里基乌斯一起镇压骚乱者，但人群击退了他们，继续要求废黜阿纳斯塔修斯。阿雷奥宾杜斯明智地置身事外，第二天，阿纳斯塔修斯前往竞技场，宣布他愿意退位。这是他统治期间非常神秘的一段故事，它实际上起到了平息暴乱的作用，暴乱者们高呼他是真正的皇帝，请求他重新戴上皇冠，然后散去了。另一件让人费解的事是，阿雷奥宾杜斯被允许不受打扰地活下去；尽管他不久便老死了，他的孩子们直到下一任皇帝统治时期都过得很好。

但问题还是出现了。阿纳斯塔修斯的长城非常成功地阻止了入侵者进入君士坦丁堡及其城郊，可是色雷斯的其他地区和巴尔干的情况仍然很糟糕。该地区人口下降严重，无法养活保卫当地所需的军队，而且那里是阿纳斯塔修斯在帝国中唯一没有废除徭役和实物税的地区。让该地区的问题雪上加霜的是，机动军几乎消失了，他们被雇佣兵"盟军"取代，后者名义上由盟军卿（comes foederatorum）统率，但更多情况下忠于他们自己的酋长，而不是帝国当局。尽管芝诺成功摆脱了狄奥多里克，将他送到意大利，但这位过于强大的盟友的离开并没有减轻帝国对半独立军阀的依赖，比如512年定居在伊利里亚的大批赫鲁利人。事实上，帝国在巴尔干各地的控制和管理水平存在争议，许多所谓的治理实际上肯定是地方自治，由帝国官员平衡对立的强人。

出于并不完全清楚，但可能与进一步节约开支有关的原因，阿纳斯塔修斯于 514 年撤销了巴尔干盟军的岁调资格，而这不出意外地引发了公开叛乱。叛军的领袖是维塔利亚努斯（Vitalianus）将军，此人可能是盟军卿，支持他的不仅有士兵，还有相当一部分农业人口。维塔利亚努斯杀害了几个可能反对他的同僚，与默西亚将军马克森提乌斯结盟。他们占领了色雷斯和斯基泰在黑海沿岸的主要城市，保护了可以对他发起攻击的可能路线。他向君士坦丁堡进军，吓退了亲兵长官之一的许帕提乌斯，还给自己披上了教义的掩护，自称他的起义是为了支持迦克墩派正统，反对明显同情一性论派的皇帝。他的其他要求包括让马克多尼乌斯和弗拉维乌斯重新担任君士坦丁堡和安条克的主教。认为自己的条件将得到满足后，他退到默西亚，但除此之外没有让步。阿纳斯塔修斯没有对主教们采取行动，而是罢免了战败的统兵长官许帕提乌斯。随后，接替他担任亲兵长官的居里鲁斯（Cyrillus）率军追击维塔利亚努斯，但在奥德苏斯（Odessus）被俘遇害。

直到此时，阿纳斯塔修斯才开始重视威胁的严重程度。他任命自己的外甥，另一位许帕提乌斯为总司令，阿拉塔里乌斯（Alatharius）为高卢统兵长官。他们在最初的小规模交锋中似乎占得上风，但许帕提乌斯在奥德苏斯附近的阿克莱（Acrae）遭受重创，他和阿拉塔里乌斯都被俘。被派去商谈赎金的使者同样落入了维塔利亚努斯的手中，让他能够对追随者进行丰厚的奖赏，并在 514 年底下一次对君士坦丁堡的进攻中出资筹建了一支舰队同行。阿纳斯塔修斯再次和谈，提出为许帕提乌斯支付 900 磅黄金作为赎金，还同意任命维塔利亚努斯为色雷斯统兵长官，取代阿拉塔里乌斯。维塔利亚努斯同意了，但继续要求阿纳斯塔修斯接受迦克墩正统，还试图让罗马主教介入冲突。被激怒的阿纳斯塔修斯撤回了对维塔利亚努斯的长官任命，后者马上于515年再次从海上向君士坦丁堡进发。这一次，他的舰队被大火摧毁，许多船只沉入了普罗滂提斯海（尽管无法确定大火是否是可燃的硫黄化合物引起的，就像一段很有民间传说性质的故事暗示的）。随后，维塔利亚努斯和他的陆军在苏卡伊（Sycae）被打败，许多人遭到忠于阿纳斯塔修斯的军队屠杀，后者得到了皇城竞技场蓝绿两派的支持。维塔利亚努斯逃到安基亚鲁斯（Anchialus）躲起来，在那里一直藏到阿纳斯塔修斯去世。上述胜利的策划者是马里努斯，此人并非统兵长官，而是辖区长官。文职指挥官取得军功是一个有趣的现象，表明就像在政府的其他许多角落那样，阿纳斯塔修斯的统治开始改变了至少从君士坦丁时代就存在的制度规范。

维塔利亚努斯的叛乱之后，时局又变得模糊不清。515年或516年，亚历山大里亚因为橄榄油短缺而发生了破坏性的骚乱。517年，奥诺古尔人突袭了马其顿、伊庇鲁斯和色萨利，最远打到温泉关，但除此之外，518年7月8日夜阿纳斯塔修斯去世（时年将近90岁，按照古代的标准是不同寻常的长寿）之前的政治事件就没有什么可说的了。阿纳斯塔修斯最年长的外甥许帕提乌斯当时担任东方统兵长官，在维塔利亚努斯手中遭遇羞辱后，他的声望从未恢复，争相将自己的候选人扶上皇帝宝座的各个宫廷派系甚至都没有考虑过让他继位。

长期担任政务总管的刻勒尔与当时被称为尤斯提努斯的内卫卿展开竞争，后者是从普通士兵晋升上来的，在阿纳斯塔修斯的波斯战争的胜利阶段担任过军官。另一位竞争者是阿曼提乌斯（Amantius）的扈卫式奥克里托斯（Theocritus），前者手握大权，担任皇帝内侍总管，想要成为皇帝拥立者，无论他是否能将自己的候选人推上宝座。聚集在竞技场中的人群让所有人不得不做出决定——他们因为没有宣布继承人而越来越激动和愤怒。君士坦丁堡元老院最终站在了尤斯提努斯一边，后者可能挪用了本来要给式奥克里托斯的钱，用来大肆行贿。尤斯提努斯——我们现在称他为查士丁——被人群接受，部分原因是人们知道他是迦克墩派，而其他竞争者曾支持阿纳斯塔修斯转向一性论，于是他顺利地被立为皇帝。

　　他的统治开始时很顺利。军事威胁基本上消失了，阿纳斯塔修斯著名的节俭为国库留下了 32 万磅黄金，查士丁还很快采取行动恢复了迦克墩正统，弥合了同罗马的分裂。他来自帝国境内残余的说拉丁语的地区，出生在奈苏斯（今塞尔维亚的尼什）附近的贝德里亚纳（Bederiana）。我们的材料中夸大了他的卑微出身——据说他是文盲，娶了自己买的一个女奴隶，在登基时将她的名字从卢皮基娜（Lupicina）改成欧菲米娅。他心爱的外甥和养子随他一起来到皇城。这位尤斯提尼亚努斯本名彼得·萨巴提乌斯（Petrus Sabbatius），出生在一个村子里 [今天塞尔维亚的卡里钦格拉德（Caričin Grad）考古遗址]，后来他将该地重建为第一查士丁尼（Iustiniana Prima）。被收养后，他还将自己的名字改成了古典风格的查士丁尼。

　　鉴于后来关于他严格虔敬的证据，查士丁尼似乎可能对他舅舅的许多宗教政策负责，首先是在阿纳斯塔修斯去世后几乎马上召集那些正好在君士坦丁堡的主教们开会。这些人被指示申明自己对迦克墩正统的热情，他们照做了，请求皇城教区的主教开始任何必要的对话来与意大利的拉丁教会达成和解。写给罗马主教霍尔米斯达斯（Hormisdas）的一系列书信终结了罗马和君士坦丁堡之间从 484 年开始的阿卡基乌斯分裂。只有激进的一性论派提摩太管辖的埃及教会拒绝同罗马交流。作为迦克墩复兴的另一个标志，查士丁宽恕了维塔利亚努斯，后者离开藏身地，获得了担任亲兵长官和 520 年执政官的奖赏。其他潜在的对手被铲除——老阿曼提乌斯被控煽动骚乱并处死，他的属下试奥克里托斯遭遇了同样的命运，而与此同时，查士丁任命自己另一个可靠的外甥日耳曼努斯担任色雷斯统兵长官，指挥色雷斯野战军。

皇帝把查士丁尼留在身边，后者也确保充分利用自己的特权。520 年，他在维塔利亚努斯担任执政官时将他谋杀，自己担任了亲兵长官一职。接着，他担任了 521 年的执政官，而在那年之后的某个时候（可能是 522 年，但肯定早于 524 年），他的完婚引发了甚至比舅舅的婚姻更大的丑闻：狄奥多拉是个受雇于竞技场某派的养熊人的女儿，父亲死后，她成了女演员（因此也是妓女，在罗马人的心目中，两者没有区别）。如果我们相信普罗科皮乌斯《秘史》（记录了他在自己的公开作品中不吝溢美之词的皇帝见不得人的一面）的叙述，狄奥多拉因为自己的性欲和愿意满足特别的口味而闻名。

她在埃及作为一名高级帝国官员的侍妾度过了几年，当她回到君士坦丁堡时，查士丁尼对她着了魔。他要求舅舅颁布法令，让像他本人这样的元老可以娶女演员——之前的罗马法禁止这样做，因为后者的职业污点让她们不适合嫁给出身体面的公民。查士丁尼可以安排如此赤裸裸对自己有利的立法，显示了他对舅舅的影响力，但没有理由接受怀有敌意的古代传闻中关于狄奥多拉对丈夫施加了秘密控制的说法。她将继续在宫廷中发挥影响力，直到 548 年去世，就像许多个世纪来强势的皇后们所做的，但我们既不应相信《秘史》中恶毒的厌女主义（以及太多现代学者从中看到的别有意味的影射），也不应认同修正主义学者关于她代表了先锋女权主义的夸大主张。从查士丁尼后期部分立法的序章中可以看到，他把她视作自己在帝国中的伙伴，但我们能说的只有这些。

除了恢复对迦克墩神学的兴趣，查士丁统治时期最重要的问题似乎是同西部王国的外交，以及最初同波斯的外交活动和后来的意外战争。同西部的关系总体上相当好。就像我们已经看到的，勃艮第国王西吉斯蒙德以国王和罗马统兵长官的身份统治。君士坦丁堡一直有东哥特使团的身影，而查士丁不仅与狄奥多里克的继承人弗拉维乌斯·欧塔里库斯共同担任执政官，还隆重地收养他为"怀抱中的儿子"（filius per armas，这个新发明的头衔既承认西部国王的自治，又保留了他们臣服于帝国支配权的假象）。至于汪达尔人，狄奥多西王朝的公主欧多基娅之子，未来的国王希尔德里克一生中有大段时间生活在君士坦丁堡，和查士丁尼一样喜欢迦克墩正统和神学辩论。

在东方，506 年阿纳斯塔修斯和长寿的众王之王卡瓦德一世（一直统治到 531 年）达成的休战远比当初计划的七年要长得多。即便当卡瓦德面对基督教王国伊贝利亚的叛乱时（长久以来是波斯的藩属，但现在向罗马示好），两大帝国也避免了战争。但后来，外交上的不力改变了这一美好的画面。年事已高的卡瓦德预见到，波斯反复发生的继位危机将再次上演，因为他的国家没有指定王位继承人的固定方式。卡瓦德希望三儿子霍斯老继位，但他的两个哥哥在贵族中有自己的党羽，而且让三儿子继位无疑很不寻常。但卡瓦德不愿尝试全面清洗。相反，他罕见地请求查士丁收养霍斯老，从而确保罗马皇帝在此后的任何内战中都会支持或保持中立。查士丁想要接受，但还是被说服以这种正式的方式收养蛮族之子有损皇帝的威严——只有对西部国王的王子们使用的"怀抱中的儿子"这种不那么正式的方式才行。卡瓦德不出意料地被这种侮辱激怒，马上攻打了罗马的藩属拉齐卡。不过，查士丁也派军队进入波斯的亚美尼亚作为报复，但在这些危险的山区，天气常常限制了双方的野心。

527 年初，查士丁病重（他当时已过七旬，按照古代的标准年事已高）。4 月 4 日，在元老院的请求下，他任命查士丁尼为共治皇帝，因此当查士丁在当年 8 月 1 日去世时，没有发生棘手的权力交接。这位新的唯一统治者的头等大事是波斯战争，为此他对东部边境的指挥体系做了全面变更：军队管理权被从地方上的卿官移交给当地的将军，并设立了新的亚美尼亚统兵长官。

第一个担任此职的是亚美尼亚军官西塔斯（Sittas），他在 6 世纪 20 年代初就在查士丁尼麾下担任过扈卫；他的同僚、东方统兵长官贝利撒留（Belisarius）是又一位皇帝的前侍卫，也是普罗科皮乌斯所著的查士丁尼战争史中英勇的核心人物（普罗科皮乌斯是贝利撒留的参谋成员，亲眼看见了他讲述的许多故事）。530 年对罗马军队来说很顺利，西塔斯在亚美尼亚的狄奥多西波利斯取得大胜，贝利撒留在美索不达米亚的达拉也取得了同样的战绩。但 531 年，卡瓦德在卡利尼库姆重创贝利撒留，这位将军被召回君士坦丁堡，险些被革职：亚美尼亚守住了，但穿过美索不达米亚，直达叙利亚腹地的道路现在受到威胁，这个威胁要严重得多。直到 531 年秋天卡瓦德去世，罗马人才喘了口气。他宠爱的儿子霍斯老面临着不可避免的内战，因为尽管他得到了琐罗亚斯德教祭司的全力支持（因此也得到了他们神庙土地的丰富资源），但马兹达克教士却站在他哥哥卡乌斯（Kavus）一边。因此，霍斯老的首要任务是镇压内部挑战，他寻求与查士丁尼休战。

532 年，两个帝国缔结没有期限的"永久和平"，恢复了阿纳斯塔修斯时代的领土状况，查士丁尼一次性支付了一大笔钱，以满足每年补贴德尔本德和其他高加索山口的波斯驻军的要求。腾出手来的霍斯老同哥哥卡乌斯开战并击溃对方，他屠杀了能找到的马兹达克派，还处决了自己的每个男性亲属。他将一直统治到 579 年，是沙普尔二世之后最令人生畏的萨珊统治者，后世称他为阿努希尔万（Anushirvan），意为"不朽的灵魂"。

如果霍斯老有充分的理由求和，那么查士丁尼也同样如此，他在 532 年差一点丢掉了皇位。君士坦丁堡竞技场中的蓝、绿两派像 6 世纪初那样喜欢骚乱，但 1 月 14 日，当城市长官欧戴蒙（Eudaemon）用惩戒性的严厉手段镇压了双方的一次骚乱时，他们联合起来，一边呼喊着"尼卡"（Nika，意为胜利），一边攻击了长官府。他们释放了被囚禁的同志，纵火焚烧府邸和其他建筑，然后在竞技场集合，开始高声提出自己的要求：要免职的不仅有欧戴蒙，还有辖区长官约翰（现代学者称之为卡帕多西亚的约翰）和财务官特里波尼亚努斯（Tribonianus），后者与查士丁尼新近编撰的帝国法典关系密切。查士丁尼同意了，可是人群并不满意：他们试图找到阿纳斯塔修斯的外甥普罗布斯，拥立他为皇帝。接着，当人群发现他躲起来时，他们烧毁了他的房子。

尽管查士丁尼提出用大赦来换取和平，但暴徒们找到阿纳斯塔修斯的另一个外甥，不幸的前统兵长官许帕提乌斯，拥立他为皇帝。他似乎接受了这一可疑的荣誉，因为他和一群元老加入了竞技场中的人群。这暗示城中的一部分贵族已经受够了查士丁尼，特别是他任命的官员们的改革热情和财政上的严格，他们抓住竞技场骚乱的机会施压，可能还想要罢免皇帝。我们被告知，在查士丁尼已经准备逃跑的时候，狄奥多拉为他打了气，据说她曾说："紫袍是很好的裹尸布。"无论如何，皇帝现在选择了战斗。

被耻辱笼罩的贝利撒留和他的部曲（bucellarii，当时最高级的将军们自掏腰包供养的半私人武装）仍在宫中。此外还有格皮德人王子蒙多，他曾在意大利为狄奥多里克效力，526年这位老国王死后，他作为伊利里亚统兵长官加入了帝国军队。两位指挥官率领自己的部众和一些赫鲁利雇佣兵冲入竞技场，结果可想而知。骚乱者被挤进狭小的空间，拿着临时拼凑的武器，即使他们中最坚定的也不是久经战阵的士兵们的对手——屠杀非常可怕，就算当时材料中说的有3万到3.5万公民被杀是夸大其词，死者无疑也有数千人，而非数百人。许帕提乌斯和他的兄弟庞培乌斯被捕，并遭到处决，支持他们的元老被流放。皇帝的宝座再也不会受到如此严重的威胁。

在许多叙述中，紧接着尼卡骚乱的故事之后是对查士丁尼西部战争的描述（往往很长），包括对汪达尔人的闪电战，然后是无休止的意大利争夺战。不过，在开始简述这些事之前，我们应该先把目光投向重要得多的东西，即查士丁尼和他的大臣们对帝国体系带来的长期改变，因为这些改变创造的治理框架不再遵循戴克里先和君士坦丁影响深远的改革的原则。

对罗马法的法典化无可争议地是查士丁尼影响最持久的举措。
528 年 2 月 28 日，登基还不到一年，皇帝就任命了一个委员会，
用只收录有效法律的最新合集取代所有官方和非官方的帝国法令
汇编。过时法律被删去，那些仍有效力的被修订，只保留其仍然
有效的部分。委员会的工作只花了不到一年，第一版《查士丁尼
法典》于 529 年 4 月 7 日颁布。

530 年 12 月，在尼卡骚乱时担任财务官的那位特里波尼亚努
斯的主持下，又一个委员会受命收集、评审和汇编与民法有关的
法律作品。这是一项规模甚至更大的任务，因为在此之前，许多
个世纪以来围绕着罗马皇帝积累起来的法律评注从未被当作能够
归纳为体系的单一研究对象。需要把成千上万页的文本整理成可
使用的集成，只保留有效的法律，按照主题分成不同的条目，进
行相应的编辑。尽管看上去不太现实，委员会还是实现了目标，
三年后的 533 年 12 月 16 日，这部《法学汇纂》（Digest）发表。
皇帝还批准发行了名为《法学阶梯》（Institutes）的教材，该教材
以塞维鲁时代的法学家盖乌斯早前的同名作品为基础，旨在为罗
马法学生提供简明的入门读物，它直到今天仍然非常适合这一目
的。第二年 11 月，经过修订，也就是我们今天看到的这版《查士
丁尼法典》颁布，进一步修订了旧法的文本，并汇编了之前五年
间查士丁尼本人颁布的大量法令。

这些法律汇编的历史意义无论怎样都不会被夸大。《查士
丁尼法典》和《法学汇纂》的希腊语译本在东罗马帝国被使用了
几百年，8 世纪时经过删节，10 世纪时被更适合拜占庭中期更
糟境况的汇编取代［分别是《法律选编》（Ekloga）和《王律》
（Basilika）］。查士丁尼法典的汇编在征服阿非利加和意大利后被

引入西部，但7世纪时伊斯兰教征服北非永远终结了罗马法在那里的统治。在意大利，当8世纪中期帝国总督被赶出拉文纳之后，这些汇编也几乎失传了几个世纪。不过，11世纪在博洛尼亚被重新发现后，它们很快成为庞大的法律行业的焦点。最终，在私人收藏中流传的《查士丁尼法典》《法学汇纂》《法学阶梯》《新法》被统称为《民法大全》[*Corpus Iuris Civilis*，现代早期最伟大的法学学者德尼·戈德弗鲁瓦（Denis Godefroy）——拉丁语作戈托弗雷杜斯（Gothofredus）——确定了这个总称]。

罗马帝国法律赋予了皇帝惊人的广泛权力，使其对那些很难想象如此大权力的统治者们充满了吸引力。当中世纪君主们试图在一个基本上由惯例主导的世界里进行国家体系建设，同时又要废除一大批不相容的管辖权时，他们把罗马法律和法学视作自己新主张的无可指摘的威信基础，它们还将被用作现代早期诞生的民族国家的法律基础。查士丁尼的法律汇编至今仍是欧洲大陆国家及其前殖民地法律体系中非常接近表层的一个重要组成部分。

不过，查士丁尼的其他改革在当时也同样重要，它们延续和加速了阿纳斯塔修斯时期的改革。改革分为不同阶段，在他统治的不同时间进行，但它们的累积效果是消除了四帝共治和君士坦丁体系的大部分残留。东部的辖区长官，卡帕多西亚的约翰（一直掌权到541年，除了在尼卡骚乱期间被短暂罢免）负责大部分变革，他的最终继任者彼得·巴尔叙梅斯（Peter Barsymes）则不是那么活跃的改革者，无论是作为长官还是圣库卿。总体的趋势是缩小和减少，将一部分之前由国家承担的治理职能私有化。比如，在案值不超过300索里都斯的案件中，名为城市辩护人（defensores civitatis）的地方官员被赋予了不可申诉的管辖权，将更为昂贵的行省管辖权留给较大的案件。与之类似，行省总督在案值不高于 750 索里都斯的案件中获得了不可申诉的管辖权，目的同样是减少开支（和限制腐败机会）。

行省本身被大幅重组，大区制度被完全废除。在前亚细亚和本都大区，几个行省被合而为一，与边境地区并不直接接壤的行省总督被赋予了军事和文官权力（边境行省保留了独立的文职行政官员，不同于隶属东方和亚美尼亚统兵长官的将军这一新的复杂军事网络）。亚美尼亚和高加索的边境行省同样被彻底重组，不仅数量增加，而且它们的城市被迁往不同的新行省。接着，在 6 世纪 40 年代，前大区的内陆行省被任命了新的官员，负责需要跨越行省边界的治安责任，可能是为了阻止盗匪利用管辖权的漏洞。东方大区（那里的大区长官被称为东方卿）也被撤销，其职能划归叙利亚总督。埃及大区也消失了，尽管皇帝长官（对埃及大区长官的称呼）得到保留，被赋予军事和文官指挥权，并为底比斯和南部埃及设立了第二位皇帝长官。在东方和埃及大区，一些行省被重新排序，对其总督的地位做了改变，在他们中重新分配了部分管辖权。在更靠近首都的地方，得到长城保护，不受色雷斯其他地方的动乱影响的城郊地区被交给拥有文官和军事权力的色雷斯法政官（praetor per Thracias）管辖。

上述变革的目的是将监督最大化，同时限制中央政府的开支，因为查士丁尼一直面临着经济危机。阿纳斯塔修斯可能留下了丰盈的国库，但波斯战争开支高昂，而且（就连阿纳斯塔修斯也已经看到）从帝国的部分地区——特别是巴尔干——几乎无法获得收入。影响更大的是，先后入侵阿非利加和意大利的代价被证明无法计算。最初，情况看上去可能不是这样，至少查士丁尼对阿非利加的干预在当时似乎非常合理。就像我们已经看到的，汪达尔国王希尔德里克继位时已经年迈，没有军事方面的野心。不过，他是查士丁尼的老熟人和尼西亚派基督徒，结束了自己的相似论派前任对尼西亚派主教的压迫。530年，当他的堂弟格里梅尔将其废黜时，查士丁尼被激怒了。他以此为借口入侵阿非利加，尽管帝国此类远征的失败记录可以上溯到5世纪40年代，他的官员们也出于那些理由而反对该计划。

533年，贝利撒留在没有受到抵抗的情况下登陆阿非利加。格里梅尔派自己的一些最好的士兵去镇压撒丁岛的叛乱，但这不足以解释贝利撒留率领总数不超过2万人的军队取得如此规模的胜利——汪达尔人的国家显然没能找到维持贵族的武士传统的办法，也没能找到可行的替代者。仅仅经过两场激战，汪达尔王国就崩溃了，摩尔人正式接受了重新由帝国统治。逃走的格里梅尔很快于534年3月向贝利撒留投降。他和数千名汪达尔贵族陪同这位征服者将军回到了君士坦丁堡，然后退归在加拉提亚的庞大庄园，作为显赫的普通公民在那里度过余生。他昔日的麾下士兵被招入东部边境的常规部队，贝利撒留获得了举行凯旋式的权利，这是自从500多年前奥古斯都统治时期以来第一次有非皇族这样做。

不过，阿非利加的局势完全没有平息——摩尔人国王在帝国征服中的顺从更多是名义上，而非实际上的，贝利撒留几乎刚一离开，就发生了几次对帝国土地的攻击。536年，罗马驻军哗变。他们中的许多人娶了汪达尔女子，对帝国侵占阿非利加的庄园感到不满，认为那是自己的。但无论如何，迅速的胜利还是让查士丁尼变得大胆。意大利成了新目标。在度过了狄奥多里克晚年那段难堪的时间后，元老院的权威在他外孙阿塔拉里克的短暂统治下得到了复兴。这个年轻人的母亲阿玛拉松塔被证明是个能干的摄政者，这个王国由卡西奥多鲁斯先后担任政务总管和辖区长官，在我们事后看来既运行有序，又很有罗马特色。不过，阿塔拉里克成为哥特贵族中某个派系的工具，这一派（据说）反对女人治国和国王接受的过度罗马式教育。面对这些无法忍受的冲突，阿塔拉里克借酒浇愁，于 534 年末死于酗酒。

阿玛拉松塔杀死了对她最有敌意的贵族，然后自封王后，让自己的姑表弟狄奥达哈德成为国王和丈夫。狄奥达哈德是狄奥多里克的妹妹阿玛拉弗里达和她的第一任丈夫（没有关于此人的其他记录）之子，在他舅舅的意大利王国中作为一名大地主长大。他养成了罗马元老的习惯，修订柏拉图作品，还普遍接受了一个没有政治抱负的贵族所向往的体面的闲适。娶了这位不受欢迎的新王后之后，他突然显示出之前没有过的对阴谋的热衷。他与对阿玛拉松塔最有敌意的哥特廷臣站在一起，将她关到一座小岛上的监狱里，于 535 年 4 月将她秘密处决。像卡西奥多鲁斯这样的王国官员还准备接受这种王朝的关系失衡，但在查士丁尼看来，手足相残的王室让他有了获取荣誉的机会。

皇帝强烈谴责了狄奥达哈德的不义之举，派他的伊利里亚统兵长官蒙多从哥特驻军手中夺取达尔马提亚。蒙多轻松完成了任务，尽管哥特军队的撤退很快让这位格皮德人国王有机会占领西尔米乌姆，在随后的四分之一个世纪里把那里变成他的大本营。与此同时，贝利撒留几乎没有遇到抵抗就占领了西西里。狄奥达哈德在投降和反抗之间摇摆，因此贝利撒留沿着意大利第勒尼安海沿岸向北发动入侵。他几乎没有遇到抵抗，但也没有受到太多欢迎。如果查士丁尼期待自己的军队会作为解放者被迎接，那么他错估了当地人的情绪，就像想要成为解放者的人常有的那样。半个世纪的后帝国统治对意大利民众来说相当不错，他们对上个世纪的混乱记忆犹新。在那不勒斯，贝利撒留发现了这意味着什么，因为城中人口同哥特人驻军一起守卫该城，抵御皇帝的军队。他们坚守了几个月，在后来的几年中，还有多得多的意大利人将证明他们对皇帝的士兵带给他们的"自由"的态度是多么矛盾。

面对这种快速推进的攻势，拉文纳的狄奥达哈德手足无措。在文官和军队领袖的一致同意下，国王退位，被将军维提吉斯（Vitigis）取代，后者撤到亚平宁山以北后重新集结，召集半岛各地的驻军会合。这意味着贝利撒留可以不受抵抗地占领罗马。从537年2月到第二年冬天，维提吉斯包围了罗马的帝国军队，双方都因为缺乏给养损失惨重，直到带着给养帝国军队的援军迫使维提吉斯退兵。可能是在差不多这个时候，卡西奥多鲁斯和其他显赫的意大利人抛弃东哥特人，逃到君士坦丁堡流亡，为自己的最终回归打造履历。尽管不再被困在罗马城内，但贝利撒留很快就被几个下属的野心所累，包括查士丁尼的司囊官（sacellarius），宦官将军纳尔塞斯（Narses）。

关于司囊官一职的记录最早出现在芝诺统治时期，似乎隶属于皇帝寝宫，可能只是后来内侍（cubicularius）的同义词。无论如何，纳尔塞斯可以依仗同皇帝亲密的个人关系，违抗他的总司令。军官团体的内斗会导致效率低下和协调不灵，因此维提吉斯得以在538年攻占梅狄奥拉努姆，意大利北部平原的大城市之一。他洗劫了那里，屠杀了男子，将女子变成帮助哥特人作战的勃艮第部队的奴隶。这一残酷的结尾标志着各方暂时筋疲力尽。双方开始寻求停火，540 年，贝利撒留将哥特王国的国库席卷一空，然后回到君士坦丁堡。维提吉斯与贝利撒留同行，被皇帝授予国公的荣誉，并赏赐庄园供他居住，尽管他在 542 年左右善终。和他一起的贵族部属很快将随同贝利撒留参加与波斯的新战争。

回到意大利，帝国的胜利被证明甚至比阿非利加的更加短暂，后者在 536 年爆发了严重哗变，查士丁尼不得不派表兄日耳曼努斯前去镇压，539 年又将他召回，当时贝利撒留似乎完成了对哥特人的征讨。但贝利撒留和维提吉斯甚至还没有离开拉文纳，留在意大利的部分哥特人就选出了新国王希尔德巴德（Hildebad），战火重新燃起，直到二十年后才结束。希尔德巴德被刺杀，他短命的继承者埃拉里克（Eraric）也遭受了同样的命运，但 541 年，一个名叫托提拉［Totila，有时被称为巴杜伊拉（Baduila）］的非常能干的贵族被拥立为国王，开始消灭半岛各地的帝国驻军。他的军队中充斥着逃亡奴隶，他夺回要塞城市，摧毁了它们的城墙，让许多最重要的意大利城市没有了任何实际的防御。虽然贝利撒留本人于 544 年返回，但战火延绵不绝，罗马不止一次易手，托提拉甚至计划在 550 年入侵西西里。最终，552 年夏天，纳尔塞斯在高卢冢（Busta Gallorum）打败了托提拉，这位高卢国王死在了战场上。第二年，他的继任者泰亚斯（Teias）在拉克塔里乌斯山（Mons Lactarius）被击溃，哥特军队主力投降。然而，尽管查士丁尼觉得自己可以宣布结束意大利征服战争和颁布新的统治法律，维罗纳和布里克西亚（Brixia，今布雷西亚）的哥特驻军事实上一直坚守到 561 年。

不过，到了那时，帝国已经在各条战线上遭受了更多年损失惨重的战争。540 年，一大批保加尔人突破长城，掠走了成车的财宝。接着，霍斯老在 540 年决定撕毁"永久和平"，入侵东部行省。他的动机完全是财政方面的。尽管他开启的土地登记和勘查行动最终将为萨珊帝国的行政当局带来行之有效的官僚队伍，并大幅增加王国的收入，但霍斯老还没有享受过罗马帝国的皇帝们即使在年景不好时也能依赖的稳固的税收传统。因此，对众王之王来说，罗马的东部行省成了诱人的劫掠对象，他率领大军经由美索不达米亚入侵，向他经过的城市勒索巨额贿赂。他一路杀到安条克，并劫掠了那里。在没有遇到有效抵抗的情况下，他带着战利品班师，包括许多安条克公民，他把他们安置在胡齐斯坦务农。随后的几年间，战争在高加索山（特别是拉齐卡王国）和美索不达米亚之间交替打响。545 年，双方达成了对罗马不利的五年停战协定，但没能解决北部山区中有争议的藩属国家问题。

等到双方安排停战时，它们都有更加难缠的敌人要对付：瘟疫。古代文献普遍提到了 542 年来袭的疾病的恐怖，但多年来，学者们没能就罪魁祸首是哪种病原体达成一致。现有的普遍共识是——不同于病源仍然存在争议的安东尼瘟疫，或者可以被认定为出血热的 3 世纪"塞浦路斯"瘟疫——查士丁尼大瘟疫是由耶尔森鼠疫杆菌引起的，那是一种导致腺鼠疫的细菌。全球有三大鼠疫来源地（中亚、东非和北美西南部），鼠疫杆菌定期从作为常见宿主的啮齿类动物群和带菌的跳蚤转移至新的宿主。它的致死率取决于杆菌是否会攻击淋巴系统、血流和肺部，最后一种传播几乎总是致命的。

瘟疫的最早记录来自佩鲁西乌姆，它首先在叙利亚和东部行省肆虐，然后向东传播到美索不达米亚和波斯，向西通过巴尔干、意大利和阿非利加，一路传播到高卢和西班牙，甚至还有爱尔兰。

就像瘟疫常有的情况那样，它在随后的几十年里反复发生，后来在差不多每一代人的时间里重新出现一次（毒性下降，分布也更分散），直到 750 年。我们无法准确衡量它对帝国人口规模的影响，但无疑是巨大的。此外，加剧了大规模死亡的突然影响的是，该时期的气候状况变得恶化。古气象学是一门非常年轻的学科，还没有普遍认同的能够将它的发现同历史事件联系起来的可靠方法。不过，我们知道在 540 年前后，已经经历了几十年反复无常天气的欧洲进入了小冰河期，这很可能是由太平洋一次大规模的火山爆发造成的。我们不用在气候、灾难和疾病之间建立决定论式的联系，但可以确定环境状况阻碍了人口的迅速恢复，即便我们不考虑查士丁尼无休止的战争。

就像我们看到的，这一切在意大利延续到了 554 年，或者561 年，而在阿非利加，一系列指挥官继续对各个群体的摩尔人展开不同强度的战争，很少有持久的胜利。此外，查士丁尼在551 年派军入侵西班牙。特乌迪斯曾是狄奥多里克在西哥特王国残余土地上的摄政者，在将近二十年时间里独自统治独立的西班牙王国，尽管规模和力量有限。他在 548 年被暗杀，第二年他的继承者也遭遇了同样的命运。下一位哥特王位的追求者阿吉拉（Agila）疏远了南方的西班牙-罗马城市中的潜在盟友，并受到一个叫阿塔纳吉尔德（Athanagild）的人挑战，后者邀请查士丁尼相助。帝国军队在新迦太基登陆，发现阿吉拉已死，阿塔纳吉尔德的继位被大部分西班牙哥特人接受，伊比利亚人口中没有任何一部分愿意欢迎干预。在迦太基西班牙和巴埃提卡行省东南部沿岸获得落脚点后，以新迦太基和马拉加为中心的一小块帝国领地将一直维持到 7 世纪 20 年代，当时，6 世纪 50 年代残留的哥

特国家已经复兴成为中世纪早期最富有和在文化上最重要的王国
之一。

回到东部，查士丁尼和霍斯老在 551 年延长了 545 年的和约，
尽管他们继续在高加索地区向对方发动攻击。但即便在那里，他
们还是在 561 年就拉齐卡达成了永久协定，同年，最后一批在意
大利坚守的哥特人被彻底镇压。他们还都同意约束自己的阿拉伯
人藩属，不再利用加撒人和拉赫姆人打代理人战争。在巴尔干地
区，查士丁尼在防御工事上花费了大量资金，但他的人力资源太
少，无法维持一支足够的野战军——结果就是，我们通过考古发
现的那些令人印象深刻的防御工事遗址〔普罗科皮乌斯在其专著
《论建筑》（Aedificia）中带着谄媚口吻对它大加赞美〕不足以防
御保加尔人和斯克拉维尼人的破坏性劫掠。我们在上一章结尾提
到的阿瓦尔人被大笔贿赂收买，同意不入侵帝国的巴尔干地区，
而是将伦巴第人和格皮德人赶出喀尔巴阡山盆地——于是，查士
丁尼死后不久，他在意大利征服的大部分土地都落入了无法抵挡
阿瓦尔人的伦巴第入侵者之手。总而言之，帝国的众多个别的胜
利每一次都被证明非常短暂。帝国财政付出了毁灭性的代价，尤
其是还有大量的人力损耗，瘟疫导致这种损耗无法得到补充。查
士丁尼可能是个改革派的征服者，但他留下的帝国比他接手时的
更弱更穷。

他还让帝国在宗教方面更加分裂，我们在本章中还没有说起
这个主题。与他的舅舅查士丁和帝国大部分说拉丁语的臣民一样，
他是个虔诚的迦克墩派。他对君士坦丁堡剩余的异教徒采取非常
强硬的手段，资助让小亚细亚和其他地方的农村异教徒改变信仰
的行动。虽然在试图让犹太人皈依方面相对谨慎，他实行了反犹

法律，通过哥特人的西班牙传到中世纪的西部，为反犹提供了法律基础，并在中世纪后期推动了西方社会中持续至今的反犹主义浪潮。查士丁尼还对犹太人的邻居撒玛利亚人展开非常无情的迫害，引发了危险的叛乱，最终几乎将这个古老宗教的信徒从地图上抹去。

不过，皇帝的干预不出意料地最多出现在基督徒的神学争论中。对弗里吉亚的孟他努派（Montanist）异端的迫害如此严厉，以至于他们大批自杀，不过他的真正目标无疑是东部行省的一性论派。查士丁统治之初同罗马的和解只是开始。尽管他和舅舅都没有干涉亚历山大里亚的提摩太，对亚历山大里亚主教们长期以来制造暴力骚乱的能力有所顾忌，但当提摩太于 535 年去世后，查士丁尼任命了一位来自安条克的温和一性论派。这位主教狄奥多西愿意接受妥协的表述，一方面排斥聂斯脱利主义，允许对基督本性进行一性论派的解读，另一方面并不坚持对基督本性做出明确表述，就像提摩太这样的极端主义者那样。埃及的一性论派教士充满敌意，以至于狄奥多西需要通过武力来坚守自己的教区。查士丁尼一直派帝国驻军支持他，直到 538 年，当时皇帝放弃了同一性论派的妥协，开始全面迫害，先是在叙利亚，最终也在埃及。

这样做反而让抵抗更加顽强，544 年，查士丁尼再次寻求妥协，接受了一性论派的部分要求，即谴责在迦克墩大会上被接受，但持聂斯脱利派观点，坚决反对一性论派的几部作品［出自埃德萨的伊巴斯（Ibbas of Edessa）、库鲁斯的忒奥德雷特（Theoderet of Cyrrhus）和莫普苏埃斯提亚的忒奥多雷（Theodore of Mopsuestia）］。他以三章诏书的形式谴责了他们（因此整件事被称为"三章争议"），最终于 548 年召开大会，争取东西部教士的同意。罗马主教被迫接受，但在意识到无法改变西部对皇帝诏书的抵制后，他收回了意见。553 年，规模大得多，仍被现代东正教会认定为大公会议的第二次君士坦丁堡大会批准了三章诏书中的谴责。在西部，这场空洞的胜利意味着查士丁尼不得不推行一种几乎没有拉丁主教愿意接受的新正统。由此引发的分裂将持续到皇帝去世后很久。在东部，一性论派并不接受这一妥协的尝试，就像他们不接受芝诺的《合一诏书》，或者其他任何没有完全肯定他们观点的表述。叙利亚和埃及开始了任命另一批一性论派主教的秘密运动，不再与皇帝支持的迦克墩派打交道。这个叙利亚和埃及的一性论派教会在那些行省的存在时间要超过罗马帝国的统治。

565 年，查士丁尼去世。按照他统治早期的标准来看，最后的十年风平浪静。外交维持了同霍斯老的和平，而"天突厥"帝国在中亚草原站稳脚跟，遏制了阿瓦尔人在喀尔巴阡山盆地定居后欧亚大陆上的严重动荡。西欧的许多地方现在已经自治，从地中海核心区域脱离，但还没有同 8 到 9 世纪兴起的新的欧亚网络重新连接，那是欧洲的法兰克帝国主义以及阿巴斯哈里发国在亚细亚和阿非利加庞大的伊斯兰文化区的影响下出现的。查士丁尼的阿非利加经历了脆弱的繁荣——一些城市的宏伟中心得到恢复，碑铭短暂地重新出现，迦太基的粮食可以补充埃及的，用于供应君士坦丁堡，帝国和摩尔人国王的关系进入了贸易、袭击和治安行动的稳定模式。

尽管有查士丁尼新的防御工事，但帝国在巴尔干内陆败局已定，而将阿瓦尔人安置在伊利里亚只为那里提供了短暂的喘息机会：阿瓦尔人动员斯拉夫人和其他臣属人口的能力意味着他们的汗国对 7 世纪的帝国构成的威胁甚至要超过阿提拉的。被"重新征服的"意大利的和平更加具有欺骗性。二十年的战争，特别是托提拉对城墙、引水渠和其他基础设施的破坏重创了整个半岛的生产能力。罗马本身已经不再是一座城市，大片城区成了废墟或菜园，人口减少到小城的规模。568 年，当伦巴第国王奥多因（Audoin）入侵意大利北部平原时，帝国军队几乎做不了什么来阻挡他们。从此，帝国的意大利的残垣断壁——在西西里和意大利南部（Mezzogiorno），以及拉文纳周围的一片亚得里亚海沿岸的土地——成了连续多个帝国政权的资源黑洞。与查士丁尼所有的（"再"）征服一样，意大利完全没能自负盈亏。

当然，我们可以将所有这些事件纳入一个关于"欧洲诞生"的积极叙事中：古代世界的地中海文化逐渐被那些年轻而充满活力的北欧王国取代，后者为现代西方辉煌的未来保留了古代的所有亮点。此外，在后罗马时代的拉丁王国的宫廷和教堂中也依稀可以看到中世纪文化及其大教堂和城堡的根源。但上述令人愉快的画面所忽略的角度是，550—750 年这段时间往往不像是古代世界的创造性转变，而是一场所有人对所有人的战争。"古代晚期后期"的真正辉煌存在于那些无法被纳入一个"西方的崛起"的叙事的地区。

我们对查士丁尼统治的描绘是不乐观的。在政治、财政和军事上，这样做完全合理。查士丁尼留下的罗马帝国是一个被削弱了的国家，比以往都要贫穷和低效，虽然多少仍然能遏制它所面临的诸多威胁。然后，硬币还有另一面，因为查士丁尼及其继承者的统治见证了一个丰富的文学和艺术文化势头不减的蓬勃发展，他们不仅将这些文学和艺术文化留给了疆域缩小的拜占庭帝国，也留给了中世纪的阿拉伯和波斯帝国。

这种"古代晚期后期"文化在许多地方欣欣向荣，不仅是君士坦丁堡，那里的圣索菲亚大教堂仍然立于古代基督教建筑的顶峰。在东部行省的各个城市，一种新的虔诚信念（无论其神学倾向如何）重建了城市文化的公共面貌，为早期伊斯兰世纪精彩的本土建筑提供了模板。在埃及，科普特语的民间教典同希腊语的一同发展，创造出一个高雅的方言写作的世界——通过逐渐增多的纸草收藏为我们所知。在波斯和罗马人的统治下，叙利亚语成为近东各地的基督教信仰的共同媒介。

在这两大帝国之间，阿拉伯同盟发展成越来越复杂的政体，回应着把它们夹在中间的两个帝国霸权，也回应着阿拉伯南部、也门和埃塞俄比亚的犹太和基督教共同体。继之前几个世纪里的犹太教、基督教和摩尼教的启示后，最后的大规模古代一神教正是在这些阿拉伯人中兴起的。7 世纪时，穆罕默德的追随者和继承者将全面改变古代世界的政治格局，他们征服了波斯帝国，将君士坦丁堡在托罗斯山以东和以南的全部土地纳入自己的控制，并迅速占领埃及和曾是拜占庭北非的脆弱沿海地带。

很容易把伊斯兰教的崛起视作一个外来者的故事的一部分，与我们主要关注的波斯-希腊-罗马世界相对立。但伊斯兰教是在东部世界的文化孕育中发展起来的，那里见证了众多文化和信仰，而只有过两种帝国的政治模式：罗马模式和波斯模式。在最初的大肆征服之后，最终将伊斯兰统治稳定下来的倭马亚王朝以叙利亚的大马士革为大本营，这座城市拥有非常古老的闪米特、波斯、希腊和罗马的根源。与 7 世纪的政治和军事创伤所造就的希腊语罗马帝国（更为我们所知的名字是拜占庭），以及拉丁西部分裂和贫困的王国一样，这个早期伊斯兰国家是古代最后阶段的产物。但上述世界显然也都是新的，与君士坦丁和沙普尔帝国的距离完全不可逾越。在整个公元后第一个千年的后半部分，延续数千年的古代帝国的文化和政治遗产仍然可见，有时清晰，有时很模糊。但它们不再属于那个古代的世界，必须留待另一本书。

罗马皇帝

从君士坦丁一世到查士丁尼一世（省略明显的篡位者）

君士坦丁一世，306—337 年在位

李基尼乌斯，308—324 年在位

君士坦提努斯（君士坦丁二世），337—340 年在位

君士坦提乌斯二世，337—361 年在位

君士坦斯，337—350 年在位

尤里安，361—363 年在位

约维安，363—364 年在位

西部皇帝

瓦伦提尼安一世，364—375 年在位

格拉提安，367—383 年在位

瓦伦提尼安二世，375—392 年在位

狄奥多西一世，379—395 年在位

霍诺留，393—423 年在位

君士坦提乌斯三世，421 年在位

瓦伦提尼安三世，425—455 年在位

佩特罗尼乌斯·马克西姆斯，455 年在位

阿维图斯，455—456 年在位

马约里安，457—461 年在位

利比乌斯·塞维鲁，461—465 年在位

安特米乌斯，467—472 年在位

奥吕布里乌斯，472 年在位

格吕克里乌斯，473—474 年在位

尤里乌斯·奈波斯，474—480 年在位

罗慕路斯，475—476 年在位

东部皇帝

瓦伦斯，364—378 年在位

狄奥多西一世，379—395 年在位

阿卡狄乌斯，383—408 年在位

狄奥多西二世，402—450 年在位

马尔西安，450—457 年在位

利奥一世，457—474 年在位

利奥二世，474 年在位

芝诺，474—491 年在位

巴西里斯库斯，475—476 年在位

阿纳斯塔修斯，491—518 年在位

查士丁一世，518—527 年在位

查士丁尼一世，527—565 年在位

波斯国王

从沙普尔二世到霍斯老一世

沙普尔二世，309—379 年在位

阿德拉希尔二世，379—383 年在位

沙普尔三世，383—388 年在位

巴赫拉姆四世，388—399 年在位

雅兹底格德一世，399—420 年在位

巴赫拉姆五世，420—438 年在位

雅兹底格德二世，438—457 年在位

卑路斯，457—484 年在位

巴拉什，484—488 年在位

卡瓦德一世，488—496；499—531 年在位

扎马斯普，496—499 年在位

霍斯老一世，531—578 年在位

扩展阅读

原始文献

几乎所有下至 3 世纪的希腊-罗马作家的正典作品都能在洛布古典文库中找到，对开页上有英译。新版相比 20 世纪初的旧版往往都有所改进。洛布系列对古代晚期作品的收录则不那么好，尽管这点正开始改变。利物浦大学出版社的"史学家译本系列"（Translated Texts for Historians）用带注解的出色译文填补了这方面的许多空白。还可以参考其他两个系列："教父系列"（Father of the Church）和"古代基督教作家系列"（Ancient Christian Writers），后者的译文质量普遍很好，前者的则参差不齐。钱币是罗马帝国史不可或缺的原始史料，这方面的基本参考书仍然是十卷本的《罗马帝国钱币》（*Roman Imperial Coinage*, London, 1923—1994）。此外，古典钱币集团（Classical Numismatic Group）的网站（http://www.cngcoins.com）的研究网页上有从古代开始几乎所有钱币的彩图，除了那些特别稀有的。

参考书目

对罗马史真正感兴趣的人都应该有两部基本参考书：第三

版《牛津古典学辞典》（*The Oxford Classical Dictionary*, Oxford, 1996），这也是最好的一版，以及《巴灵顿希腊和罗马世界地图集》（*The Barrington Atlas of the Greek and Roman World*, Princeton, NJ, 2000），Richard Talbert 主编，该地图集的涵盖范围、细节和地图之美都令人惊叹。

通史

很少有涵盖该时期的入门教材，写得好的就更少了。J. B. Bury 的 *History of the Later Roman Empire from the Death of Theodosius* (London, 1923) 长久以来被奉为权威，但已经难掩其过时。Stephen Mitchell 的 *A History of the Later Roman Empire, AD 284–641* (London, 2006) 虽然全面，但缺乏动人的叙述。Hugh Elton 的 *The Roman Empire in Late Antiquity: A Political and Military History* (Cambridge, 2018) 读起来要引人入胜得多。与笔者一样，Mitchell 和 Elton 都深受 A. H. M. Jones 的奠基性作品 *The Later Roman Empire, 284–602*, 4 vols. (Oxford, 1964) 以及其他语言中的类似作品影响，特别是 Ernst Stein 的 *Histoire du Bas-Empire* (Paris, 1949)。Scott Johnson, ed., *The Oxford Handbook of Late Antiquity* (Oxford, 2012) 不像大部分多人合著的指南那样质量参差不齐。W. V. Harris 的 *Roman Power: A Thousand Years of Empire* (Cambridge, 2016) 是一部精彩的论战之作，试图衡量罗马的权力在共和晚期、君士坦丁帝国和 7 世纪这三个不同时期的规模和性质。一种很有启发性的思路。

关于西罗马帝国衰亡的作品数不胜数，每年还有更多的问世，它们带有不同的学术套路，但几乎都相当传统。此外，在任何书店中都能找到美妙的故事和新维多利亚式的分析。对于认为是移民（和"移民暴力"）导致帝国灭亡的人来说，也可以找到持此观点并不加掩饰的本土主义小册子。提到它们的名字会让人反感。

虽然如此，西部帝国的确在 5 世纪崩溃了，东部则是在 7 世纪，本书的主题是"罗马的灭亡"，而非"古代世界的变革"。不过，我要指出的是，不能仅仅用好人输给了坏人来解释帝国崩溃这个令人不快、暴力和无可挽回的事实。近年来，偏爱复杂而非简单的解释，对我启发最大的作品有 Guy Halsall, *Barbarian Migrations and the Roman West, 376–568* (Cambridge, 2007); Henning Börm, *Westrom von Honorius bis Justinian* (Stuttgart, 2013); Christine Delaplace, *La fin de l'Empire romain de Occident* (Rennes, 2015)。这些都是我诚心推荐的。气候变化和传染病是历史研究中相当新的领域，目前可做参考，常常很有说服力，但还无法作为证据。尽管如此，所有人都应该读读 Kyle Harper 的 *The Fate of Rome* (Princeton, NJ, 2017)。

关于本书涉及的许多主题——宗教、帝国行政和军队——最好的研究涵盖了整个时期。任何想要真正理解皇权的意识形态，以及它是如何被呈现和消费的人都应该读一下参考书目中列出的 Andreas Alföldi 和 Johannes Straub 的德语作品（也许还应考虑这样一个事实，即关于晚期罗马治理思想的最富洞见的作品出自右翼人士之手，施特劳布甚至是极右翼）。对大多数读者来说更加容易理解的是 Christopher Kelly 的 *Ruling the Later Roman Empire* (Cambridge, MA, 2004)，该书范围广泛，富有争议，涵盖了 4 世纪到 6 世纪。

对于基督教融入罗马生活，最好的介绍性作品是 Gillian Clark, *Christianity and Roman Society* (Cambridge, 2004)。尽管在对早期教会的分析上采用了传统的教父观点，但 Henry Chadwick 的 *The Church Ancient Society from Galilee to Gregory the Great* (Oxford, 2002) 是对一生的深刻研究的全面总结。此后，Brent D. Shaw 的 *Sacred Violence* (Cambridge, 2011) 大大改变了我们对宗教暴行的理解，而 G. E. M. de Ste Croix 新近推出的论文集 *Christian Persecution, Martyrdom and Orthodoxy* (Oxford, 2006) 表明，它们的作者超前于自己的时代。

Gunnar Mickwitz 的 *Geld und Wirtschaft im römischen Reich des vierten Jahrhunderts n. Chr.* (Helsinki, 1932) 所做的推测现在已被证实——4 世纪初，东部帝国拥有了西部所没有的新的黄金来源。后来，Jairus Banaji 非常晦涩的 *Agrarian Change in Late Antiquity*, revised edn (Oxford, 2007) 对经济变化做了有争议的讨论，可以与前面提到的 de Ste Croix you 有先见之明的 *The Class Struggle in the Ancient Greek World from the Archaic Age to the Arab Conquests* (Ithaca, NY, 1983) 相提并论。收录在 *Exploring the Economy of Late Antiquity* (Cambridge, 2016) 中的巴纳吉论文也非常重要。Chris Wickham 的 *Framing the Early Middle Ages* (Oxford, 2005) 在档案和考古学证据上同样出色，显示了帝国的岁调（特别是在它的"税收脊梁"阿非利加）如何是古代经济的引擎，没有了它之后，古代经济最终崩溃，被中世纪的一个个小世界取代。尽管有时会面面俱到，威科姆的结论与更新的考古证据发现没有矛盾。

对于晚期罗马的军队，Martijn Nicasie, *Twilight of Empire*

(Amsterdam, 1998) 做了枯燥但有价值的介绍，尽管 A. H. M. Jones 的 *The Later Roman Empire*（见上面的介绍）中的相关章节基本上仍然无法超越。Hugh Elton 生动的 *Warfare in Roman Europe, AD 350–425* (Oxford, 1996) 涉及的时期要比书名所暗示的更长，而 A. D. Lee 的 *Information and Frontiers* (Cambridge, 1993) 非常细致地讨论了军事活动与外交政策的交叉领域。John Matthews 的 *Western Aristocracies and Imperial Court, AD 364–425* (Oxford, 1975) 的书名暗示了其内容的丰富，每次重读都能启发新的反思。与前一代的 Ronald Syme，Arnaldo Momigliano 和 Louis Robert 一样，Glen W. Bowersock，Peter Brown 和 Sabine MacCormack 的作品数量众多，而且内容多样——并对我们如何理解古代晚期产生了深刻的影响——可以写一整篇文章来推荐。可以从任何你感兴趣的地方开始，然后阅读全部作品。

不同时期的一手和二手阅读材料

从君士坦丁到狄奥多西一世去世

君士坦丁父子统治时期的一手材料证据支离破碎。最后一位伟大的古代拉丁语史学家阿米安的《罗马史》前 13 卷已经失传，只有从 353 年开始的部分存世。洛布版的阿米安译本既不可读，也不特别可靠，而企鹅版的不错的译本因为删节而可能会有误导。我和我的同事 Gavin Kelly——他完成了对身为著者的阿米安的最佳研究 *Ammianus Marcellinus: The Allusive Historian* (Cambridge, 2008) ——正在撰写新的全本注释本 *The Landmark Ammianus Marcellinus*，将由牛津大学出版。对于那些想要更多了解阿米安及其生平和背景的人来说，E. A. Thompson, *The Historical Work of Ammianus Marcellinus* (Cambridge, 1947); John Matthews, *The Roman Empire of Ammianus* (Baltimore, MD, 1989); 以 及 T. D. Barnes, *Ammianus Marcellinus and the Representation of Historical Reality* (Ithaca, NY, 1998) 这三部英语作品必不可少。尽管对非专业读者可能难度过高，但从二战前由 P. de Jonge 开始编撰的 18 卷本的 *Philological and Historical Commentary on Ammianus Marcellinus* (Leiden and Boston, 1934–2018) 刚刚由 J. den Boeft，J. W. Drijvers，D. den Hengst 和 H. C. Teitler 精彩地完成。"荷兰四驾马车"对我们理解 4 世纪的价值无论怎么说都不会夸大。在没有阿米安记述的时候，4 世纪的简史填补了我们所知的一些空白（利物浦系列有欧特罗皮乌斯的《罗马简史》和奥雷利乌斯·维克托尔的《皇帝传》译文）。近年来，一批 12 和 13 世纪的拜占庭史书被发现保存了一些关于 3 世纪和 4 世纪史学的重要信息，可能最初是通过某个现已失传的希腊史学家的作品流传下来的。Thomas M. Banchich 和 Eugene Lane, *The History of Zonaras* (London, 2009) 翻译了一部这种拜占庭史书中的相关部分。Ronald T. Ridley 的 *Zosimus: New History* (Canberra, 1982) 翻译了大量引用 4 世纪史学家 Eunapius 的 6 世纪希腊作家 Zosimus 的作品，而 R. C. Blockley 在 *The Fragmentary Classicising Historians of the Later Roman Empire II: Text, Translation and Historiographical Notes* (Liverpool, 1983) 中翻译了欧纳皮俄斯和他的三位 5 世纪后继者的作品残篇。Theophanes 的编年史由 Cyril Mango 和 Roger Scott 翻译，并附有出色的注疏，保留了一些不见于其他地方的 4 世纪细节。Averil Cameron 和 Stuart G. Hall, eds., *Eusebius:*

Life of Constantine (Oxford, 1999) 中对恺撒利亚的优西比乌倾向性很强的《君士坦丁传》做了专业的注解，而 Samuel N. C. Lieu 和 Dominic Montserrat, eds., *From Constantine to Julian* (London, 1996) 中可以看到古代对君士坦丁看法的变化。法律是我们有关 4 世纪最重要的证据，大多通过《狄奥多西法典》流传下来，Clyde Pharr (Princeton, NJ, 1952) 的译本很可靠。

各种语言中关于君士坦丁的庞大书目每年都在增加。Paul Stephenson, *Constantine: Unconquered Emperor, Christian Victor* (London, 2009) 是少有值得一读的传记作品。T. D. Barnes, *Constantine and Eusebius* (Cambridge, MA, 1980) 具有开创性，他咄咄逼人的论战新作 *Constantine: Dynasty, Religion and Power in the Later Roman Empire* (Maldon, MA, 2011) 对它的内容做了补充，但并未取代其地位。Noel Lenski, ed., *The Cambridge Companion to the Age of Constantine* (Cambridge, 2005) 收录了一系列重要论文，可能是对该时期最好的介绍。很少有对君士坦提乌斯统治本身的研究，见 T. D. Barnes, *Athanasius and Constantius* (Cambridge, MA, 1993)。相反，关于尤里安的书让书架不堪重负。Polymnia Athanassiadi-Fowden, *Julian and Hellenism* (Oxford, 1981) 很好地刻画了这位皇帝的思想世界，G. W. Bowersock, *Julian the Apostate* (Cambridge, MA, 1978) 则描绘了他的生平。J. E. Lendon 的 *Soldiers & Ghosts* (New Haven, CT, 1985) 对尤里安的军事动机做了一些敏锐的观察，而 Shaun Tougher 的 *Julian the Apostate* (Edinburgh, 2007) 对材料和评论做了有用的整合。上面提到的 Matthews 的 *The Roman Empire of Ammianus* 对研究尤里安、瓦伦提尼安皇帝一世和瓦伦斯的统治必不可少。Noel Lenski 的 *Failure* of Empire (Berkeley, CA, 2002) 是对瓦伦斯的重要研究，尽管对这位皇帝的评价可能过于正面。英语世界没有关于瓦伦提尼安一世或狄奥多西一世的优秀研究——上面提到的通史作品应该是更好的选择。

对于 4 世纪的帝国，Matthews 的 Ammianus 中关于罗马阿非利加乱局的那章非常出色。拙作 Late Roman Spain and Its Cities (Baltimore, MD, 2004) 涵盖了伊比利亚半岛。Damián Fernández 的 Aristocrats and Statehood in Western Iberia, 200–600 CE (Berkeley, CA, 2017) 提供了新的洞察。对于不列颠，David Mattingly, An Imperial Possession (London, 2008) 极 具 可 读 性；Anthony R. Birley, The Roman Government of Britain (Oxford, 2005) 更具技术性，尽管不可或缺。缺少有关该时期的高卢和不列颠的最新研究，而关于罗马东部的优秀研究［比如 Warwick Ball, Rome in the East: The Transformation of an Empire (London, 2000)］在古代晚期逐渐减少。对 4 世纪欧洲蛮族绝对最出色的研 究 是 John F. Drinkwater 的 The Alamanni and Rome, 213–496 (Oxford, 2007)，上文提到的 Elton 的 Warfare in Roman Europe 对其做了很好的补充。关于波斯，我们应该参阅 Matthew P. Canepa, The Two Eyes of the Earth (Berkeley, CA, 2009) 和 Richard Payne, A State of Mixture (Berkeley, CA, 2015)，它们是迄今在任何语言中对萨珊人复杂全面的研究。D. T. Potts, Nomadism in Iran from Antiquity to the Modern Era (Oxford, 2014) 是开创性研究，对本书涵盖的时代非常有价值。最后，R. Malcolm Errington, Roman Imperial Policy from Julian to Theodosius (Chapel Hill, NC, 2006) 有时显得晦涩，但值得一读。关于 4 世纪基督教的著作特别丰

富，特别是对个体教士的研究。后一类著作中最出色的是 Peter Brown 的 *Augustine of Hippo* (London, 1967); Clare Stancliffe, *St Martin and His Hagiographer* (Oxford, 1983); Neil McLynn, *Ambrose of Milan* (Berkeley, CA, 1994); 以及 Philip Rousseau, *Basil of Caesarea* (Berkeley, CA, 1994)。关于非常容易发生争吵，其间发生过大量基督教争论的安条克城，见 J. H. W. G. Liebeschuetz, *Antioch* (Oxford, 1972); Isabella Sandwell, *Religious Identity in Late Antiquity* (Cambridge, 2007); 以及 Christine Shepardson, *Controlling Contested Places* (Berkeley, CA, 2014)。关于面临着不同麻烦的亚历山大里亚的历史，最好的研究是 Edward J. Watts, *City and School in Late Antique Athens and Alexandria* (Berkeley, CA, 2006)。Alan Cameron 的代表作 *The Last Pagans of Rome* (Oxford, 2010) 否定了几十年来对罗马西部的倾向性——有时还是幻想式的——描绘。该书篇幅宏大，有时非常专业，是关于古代晚期最伟大的著作之一。

5 世纪

5 世纪的一手材料分布非常不均，既有短时期内集中了大量记录，也有长时间的近乎沉寂。佐西莫斯（见上文）的记载止于 410 年，不过是对那个世纪前十年的宝贵见证。Blockley 的 *Fragmentary Classicising Historians*（见上文）收录了奥林匹奥多罗斯、普利斯库斯和马尔库斯（Malchus）的现存残篇。苏格拉底、索卓门努斯和忒奥德雷特这三位关键的教会史学家的唯一英译本已经极其陈旧。不过，"辩护人"埃瓦加里乌斯的教会史以及奥古斯丁的追随者奥罗西乌斯（Orosius）带有倾向性的《反异教徒史》都有出色的译本（均收录于利物浦大学"史学家译本系列"）。Brian Croke (Canberra, 1995) 翻译了"卿官"马尔克里努斯简短但内容丰富的编年史，而 Sergei Mariev 版的安条克人约翰的残篇中有英译 (Berlin, 2008)。对该时期东部历史必不可少的两位托伪作家是伪修辞家扎卡利亚和伪柱修士约书亚，利物浦系列中都有译文。该系列中还有卷帙浩繁的迦克墩会议法令。关于提供了大量有关 5 世纪和 6 世纪罗马贵族信息的雕塑和装饰艺术，见 R. R. R. Smith and Bryan Ward-Perkins, eds., *The Last Statues of Antiquity* (Oxford, 2016) 和 Richard Delbrueck 的经典之作 *Die Consulardiptychen* (Berlin, 1929)，书中有实物大小的象牙双连记事板图片。

研究 5 世纪皇帝的传记应该带有怀疑态度。我们对他们的生平所知太少，使得该体裁很难靠得住。虽然如此，F. K. Haarer 的 *Anastasius I: Politics and Empire in the Late Roman World* (Liverpool, 2006) 是对这位皇帝统治的出色研究，而在该世纪的另一端，Alan Cameron 和 Jacqueline Long 的 *Barbarians and Politics at the Court of Arcadius* (Berkeley, CA, 1993) 为厘清 400 年左右君士坦丁堡模糊的证据做了相当的努力。该书沿袭了 Cameron 之前开创性的 *Claudian: Poetry and Propaganda at the Court of Honorius* (Oxford, 1970)，后者成功地从克劳狄亚努斯矫揉造作的诗中提炼出了有意义的历史数据。Kenneth G. Holum 的 *Theodosian Empresses* (Berkeley, CA, 1982) 很有洞察力，尽管有时不够准确，比几种关于加拉·普拉基狄娅的长篇研究更好；与 Chris Lawrence 关于他尚未发表的研究的对话影响了我本人对这位了不起的皇后的解读。英语中没有相当于 Werner Lütkenhaus 对君士坦提乌斯三世和 Timo Stickler 对阿埃提乌斯研究的作品（见书目）。除了 Fergus Millar 的 *A Greek Roman Empire* (Berkeley, CA, 2006)，狄奥多西二世的统治很少被作为单独的研究主题，但《狄奥多西法典》无疑不同：英语中必不可少，而且很长时间内仍将如此的作品是 John F. Matthews 的 *Laying Down the Law* (New Haven, CT, 2000)，尽管也要参阅 Jill Harries 和 Ian Wood 的 *The Theodosian Code*, 2nd edn (Bristol, 2010) 中的论文，以及 Tony Honoré 有争议的 *Law in the Crisis of Empire* (Oxford, 1998)。Christopher Kelly, ed., *Theodosius II* (Cambridge, 2013) 中的论文参差不齐，但有几篇很出色。

关于西部帝国我们应该参阅扩展阅读开头提到的通史。以这个或那个蛮族王国为中心的研究总是有陷入目的论的危险。Ian Wood 的 *Merovingian Kingdoms* (London, 1993) 没有落入这种陷阱。关于哥特人或汪达尔人，英语中没有类似的优秀作品，但 Roland Steinacher 的 *Die Vandalen* (Stuttgart, 2016) 亟待翻译，在很长时间内仍将是标准叙述。Yves Modéran 的 *Les Maures et l'Afrique romaine* (Rome, 2003) 是最优秀的法国学术传统的出色丰碑。关于罗马不列颠的终结，见 Birley 的 *The Roman Government of Britain*（见上文）的最后一章，关于高卢，见 John Drinkwater 和 Hugh Elton 主编的 *Fifth-century Gaul: A Crisis of Identity?* (Cambridge, 1992)，一部罕见的水准一致的多作者文集。尽管是以西多尼乌斯·阿波利纳里斯传记为框架讲述的，Jill Harries 的 *Sidonius Apollinaris and the Fall of Rome* (Oxford, 1994) 实际上是对 5 世纪西部历史细致入微的解读。

有太多关于阿拉里克和洗劫罗马的作品。我本人的观点见

Rome's Gothic Wars (Cambridge, 2006)，本书中对其中内容大大简化。Johannes Lipps, et al., *The Sack of Rome in 410 AD* (Rome, 2014) 中有最新的研究，尽管许多并非英语的，而对有能力阅读的人来说，Mischa Meier 和 Stefan Patzold 的 *August 410 – Ein Kampf um Rom* (Stuttgart, 2010) 是史学论文的典范。

与洗劫罗马一样，关于阿提拉和匈人也有太多的作品，大部分是垃圾。E. A. Thompson 的 *A History of Attila and the Huns* (Oxford, 1948) 远不是最糟糕的。Hyun Jin Kim, *The Huns, Rome and the Birth of Europe* (Cambridge, 2013) 盘点了庞大数目的其余部分，如果只是为了看看表面上严肃的学术在多大程度上会沦为幻想，该书值得一读。对于更广大的欧亚大陆背景 Nicola di Cosmo 和 Michael Maas, eds., *Empires and Exchanges in Eurasian Late Antiquity* (Cambridge, 2018) 开拓了全新的领域，而且不同寻常地对中国和西方对于草原世界的观点给予了同等的重视。关于该时期的中国，见 Mark Edward Lewis, *China between Empires: The Northern and Southern Dynasties* (Cambridge, MA, 2009)。Hermann Parzinger, *Die frühen Völker Eurasiens vom Neolithikum bis zum Mittelalter*, 2nd edn (Munich, 2011) 是一本重要的参考书。Alram，Bopearachchi 和 Göbl 的主要钱币学作品（见书目）都极其重要。

5 到 6 世纪，欧洲的语言地图开始呈现出今天的样子。关于希腊语的发展，见 A. F. Christidis, ed., *A History of Ancient Greek from the Beginnings to Late Antiquity* (Cambridge, 2007) 这部详尽的论文集；关于拉丁语，见 James Clackson 和 Geoffrey Horrocks, eds., *The Blackwell History of the Latin Language* (Oxford, 2007)

以及 J. N. Adams, *The Regional Diversication of Latin* (Cambridge, 2007)。Roger Wright 的 *Late Latin and Early Romance in Spain and Carolingian France* (Liverpool, 1982) 并不让所有人信服，但我认为，它的大部分结论是对的。最后，D. H. Green, *Language and History in the Early Germanic World* (Cambridge, 1998) 采用在方法上存在风险的语文学路径研究历史变化。

6 世纪

相比之前的各个时代，对查士丁尼的统治有着大量记录。普罗科皮乌斯的全部作品都可以在洛布系列中找到，在廉价的洛布版查士丁尼《战史》（Cambridge, MA, 2014）中，Anthony Kaldellis 对译文做了更新和修正。从普罗科皮乌斯结束的地方开始写起的阿加提亚斯（Agathias）的译本很少，见 Joseph D. Frendo (Berlin, 1975)，而接续阿加提亚斯写作的米南德的作品可见 R. C. Blockley 的 *The History of Menander the Guardsman* (Liverpool, 1985)。埃瓦加里乌斯、伪柱修士约书亚、安条克的约翰和忒奥法内斯（见上文）的作品也仍然重要。Peter N. Bell 的 *Three Political Voices from the Age of Justinian* (Liverpool, 2009) 收录了同时代的几部小册子，而 Sebastian Brock 和 Brian Fitzgerald 翻译了 *Two Early Lives of Severos, Patriarch of Antioch* (Liverpool, 2013)。最后是查士丁尼伟大的法律汇编作品，有 Alan Watson 主持翻译的四卷本《法学汇纂》英译，Bruce Frier 主持翻译的三卷本《法典》，David Miller 和 Peter Sarris 翻译的两卷本《新法》。

关于查士丁尼和狄奥多拉的作品数量庞大。有太多仅仅是用现代风格重写了普罗科皮乌斯。John Moorhead, *Justinian* (London,

1994) and J. A. S. Evans, *The Age of Justinian* (London, 1996) 有着很好的研究方向。Michael Maas, ed., *The Cambridge Companion to the Age of Justinian* (Cambridge, 2005) 中有几章的质量不佳，但总体上非常可靠。Geoffrey Greatrex, *Rome and Persia at War, 502–532* (Leeds, 1998) 是对一个相比阿非利加和意大利的战事往往被忽略的主题的全面研究，而 Alexander Sarantis, *Justinian's Balkan Wars* (Liverpool, 2016) 在关于巴尔干方面取得了类似的成果。关于查士丁尼统治时期的经济，Peter Sarris, *Economy and Society in the Age of Justinian* (Cambridge, 2006) 对上文提到的巴纳吉的作品做了有用的补充。Averil Cameron, *Procopius and the Sixth Century* (Berkley, CA, 1985) 和 Anthony Kaldellis, *Procopius: Tyranny, History and Philosophy at the End of Antiquity* (Philadelphia, PA, 2004) 是对普罗科皮乌斯的两种截然不同的研究。关于东哥特王国有一系列出色的新作品，J. Arnold, M. Shane Bjornlie 和 K. Sessa, eds., *A Companion to Ostrogothic Italy* (Leiden, 2016), M. Shane Bjornlie 的 *Politics and Tradition between Rome, Ravenna and Constantinople* (Cambridge, 2013) 以及 Kristina Sessa 的 *The Formation of Papal Authority in Late Antique Italy* (Cambridge, 2012) 中对其做了盘点。Massimiliano Vitiello 的 *Amalasuintha* (Philadelphia, PA, 2017) 和 *Theodahad* (Toronto, 2014) 都是出色细致的研究，尽管它们对非专业读者来说很可能太难了。它们与 John Moorhead 影响深远的 *Theodoric in Italy* (Oxford, 1992) 一书同样重要，后者在论述新王国的意识形态方面特别好。关于狄奥多里克统治下最著名的受害者，Henry Chadwick 的 *Boethius* (Oxford, 1980) 尚无法超越。

进入中世纪

蛮族王国是许许多多著作的主题，特别是因为它们在欧洲国家奠基神话中扮演的角色。在过去三十年的一大半时间里，关于中世纪早期的许多欧洲的和一些英国的学术研究以文本、身份和民族为中心。要想了解近年来学术界的这一主流趋势，可参阅 Walter Pohl 主编或联合主编的多本著作的书目，特别是 *Strategies of Distinction* (Leiden, 1998) 和 *Kingdoms of the Empire* (Leiden, 1997), *Die Suche nach den Ursprüngen* (Vienna, 2004) 和 *Post-Roman Transitions* (Turnhout, 2013) ——其中的许多文章是英语的，无论书名为何种语言。Magali Coumert 的 *Origines des peuples* (Paris, 2007) 采用截然不同的视角，富有启发性。Guy Halsall 写了关于中世纪早期一些最深刻和在史学上最广博的新著。他的 *Warfare and Society in the Barbarian West, 450–900* (London, 2003) 彻底打破了一些多产的中世纪学者营造的幻觉，即蛮族王国可以用和曾经的罗马帝国相同的方式运作；他的 *Cemeteries and Society in Merovingian Gaul* (Leiden, 2009) 中收录的论文同样具备有益的颠覆作用。Bonnie Effros 的 *Merovingian Mortuary Archaeology and the Making of the Early Middle Ages* (Berkeley, CA, 2003) 和 *Uncovering the Germanic Past* (Oxford, 2012) 探索了让该时期如此重要的现代历史。

上述讨论以未来的法兰西为中心，西班牙和阿非利加只扮演着次要角色。我的 *Late Roman Spain*（见上文）将行省叙事——符合该地区的身份——延伸到 6 世纪后期。Roger Collins 的 *Early Medieval Spain* 最好参阅初版（London, 1983），而不是后来的修订版。Steinacher 的 *Die Vandalen* 仍然是对阿非利加的关键研究。

得益于与亚瑟王相关的产业（当然还因为没有语言障碍），不列颠在早期中世纪历史中占据了不成比例的地位。坦率地说，Mary Stewart 的亚瑟王小说的历史价值要超过许多所谓的学院学术作品。John Morris 的 *The Age of Arthur* (London, 1973) 给许多学者（和更多想法古怪的人）带去灵感，该书做着让文献说出它们不曾说过的东西这种欺骗性的行为。关于现代人严肃对待传说的尝试，可参阅 Christopher Gidlow, *The Reign of Arthur* (Stroud, 2004)。关于严肃对待历史的尝试，见 Guy Halsall, *Worlds of Arthur* (Oxford, 2013)。

中世纪早期的爱尔兰催生的奇思怪想几乎与亚瑟王一样多。Dáibhí Ó Cróinín 的 *Early Medieval Ireland, 400–1200* (London, 1995) 可算最审慎的。关于低地国家和北海沿岸，以及斯堪的纳维亚和波罗的海世界，并没有最新的综述可以取代 Lotte Hedeager 的 *Iron-Age Societies* (Oxford, 1992)。如果 Svante Fischer 的 *Roman Imperialism and Runic Literacy* (Uppsala, 2005) 没有对猜测的东西那么言之凿凿，它本可以填补部分空白，但该书还是值得一读。

把目光转向东面，关于斯拉夫和巴尔干世界的英语作品主要出自 Florin Curta。其中许多很有技术性，但可以参阅他较为易懂的考察 *Southeastern Europe in the Middle Ages, 500–1250* (Cambridge, 2006)。关于东罗马帝国从古代转入中世纪，见 Mark Whittow 的 *The Making of Orthodox Byzantium, 600–1025* (London, 1996) 和 John Haldon 的 *The Empire That Would Not Die* (Cambridge, MA, 2016)。T. S. Brown, *Gentlemen and Officers* (Rome, 1984) 生动再现了残余的拜占庭意大利国家的情况。

关于宗教和教会，Judith Herrin 的 *The Formation of Christendom* (Princeton, NJ, 1987) 不像书名那样乏味。Robert Markus 的 *The End of Ancient Christianity* (Cambridge, 1990) 和 *Gregory the Great and His World* (Cambridge, 1997) 也同样如此。

关于早期伊斯兰教的历史，Hugh Kennedy 的 *The Prophet and the Age of the Caliphates* (London, 1986) 仍然是可靠的选择，而 Aziz Al-Azmeh 的 *The Emergence of Islam in Late Antiquity* (Cambridge, 2014) 显示了学界对话已经有了多大的进展。Patricia Crone 和 Michael Cook 合著和独自撰写的众多作品对任何领域的历史学家都是有益的，尽管对非专家来说技术性太强。他们激动人心的颠覆之作——公认很难读——*Hagarism* (Cambridge, 1977) 仍然能给人启发，尽管两位作者在他们后来的作品中大大缓和了自己的观点。Garth Fowden 的 *Empire to Commonwealth: Consequences of Monotheism in Late Antiquity* (Princeton, NJ, 1993) 和 *Before and after Muhammad* (Princeton, NJ, 2013) 不那么激进，但同样能给人启发。最后，G. W. Bowersock 引人入胜的 *The Throne of Adulis* (Oxford, 2013) 将读者带到了一个很少有人知道存在过的世界，让他们想要知道更多更多。

参考书目

下面的作品是我在写作本书时用到最多的二手文献（仅限图书——期刊文章将让已经过长的书目篇幅变成现在的三倍）。扩展阅读部分列出了相关的一手文献，附有译本建议；学者应该已经知道哪些校勘本是最好的，《牛津古典学词典》或《牛津拜占庭词典》会为那些更加鲜为人知的文本提供指导。我写作本书历时数年，分成几个阶段，用到了我一生的所读。我要向所有我吸收了他们的观点并下意识使用，但不经意间忘记列出的人道歉，特别是那些作品对我产生了深刻影响，但只是在这里，而没有在扩展阅读中感谢的学者，因为他们并非用英语写作。

Adams, J. N. *The Regional Diversication of Latin, 200 BC–AD 600*. Cambridge, 2007.

Agusta-Boularot, Sandrine, Joëlle Beaucamp, et al., eds. *Recherches sur la chronique de Jean Malalas II*. Paris, 2006.

Al-Azmeh, Aziz. *The Emergence of Islam in Late Antiquity: Allah and His People*. Cambridge, 2014.

Albert, Gerhard. *Goten in Konstantinopel. Untersuchungen zur oströmischen Geschichte um das Jahr 400 n. Chr.* Paderborn, 1984.

Alföldi, Andreas. *Der Untergang der Römerherrschaft in Pannonien*. 2 vols. Berlin, 1924–6.

Alföldi, Andrew. *A Conflict of Ideas in the Late Roman Empire*. H. Mattingly, trans. Oxford, 1952.

Alföldi, Andreas. *Die monarchische Repräsentation im römischen Kaiserreiche.* E. Alföldi-Rosenbaum, ed. Darmstadt, 1970.

Alföldy, Géza. *Noricum.* London, 1974.

Allen, Pauline and Elizabeth M. Jeffreys, eds. *The Sixth Century: End or Beginning?* Canberra, 1996.

Alram, Michael. *Das Antlitz des Fremden: Die Münzprägung der Hunnen und Westtürken in Zentralasien und Indien.* Vienna, 2016.

Alram, Michael and Deborah E. Klimburg-Salter, eds. *Coins, Art and Chronology: Essays on the Pre-Islamic History of the Indo-Iranian Borderlands.* Vienna, 1999.

Alram, Michael, Deborah E. Klimburg-Salter, Minoru Inaba and Matthias Pfisterer, eds. *Coins, Art and Chronology II: The First Millennium CE in the Indo-Iranian Borderlands.* Vienna, 2010.

Amitai, Reuven and Michal Biran, eds. *Nomads as Agents of Cultural Change: The Mongols and Their Eurasian Predecessors.* Honolulu, HI, 2015.

Amory, Patrick. *People and Identity in Ostrogothic Italy, 489–554.* Cambridge, 1997.

Ando, Clifford and Seth Richardson, eds. *Ancient States and Infrastructural Power: Europe, Asia, America.* Philadelphia, PA, 2017.

Antela-Bernárdez, Borja and Jordi Vidal, eds. *Central Asia in Antiquity: Interdisciplinary Perspectives*, British Archaeological Reports International Series 2665. Oxford, 2014.

Arce, Javier. *Scripta varia. Estudios de Historia y Arqueología sobre la Antigüedad Tardía.* Madrid, 2018.

Arnheim, M. T. W. *The Senatorial Aristocracy in the Later Roman Empire.* Oxford, 1972.

Arnold, Jonathan J., M. Shane Bjornlie and Kristina Sessa, eds. *A Companion to Ostrogothic Italy.* Leiden, 2016.

Athanassiadi-Fowden, Polymnia. *Julian and Hellenism: An Intellectual Biography.* Oxford, 1981.

Athanassiadi, Polymnia and Michael Frede, eds. *Pagan Monotheism in Late Antiquity.* Oxford, 1999.

Ausenda, Giorgio, ed. *Aer Empire: Towards an Ethnology of Europe's Barbarians.* Woodbridge, 1995.

Austin, N. J. E. *Ammianus on Warfare. An Investigation into Ammianus'*

Military Knowledge. Brussels, 1979.

Austin, N. J. E. and N. B. Rankov. *Exploratio: Military and Political Intelligence in the Roman World from the Second Punic War to the Battle of Adrianople.* London, 1995.

Axboe, Morten. *Die Goldbrakteaten der Völkerwanderungszeit.* Ergänzungsbande zum Reallexikon der Germanischen Altertumskunde 38. Berlin, 2004.

Babut, E.-Ch. *Priscillien et le Priscillianisme.* Paris, 1909.

Bagnall, Roger S. *Egypt in Late Antiquity.* Princeton, NJ, 1993.

Bagnall, Roger S., ed. *Egypt in the Byzantine World, 200–700.* Cambridge, 2007.

Bagnall, Roger S., Alan Cameron, Seth R. Schwartz and K. A. Worp. *Consuls of the Later Roman Empire.* APA Philological Monographs. Atlanta, GA, 1987.

Balmelle, Catherine. *Les demeures aristocratiques d'Aquitaine.* Supplément Aquitania 10. Bordeaux, 2001.

Banaji, Jairus. *Agrarian Change in Late Antiquity,* revised edn. Oxford, 2007.

Banaji, Jairus. *Exploring the Economy of Late Antiquity: Selected Essays.* Cambridge, 2016.

Banchich, Thomas M. *The Lost History of Peter the Patrician: An Account of Rome's Imperial Past from the Age of Justinian.* London, 2015.

Banchich, Thomas M. and Eugene N. Lane. *The History of Zonaras: From Alexander Severus to the Death of Theodosius the Great.* London, 2009.

Barceló, Pedro A. *Roms auswärtige Beziehungen unter den Constantinischen Dynastie (306–363).* Regensburg, 1981.

Barnes, T. D. *Constantine and Eusebius.* Cambridge, MA, 1980.

Barnes, T. D. *The New Empire of Diocletian and Constantine.* Cambridge, MA, 1982.

Barnes, T. D. *Athanasius and Constantius.* Cambridge, MA, 1993.

Barnes, T. D. *From Eusebius to Augustine: Selected Papers, 1982–1993.* Aldershot, 1994.

Barnes, T. D. *Ammianus Marcellinus and the Representation of Historical Reality.* Ithaca, NY, 1998.

Barnes, T. D. *Constantine: Dynasty, Religion and Power in the Later Roman Empire.* Maldon, MA, 2011.

Barrow, R. H. *Prefect and Emperor: The Relationes of Symmachus, AD 384.*

Oxford, 1972.

Barthold, W. *Turkestan down to the Mongol Invasion*. H. A. R. Gibb, ed. 2nd edn. London, 1958.

Bastien, Pierre. *Le monnayage de Magnence (350–353)*. 2nd edn. Wetteren, 1983.

Bastien, Pierre. *Le buste monétaire des empereurs romains*. 3 vols. Wetteren, 1992–4.

Batty, Roger. *Rome and the Nomads: The Pontic-Danubian Realm in Antiquity*. Oxford, 2007.

Baumgart, Susanne. *Die Bischofsherrschaft im Gallien des 5. Jahrhunderts*. Munich, 1995.

Beaucamp, Joëlle, ed. *Recherches sur la chronique de Jean Malalas*. Paris, 2004.

Becker, Audrey. *Les relations diplomatiques romano-barbares en Occident au Ve siècle: Acteurs, fonctions, modalités*. Paris, 2013.

Becker, Audrey and Nicolas Drocourt, eds. *Ambassadeurs et ambassades au coeur des relations diplomatique. Rome–Occident Médiéval–Byzance (VIII-e avant J.-C.–XII-e après J.-C.)*. Centre de Recherche Universitaire Lorrain d'Histoire; Université de Lorraine – Site de Metz 47. Metz, 2012.

Behrwald, Ralf and Christian Witschel, eds. *Rom in der Spätantike: Historische Erinnerung im städtischen Raum*. Habes 51. Stuttgart, 2012.

Bell, H. I., et al., eds. *The Abinnaeus Archive: Papers of a Roman Officer in the Reign of Constantius II*. Oxford, 1962.

Bell, Peter N. *Three Political Voices from the Age of Justinian*. Translated Texts for Historians 52. Liverpool, 2009.

Bell-Fialkoff, Andrew, ed. *The Role of Migration in the History of the Eurasian Steppe: Sedentary Civilization vs. 'Barbarian' and Nomad*. London, 2000.

Bemmann, Jan and Michael Schmauder, eds. *Complexity of Interaction along the Eurasian Steppe Zone in the First Millennium CE*. Bonn Contributions to Asian Archaeology 7. Bonn, 2015.

Ben-Eliyahu, Eyal, Yehudah Cohn and Fergus Millar. *Handbook of Jewish Literature from Late Antiquity, 135–700 CE*. Oxford, 2012.

Berndt, Guido M. and Roland Steinacher, eds. *Das Reich der Vandalen und seine (Vor-) Geschichten*. Forschungen zur Geschichte des Mittelalters 13. Vienna, 2008.

Bidez, J. *La vie de l'empereur Julien*. Paris, 1930.

Birley, Anthony R. *The Roman Government of Britain*. Oxford, 2005.

Bjornlie, M. Shane. *Politics and Tradition between Rome, Ravenna and Constantinople*. Cambridge, 2013.

Bland, Roger and Xavier Loriot. *Roman and Early Byzantine Gold Coins Found in Britain and Ireland with an Appendix of New Finds from Gaul*. Royal Numismatic Society Special Publication 46. London, 2010.

Blockley, R. C. *The Fragmentary Classicising Historians of the Later Roman Empire I: Eunapius, Olympiodorus, Priscus and Malchus*. Liverpool, 1981.

Blockley, R. C. *The Fragmentary Classicising Historians of the Later Roman Empire II: Text, Translation and Historiographical Notes*. Liverpool, 1983.

Blockley, R. C. *The History of Menander the Guardsman: Introductory Essay, Text, Translation and Historiographical Notes*. Liverpool, 1985.

Blockley, R. C. *East Roman Foreign Policy: Formation and Conduct from Diocletian to Anastasius*. Liverpool, 1992.

Bolle, Katharina, Carlos Machado and Christian Witschel, eds. *The Epigraphic Cultures of Late Antiquity*. Heidelberger Althistorische Beiträge und Epigraphische Studien 60. Stuttgart, 2017.

Bóna, István. *Das Hunnenreich*. Stuttgart, 1991.

Bonamente, Giorgio, Noel Lenski and Rita Lizzi Testa, eds. *Costantino prima e dopo Costantino*. Bari, 2012.

Bopearachchi, Osmund. *Indo-Greek, Indo-Scythian and Indo-Parthian Coins in the Smithsonian Institution*. Washington DC, 1993.

Börm, Henning. *Westrom von Honorius bis Justinian*. Stuttgart, 2013.

Bourgeois, Luc, ed. *Wisigoths et Francs autour de la bataille de Vouillé (507)*. SaintGermain-en-Laye, 2010.

Bowersock, G. W. *Julian the Apostate*. Cambridge, MA, 1978.

Bowersock, G. W. *Hellenism in Late Antiquity*. Ann Arbor, MI, 1990.

Bowersock, G. W. *Selected Papers on Late Antiquity*. Bari, 2000.

Bowersock, G. W. *The Throne of Adulis: Red Sea Wars on the Eve of Islam*. Oxford, 2013.

Bowman, Alan K. and Andrew Wilson, eds. *The Roman Agricultural Economy: Organization, Investment and Production*. Oxford, 2013.

Bratoz, Rajko, ed. *Westillyricum und Nordostitalien in der spätrömischen*

Zeit. Ljubljana, 1996.

Braund, David. *Georgia in Antiquity: A History of Colchis and Transcaucasian Iberia, 550 BC–AD 562*. Oxford, 1994.

Brenot, Claude and Xavier Loriot, eds. *L'Or monnayé: Cahiers Ernest-Babelon*. Paris, 1992.

Brock, Sebastian and Brian Fitzgerald. *Two Early Lives of Severos, Patriarch of Antioch*. Translated Texts for Historians 59. Liverpool, 2013.

Brown, Peter. *Augustine of Hippo: A Biography*. London, 1967.

Brown, Peter. *The World of Late Antiquity*. London, 1971.

Brown, Peter. *Religion and Society in the Age of St Augustine*. London, 1972.

Brown, Peter. *Power and Persuasion in Late Antiquity: Towards a Christian Empire*. Madison, WI, 1992.

Brown, T. S. *Gentlemen and Officers: Imperial Administration and Aristocratic Power in Byzantine Italy, AD 554–800*. Rome, 1984.

Burgess, R. W. *The Chronicle of Hydatius and the Consularia Constantinopolitana*. Oxford, 1993.

Burgess, R. W. *Studies in Eusebian and Post-Eusebian Chronography*. Historia Einzelschriften 135. Stuttgart, 1999.

Burgess, R. W. *Chronicles, Consuls and Coins: Historiography and History in the Later Roman Empire*. Variorum Collected Studies 984. Burlington, VT, 2011.

Burrus, Virginia. *The Making of a Heretic: Gender, Authority and the Priscillianist Controversy*. Berkeley, CA, 1995.

Bursche, Aleksander. *Later Roman-Barbarian Contacts in Central Europe: Numismatic Evidence*. Berlin, 1996.

Bury, J. B. *History of the Later Roman Empire from the Death of Theodosius I to the Death of Justinian*. 2 vols. London, 1923.

Callu, J.-P. *La monnaie dans l'antiquité tardive: Trente-quatre études de 1972 à 2002*. Bari, 2010.

Cameron, Alan. *Claudian: Poetry and Propaganda at the Court of Honorius*. Oxford, 1970.

Cameron, Alan. *Circus Factions: Blues and Greens at Rome and Byzantium*. Oxford, 1975.

Cameron, Alan. *The Last Pagans of Rome*. Oxford, 2010.

Cameron, Alan. *Wandering Poets and Other Essays on Late Greek Literature and Philosophy*. Oxford, 2015.

Cameron, Alan and Jacqueline Long. *Barbarians and Politics at the Court of Arcadius*. Berkeley, CA, 1993.

Cameron, Averil. *Procopius and the Sixth Century*. Berkeley, CA, 1985.

Cameron, Averil. *Christianity and the Rhetoric of Empire*. Berkeley, CA, 1991.

Cameron, Averil, ed. *The Byzantine and Early Islamic Near East III: States, Resources and Armies*. Princeton, NJ, 1995.

Cameron, Averil and Lawrence I. Conrad, eds. *The Byzantine and Early Islamic Near East I: Problems in the Literary Source Material*. Princeton, NJ, 1992.

Canepa, Matthew P. *The Two Eyes of the Earth: Art and Ritual of Kingship between Rome and Sasanian Iran*. Berkeley, CA, 2009.

Capizzi, Carmelo. *L'imperatore Anastasio I (491–518)*. Rome, 1969.

Carlà, Filippo. *L'oro nella tarda antichità: aspetti economici e sociali*. Turin, 2009.

Cerati, André. *Caractère annonaire et assiette de l'impôt foncier au Bas-Empire*. Paris, 1975.

Cesa, Maria. *Impero tardoantico e barbari: la crisi militare da Adrianopoli al 418*. Como, 1994.

Chadwick, Henry. *Priscillian of Avila: The Occult and the Charismatic in the Early Church*. Oxford, 1976.

Chadwick, Henry. *Boethius: The Consolations of Music, Logic, Theology and Philosophy*. Oxford, 1980.

Chadwick, Henry. *Augustine*. Oxford Past Masters. Oxford, 1986.

Chadwick, Henry. *The Church in Ancient Society from Galilee to Gregory the Great*. Oxford, 2002.

Chastagnol, André. *La préfecture urbaine à Rome sous le Bas-Empire*. Paris, 1960.

Chastagnol, André. *Les fastes de la préfecture de Rome au Bas-Empire*. Paris, 1962.

Chastagnol, André. *Le sénat romain sous le règne d'Odoacre*. Bonn, 1966.

Chaumont, Marie-Louise. *Recherches sur l'histoire d'Arménie de l'avènement des Sassanides à la conversion du royaume*. Paris, 1969.

Chaumont, Marie-Louise. *La Christianisation de l'empire iranien des origines aux grandes persécutions du IVe siècle*. Louvain, 1988.

Chauvot, Alain. *Opinions romaines face aux barbares au IVe siècle ap. J.-C.* Paris, 1998.

Chin, Catherine M. *Grammar and Christianity in the Late Roman World.* Philadelphia, PA, 2008.

Christensen, Arthur. *L'Iran sous les Sassanides.* 2nd edn. Copenhagen, 1944.

Christidis, A. F., ed. *A History of Ancient Greek from the Beginnings to Late Antiquity.* Cambridge, 2007.

Christie, Neil. *The Fall of the Western Roman Empire: An Archaeological and Historical Perspective.* London, 2012.

Clackson, James and Geoffrey Horrocks, eds. *The Blackwell History of the Latin Language.* Oxford, 2007.

Clark, Gillian. *Iamblichus: On the Pythagorean Life.* Translated Texts for Historians 8. Liverpool, 1989.

Classen, Peter. *Kaiserreskript und Königsurkunde: Diplomatische Studien zum Problem der Kontinuität zwischen Altertum und Mittelalter.* Thessaloniki, 1977.

Clauss, Manfred. *Der magister ociorum in der Spätantike (4.–6. Jahrhundert).* Munich, 1981.

Clover, Frank M. *The Late Roman West and the Vandals.* Variorum Collected Studies 401. Aldershot, 1993.

Collins, Roger. *Early Medieval Spain: Unity in Diversity, 400–1000.* London, 1983.

Cooper, Kate and Julia Hillner, eds. *Religion, Dynasty and Patronage in Early Christian Rome, 300–900.* Cambridge, 2008.

Coumert, Magali. *Origines des peuples: Le récits du Haut Moyen Âge occidental (550–850).* Paris, 2007.

Courcelle, Pierre. *Les lettres grecques en Occident de Macrobe à Cassiodore.* Paris, 1948.

Courcelle, Pierre. *Histoire littéraire des grandes invasions germaniques.* 3rd edn. Paris, 1964.

Courtois, Christian et al., eds. *Tablettes Albertini: Actes privés de l'époque vandale (fin du Ve siècle).* Paris, 1952.

Courtois, Christian. *Les Vandales et l'Aique.* Paris, 1955.

Coville, Alfred. *Recherches sur l'histoire de Lyon du V-me au IX-me siècle (450–800).* Paris, 1928.

Cracco Ruggini, Lellia. *Gli ebrei in età tardoantica: Presenze, intolleranze, incontri*. Rome, 2011.

Cribiore, Raffaela. *The School of Libanius in Late Antique Antioch*. Princeton, NJ, 2007.

Cribiore, Raffaela. *Between City and School: Selected Orations of Libanius*. Translated Texts for Historians 65. Liverpool, 2016.

Croke, Brian. *Christian Chronicles and Byzantine History, 5th–6th Centuries*. Variorum Collected Studies 386. Aldershot, 1992.

Croke, Brian. *The Chronicle of Marcellinus, Translation and Commentary*. Canberra, 1995.

Croke, Brian. *Count Marcellinus and His Chronicle*. Oxford, 2001.

Crone, Patricia and Michael Cook. *Hagarism: e Making of the Islamic World*. Cambridge, 1977.

Crone, Patricia. *Meccan Trade and the Rise of Islam*. Princeton, 1987.

Curran, John. *Pagan City and Christian Capital: Rome in the Fourth Century*. Oxford, 2000.

Curta, Florin. *The Making of the Slavs: History and Archaeology of the Lower Danube Region, c. 500–700*. Cambridge, 2001.

Curta, Florin. *Southeastern Europe in the Middle Ages, 500–1250*. Cambridge, 2006.

Curta, Florin, ed. *Neglected Barbarians*. Turnhout, 2010.

Dagron, Gilbert. *Naissance d'une capitale: Constantinople et ses institutions de 330 à 451*. Paris, 1974.

Deichmann, Friedrich Wilhelm. *Ravenna, Hauptstadt des spätantiken Abendlandes*. 5 vols. Wiesbaden, 1958–89.

Delaplace, Christine. *La fin de l'Empire romain d'Occident: Rome et les Wisigoths de 382 à 531*. Rennes, 2015.

Delbrueck, Richard. *Die Consulardiptychen*. Berlin, 1929.

Delbrueck, Richard. *Spätantike Kaiserporträts von Constantinus Magnus bis zum Ende des Westreichs*. 2 vols. Berlin, 1933.

Delbrueck, Richard. *Dittici consolari tardoantichi*. Marilena Abbatepaolo, ed. Bari, 2009.

Déleage, André. *La capitation du Bas-Empire*. Mâcon, 1945.

De Lepper, J. L. M. *De rebus gestis Bonifatii comitis Aicae et magistri militum*. Breda, 1941.

Delmaire, Roland. *Largesses sacrées et Res Privata: L'aerarium impérial et son administration du IVe au VIe siècle*. Rome, 1989.

Delmaire, Roland. *Les responsables des nances impériales au Bas-Empire romain (IVe–VIe s.).* Collection Latomus 203. Brussels, 1989.

Delmaire, Roland. *Les institutions du Bas-Empire romain de Constantin à Justinien: Les institutions civiles palatines.* Paris, 1995.

Demandt, Alexander. *Die Spätantike: Römische Geschichte von Diocletian bis Justinian 284–565 n. Chr.* Handbuch der Altertumswissenschaft III.6. Munich, 1989.

Demougeot, Émilienne. *De l'unité à la division de l'empire romain, 395–410.* Paris, 1951.

Demougeot, Émilienne. *L'Empire romain et les barbares d'Occident (IV-e–VI-e siècles). Scripta Varia.* Paris, 1988.

Den Boeft, J., J. W. Drijvers, D. den Hengst and H. C. Teitler, eds. *Ammianus After Julian: The Reign of Valentinian and Valens in Books 26–31 of the Res Gestae.* Leiden, 2007.

Den Hengst, Daniel. *Emperors and Historiography: Collected Essays on the Literature of the Roman Empire.* D. W. P. Burgersdijk and J. A. van Waarden, eds. Mnemosyne Supplements. Leiden, 2010.

Dey, Hendrik W. *The Afterlife of the Roman City: Architecture and Ceremony in Late Antiquity and the Early Middle Ages.* Cambridge, 2015.

Di Cosmo, Nicola and Michael Maas, eds. *Empires and Exchanges in Eurasian Late Antiquity: Rome, China, Iran, and the Steppe, ca. 250–750.* Cambridge, 2018.

Diefenbach, Steffen and Gernot Michael Müller, eds. *Gallien in Spätantike und Frühmittelalter: Kulturgeschichte einer Region.* Millennium Studien 43. Berlin, 2013.

Diesner, Hans-Joachim. *Der Untergang der römischen Herrschain Nordaika.* Weimar, 1964.

Diesner, Hans-Joachim. *Das Vandalenreich: Aufstieg und Untergang.* Stuttgart, 1966.

Dittrich, Ursula-Barbara. *Die Beziehungen Roms zu den Sarmaten und Quaden im vierten Jahrhundert n. Chr.* Bonn, 1984.

Downey, Glanville. *A History of Antioch in Syria from Seleucus to the Arab Conquest.* Princeton, NJ, 1961.

Drijvers, Jan Willem and David Hunt, eds. *The Late Roman World and Its Historian: Interpreting Ammianus Marcellinus.* London, 1999.

Drinkwater, John. *The Alamanni and Rome, 213–496.* Oxford, 2007.

Drinkwater, John and Hugh Elton, eds. *Fifth-century Gaul: A Crisis of Identity?* Cambridge, 1992.

Duncan, G. L. *Coin Circulation in the Danubian and Balkan Provinces of the Roman Empire, ad 294–578.* London, 1993.

Duval, Yves-Marie. *L'extirpation de l'Arianisme en Italie du Nord et en Occident.* Variorum Collected Studies Series 611. Brookfield, VT, 1998.

Ebert, Max. *Sudrussland im Altertum.* Bonn, 1921.

Edwards, Mark. *Optatus: Against the Donatists.* Translated Texts for Historians 27. Liverpool, 1997.

Effros, Bonnie. *Merovingian Mortuary Archaeology and the Making of the Early Middle Ages.* Berkeley, CA, 2003.

Effros, Bonnie. *Uncovering the Germanic Past: Merovingian Archaeology in France, 1830–1914.* Oxford, 2012.

Ellegard, Alvar and Gunilla Akerström-Hougen, eds. *Rome and the North.* Jonsered, 1993.

Elton, Hugh. *Warfare in Roman Europe, ad 350–425.* Oxford, 1996.

Ensslin, Wilhelm. *Theoderich der Grosse.* Munich, 1947.

Errington, R. Malcolm. *Roman Imperial Policy from Julian to Theodosius.* Chapel Hill, NC, 2006.

Esmonde Cleary, Simon. *The Roman West, ad 200–500: An Archaeological Study.* Cambridge, 2013.

Evans, J. A. S. *The Age of Justinian.* London, 1996.

Ewig, Eugen. *Spätantikes und Fränkisches Gallien I–II.* Beihefte der Francia, Band 3/1–3/2. Munich, 1976–9.

Fabech, Charlotte and Ulf Näsman, eds. *The Sösdala Horsemen and the Equestrian Elite of Fifth-century Europe.* Moesgard, 2017.

Fagerlie, Joan M. *Late Roman and Byzantine Solidi Found in Sweden and Denmark.* New York, NY, 1967.

Favrod, Justin. *Histoire politique du royaume burgonde (443–534).* Lausanne, 1997.

Fehr, Hubert. *Germanen und Romanen im Merowingerreich.* Ergänzungsbande zum Reallexikon der Germanischen Altertumskunde 68. Berlin, 2010.

Fehr, Hubert and Philipp von Rummel. *Die Völkerwanderung.* Stuttgart, 2011.

Fernández, Damián. *Aristocrats and Statehood in Western Iberia, 200–600*

CE. Berkeley, CA, 2017.

Ferris, I. M. *Enemies of Rome: Barbarians through Roman Eyes*. Stroud, 2000.

Festugière, A. J. *Antioche païenne et chrétienne: Libanius, Chrysostome et les moines de Syrie*. Paris, 1959.

Fischer, Svante. *Roman Imperialism and Runic Literacy: The Westernization of Northern Europe (150–800 ad)*. Uppsala, 2005.

Fisher, Greg. *Between Empires: Arabs, Romans and Sasanians in Late Antiquity*. Oxford, 2011.

Fisher, Greg, ed. *Arabs and Empires before Islam*. Oxford, 2015.

Fornasier, Jochen and Burkhard Böttger, eds. *Das Bosporanische Reich*. Mainz, 2002.

Foss, Clive. *Ephesus after Antiquity: A Late Antique, Byzantine and Turkish City*. Cambridge, 1979.

Frend, W. H. C. *The Rise of the Monophysite Movement*. Cambridge, 1972.

Friedländer, Julius. *Die Münzen der Vandalen: Nachträge zu den Münzen der Ostgothen*. Leipzig, 1849.

Frolova, Nina A. *Essays on the Northern Black Sea Region Numismatics*. Odessa, 1995.

Frye, Richard N. *The History of Ancient Iran*. Handbuch der Altertumswissenschaft 3.7. Munich, 1984.

Gamillscheg, Ernst. *Romania Germanica: Sprach- und Siedlungsgeschichte der Germanen auf den Boden des alten Römerreiches*, 3 vols. Berlin, 1935–70.

García-Gasco, Rosa, Sergio González Sánchez and David Hernández de la Fuente, eds. *The Theodosian Age (AD 379–455): Power, Place, Belief and Learning at the End of the Western Empire*. British Archaeological Reports International Series 2493. Oxford, 2013.

Gariboldi, Andrea. *Sylloge Nummorum Sasanidarum, Tajikistan: Sasanian Coins and their Imitations from Sogdiana and Tocharistan*. Veröffentlichen der numismatischen Kommission der Österreichischen Akademie der Wissenschaft 61. Vienna, 2017.

Garzya, Antonio. *Il mandarino e il quotidiano: Saggi sulla letteratura tardoantica e bizantina*. Naples, 1983.

Gaupp, Ernst Theodor. *Die germanischen Ansiedlungen und Landtheilungen in den Provinzen des römischen Westreiches*. Breslau, 1844.

Gazeau, Véronique, Pierre Bauduin and Yves Moderan, eds. *Identité et Ethnicité. Concepts, débats historiographiques, exemples (III-e–XII-e siècle)*. Caen, 2008.

Geuenich, Dieter. *Geschichte der Alemannen*. Stuttgart, 1997.

Gheller, Viola. *'Identità' e 'arianesimo gotico': genesi di un topos storiograco*. Bologna, 2017.

Giardina, Andrea. *Aspetti della burocrazia nel basso imperio*. Urbino, 1977.

Gidlow, Christopher. *The Reign of Arthur: From History to Legend*. Stroud, 2004.

Göbl, Robert. *Dokumente zur Geschichte der iranischen Hunnen in Baktrien und Indien*. 4 vols. Wiesbaden, 1967.

Göbl, Robert. *Sasanidische Numismatik*. Braunschweig, 1968.

Goetz, Hans-Werner, Jörg Jarnut and Walter Pohl, eds. *Regna and Gentes: The Relationship between Late Antique and Early Medieval Peoples and Kingdoms in the Transformation of the Roman World*. Leiden, 2001.

Goffart, Walter. *Barbarians and Romans: The Techniques of Accommodation, ad 418–584*. Princeton, NJ, 1980.

Goffart, Walter. *Rome's Fall and After*. London, 1989.

Goffart, Walter. *Barbarian Tides: e Migration Age and the Later Roman Empire*. Philadelphia, PA, 2006.

Greatrex, Geoffrey, *Rome and Persia at War, 502–532*. Leeds, 1998.

Greatrex, Geoffrey and Samuel N. C. Lieu. *The Roman Eastern Frontier and the Persian Wars, Part II: ad 363–630*. London, 2002.

Green, D. H. *Language and History in the Early Germanic World*. Cambridge, 1998.

Grey, Cam. *Constructing Communities in the Late Roman Countryside*. Cambridge, 2011.

Grierson, Philip and Mark Blackburn, *Medieval European Coinage with a Catalogue of the Coins in the Fitzwilliam Museum, Cambridge, Volume I: The Early Middle Ages (5th–10th Centuries)*. Cambridge, 1986.

Griffe, Élie. *La Gaule chrétienne à l'époque romain*. 3 vols. Paris, 1964–6.

Grig, Lucy and Gavin Kelly, eds. *Two Romes: Rome and Constantinople in Late Antiquity*. New York, NY, 2012.

Grosse, Robert. *Römische Militärgeschichte von Gallienus bis zum Beginn der byzantinischen Themenverfassung*. Berlin, 1920.

Guilland, Rodolphe. *Titres et fonctions de l'Empire byzantin*. Variorum

Collected Studies 50. London, 1976.

Güldenpenning, Albert. *Geschichte des oströmischen Reiches unter den Kaisern Arcadius undTheodosius II.* Halle, 1885.

Haarer, F. K. *Anastasius I: Politics and Empire in the Late Roman World.* Liverpool, 2006.

Hachmann, Rolf. *Die Goten und Skandinavien.* Berlin, 1970.

Halsall, Guy. *Warfare and Society in the Barbarian West, 450–900.* London, 2003.

Halsall, Guy. *Barbarian Migrations and the Roman West, 376–568.* Cambridge, 2007.

Halsall, Guy. *Cemeteries and Society in Merovingian Gaul: Selected Studies in History and Archaeology.* Leiden, 2009.

Halsall, Guy. *Worlds of Arthur: Facts and Fictions of the Dark Ages.* Oxford, 2013.

Handley, Mark A. *Death, Society and Culture: Inscriptions and Epitaphs in Gaul and Spain, ad 300–750.* British Archaeological Reports International Series 1135. Oxford, 2003.

Hanson, R. P. C. *Saint Patrick: His Origins and Career.* Oxford, 1968.

Harl, Kenneth W. *Coinage in the Roman Economy, 300 BC to AD 700.* Baltimore, MD, 1996.

Harper, Kyle. *Slavery in the Late Roman World, AD 275–425.* Cambridge, 2011.

Harper, Kyle. *The Fate of Rome: Climate, Disease, and the End of an Empire.* Princeton, NJ, 2017.

Harries, Jill. *Sidonius Apollinaris and the Fall of Rome.* Oxford, 1994.

Harries, Jill. *Law and Empire in Late Antiquity.* Cambridge, 1999.

Harries, Jill and Ian Wood, eds. *The Theodosian Code.* 2nd edn. Bristol, 2010.

Harris, William V. *Rome's Imperial Economy: Twelve Essays.* New York, NY, 2011.

Harris, William V. *Roman Power: A Thousand Years of Empire.* Cambridge, 2016.

Harris, William V., ed. *The Transformations of Urbs Roma in Late Antiquity,* Journal of Roman Archaeology Supplementary Series 33. Portsmouth, RI, 1999.

Harris, William V., ed. *The Spread of Christianity in the First Four*

Centuries: Essays in Explanation. Leiden, 2005.

Hartmann, Ludo Moritz. *Untersuchungen zur Geschichte der byzantinischen Verwaltung in Italien (540–750).* Leipzig, 1889.

Heather, Peter. *Goths and Romans, 332–489.* Oxford, 1991.

Heather, Peter. *The Fall of the Roman Empire: A New History of Rome and the Barbarians.* New York, NY, 2005.

Heather, Peter J. and John Matthews. *The Goths in the Fourth Century.* Translated Texts for Historians. Liverpool, 1991.

Hedeager, Lotte. *Iron-Age Societies: From Tribe to State in Northern Europe, 500 bc–700 AD*, John Hines, trans. Oxford, 1992.

Hendy, Michael. *Studies in the Byzantine Monetary Economy c. 350–1450.* Cambridge, 1985.

Herrin, Judith. *The Formation of Christendom.* Princeton, NJ, 1987.

Herrin, Judith and Jinty Nelson, eds. *Ravenna: Its Role in Earlier Medieval Change and Exchange.* London, 2016.

Hodgkin, Thomas. *Italy and Her Invaders.* 8 vols. Oxford, 1880–99.

Hoffmann, Dietrich. *Das spätrömische Bewegungsheer und die Notitia Dignitatum.* Epigraphische Studien 7/1–2. 2 vols. Düsseldorf, 1969–70.

Holum, Kenneth G. *Theodosian Empresses: Women and Imperial Dominion in Late Antiquity.* Berkeley, CA, 1982.

Honoré, Tony. *Law in the Crisis of Empire: The Theodosian Dynasty and Its Quaestors.* Oxford, 1998.

Horsnaes, Helle W. *Crossing Boundaries: An Analysis of Roman Coins in Danish Contexts, Volume 1: Finds from Sealand, Funen and Jutland.* Aarhus, 2010.

Howard-Johnston, James. *East Rome, Sasanian Persia and the End of Antiquity.* Variorum Collected Studies. London, 2006.

Hübener, Wolfgang, ed. *Die Alemannen in der Frühzeit.* Bühl, 1974.

Hudson, Benjamin. *The Picts.* Chichester, 2014.

Humphrey, J. H., ed. *The Roman and Byzantine Near East: Some Recent Archaeological Research.* Journal of Roman Archaeology Supplement 14. Portsmouth, RI, 1995.

Humphrey, J. H., ed. *The Roman and Byzantine Near East Volume 2: Some Recent Archaeological Research.* Journal of Roman Archaeology Supplement 31. Portsmouth, RI, 1999.

Ivanišević, Vujadin and Michel Kazanski, eds. *The Pontic-Danubian Realm in the Period of the Great Migration*. Paris, 2010.

James, Edward. *The Franks*. Oxford, 1988.

James, Edward. *Europe's Barbarians, AD 200–600*. London, 2009.

Janiszewski, Paweł. *The Missing Link: Greek Pagan Historiography in the Second Half of the Third Century and in the Fourth Century ad*. Warsaw, 2006.

Jeffreys, Elizabeth, Brian Croke and Roger Scott, eds. *Studies in John Malalas*. Byzantina Australiensia 6. Sydney, 1990.

Johnson, Mark J. *The Roman Imperial Mausoleum in Late Antiquity*. Cambridge, 2009.

Johnson, Scott Fitzgerald, ed. *The Oxford Handbook of Late Antiquity*. New York, NY, 2012.

Johnson, Stephen. *Late Roman Fortications*. New York, NY, 1983.

Jones, A. H. M. *The Later Roman Empire, 284–602*. 4 vols. Oxford, 1964.

Jones, A. H. M. *The Roman Economy*. P. A. Brunt, ed. Oxford, 1975.

Jones, Christopher P. *Between Pagan and Christian*. Cambridge, MA, 2014.

Jongeward, David and Joe Cribb. *Kushan, Kushano-Sasanian and Kidarite Coins: A Catalogue of the Coins from the American Numismatic Society*. New York, NY, 2014.

Jullian, Camille. *Histoire de la Gaule*. 8 vols. Paris, 1909–26.

Kahlos, Maijastina. *Vettius Agorius Praetextatus*. Rome, 2002.

Kaldellis, Anthony. *Procopius: Tyranny, History and Philosophy at the End of Antiquity*. Philadelphia, PA, 2004.

Kazanski, Michel. *Les Goths (Ier–VIIe après J.-C.)*. Paris, 1993.

Kazanski, Michel. *Les Slaves: Les origines I-er–VII-e siècle après J.-C.* Paris, 1999.

Kelly, Christopher. *Ruling the Later Roman Empire*. Cambridge, MA, 2004.

Kelly, Christopher, ed.*Theodosius II: Rethinking the Roman Empire in Late Antiquity*. Cambridge, 2013.

Kelly, Gavin. *Ammianus Marcellinus: The Allusive Historian*. Cambridge, 2008.

Kennedy, David and Derrick Riley. *Rome's Desert Frontier from the Air*. London, 1990.

Kennedy, Hugh. *The Prophet and the Age of the Caliphates: The Islamic Near East from the Sixth to the Eleventh Century*. London, 1986.

Kim, Hyun Jin. *The Huns, Rome and the Birth of Europe*. Cambridge, 2013.

Kim, Hyun Jin. *The Huns*. London, 2015.

Kraus, F. F. *Die Münzen Odovacars und des Ostgotenreiches in Italien*. Halle, 1928.

Krause, Jens-Uwe and Christian Witschel, eds. *Die Stadt in der Spätantike – Niedergang oder Wandel?* Historia Einzelschriften 190. Stuttgart, 2006.

Krieger, Rommel. *Untersuchungen und Hypothesen zur Ansiedlung der Westgoten, Burgunder und Ostgoten*. Bern, 1992.

Kuhoff, Wolfgang. *Studien zur zivilen senatorischen Laufbahn im 4. Jhr. n. Chr*. Bern, 1983.

Kulikowski, Michael. *Late Roman Spain and Its Cities*. Baltimore, MD, 2004.

Kulikowski, Michael. *Rome's Gothic Wars: From the ird Century to Alaric*. Cambridge, 2006.

Lammers, Walther, ed. *Entstehung und Verfassung des Sachsenstammes*. Darmstadt, 1967.

Langgärtner, Georg. *Die Gallienpolitik der Päpste im 5. und 6. Jahrhundert*. Theophaneia 16. Bonn, 1964.

Laniado, Avshalom. *Ethnos et droit dans le monde protobyzantin, v-e–vi-e siècle*. Paris, 2015.

Lapidge, Michael and David Dumville, eds. *Gildas: New Approaches*. Woodbridge, 1984.

Lebedynsky, Iaroslav. *Sur les traces des Alains et Sarmates en Gaule: Du Caucase à la Gaule, IVe–Ve siècle*. Paris, 2011.

Lebedynsky, Iaroslav. *Les Nomades: Les peuples nomades de la steppe des origines aux invasions mongoles (IXe siècle av. J.-C.–XIIIe siècle apr. J.-C.)*. Paris, 2017.

Le Bohec, Yann and Catherine Wolff, eds. *L'Armée romaine de Dioclétien à Valentinien Ier*. Paris, 2004.

Lee, A. D. *Information and Frontiers: Roman Foreign Relations in Late Antiquity*. Cambridge, 1993.

Lendon, J. E. *Soldiers & Ghosts: A History of Battle in Classical Antiquity*. New Haven, CT, 2005.

Lenski, Noel. *Failure of Empire: Valens and the Roman State in the Fourth Century AD*. Berkeley, CA, 2002.

Lenski, Noel. *Constantine and the Cities: Imperial Authority and Civic Politics*. Philadelphia, PA, 2016.

Léotard, E. *Essai sur la condition des barbares établis dans l'empire romain au quatrième siècle.* Paris, 1873.

Lepelley, Claude. *Les cités de l'Aique romaine au Bas-Empire.* 2 vols. Paris, 1979–81.

Leppin, Hartmut. *Von Constantin dem Grossen zuTheodosius II: Das christliche Kaisertum bei den Kirchenhistorikern Socrates, Sozomenus und eoderet.* Göttingen, 1995.

Lerner, Judith A. and N. Sims-Williams, eds. *Seals, Sealings and Tokens from Bactria to Gandhara (4th to 8th century CE).* Vienna, 2011.

Lewin, Ariel S. and Pietrina Pellegrini, eds. *The Late Roman Army in the Near East from Diocletian to the Arab Conquest: Proceedings of a Colloquium Held at Potenza, Acerenza and Matera, Italy (May 2005).* British Archaeological Reports International Series 1717. Oxford, 2007.

Lewis, Mark Edward. *China between Empires: The Northern and Southern Dynasties.* Cambridge, MA, 2009.

Liebeschuetz, J. H. W. G. *Antioch: City and Imperial Administration in the Later Roman Empire.* Oxford, 1972.

Liebeschuetz, J. H. W. G. *From Diocletian to the Arab Conquest.* Variorum Collected Studies 310. Aldershot, 1990.

Liebeschuetz, J. H. W. G. *Barbarians and Bishops: Army, Church, and State in the Age of Arcadius and Chrysostom.* Oxford, 1991.

Liebs, Detlef. *Die Jurisprudenz im spätantiken Italien (260–640 n. Chr.).* Berlin, 1987.

Liebs, Detlef. *Römische Jurisprudenz in Gallien (2. bis 8. Jahrhundert).* Berlin, 2002.

Lieu, Samuel N. C. *Manichaeism in the Later Roman Empire and Medieval China: A Historical Survey.* Manchester, 1985.

Lipps, Johannes, Carlos Machado and Philipp von Rummel, eds. *The Sack of Rome in 410 AD: The Event, Its Context and Its Impact.* Rome, 2014.

Little, Lester K. *Plague and the End of Antiquity: The Pandemic of 541–750.* Cambridge, 2007.

Lizzi Testa, Rita. *Senatori, popolo, papi: Il governo di Roma al tempo dei Valentiniani.* Bari, 2004.

Löfstedt, Einar. *Late Latin.* Oslo, 1959.

Löhken, Henrik. *Ordines dignitatum: Untersuchungen zur formalen Konstituierung der spätantiken Führungsschicht.* Cologne, 1982.

L'Orange, H. P. *Studien zur Geschichte des spätantiken Porträts.* Oslo, 1933.

Lounghis, T. C., B. Blysidu and St Lampakes. *Regesten der Kaiserurkunden des oströmischen Reiches von 476 bis 565.* Quellen und Studien zur Geschichte Zyperns 52. Nicosia, 2005.

Loyen, André. *Recherches historiques sur les panégyriques de Sidoine Apollinaire.* Paris, 1942.

Loyen, André. *Sidoine Apollinaire et l'esprit précieux en Gaule aux derniers jours de l'Empire.* Paris, 1943.

Lütkenhaus, Werner. *Constantius III: Studien zu seiner Tätigkeit und Stellung im Westreich 411–421.* Bonn, 1998.

Maas, Michael. *John Lydus and the Roman Past: Antiquarianism and Politics in the Age of Justinian.* London, 1992.

Maas, Michael, ed. *The Cambridge Companion to the Age of Justinian.* Cambridge, 2005.

MacMullen, Ramsay. *Corruption and the Decline of Rome.* New Haven, CT, 1988.

MacMullen, Ramsay. *Changes in the Roman Empire: Essays in the Ordinary.* Princeton, NJ, 1990.

Maenchen-Helfen, Otto J. *The World of the Huns: Studies in Their History and Culture.* Berkeley, CA, 1970.

Mango, Cyril and Roger Scott. *The Chronicle of Theophanes Confessor: Byzantine and Near Eastern History, AD 284–813.* Oxford, 1997.

Marchetta, Antonio. *Orosio e Ataulfo nell'ideologia dei rapporti romano-barbarici.* Rome, 1987.

Markus, Robert. *The End of Ancient Christianity.* Cambridge, 1990.

Marrou, H.-I. *Saint Augustin et la n de la culture antique.* 4th edn. Paris, 1958.

Marrou, H.-I. *Christiana Tempora: Mélanges d'histoire, d'archéologie, d'épigraphie et de patristique.* Rome, 1978.

Mathisen, Ralph Whitney. *Ecclesiastical Factionalism and Religious Controversy in Fifth-century Gaul.* Washington, DC, 1989.

Mathisen, Ralph W., ed. *Law, Society, and Authority in Late Antiquity.* Oxford, 2001.

Mathisen, Ralph W. and Danuta Shanzer, eds. *Society and Culture in Late Antiquity: Revisiting the Sources.* Aldershot, 2001.

Mathisen, R. W. and Hagith S. Sivan, eds. *Shifting Frontiers in Late*

Antiquity. Aldershot, 1996.

Matthews, John. *Western Aristocracies and Imperial Court, AD 364–425*. Oxford, 1975.

Matthews, John. *The Roman Empire of Ammianus*. Baltimore, MD, 1989.

Matthews, John. *Laying down the Law: A Study of the Theodosian Code*. New Haven, CT, 2000.

Matthews, John. *Roman Perspectives*. Lampeter, 2010.

Mattingly, David. *An Imperial Possession: Britain in the Roman Empire, 54BC–AD409*. London, 2008.

Mazzarino, Santo. *Stilicone: La crisi imperiale dopo Teodosio*. Rome, 1942.

Mazzarino, Santo. *Aspetti sociali del quarto secolo*. Rome, 1951.

Mazzarino, Santo. *Il basso impero: Antico, tardoantico ed èra costantiniana*. 2 vols. Bari, 1974.

McCormick, Michael. *Eternal Victory: Triumphal Rulership in Late Antiquity, Byzantium and the Early Medieval West*. Cambridge, 1986.

McCormick, Michael. *Origins of the European Economy: Communications and Commerce, AD 300–900*. Cambridge, 2001.

McEvoy, Meaghan A. *Child Emperor Rule in the Late Roman West, AD 367–455*. Oxford, 2013.

McGill, Scott, Cristiana Sogno and Edward Watts, eds. *From the Tetrarchs to the Theodosians: Later Roman History and Culture, 284–450 CE*. Yale Classical Studies 34. Cambridge, 2010.

McLynn, Neil. *Ambrose of Milan: Church and Court in a Christian Capital*. Berkeley, CA, 1994.

Meier, Mischa. *Der Völkerwanderung ins Auge blicken: Individuelle Handlungsspielräume im 5. Jahrhundert n. Chr*. Karl-Christ Preis für Alte Geschichte Band 2. Heidelberg, 2016.

Meier, Mischa and Steffen Patzold. *August 410 – Ein Kampf um Rom*. Stuttgart, 2010.

Meier, Mischa, Christine Radtki and Fabian Schulz, eds. *Die Weltchronik des Johannes Malalas: Autor – Werk – Überlieung*. Stuttgart, 2016.

Menze, Volker L. *Justinian and the Making of the Syrian Orthodox Church*. Oxford, 2008.

Merrills, A. H., ed. *Vandals, Romans and Berbers: New Perspectives on Late Antique North Aica*. Aldershot, 2004.

Meslin, Michel. *Les Ariens d'Occident, 335–430*. Paris, 1967.

Mickwitz, Gunnar. *Geld und Wirtscha im römischen Reich des vierten Jahrhunderts n. Chr.* Helsinki, 1932.

Millar, Fergus. *A Greek Roman Empire: Power and Belief under Theodosius II (408–450).* Berkeley, CA, 2006.

Minns, Ellis H. *Scythians and Greeks: A Survey of Ancient History and Archaeology on the North Coast of the Euxine from the Danube to the Caucasus.* Cambridge, 1913.

Mitchell, Stephen. *Anatolia: Land, Men and Gods in Asia Minor. Volume II: The Rise of the Church.* Oxford, 1993.

Mócsy, András. *Pannonia and Upper Moesia.* Sheppard Frere, trans. London, 1974.

Mócsy, András. *Pannonien und das römische Heer: Ausgewählte Aufsätze.* Mavors 7. Stuttgart, 1992.

Modéran, Yves. *Les Maures et l'Aique romaine (iv-e–vii-e siècle).* Rome, 2003.

Modéran, Yves. *Les Vandales et l'Empire romaine.* Paris, 2014.

Mohl, F. George. *Introduction à la chronologie du latin vulgaire.* Paris, 1899.

Moorhead, John. *Theodoric in Italy.* Oxford, 1992.

Moorhead, John. *Justinian.* London, 1994.

Moravcsik, Gyula. *Byzantinoturcica I–II.* Budapest, 1942–3.

Moravcsik, Gyula. *Studia Byzantina.* Budapest, 1967.

Mühlberger, Steven. *The Fifth-century Chroniclers: Prosper, Hydatius, and the Gallic Chronicler of 452.* Leeds, 1989.

Müller, Wolfgang, ed. *Zur Geschichte der Alemannen.* Darmstadt, 1975.

Murray, Alexander C., ed. *After Rome's Fall: Narrators and Sources of Early Medieval History.* Toronto, 1998.

Nechaeva, Ekaterina. *Embassies–Negotiations–Gifts: Systems of East Roman Diplomacy in Late Antiquity.* Geographica Historica 30. Stuttgart, 2014.

Nelson, Bradley R. *Numismatic Art of Persia: The Sunrise Collection Part I: Ancient– 650 BC–AD 650.* Lancaster, PA, 2011.

Nicolet, Claude, ed. *Les littératures techniques dans l'Antiquité romaine: Statut, public et destination, tradition.* Entretiens de la Fondation Hardt XLII. Vandoeuvres Geneva, 1996.

Nixon, C. E. V. and Barbara Saylor Rodgers. *In Praise of Later Roman Emperors: The Panegyrici Latini.* Berkeley, CA, 1994.

Nock, Arthur Darby. *Essays on Religion and the Ancient World.* 2 vols. Cambridge, MA, 1972.

Norberg, Dag. *Beiträge zur spätlateinischen Syntax.* Uppsala, 1944.

Norberg, Dag. *Au seuil du Moyen Age: Études linguistiques, métriques et littéraires.* Padua, 1974.

Ó Cróinín, Dáibhí. *Early Medieval Ireland, 400–1200.* London, 1995.

O'Donnell, J. J. *Cassiodorus.* Berkeley, CA, 1979.

O'Flynn, John Michael. *Generalissimos of the Western Roman Empire.* Calgary, 1983.

Oost, S. I. *Galla Placidia Augusta.* Chicago, IL, 1968.

Orlandi, Silvia. *Epigraa antreale dell'Occidente Romano VI. Roma: Anteatri e strutture annesse con un nuova edizione e commento delle iscrizioni del Colosseo.* Rome, 2004.

Palanque, J. R. *Essai sur la préfecture du prétoire du Bas-Empire.* Paris, 1933.

Palanque, J. R. *Saint Ambroise et l'empire romain.* Paris, 1933.

Parzinger, Hermann. *Die ühen Völker Eurasiens vom Neolithikum bis zum Mittelalter.* 2nd edn. Munich, 2011.

Paschoud, François. *Roma Aeterna.* Neuchâtel, 1967.

Paschoud, François. *Eunape, Olympiodore, Zosime. Scripta Minora.* Bari, 2006.

Paschoud, François and Joachim Szidat, eds. *Usurpationen in der Spätantike.* Historia Einzelschriften 111. Stuttgart, 1997.

Payne, Richard E. *A State of Mixture: Christians, Zoroastrians, and Iranian Political Culture in Late Antiquity.* Berkeley, CA, 2015.

Pelka, Wilhelm. *Studien zur Geschichte des Untergangs des alten üringischen Königreichs im Jahre 531 n. Chr.* Jena, 1903.

Peregrinatio Gothica I, Polonia 84/85. Archaeologica Baltica VII. Łodz, 1986.

Peregrinatio Gothica III, Frederikstad, Norway, 1991. Oslo, 1992.

Perin, Patrick, ed. *Gallo-Romains, Wisigoths et Francs en Aquitaine, Septimanie et Espagne.* Paris, 1991.

Perrin, Odet. *Les Burgondes: Leur histoire, des origines à la n du premier Royaume 534, contribution à l'histoire des invasions.* Neuchâtel, 1968.

Petit, Paul. *Libanius et la vie municipale à Antioche au IV-e siècle après J.C.* Paris, 1955.

Petit, Paul. *Les étudiants de Libanius.* Paris, 1957.

Pfisterer, Matthias. *Hunnen in Indien: Die Münzen der Kidariten und Alchan aus dem Bernischen Historischen Museum und der Sammlung Jean-Pierre Righetti.* Vienna, 2012.

Pietri, Charles. *Roma Christiana.* 2 vols. Rome, 1976.

Pietri, Charles. *Christiana Respublica: Éléments d'une enquête sur le christianisme antique.* 3 vols. Collection de l'École Française de Rome 234. Rome, 1997.

Piganiol, André. *L'Impôt de capitation sous le Bas-Empire romain.* Chambéry, 1916.

Piganiol, André. *L'Empire chrétien.* 2nd edn. Paris, 1972.

Pohl, Walter. *Die Awaren: Ein Steppenvolk in Mitteleuropa 567–822 N. Chr.* Munich, 1988.

Pohl, Walter, ed. *Kingdoms of the Empire: The Integration of Barbarians in Late Antiquity.* Leiden, 1998.

Pohl, Walter, ed. *Die Suche nach den Ursprüngen: Von der Bedeutung des ühen Mittelalters.* Forschungen zur Geschichte des Mittelalters 8. Vienna, 2004.

Pohl, Walter and Max Diesenberger, eds. *Eugippius und Severin.* Forschungen zur Geschichte des Mittelaters 2. Vienna, 2001.

Pohl, Walter and Max Diesenberger, eds. *Integration und Herrscha: Ethnische Identitäten und soziale Organisation im Frühmittelalter.* Forschungen zur Geschichte des Mittelalters 3. Vienna, 2002.

Pohl, Walter and Gerda Heydemann, eds. *Post-Roman Transitions: Christian and Barbarian Identities in the Early Medieval West.* Turnhout, 2013.

Pohl, Walter and Gerda Heydemann, eds. *Strategies of Identification: Ethnicity and Religion in Early Medieval Europe.* Turnhout, 2013.

Pohl, Walter and Mathias Mehofer, eds. *Archaeology of Identity – Archäologie der Identität.* Forschungen zur Geschichte des Mittelalters 17. Vienna, 2010.

Pohl, Walter and Helmut Reimitz, eds. *Strategies of Distinction: The Construction of Ethnic Communities, 300–800.* Leiden, 1998.

Porena, Pierfrancesco. *L'insediamento degli Ostrogoti in Italia.* Rome, 2012.

Porena, Pierfrancesco and Yann Rivière, eds. *Expropriations et conscations dans les royaumes barbare: Une approche régionale.* Rome, 2012.

Potts, D. T. *Mesopotamia, Iran and Arabia from the Seleucids to the Sasanians.* Variorum Collected Studies 962. Burlington, VT, 2010.

Potts, D. T. *Nomadism in Iran from Antiquity to the Modern Era.* Oxford, 2014.

Price, Richard and Michael Gaddis. *The Acts of the Council of Chalcedon.* 3 vols. Translated Texts for Historians 45. Liverpool, 2005.

Price, Richard and Mary Whitby, eds. *Chalcedon in Context: Church Councils 400–700.* Translated Texts for Historians Supplemental Volume. Liverpool, 2009.

Prostko-Prostynski, Jan. *Utraeque res publicae: The Emperor Anastasius I's Gothic Policy (491–518).* Poznan, 1994.

Reddé, Michel. *Mare Nostrum: Les inastructures, le dispositif et l'histoire de la marine militaire sous l'empire romain.* Rome, 1986.

Rezakhani, Khodadad. *ReOrienting the Sasanians: East Iran in Late Antiquity.* Edinburgh, 2017.

Rich, John, ed. *The City in Late Antiquity.* London, 1992.

Rouche, Michel. *L'Aquitaine des Wisigoths aux Arabes, 418–781: Naissance d'une région.* Paris, 1979.

Rousseau, Philip. *Basil of Caesarea.* Berkeley, CA, 1994.

Rubin, Berthold. *Das Zeitalter Iustinians I.* Berlin, 1960.

Ruggini, Lellia. *Economia e società nell'Italia Annonaria: Rapporti a agricoltura e commercio dal IV al VI secolo d.C.* 2nd edn. Bari, 1995.

Sabbah, Guy. *La méthode d'Ammien Marcellin.* Paris, 1978.

Sabin, Philip, Hans van Wees and Michael Whitby, eds. *The Cambridge History of Greek and Roman Warfare.* 2 vols. Cambridge, 2007.

Salzman, Michele Renee. *The Making of a Christian Aristocracy.* Cambridge, MA, 2002.

Sandwell, Isabella. *Religious Identity in Late Antiquity: Greeks, Jews and Christians in Antioch.* Cambridge, 2007.

Sarantis, Alexander. *Justinian's Balkan Wars: Campaigning, Diplomacy and Development in Illyricum, race and the Northern World, AD 527–65.* Liverpool, 2016.

Sarris, Peter. *Economy and Society in the Age of Justinian.* Cambridge, 2006.

Šašel, Jaroslav. *Opera Selecta.* Situla 30. Ljubljana, 1992.

Sauer, Eberhard W., ed. *Sasanian Persia: Between Rome and the Steppes of*

Eurasia. Edinburgh, 2017.

Sauer, Eberhard W., Hamid Omrani Rekavandi, Tony J. Wilkinson and Jebrael Nokandeh. *Persia's Imperial Power in Late Antiquity: The Great Wall of Gorgan and Frontier Landscapes of Sasanian Iran.* British Institute of Persian Studies Archaeological Monographs Series II. Oxford, 2013.

Schäfer, Tibor. *Untersuchungen zur Gesellscha des Hunnenreiches auf kulturanthropologischer Grundlage.* Hamburg, 1998.

Scharf, Ralf. *Der Dux Mogontiacensis und die Notitia Dignitatum.* Ergänzungsbande zum Reallexikon der Germanischen Altertumskunde 50. Berlin, 2005.

Scheidel, Walter, Ian Morris and Richard Saller, eds. *The Cambridge Economic History of the Greco-Roman World.* Cambridge, 2007.

Schenk von Stauffenberg and Alexander Graf. *Das Imperium und die Völkerwanderung.* Munich, 1947.

Schlinkert, Dirk. *Ordo Senatorius und nobilitas: Die Konstitution des Senatsadels in der Spätantike.* Stuttgart, 1996.

Schmidt, Ludwig. *Geschichte der deutschen Stämme: Die Ostgermanen.* 2nd edn. Munich, 1938.

Schmidt, Ludwig. *Geschichte der deutschen Stämme: Die Westgermanen.* 2nd edn. Munich, 1940.

Schmidt, Ludwig. *Geschichte der Wandalen.* 2nd edn. Munich, 1942.

Scott, Roger. *Byzantine Chronicles and the Sixth Century.* Variorum Collected Studies 1004. Farnham, 2012.

Seeck, Otto. *Die Briefe des Libanius zeitlich geordnet.* Leipzig, 1906.

Seeck, Otto. *Geschichte des Untergangs der antiken Welt.* 6 vols. Berlin, 1910–21.

Seeck, Otto. *Regesten der Kaiser und Päpste für die Jahre 311 bis 476 n. Chr.*
Stuttgart, 1919.

Seibt, Werner, ed. *Die Christianisierung des Kaukasus/e Christianization of the Caucasus (Armenia, Georgia, Albania).* Vienna, 2002.

Sergeev, Andrei. *Barbarian Coins on the Territory between the Balkans and Central Asia: Catalog of Andrei Sergeev's Collection at the State Historical Museum (Moscow).* Moscow, 2012.

Sessa, Kristina. *The Formation of Papal Authority in Late Antique Italy: Roman Bishops and the Domestic Sphere.* Cambridge, 2012.

Shahid, Irfan. *Rome and the Arabs: A Prolegomenon to the Study of Byzantium and the Arabs.* Washington, DC, 1984.

Shaw, Brent D. *Rulers, Nomads and Christians in Roman North Aica.* Variorum Collected Studies. Aldershot, 1995.

Shaw, Brent D. *Sacred Violence: African Christians and Sectarian Hatred in the Age of Augustine.* Cambridge, 2011.

Shepardson, Christine. *Controlling Contested Spaces: Late Antique Antioch and the Spatial Politics of Religious Controversy.* Berkeley, 2014.

Sinnigen, William Gurnee. *The Officium of the Urban Prefecture during the Later Roman Empire.* Papers and Monographs of the American Academy in Rome 17. Rome, 1957.

Sinor, David, ed. *The Cambridge History of Early Inner Asia.* Cambridge, 1990.

Sivan, Hagith. *Ausonius of Bordeaux and the Genesis of a Gallic Aristocracy.* London, 1993.

Sivan, Hagith. *Galla Placidia: The Last Roman Empress.* Oxford, 2011.

Smith, R. R. R. and Bryan Ward-Perkins, eds. *The Last Statues of Antiquity.* Oxford, 2016.

Sneath, David. *The Headless State: Aristocratic Orders, Kinship Society, and Misrepresentations of Nomadic Inner Asia.* New York, NY, 2007.

Sogno, Cristiana, *Q. Aurelius Symmachus.* Ann Arbor, MI, 2006.

Sogno, Cristiana, Bradley K. Storin and Edward J. Watts, eds. *Late Antique Letter Collections: A Critical Introduction and Reference Guide.* Berkeley, CA, 2017.

Soproni, Sándor. *Die letzten Jahrzehnte des pannonischen Limes.* Munich, 1985.

Stallknecht, Bernt. *Untersuchungen zur römischen Aussenpolitik in der Spätantike (306–395 n. Chr.).* Bonn, 1967.

Stancliffe, Clare. *St Martin and His Hagiographer: History and Miracle in Sulpicius Severus.* Oxford, 1983.

Ste Croix, G. E. M. de. *The Class Struggle in the Ancient Greek World from the Archaic Age to the Arab Conquests.* Ithaca, NY, 1983.

Ste Croix, G. E. M. de. *Christian Persecution, Martyrdom and Orthodoxy.* Oxford, 2006.

Stein, Ernst. *Geschichte des spätrömischen Reiches I: Vom römischen zum byzantinischen Staate (204–476 n. Chr.).* Vienna, 1928.

Stein, Ernst. *Histoire du Bas-Empire 1: De l'état romain à l'état byzantin.* Paris, 1949.

Stein, Ernst. *Histoire du Bas-Empire 2: De la disparition de l'Empire d'Occident à la mort de Justinien (475–565).* Paris, 1949.

Steinacher, Roland. *Die Vandalen. Aufstieg und Fall eines Barbarenreiches.* Stuttgart, 2016.

Steinacher, Roland. *Rom und die Barbaren: Völker im Alpen- und Donauraum (300–600).* Stuttgart, 2017.

Stevens, C. E. *Sidonius Apollinaris and His Age.* Oxford, 1933.

Stickler, Timo. *Aëtius: Gestaltungsspielräume eines Heermeisters im ausgehenden Weströmischen Reich.* Vestigia 54. Munich, 2002.

Storgaard, Birger, ed. *Military Aspects of the Aristocracy in the Barbaricum in the Roman and Early Migration Periods.* Publications of the National Museum Studies in Archaeology and History, vol. 5. Copenhagen, 2001.

Straub, Johannes. *Vom Herrscherideal in der Spätantike.* Stuttgart, 1939.

Straub, Johannes. *Regeneratio Imperii: Aufsätze über Roms Kaisertum und Reich im Spiegel der heidnischen und christlichen Publiztik.* 2 vols. Darmstadt, 1972–86.

Stroheker, Karl Friedrich. *Der senatorische Adel im spätantiken Gallien.* Tübingen, 1948.

Stroheker, Karl Friedrich. *Germanentum und Spätantike.* Stuttgart, 1966.

Strootman, Rolf and Miguel John Veluys, eds. *Persianism in Antiquity.* Oriens et Occidens 25. Stuttgart, 2015.

Suerbaum, Werner. *Vom antiken zum ühmittelalterlichen Staatsbegri .* Münster, 1970.

Sundwall, Johannes. *Weströmische Studien.* Berlin, 1915.

Sundwall, Johannes. *Abhandlungen zur ausgehenden Römertums.* Helsinki, 1919.

Swain, Simon and Mark Edwards, eds. *Approaching Late Antiquity: The Transformation from Early to Late Empire.* Oxford, 2004.

Szidat, Joachim. *Usurpator tanti nominis. Kaiser und Usurpator in der Spätantike (337–476 n. Chr.).* Historia Einzelschri en 210. Stuttgart, 2010.

Teillet, Suzanne. *Des Goths à la nation gothique.* Paris, 1984.

Thompson, E. A. *A History of Attila and the Huns.* Oxford, 1948.

Thompson, E. A. *Romans and Barbarians: The Decline of the Western Empire.* Madison, WI, 1980.

Thompson, E. A. *The Visigoths in the Time of Ulla*, 2nd edn. with a foreword by Michael Kulikowski. London, 2008.

Tougher, Shaun. *Julian the Apostate*. Edinburgh, 2007.

Tseng, Chin-Yin. *The Making of the Tuoba Northern Wei: Constructing Material Cultural Expressions in the Northern Wei Pingcheng Period (398–494 CE)*. British Archaeological Reports International Series 2567. Oxford, 2013.

Tsetskhladze, Gocha R., ed. *New Studies on the Black Sea Littoral*. Oxford, 1996.

Ulrich-Bansa, Oscar. *Moneta Mediolanensis (352–498)*. Venice, 1949.

Vallet, Françoise and Michel Kazanski, eds. *L'armée romaine et les barbares du III-e au VII-e siècle*. Paris, 1993.

Vallet, Françoise and Michel Kazanski, eds. *La noblesse romaine et les barbares du IIIe au VIIe siècle*. Paris, 1995.

Van Dam, Raymond. *Leadership and Community in Late Antique Gaul*. Berkeley, CA, 1985.

Vanderspoel, John. *Themistius and the Imperial Court: Oratory, Civic Duty and Paideia from Constantius to Theodosius*. Ann Arbor, MI, 1995.

Van Hoof, Lieve, ed. *Libanius: A Critical Introduction*. Cambridge, 2014.

Vannesse, Michaël. *La défense de l'Occident romain pendant l'Antiquité tardive*. Collection Latomus 326. Brussels, 2010.

Varady, László. *Das letzte Jahrhundert Pannoniens, 376–476*. Amsterdam, 1969.

Varady, László. *Die Auflösung des Altertums. Beiträge zu einer Umdeutung der Alten Geschichte*. Budapest, 1978.

Vasiliev, A. A. *Justin the First: An Introduction to the Epoch of Justinian the Great*. Cambridge, MA, 1950.

Vitiello, Massimiliano. *Theodahad: A Platonic King at the Collapse of Ostrogothic Italy*. Toronto, 2014.

Vitiello, Massimiliano. *Amalasuintha: The Transformation of Kingship in the PostRoman World*. Philadelphia, PA, 2017.

Vogler, Chantal. *Constance II et l'administration impériale*. Strasbourg, 1979.

Vondrovec, Klaus. *Coinage of the Iranian Huns and Their Successors from Bactria to Gandhara (4th to 8th century CE)*. 2 vols. Vienna, 2014.

von Haehling, Raban. *Die Religionszugehörigkeit der hohen Amtsträger des römischen Reiches seit Constantins I: Alleinherrscha bis zum Ende der eodosianischen Dynastie.* Bonn, 1978.

von Rummel, Philipp. *Habitus barbarus: Kleidung und Repräsentation spätantiker Eliten im 4. und 5. Jahrhundert.* Ergänzungsbände zum Reallexicon der Germanischen Altertumskunde, Band 55. Berlin, 2007.

von Simson, Otto G. *Sacred Fortress: Byzantine Art and Statecra in Ravenna.* Chicago, IL, 1948.

von Wartburg, Walther. *Die Ausgliederung der romanischen Sprachräume.* Bern, 1950.

Waas, Manfred. *Germanen im römischen Dienst im 4. Jahrhundert nach Christus.* Bonn, 1965.

Wallace-Hadrill, J. M. *The Long-haired Kings and Other Studies in Frankish History.* London, 1962.

Watts, Edward J. *City and School in Late Antique Athens and Alexandria.* Berkeley, CA, 2006.

Wenskus, Reinhard. *Stammesbildung und Verfassung: Das Werden der frühmittelalterlichen gentes.* Cologne and Vienna, 1961.

Whelan, Robin. *Being Christian in Vandal Africa: The Politics of Orthodoxy in the Post-Imperial West.* Berkeley, CA, 2018.

Whitby, Mary, ed. *e Propaganda of Power:The Role of Panegyric in Late Antiquity.* Leiden, 1998.

Whittaker, C. R. *Rome and Its Frontiers: The Dynamics of Empire.* London, 2004.

Wibszycka, Ewa. *The Alexandrian Church: People and Institutions.* Warsaw, 2015.

Wickham, Chris. *Early Medieval Italy: Central Power and Local Society, 400–1000.* Ann Arbor, MI, 1990.

Wickham, Chris. *Framing the Early Middle Ages: Europe and the Mediterranean, 400–800.* Oxford, 2005.

Wienand, Johannes, ed. *Contested Monarchy: Integrating the Roman Empire in the Fourth Century AD.* New York, NY, 2015.

Wijnendaele, Jeroen W. P. *e Last of the Romans: Bonifatius – Warlord and Comes Africae.* London, 2015.

Winkelmann, Friedhelm. *Ausgewählte Aufsätze. Studien zu Konstantin dem Grossen und zur byzantinischen Kirchengeschichte.* Wolfram Brandes and John Haldon, eds. Birmingham, 1993.

Winkler, Gerhard. *Die Reichsbeamten von Noricum und ihr Personal bis zum Ende der römischen Herrschaft.* Sitzungsberichte der Österreichische Akademie der Wissenschaften, Philosophisch-Historische Klasse, Band 261. Vienna, 1969.

Wolfram, Herwig. *Intitulatio I: Lateinische Königs- und Fürstentitel bis zum Ende des 8. Jahrhunderts.* Mitteilungen des Instituts für Österreichische Geschichtsforschung Ergänzungsband 21. Graz, 1967.

Wolfram, Herwig. *Gotische Studien: Volk und Herrscha im ühen Mittelalter.* Munich, 2005.

Wolfram, Herwig. *Die Goten: Von den Anfängen bis zur Mitte des sechsten Jahrhunderts. Entwurf einer historischen Ethnographie.* 5th edn. Munich, 2009.

Wolfram, Herwig and Andreas Schwarcz, eds. *Anerkennung und Integration.* Vienna, 1989.

Wolfram, Herwig and Walter Pohl, eds. *Typen der Ethnogeses unter besonderer Berücksichtigung der Bayern.* 2 vols. Vienna, 1989.

Woloszyn, Marcin, ed. *Byzantine Coins in Central Europe between the 5th and 10th Century.* Krakow, 2008.

Wood, Ian. *The Merovingian Kingdoms, 450–751.* London, 1993.

Wood, Ian, ed. *Franks and Alamanni in the Merovingian Period: An Ethnographic Perspective.* Woodbridge, 1993.

Wright, Roger. *Late Latin and Early Romance in Spain and Carolingian France.* Liverpool, 1982.

Zabiela, Gintautas, Zenonas Baubonis and Egle Marcinkeviciute, eds. *Archaeological Investigations in Independent Lithuania 1990–2010.* Vilnius, 2012.

Zazzaro, Chiara. *The Ancient Red Sea Port of Adulis and the Eritrean Coastal Region: Previous Investigations and Museum Collections.* British Archaeological Reports International Series 2569. Oxford, 2013.

Zecchini, Giuseppe. *Aezio: L'ultima difesa dell'Occidente romano.* Rome, 1983.

Zecchini, Giuseppe. *Ricerche di storiograa latina tardoantica.* Rome, 1993.

Ziegler, Joachim. *Zur religiösen Haltung der Gegenkaiser im 4. Jh. n. Chr.* Kallmünz, 1970.

Zöllner, Erich. *Geschichte der Franken bis zur Mitte des 6. Jahrhunderts.* Munich, 1970

出版后记

　　建城一千余年以后，以罗马城为中心的罗马没入了历史的尘烟之中。在即将到来的、漫长的中世纪中，宏大的公共建筑将变为菜园，其间高耸的残骸提醒着往过旅客，那些曾在这里生活的人有过多么伟大的功绩。

　　这个故事结束了，但罗马会以不同的形式存在下去，许多自认为与它一样辉煌的势力将使用它的名字，并强调它们之间的相似。罗马人在法律、历法、文学、艺术、建筑、政治、工程等领域上的技巧也在深刻影响着现代社会。

图书在版编目（CIP）数据

帝国的悲剧：从君士坦丁的帝国到西罗马的衰亡 /
（美）迈克尔·库利科夫斯基著；王晨译. -- 北京：九
州出版社，2024.7　-- ISBN 978-7-5225-2656-0

Ⅰ.K126

中国国家版本馆CIP数据核字第20243VH314号

版权登记号：01-2024-1677
地图审图号：GS（2024）0153号

帝国的悲剧：从君士坦丁的帝国到西罗马的衰亡

作　　者	［美］迈克尔·库利科夫斯基 著　王 晨 译
责任编辑	牛　叶
出版发行	九州出版社
地　　址	北京市西城区阜外大街甲35号（100037）
发行电话	（010）68992190/3/5/6
网　　址	www.jiuzhoupress.com
印　　刷	北京盛通印刷股份有限公司
开　　本	880 毫米×1194 毫米　32 开
印　　张	14.75
字　　数	330 千字
版　　次	2024 年 7 月第 1 版
印　　次	2024 年 7 月第 1 次印刷
书　　号	ISBN 978-7-5225-2656-0
定　　价	99.80元